Zentners
Geschichtsführer
in Farbe

CHRISTIAN ZENTNER

Zentners Geschichtsführer *in Farbe*

DELPHIN VERLAG

Redaktion: Dr. Reinhard Barth
Mitarbeiter: Ursula Behn, Samuel Hirsch, Hans Schön,
Harald Steffahn, Friedrich Timm
Bildbeschaffung: Dieter Mumminger

Umschlaggestaltung: R.O.S., Stuttgart
Satz: R. & J. Blank GmbH, München
Druck und Bindearbeiten: Mohn-Druck, Gütersloh
ISBN 3.7735.4017.5

Inhalt

Vorwort 9

Vorgeschichte *11*

Altsteinzeit *13*
Mittel- und Jungsteinzeit *17*
Kupfer- und Bronzezeit *17*
Eisenzeit *21*

Altertum *23*

Ägypten 24

Altes Reich *25*
Mittleres Reich *26*
Neues Reich *27*

Mesopotamien 37

Sumer und Akkad *37*
Babylon und Assur *41*

Kleinasien und Palästina 47

Iran 51

Indien 54

China 57

Griechenland 63

Kreta und Mykene *63*
Das griechische Mittelalter *65*
Sparta *71*
Athen *72*
Die Perserkriege *73*
Das Zeitalter des Perikles *76*
Peloponnesischer Krieg und politischer Niedergang Griechenlands *78*
Das Weltreich Alexanders des Großen und der Hellenismus *81*

Rom 87

Die Frühzeit *87*
Die römische Republik *88*
Der Kampf um die Herrschaft in Italien *90*
Der Weg zum Weltreich *92*
Soziale Unruhen und Bürgerkriege *98*
Caesar und Augustus *104*
Die römische Kaiserzeit *109*
Völkerwanderung, Reichsteilung und Untergang Westroms *118*
Entstehung des Papsttums *125*

Mittelalter *127*

Frühzeit des Abendlandes 128

Die germanischen Staaten auf dem Boden des ehemaligen weströmischen Reiches *128*
Slawen und Araber *134*
Klosterkultur und christliche Mission *136*
Das Zeitalter Karls des Großen *137*

Verfall der Karolingerherrschaft und Entstehung des Deutschen Reiches *144*

Das Deutsche Reich im hohen und späten Mittelalter 149

Die Ottonen *149*
Das salische Herrscherhaus *152*
Wirtschaftliche und soziale Entwicklungen in Deutschland nach der Jahrtausendwende *157*
Die Kreuzzüge *158*
Der Übergang des Königtums von den Saliern auf die Staufer *163*
Die deutsche Königswahl im Mittelalter *173*
Das Papsttum im Spätmittelalter *175*
Habsburger, Wittelsbacher und Luxemburger *179*

England 190

Das englische Königtum im Hochmittelalter *190*
Krisen, Hundertjähriger Krieg und Adelskämpfe *194*

Frankreich 197

Die Capetinger *197*
Die Entstehung des Nationalstaates *198*

Die Iberische Halbinsel 200

Das Westgotenreich *200*
Das muslimische Spanien *200*
Die Reconquista *201*
Kastilien *202*
Aragón *203*

Die nordischen Staaten 204

Norwegen *204*
Dänemark *206*
Schweden *209*

Polen 210

Rußland 212

Das Reich von Kiew *212*
Der Mongolensturm *214*
Der Aufstieg Moskaus vom Fürstentum zum Staat *216*

Byzanz 220

Indien 223

China 226

Neuzeit *233*

Die Zeitenwende 234

Humanismus und Renaissance *234*
Entdeckungen *235*
Das Habsburgerreich *239*

Reformation und Glaubensspaltung 240

Martin Luther *240*
Das Reich unter Karl V. *242*
Religiöse Gegenbewegungen *246*
Endgültige Trennung und Festigung der Konfessionen *248*
Spanien *249*
Frankreich *251*
England 252
Der Dreißigjährige Krieg *254*

Der Absolutismus 263

Frankreich unter Richelieu und Mazarin *263*
Der Staat Ludwigs XIV. *264*
Frankreichs expansive Außenpolitik *268*
Der Spanische Erbfolgekrieg *276*
Parlament und König in England *280*
Von der puritanischen Revolution zum englischen Verfassungsstaat *285*
Rußland von Iwan dem Schrecklichen bis zu Peter dem Großen *290*
Der Aufstieg Österreichs zur Großmacht *294*
Höfischer Absolutismus *294*
Preußen im 18. Jahrhundert *296*
Der Dualismus Preußen–Österreich *297*
Rußland unter Katharina der Großen *301*
Erforschung der Erde, Erwerbungen und Kriege in den Kolonien im 17./18. Jahrhundert *302*

Die bürgerlichen Revolutionen 305

Die Entstehung der Vereinigten Staaten von Amerika *305*
Weltbild und Staatslehre im Zeichen der Aufklärung *308*
Die Französische Revolution *310*
Die Herrschaft Napoleons *321*
Wiener Kongreß *325*
»Heilige Allianz« *326*
Juli-Revolution in Frankreich 1830 *328*
Der neue Geist in Deutschland *329*
Februar-Revolution in Frankreich 1848 *330*
Die deutsche Revolution *332*
Industrialisierung *338*
Arbeiterbewegung *339*

Die Ausbildung des nationalen Machtstaats 342

Krimkrieg und Einigung Italiens *342*
Bürgerkrieg in den Vereinigten Staaten *343*
Preußen wird Führungsmacht in Deutschland *345*
Das Deutsche Reich *352*
England unter Königin Viktoria *354*
Gegensätze in Rußland *355*
Bismarcks Friedenspolitik *356*
Technik und Wissenschaft *356*

Der Imperialismus 359

Die Voraussetzungen *359*
Wettlauf um die Kolonien *360*
Am Vorabend des Weltkrieges *363*

Zeitgeschichte *365*

Die Zerstörung des Gleichgewichts 366

Der Niedergang Europas 369

Die Teilung der Welt 373

Anhang *375*

Index *375*
Verzeichnis der Stammtafeln *394*
Literaturhinweise *395*
Bildnachweise *400*

Vorwort

»Was heißt und zu welchem Ende studiert man Universalgeschichte?«, fragte sich Schiller in seiner berühmten Antrittsvorlesung 1789, im Jahre der Französischen Revolution. Dem Optimismus der Aufklärung entsprechend, blieb Schiller die Antwort nicht schuldig. Weltgeschichte sei die Geschichte der Menschheit und ihres Fortschreitens zur Wahrheit, Sittlichkeit und Freiheit, der Wandel vom Dunklen zum Hellen, von der Barbarei zur Vernunft und Zivilisation.

Heute sind wir bescheidener geworden. Wir wissen um die Relativität aller geschichtlichen Ereignisse, um die Problematik, die Vielfalt und Stoffülle einzugrenzen und darzustellen, sie einzuordnen und zu periodisieren. Wir wissen, daß die Richtung des Weltverlaufs in den wechselnden Menschheitsabschnitten unterschiedlich bewertet wurde. Im nicht-christlichen Altertum glaubte man an einen kreisförmigen Weltgang: alles wiederhole sich nach längeren Zeiträumen aufs gleiche. Das Mittelalter, seit der jüdisch-christlichen Antike, sah einen zielgerichteten Ablauf von der Schöpfung bis zur Wiederkehr Christi. Die Neuzeit übernahm diese lineare Sichtweise und »verweltlichte« sie. Das Grundmuster dieser entchristlichten Endzeitvorstellung reicht über Marx zu seinen heutigen Jüngern, die annehmen, die geschichtliche Entwicklung führe zwangsläufig zum irdischen Paradies der klassenlosen Gesellschaft.

Daneben wurzelt seit dem frühen 19. Jahrhundert die Anschauung, die Geschichte habe kein sicher erkennbares Übermorgen, aber ein erkennbares Gestern, und dieses gelte es zu beschreiben. Ranke wollte »die Mär der Weltgeschichte« auffinden und lediglich erzählen, »wie es eigentlich gewesen«. Sicherlich kommt diese betonte Ideologie-Freiheit der Wirklichkeit – relativ – am nächsten. Daher bleiben Rankes Denkansatz und seine historiographische Schule weiterhin bestimmend.

Ebenfalls aus diesem Ansatz ergibt sich der schon in der Antike betonte Wert der Geschichte, die Überzeugung, daß die Vergangenheit wegweisenden Lehrstoff enthalte. Wenn auch nie die gleichen Konstellationen deckungsgleich wiederkehren, so liebt die Historie es doch, ihre Grundmuster zu kopieren. Darin jedenfalls hält sie mannigfache Erfahrungen und Warnungen für aufmerksame Nachlebende bereit. Dazu kommt unwiderlegbar, daß sie aus unendlichen Mischungen die Gegenwart herausdestilliert hat. Geschichtslos dahinzuwandern, das ist, als sei einem das Erbgut gleichgültig, aus dem das Jetzt und Heute geworden ist. Geschichte, dieses ungeheure Panorama, dient nach einem Wort Golo Manns dazu, »daß wir in ihr den Menschen kennenlernen und dadurch auch uns selber«.

Der Verlag

Vorgeschichte

Die Frage nach Ursprung und Herkunft der Welt und des Menschen wird wie in anderen Religionen und Mythen auch vom Schöpfungsbericht der Bibel gestellt und beantwortet. Dem christlichen Selbstverständnis entsprechend wurde die Welt und alles, »was da fleucht und kreucht«, einschließlich des Menschen, von Gott in einem einmaligen Schöpfungsakt geschaffen.

Trotz der beginnenden Zweifel im 17. und 18. Jahrhundert an diesem einmaligen Schöpfungsakt, kam erst mit Darwins 1859 erschienenen Werk von der Entstehung der Arten die epochale Wende, die Wende zur Anschauung der allgemeinen Deszendenz der Organismen. Demnach ist die gegenwärtige Vielfalt des Lebendigen die Folge des Wandels von einer Art zur anderen, bedingt durch die Mechanismen der biologischen Evolution. Daß auch der Mensch ein Produkt dieser Evolution ist, wird von der Wissenschaft nicht mehr bezweifelt. In Frage steht nur das »Wie« und »Wann«. Vor 70 Millionen Jahren trat der Stamm der Säugetiere deutlich hervor, und vor 30 Millionen Jahren mag sich die Trennung von Pongiden, d.h. Menschenaffen, und Hominiden, d.h. menschenartigen Säugetieren vollzogen haben.

Wesentlich für die Entwicklung zum Homo sapiens war der aufrechte Gang, der Arme und Hände von den Aufgaben der Fortbewegung entlastete und damit zur Anfertigung und zum Gebrauch von Werkzeugen frei machte. Der erste, noch affenähnliche Mensch, der sich aufrichtete und somit buchstäblich seinen Horizont erweiterte, hat als Ahne unseres Geschlechts zu gelten.

Südasien, Süd- und Ostafrika sind die wesentlichen Fundstätten, wenn es um die Frage der menschlichen Urheimat geht. Europa weist wenige, aber entscheidende Spuren auf. Hier entdeckte 1856 der Studienrat Fuhlrott in einer Höhle des Neandertals bei Düsseldorf menschliche Schädelreste, die weit in die Vorzeit zurückweisen und auf ein Alter von 60 000 Jahren geschätzt werden.

Die Vorgeschichtsforschung erhielt damit einen mächtigen Impuls. Auf Java, in China, in Afrika und bei Heidelberg wurden noch wesentlich ältere Reste gefunden. Man faßte sie zur sog. Pithecanthropus-Gruppe zusammen, den Urmenschen. Mit ihnen beginnt die Epoche, die wir Vorgeschichte nennen. Die spärlichen Funde der Frühzeit erlauben allerdings nur grobe Datierungen, später ist eine genauere Klassifizierung möglich. Die Epochenbegriffe und -grenzen bleiben jedoch relativ: Als im Alten Orient schon längst schriftliche Zeugnisse vorlagen, also schon von »Geschichte« zu sprechen ist, dauerte in Europa, je nördlicher desto mehr, die schriftlose Vorgeschichte noch lange an.

Bisons. Magdalénische Malerei an der Decke der Höhle Altamira in Spanien

Geologische Gliederung			Jahrtausende	Archäologische Gliederung		
Holozän (Alluvium)		Postglazial	4	Eisenzeit Bronzezeit	Metallzeiten	
			5	Jungsteinzeit = Neolithikum		
			10	Mittelsteinzeit = Mesolithikum		
Pleistozän (Diluvium)	Jung-	Würm 2 u. 3-Kaltzeit Warme Schwankung Würm 1-Kaltzeit	120	Magdalenium Solutrium Aurignacium	Jung-	Paläolithikum = Altsteinzeit
		U-Warmzeit = letztes Interglazial		Moustium Jung-Acheulium	Mittel-	
	Mittel-	Riß-Kaltzeit	240			
		O-Warmzeit = vorletztes Interglazial		Mittel-Acheulium Alt-Acheulium (Chellium)	Alt-	
		Mindel-Kaltzeit	480			
	Alt-	J-Warmzeit = erstes Interglazial		Abbevillium (Prächellium)		
		Günz-Kaltzeit	600	Älteste Kulturen (?)		

Übersicht der geologischen und der archäologischen Gliederung des europäischen Quartiärs

Altsteinzeit (Paläolithikum)

Diese Epoche ist nach dem Material benannt, aus dem der Mensch seine frühesten nachweisbaren Werkzeuge gestaltete: dem Stein. Beginnend mit dem Einsatz natürlich geformter Steine (Geröllkultur) entwickelt der altsteinzeitliche Jäger Steinwerkzeuge für verschiedene Zwecke. Am verbreitetsten ist der Faustkeil, der anfangs aus roh behauenen Kernsteinen oder einfach gespaltenen Geröllsteinen besteht und zunehmend verfeinert wird.

Die ersten groben Faustkeile werden dem sog. Abbevillien (benannt nach der nordfranzösischen Stadt Abbeville) zugerechnet. Eine Weiterentwicklung beidseitig bearbeiteter und geschärfter Keile rechnet man zum Acheuléen (nach dem Fundort St. Acheul). Sie weisen schon eine erhebliche Vielfalt auf und sind Vorläufer der Werkzeuge aus feineren Abschlägen von Kernsteinen, die als Klingen, Speerspitzen und Nadeln dienen (Clactonien, Moustérien u.a.). In der letzten Phase der Altsteinzeit kommen dann bearbeitete Abschläge in Gebrauch (Bohrer, Stichel, Kratzer). Daneben treten zunehmend Knochenwerkzeuge für feinere Arbeiten auf (Aurignacien, Magdalénien u.a.).

Das Paläolithikum wird in drei größere Unterabschnitte eingeteilt:

600000–60000 Altpaläolithikum
(Ältere Altsteinzeit).

In diesen Zeitraum fallen drei Eiszeiten, die mit Warmzeiten abwechseln. Gegen Ende der Epoche beginnt die vierte Eiszeit, die bis zum Beginn der Mittleren Steinzeit reicht. Die enormen Klimaschwankungen haben auf Entwicklung und Lebensgewohnheiten der Urmenschen entscheidend eingewirkt. Eis- und Warmzeiten sind nach kleinen süddeutschen Flüssen benannt:

600–540000 Günz-Eiszeit
540–480000 Günz-Mindel-Warmzeit
480–430000 Mindel-Eiszeit
430–240000 Mindel-Riß-Warmzeit
240–180000 Riß-Eiszeit
180–120000 Riß-Würm-Warmzeit
120– 10000 Würm-Eiszeit

Die darauffolgende Nacheiszeit dauert heute noch an.

In Nordeuropa reicht das Eis (Maximum in der Riß-Eiszeit) bis Südengland, an den Niederrhein, zum Harz, nach Schlesien, in die Ukraine und fast bis ans heutige Stalingrad. Riesige Wassermassen sind durch mächtige Eisschichten (in Norddeutschland bis zu 100, über Skandinavien mehrere tausend Meter) gebunden und geben weite Meeresgebiete frei. So wird die Besiedlung Amerikas und Australiens während der Würm-Eiszeit möglich, da es von Asien aus Landbrücken gibt.

Europa ist in den Kaltzeiten ein karges Land. Die Waldgrenze liegt in Südfrankreich, die vom Eise verschonten Gebiete sind unwirtliche Tundren und Kältesteppen. Moschusochse, Rentier und das zottige Mammut sind die Hauptbewohner unseres Kontinents.

In den Warmzeiten dagegen blüht das vom Eis befreite Land auf. Die Waldgrenze rückt wieder bis Skandinavien vor, beim heutigen Paris gedeihen Feige und Lorbeer. Waldelefanten, Wildpferde, Löwen, Tiger und Bären bevölkern das fruchtbare Gebiet.

So finden die urmenschlichen Jäger in der ersten Warmzeit ausreichend Beute und pflanzliche Nahrung. Der Anreiz, neue Techniken zu entwickeln, ist gering. Die Bewaffnung genügt, und der Bau schützender Behausungen ist bei dem milden Klima nicht nötig.

Zwar sind die wilden Tiere dem Menschen an Kraft, Schnelligkeit und natürlichen Waffen weit überlegen, doch mit Aufgabenverteilung und Koordinierung von Gruppenaktionen kann der Mensch diesen Nachteil ausgleichen. Mit Vorliebe erbeutet der urweltliche Jäger Großwild, das ihm größere Fleischvorrä-

te sichert. An Tränken werden Fallgruben ausgehoben, viele Jäger treiben das Wild in die Enge und erledigen es. Diese Arbeit ist den Männern vorbehalten. Die Frauen sammeln Früchte und fangen Kleintiere.

Geht der Wildbestand zurück, zieht die Steinzeit-Horde, meist an Flüssen entlang, in andere Gebiete. Sie braucht große Flächen, um den Nahrungsbedarf zu decken. Die dünne Besiedelung läßt es zunächst nur selten zu Konflikten zwischen nomadisierenden Horden kommen. Es sind meist nur kleine Gruppen von 20–30 Personen, die als Jagd- und Schutzgemeinschaften umherziehen. Ihr Zusammenleben ist vom Nahrungserwerb bestimmt, Sprache und Kultur entwickeln sich daher in dem kleinen Kreis nur äußerst langsam.

Während der zweiten und dritten Eiszeit weicht der Mensch vor dem Eis zurück, und mit ihm verlassen auch seine Beutetiere den alten Lebensraum. Allerdings müht er sich eine ganze Weile, sich den schlechter werdenden Bedingungen anzupassen. Verbesserungen der Waffen und Werkzeuge gehen sicherlich auf diesen Umstand zurück.

Erst in der vierten Eiszeit behauptet sich der Mensch in den schwer zugänglichen nördlichen Regionen. Diese Würm-Eiszeit ist weniger raumgreifend als ihre Vorgängerin. Die Menschen schützen sich, indem sie Höhlen als Lagerstätten suchen. Sie lernen, das Feuer zu beherrschen, das sie wärmt und vor Raubtieren schützt. Mit dieser zumindest zeitweisen Seßhaftigkeit entstehen neue Formen menschlichen Zusammenlebens.

Paläolithische Steinwerkzeuge

60000–35000 Mittelpaläolithikum (Mittlere Altsteinzeit).

Ein typischer Vertreter dieser Unterepoche ist der **Neandertaler**, ein gebückt gehender grobschlächtiger Typus. Unter fliehender Stirn wölben sich starke Überaugenbögen; breite Nase und schwach ausgebildetes Kinn prägen ein kaum menschenähnliches Gesicht.

Er ist ein geschickter Handwerker, fertigt Sägen und Harpunen aus Stein, bearbeitet Holz, Knochen und Felle. Zum Schutz vor Kälte und Feinden zieht er sich unter Felsüberhänge und in Höhlen zurück. Seine Kultur wird dem Moustérien (benannt nach dem Fundort der Höhle Le Moustier in der Dordogne) zugerechnet.

Die Epoche des Neandertalers ist jedoch kurz. Von ihm führt keine direkte Entwicklungslinie zu uns.

Gleichzeitig leben Menschen vom Homo-sapiens-Typ, die aufrecht gehen und in Körperbau und Schädelform dem Jetztmenschen ähneln. Beide, Neandertaler und Homo sapiens, haben in einer präneandertaloiden Hominidengruppe eine gemeinsame Wurzel, ihre Entwicklungslinien verlaufen aber getrennt.

Diese Vorläufer des heutigen Menschen sind auch Großwildjäger und als nomadisierende Horden organisiert. Sie kommen in Europa, Afrika und Asien vor, leben aber trotz dieser weit entfernten Lebensräume sehr ähnlich. Nur zögernd bringen sie jeweils eigene kulturelle Leistungen hervor.

Die Bestattungen aus dieser Zeit weisen auf einen sehr konkreten Jenseitsglauben hin. Nach dem Tod erwartet der Urmensch ein Weiterleben; deshalb werden ihm Proviant, Schmuck und Waffen in die Grabstätte gelegt. Reiche Funde zeugen von Opferhandlungen, in denen Tiere den Göttern oder Geistern dargebracht werden, um das Jagdglück zu beschwören.

Magdalénisches Wildpferd. Steinrelief in der Höhle Cap Blanc in der Dordogne

Stärkere Hinwendung des Menschen zu sich selbst und zunehmende geistige Auseinandersetzung mit der Umwelt kennzeichnen den letzten Abschnitt der ersten vorgeschichtlichen Epoche:

35 000 – 8000 Jungpaläolithikum
(Jüngere Altsteinzeit).

Mit dem sog. Cro-Magnon-Menschen (Skelettreste 1868 in Südfrankreich freigelegt) wird die direkte Vorstufe des Jetztmenschen erreicht.

Der Cro-Magnon (wahrscheinlich letzter gemeinsamer Grundtypus vor der Rassenaufteilung in Europide, Mongolide, Negride und Australide) ist hochgewachsen; mit seiner hohen Stirn, der schmalen Nase und dem ausgeprägten Kinn kommt er dem Erscheinungsbild des heutigen Menschen nahe.

Die Menschen der Jüngeren Altsteinzeit verbessern nicht nur Handwerk (sehr differenzierte Steininstrumente, Bearbeitung vieler anderer Materialien, u.a. Holz und Knochen) und Waffen (Stoßspeer, Pfeil und Bogen, Wurflanzen, Schlingen), sondern entwickeln auch künstlerische Fertigkeiten. Wir kennen von Spanien bis Sibirien eindrucksvolle Zeugnisse dieser neuen Bewußtseinshaltung.

Die bekanntesten Zeugnisse dieser Epoche sind die Höhlenmalereien von Altamira (bei Santander) und Lascaux (Dordogne). Farbige Tier- und Menschendarstellungen verzieren die Wände der Höhlen. Sie schildern zumeist Jagderlebnisse und zeichnen sich durch realistische Gestaltung aus. Selbstbildnisse verdeutlichen, indem sie den Maler in Anbetungshaltung zeigen, die religiösen Motive der künstlerischen Betätigung. Im Bild versuchte man, die Beute zu bannen, den Jagderfolg zu beschwören. Ähnliches gilt von Stein- und Tonplastiken sowie Schnitzereien und Gravuren in Elfenbein, Holz oder Knochen. Verbreitet waren vor allem Plastiken, die beleibte Frauen zeigen. Die bekannteste ist die sog. Venus von Willendorf (bei

In Stein gemeißelte paläolithische Venus von Laussel

Wien). Solche Figuren werden als Fruchtbarkeitszauber gedeutet.

Mit Beschwörungen und Opfern versucht der Mensch auch bei Bestattungen die Götter gnädig zu stimmen. Das Jenseitsbild ist schon differenzierter als bei früheren Menschen. Die verbreitete Sitte der Kopfbestattungen weist darauf hin, daß man sich das Weiterleben nach dem Tod als eine höhere, geistige Existenz vorzustellen vermag.

Der Nahrungsmittelbedarf wird weiter durch die Jagd und das Sammeln von Früchten gedeckt. Halbseßhaftes Leben in der Kaltzeit führt allmählich zum Ausbau der Behausungen. Große überdachte Wohngruben ersetzen die Höhlen. Mit Knochennadeln werden Fellkleider angefertigt. Der Hund taucht als erstes Haustier auf. Weiterhin vorherrschend ist die aneignende Wirtschaftsweise, die sich erst in der nächsten Epoche ändert.

Mittel- und Jungsteinzeit (Neolithikum)
Seit 10000 geht das Eis zurück. Die Waldgrenze schiebt sich nach Norden vor und engt den menschlichen Lebensraum ein. Die großen Tiere der Kaltzeit (Mammut, Ren u.a.) sterben aus. Der Mensch muß seine Jagdgewohnheiten ändern, Klein- und Wassertiere bilden zunehmend seine Beute. Bevorzugte Siedlungsstätten sind daher Küstenstriche und Flußniederungen.

Die Wasserjagd hat Auswirkungen auf Technik und Lebensformen. Boote (Einbäume) werden gebaut. Die größeren Jagdgruppen lösen sich auf, die Familie wird Ernährungsverband. Das Sammeln von Früchten gewinnt gegenüber der Jagd an Gewicht.

Von festen Plätzen aus unternehmen die Familien Jagd- und Sammelzüge, legen Wintervorräte an. Die Entwicklung zur **produzierenden Wirtschaftsweise** und damit zur Seßhaftigkeit deutet sich an.

Bandkeramisches Tongefäß

Anbau von Nutzpflanzen, Vorratswirtschaft und Tierhaltung machen den Menschen unabhängiger vom Nahrungsangebot der Natur. Schwein, Huhn, Schaf, Ziege und Rind werden domestiziert. Später kommt das Pferd hinzu. Wachsender Nahrungsbedarf führt einerseits zur Ausbildung eines Hirtennomadentums, andererseits zur Verfeinerung der Ackerbaumethoden. Aus dem Grabscheit zur Lockerung des Erdreichs werden Spaten und Hacke, aus dem Spaten entsteht der Pflug. Rinder als Zugtiere erleichtern Arbeit und Ausweitung der Anbaufläche. Zunehmende Seßhaftigkeit führt zu weiterer Arbeitsteilung.

Zuerst in Vorderasien, später im südlichen und zuletzt im nördlichen Europa bilden sich auch aus einem wachsenden Schutzbedürfnis dörfliche Ansiedlungen. Etwa im **5. Jahrtausend** breitet sich in Europa die **bandkeramische Kultur** aus. Tonwaren werden mit Band- und Linienmustern verziert.

Häuser aus Holz und Lehm entstehen. Die Waffen- und Werkzeugtechnik wird verfeinert (Steinbeile, Feuersteinmesser, geschliffen, nicht mehr behauen, Knochenäxte, Schmalklingen). Bei der Felsmalerei tritt, vor allem in Spanien (Levante-Malereien), erstmals das Motiv des Kampfes, der kriegerischen Gesinnung hervor.

Kupfer- und Bronzezeit
Die Zeitetappen lassen sich nicht klar trennen. Während in Europa die Jungsteinzeit ausläuft (Spätneolithikum), wird im Orient schon Bronze verarbeitet. Die eigenständige Epochenbezeichnung »Kupferzeit« für den Zeitraum **2700 bis 700** wird kaum mehr verwendet; ihre Funde werden teils der Jungsteinzeit zugewiesen, teils der frühen Bronzezeit. Kupferne Lanzen- und Pfeilspitzen finden sich in Vorderasien schon aus dem vierten

Kultstätte Stonehenge. Megalithisches Bauwerk in England

Jahrtausend. In Mitteleuropa ist Kupferabbau etwa seit 1500 nachweisbar (Mitterberg bei Salzburg). Die Kulturphasen sind also gegeneinander stark verzerrt, wie ja im Orient bereits zu dieser Zeit »geschichtliche« Hochzivilisationen gedeihen, indes Europa in seinen mittleren und nördlichen Teilen vorgeschichtlich bleibt. Auffallendste Überbleibsel des Kulturabschnitts sind die Megalithbauten. Ungefähr seit 2500 dokumentiert sich dieser Stil, von Spanien kommend, in gewaltigen Grabanlagen, Hünengräbern (wie in der Lüneburger Heide), in kultischen Kolossaldenkmälern, Menhiren (wie in der Bretagne) oder astronomischen Zweckbauten (Stonehenge in Südengland). Da spätestens die Bronzezeit eine große kulturelle Variationsbreite besitzt, werden ihre hervorstechenden Merkmale nach Erscheinungsorten oder Erscheinungsarten eingeteilt.

Von Spanien breitet sich die **Glockenbecherkultur** nach Norden und Nordosten aus. Sie hat ihren Namen von Gefäßbechern in Form einer umgestürzten Glocke und gehört zum sog. Westkreis im frühbronzezeitlichen Europa. Ein auffälliges Kennzeichen dieser Kultur sind auch die süddeutschen und schweizerischen Pfahlbauten, die zu Dörfern gruppiert sind und schon einen hohen landwirtschaftlichen Standard erreichen. Mohn, Linsen, Möhren, Flachs und Hanf gedeihen in den Gärten. Obstbaumveredelung setzt ein. Primitive Webstühle kommen in Gebrauch, kunstvoll gemusterte und gefärbte Gewebe werden hergestellt.

Demgegenüber bringt der sog. Nordische Kreis seit **1550 die Trichterbecher-Kultur** hervor. In Polen, Deutschland, Dänemark und Südschweden breiten sich die Vorfahren der Germanen aus. Sie erzeugen kunstvolle Waffen und Geräte: Helme, Schwerter, Schilde, Lanzen; Schalen, Fibeln (Sicherheitsnadeln), Ringe, Spiralornamente, Luren (Blasinstrumente). Ihre Behausungen sind rechteckig, oft mit einer Vorhalle versehen.

Ihre Toten bestatten die Trichterbecherleute in großen Steinkammern aus Findlingen, den sog. Dolmen, anfangs einzeln, später kollektiv. Die Dolmen weiten sich zu Ganggräbern für ganze Geschlechter aus. Sonnenräder, Hakenkreuze, Handabbildungen verzieren die Grabplatten, Tieropfer werden zur Versöhnung der Gottheiten dargebracht.

In den nordischen Kreis dringen die **Schnurkeramiker oder Streitaxtleute** ein und geben ihm neue Impulse. Die von Osten kommenden Viehzüchter sind kriegerisch und dominieren bald in ganz Nordeuropa. Sie haben ihre Namen von den Schnurabdrücken auf den Tongefäßen und von dem Brauch, ihren toten Männern eine Streitaxt ins Grab zu legen. Als Reiter und Streitwagenkämpfer sehr beweglich, können die Schnurkeramiker umfassendere Gebiete beherrschen.

Seßhaftigkeit, Arbeitsteilung und Besitz lassen soziale Schichten entstehen. Von der Masse der Bauern heben sich Handwerker, Händler und Heerführer ab.

Ähnliches gilt von der **Hügelgräber-Kultur** (Bestattung unter Hügeln) im Oberrhein- und Alpengebiet, der die **Urnenfelder-Kultur** (Leichenverbrennung, statt Körperbestattung) folgt. Die letztere breitet sich rasch über ganz West- und Mitteleuropa aus. Die Urnenfelderleute sind in der Nachfolge der Schnurkeramiker ausgesprochen kriegerisch. Ihr Vordringen löst vor allem nach Süden erhebliche Bevölkerungsbewegungen aus, die sich verheerend auf die bereits im

Der Sonnenwagen von Trundholm. Bronzezeitliche Metallarbeit

Mittelmeerraum ansässigen Hochkulturen auswirken:
Die mykenische und minoische Kultur erlöschen, das Reich der Hethiter bricht zusammen, »Seevölker« und Philister bedrohen Ägypten und Palästina.

Eisenzeit
In der europäischen Eisenzeit **ab 750** unterscheiden wir mit der Hallstatt- und La-Tène-Kultur zwei Hauptabschnitte:
Die **Hallstatt-Kultur** (um 1000 v. Chr. beginnend, aus der Urnenfelder-Kultur hervorgehend) ist nach dem Ort Hallstatt im Salzkammergut benannt. Salz- und Eisenbergbau wird betrieben, neue Waffentechniken entwickelt (z.B. Hallstattschwert).
Die **La-Tène-Kultur** (benannt nach dem Ort La Tène in der Westschweiz), im 5. Jahrhundert v. Chr. aus der westlichen Hallstatt-Kultur hervorgehend, wird von den Kelten getragen. Ihre Abwanderung nach Frankreich, England und Spanien löst die erste große Völkerbewegung Europas aus. Später nimmt sie auch die Gestalt von Eroberungszügen an. Keltische Heerhaufen dringen 387 bis nach Rom vor, hundert Jahre später nach Griechenland. Gegliederte Stammesorganisationen mit deutlicher sozialer Schichtung sind für die Eisenzeit gegenüber früher vorherrschend. Keltische Stämme kennen schon Geldwirtschaft. Seit dem 2. Jahrhundert bewohnen die Kelten befestigte Siedlungen (Oppida), die nicht mehr nur als Fluchtburgen dienen, sondern schon vorstädtischen Charakter haben. Der Kimbern- und Teutonenzug nach Italien (113–101 v. Chr.) schafft die erste Berührung der germanischen Welt mit Rom.

Links: Brustpanzer eines bronzezeitlichen Kriegers
Rechts: Griff eines Langschwerts aus der Eisenzeit

Altertum

Günstige Lebensbedingungen in den großen Stromtälern Nordafrikas, Vorder-, Süd- und Ostasiens ermöglichen, daß hier die archaischen Daseinsformen am ehesten von durchorganisierten Zivilisationen mit städtischen Mittelpunkten abgelöst werden. Ägypten und Mesopotamien, also Nil- und Zweistromland, gelten als älteste Hochkulturen, gefolgt von einer Blütezeit im Indus-Gebiet. Eine ähnliche Entwicklung folgt zuletzt am Gelben Fluß in China. Demgegenüber sind die für Europas Werdegang besonders maßgeblich gewordenen Kultur- und Machtzentren Griechenland und Italien relative Späterscheinungen, geschichtlich hervortretend erst, als der alte Orient im Abendlicht steht. Dabei zeigen sich kennzeichnende Unterschiede in der Selbstverwirklichung. Ägypten, Babylonien, Assyrien bilden ein Gott-Königtum heraus, das sich und seine Kulte in gewaltigen Steindenkmälern und, vor allem am Nil, in herrlichen Kunstzeugnissen darstellen läßt. Das Herrschaftssystem ist mit Ausnahmen despotisch (anders als in Indien und China). Griechenland entwickelt im Gegensatz dazu zeitüberdauernde abendländische Denksysteme, Dichtungen, Mythologien, die Historiographie, den Sport – neben bleibenden Kunstvorbildern, ist aber aufgrund individuell-freiheitlicher Zersplitterung lange zu politischer Konzentration unfähig. Erst der Hellenismus wächst zum mittelmeerisch-orientalischen Machtfaktor und repräsentiert eine antike, vorrömische Weltkultur. Rom schließlich, in vielem immer ein Erbe und eine Kopie des Griechentums, ist durch frühentwickelte staatsbildende und militärische Befähigung berufen, das letzte, umfassendste Großreich des Altertums zu schaffen.

Das Imperium Romanum ist ein guter Nachlaßverwalter, und es entwickelt die Macht zur Durchsetzung der Errungenschaften. Dazu verhelfen ihm imponierende technische Fähigkeiten und beachtliches Organisationstalent. So werden Technisch-Militärisches und Juristisch-Bürokratisches zum Markenzeichen der römischen Herrschaft.

Die Pax romana begünstigt die Ausbreitung des Christentums, hervorgegangen aus der genialen Ein-Gott-Vorstellung der Juden, dem transzendentalen Monotheismus vom Sinai. Eine schöpferische römische Eigenleistung ist das Rechtsdenken. Der nachhaltigste Bewußtseinswandel im alten Orient, der ihn von der übrigen Welt am stärksten abhebt, ist der Wille zur schriftlichen Verständigung. Nach 3000 entsteht in Sumer die Keilschrift, etwas später bei den Ägyptern die Hieroglyphen-Schrift. Aus beiden Vorbildern entwickeln die Phönizier um 1500 ein Buchstabenalphabet. Es ist der Stammvater aller Buchstabenschriften der Welt.

Tutenchamun und seine Gemahlin. Relief auf der Rückenlehne des Thronsessels aus dem Grab des Pharaos bei Theben

Ägypten

Das Land am Unterlauf des Nils gehört zu den schon sehr früh besiedelten Gebieten der Erdc. Als Ägypten im engeren Sinne bezeichnet man die Uferlandschaft der letzten 1000 km des Nils einschließlich des erst spät erschlossenen Deltagebietes. Die angrenzenden Wüsten im Westen und Osten sind in historischer Zeit unbewohnbar.

Die jungsteinzeitlichen Jäger, die von den ausgetrockneten Höhen ins Flußtal hinabsteigen, finden hier bereits im 5./4. Jahrtausend v. Chr. ein entwickeltes Pflanzertum und den Gebrauch von Kupfer (Kupfersteinzeit oder Chalkolithikum) vor. Die Neuankömmlinge vermischen sich mit der Urbevölkerung, ein Vorgang, der z.B. in Malereien des Felsengrabs von Sethos I. (1304–1290) wiedergegeben ist. Die Jäger bringen ihre

Ägyptischer Falkengott Horus

totemistischen (auf Jagdzauber beruhenden) religiösen Vorstellungen mit. Daher finden sich in der frühägyptischen Religion sowohl heilige Tiere als auch die für Pflanzerkulturen typischen Muttergottheiten. Erst allmählich werden diese Kulte vom Sonnengott oder von Fruchtbarkeitsgöttern abgelöst.

Der Einteilung der ägyptischen Geschichte liegt auch noch heute das fragmentarisch überlieferte Werk des Mönchs Manetho, eines Priesters aus Heliopolis im 3. Jahrhundert v. Chr., zu Grunde. Er hat 30 Dynastien drei Abschnitten zugeteilt, dem Alten, Mittleren und Neuen Reich. Darüber hinaus spricht die Wissenschaft von einer Frühzeit, von Zwischenzeiten und einer Spätzeit. Die festgelegten Jahreszahlen sind bis zum Jahre 2000 v. Chr. zurück recht genau, für die Zeit davor ist nur eine ungefähre Datierung möglich.

2900–2620 Frühzeit (1. und 2. Dynastie)
Zu Beginn der historischen Zeit (um 3000) gibt es zwei Reiche am Nil, die von den oberägyptischen Königen Narmer und Aha (griechische Überlieferung: **Menes**) vereinigt werden.

Die Könige dieser Zeit kommen aus dem thinitischen Gau Oberägyptens mit der wichtigsten Stadt Abydos. Man kann davon ausgehen, daß sie ihre Autorität vom Himmelsgott Horus (als Falke dargestellt) ableiten. Während ihrer Regierungszeit verlagert sich das politische Gewicht in den dichter besiedelten Norden. Memphis (»Weiße Mauer«) am Delta-Beginn wird Hauptstadt. Die **Hieroglyphen-Schrift** entsteht aus Bildaufzeichnungen. Sie ist bereits eine Buchstabenschrift, die sich lange, vielfach mißdeutet als eine Art Bildergeschichte, der Entzifferung entzieht. (Erst 1822 findet der französische Ägyptologe Champollion den Schlüssel zur Entzifferung.)

Die Schrift erlaubt eine wesentlich leistungsfähigere Verwaltung. Ein gut organisierter Beamtenapparat (»Schreiber«)

Kopf der Kolossalstatue des ägyptischen Königs Djoser

entsteht, der die Wasserwirtschaft kontrolliert, die Abgaben (Vieh und Getreide) eintreibt und die Frondienste der Bauern überwacht. Expansive Kriegsanstrengungen führen zur Eroberung der Kupfergruben auf dem Sinai. Durch Vorstöße nach Nubien wird die leicht verletzbare Südgrenze gesichert.

Altes Reich
Auch als
2620–2160 Pyramidenzeit oder Zeit der 3. bis 8. Dynastie bezeichnet, beginnt dieser Abschnitt mit der markanten Herrscherpersönlichkeit Djosers (gest. um 2590) und seinem Arzt und Architekten Imhotep. Das Grab des Pharao (= »großes Haus«), die Pyramide von Sakkara, wird der erste Monumentalbau der Welt.

Während der **4. Dynastie** entstehen um 2575–2465 die Pyramiden bei Giseh der Könige Cheops, Chephren und Mykerinos. Sie sind die ältesten und größten (ursprüngliche Höhe der Cheops-Pyramide 147 m, zweieinhalb Mio. Kubikmeter Mauerwerk). Um sie herum werden die Gräber der Vornehmen angelegt und Tempel errichtet.
Dieser gigantische Totenkult, getragen von einem sehr konkreten Jenseitsglauben, gilt der Erhaltung des als Sohn des Re (Sonnengott) verehrten Pharaos. Die Leichen der Könige werden mumifiziert (ägyptisch mum = Harz), und viele sind bis heute sehr gut erhalten. Zum Bau der Riesengräber kann jeder Untertan dienstverpflichtet werden. Die prunkvolle Ausstattung der Grabkammern

muß ebenfalls von den unteren Schichten erarbeitet werden.
In der Zeit der **5. Dynastie** (2465–2325) steigert sich der Einfluß der Beamten. Ihr ursprünglich als Lehen gegebener Grundbesitz wird erblich, womit der hohe Beamtenadel dem Königtum gegenüber an Gewicht gewinnt.
Gaufürsten lehnen sich auf und beanspruchen mehr regionale Selbständigkeit. Auch die Pharaonen der **6. Dynastie** (2325–2160) können diese Entwicklung nicht aufhalten. Versuche, die rebellischen Provinzhäuptlinge durch Heiratspolitik dem Königtum zu verpflichten, schlagen fehl.
Unter der Regierung des letzten Königs dieser Dynastie (Pepis II.) kommt es zu Unruhen. Die Bauern rebellieren gegen die immer drückenderen Fronlasten. Die Machtkämpfe der Gaufürsten vernichten die bisherige Rechtssicherheit.
2160–2040 Erste Zwischenzeit
(9. und 10. Dynastie).
In ihr versinkt das Reich im Chaos großer Hungersnöte und schwerer Ausschreitungen. Der Außenhandel kommt zum Erliegen. Versuche der 9. und 10. Dynastie, die Einheit wieder herzustellen, scheitern am militärischen Widerstand der Gaufürsten von Theben.
Ergreifende literarische Zeugnisse künden vom Elend dieser Zeit. »Der Tod steht heute vor mir wie der Duft der Lotosblume, wie das Sitzen auf dem Ufer der Trunkenheit. Der Tod steht heute vor mir, wie ein Mensch ein Haus wiederzusehen wünscht, nachdem er viele Jahre in Gefangenschaft war,« heißt es im Gespräch eines Lebensmüden mit seiner Seele.
Erst den Thebaner Fürsten gelingt es, Ordnung zu schaffen. Mentuhotep begründet die 11. Dynastie.

Mittleres Reich
In der
2040–1650 Zeit der 11. bis 14. Dynastie
werden die Gaufürsten zunächst für das Königtum gewonnen, dann wird ihre

Bauern bei der Landarbeit. Ägyptische Papyrusmalerei

Kalksteinstatue eines Schreibers aus Sakkra

Macht auch durch den Einsatz militärischer Mittel drastisch eingeschränkt. Befestigungen an der Landenge von Suez und Vorstöße nach Nubien bis zum 2. Nilkatarakt sichern das Reich nach außen.

Wichtigster Herrscher ist **Sesostris III.** (1878–1844). Goldgewinnung im Wadi Al Alaki, blühender Außenhandel mit Syrien, Palästina, Kreta und Punt (Somaliland) bringen dem Königtum Reichtum und neuen Machtgewinn.

Auch die Könige des Mittleren Reiches leiten ihre Autorität von einem göttlichen Auftrag her, in diesem Fall vom neuen Reichsgott Amun, dem großen Tempelanlagen bei Karnak errichtet werden. Ein neuer Statuentyp, der sog. Würfelhocker, eine Ganzfigur mit angezogenen Beinen, entsteht. Die Gesichtsgestaltung nähert sich dem Porträt. Auch die Literatur beginnt sich für das Individuum zu interessieren. Bekannt sind vor allem der Roman des Seefahrers Sinuhe und formvollendete Märchen. Wissenschaften entwickeln sich: Mathematik, Astronomie, Medizin (auch Chirurgie).

Sichtbar stolz läßt sich ein Pharao dieser Epoche vernehmen: »Niemand litt Hunger in meinen Jahren, keinen dürstete. Die Menschen lebten in Frieden durch das, was ich tat.«

In der **13. und 14. Dynastie** (1778–1650) kommt es erneut zu inneren Unruhen. Übersättigung, Erbstreitigkeiten, Krankheiten wirken unheilvoll zusammen. Die Reichseinheit bleibt unter den zahlreichen Pharaonen nicht immer gewahrt. Der Verfall im Inneren schwächt die Abwehrkraft des Reiches nach außen.

1650–1551 Zweite Zwischenzeit (15. bis 17. Dynastie).

In ihr gerät Ägypten unter die Fremdherrschaft der **Hyksos**, einem semitisch-churritischen Kriegerstamm, der vom Deltagebiet aus das Land beherrscht. Überlegene Kriegstechnik (Reiterei und Streitwagen) lassen die Hyksos bis Nubien vordringen. Doch können sich die Eroberer, die keine eigene Kultur entwickeln, nicht behaupten.

Unter dem Gaufürsten Kamose beginnt vom Süden, von Theben aus der Befreiungskampf, den sein Bruder **Amosis I.** (1551–1527) durch die Eroberung von Anaris vollendet. Er verfolgt die Hyksos bis Palästina und begründet als neuer Alleinherrscher über ganz Ägypten das Neue Reiche mit der Hauptstadt Theben.

Neues Reich

Auf den Reichsgründer folgt in der **1551–1070 18. bis 20. Dynastie** eine Reihe tatkräftiger Pharaonen. Sein Sohn und Nachfolger **Amenophis I.** (1527–1506) sichert endgültig Nubien. Dessen Nachfolger wiederum, **Thutmosis I.** (1506 bis 1494) schiebt Ägyptens Grenzmarkierungen bis zum Euphrat vor, erreicht den vierten Nilkatarakt und läßt die Erwerbungen durch Festungsbauten sichern.

Kurz unterbrochen wird Ägyptens Weg zur Großmacht durch die Regentschaft

Amenemhet und seine Gemahlin umarmen ihren Sohn. Stele des Mittleren Reiches

seiner Witwe, der Königin **Hatschepsut** (1490–1468). Sie verdrängt den unmündigen Thronerben und widmet sich vor allem dem Ausbau der Handelsbeziehungen, die sie 1482 z.B. durch eine königliche Expedition nach Punt (Somalia) fördert. Gold und Elfenbein, Felle und Ebenholz werden erworben. Auch mit Kreta knüpft sie Kontakte, die für die ägyptische Kunst fruchtbar werden. Berühmt ist ihr Totentempel in Dair Al Bahri (um 1480).

So rücksichtslos sie die Macht an sich gerissen hat, so schlagartig wird sie von ihrem herangewachsenen Stiefsohn **Thutmosis III.**(1490–1436) entmachtet. Der neue Pharao nimmt unverzüglich die Expansionspolitik wieder auf und wendet sich gegen die in den asiatischen Provinzen mittlerweile entstandenen antiägyptischen Koalitionen von Provinzpotentaten und dem Mitanni-Großreich. Noch **1468 bei Megiddo** schlägt er die Syrer und bindet Palästina wieder fest ins Reich ein. In 16 weiteren asiatischen Feldzügen sichert er Ägyptens Vormachtstellung im Nahen Osten.

Unter den Nachfolgern **Amenophis II.** (1438–1412) und **Thutmosis IV.** (1412–1402) kann das Gebiet gehalten werden.

Glänzend ist die Hofhaltung unter **Amenophis III.** (1402–1364), das Leben der Herrenschicht scheint ungetrübt. Kolossalstatuen (»Memnonskolosse«) verherrlichen den König. Man sonnt sich in der eigenen Bedeutung, fühlt sich als politisches Zentrum der Welt.

Doch diese Blütezeit bleibt nicht ungefährdet. Von außen droht die wachsende Macht des Hethiter-Reichs, im Inneren untergraben Korruption, Bandenunwesen und Sittenverfall die Autorität des Staates.

In diese morsche Ordnung tritt der neue Pharao Amenophis IV., bekannter als **Echnaton** (1364–1347). In krasser Ab-

Thuthmosis III. erschlägt asiatische Feinde

kehr vom weltlichen Treiben am Königshof gilt sein ganzes Interesse der Religion. Die zu leeren Ritualen und Machtwerkzeugen der Priesterschaft degenerierten traditionellen Kulte lehnt er ab und entwickelt in konsequenter Fortsetzung der religiösen Geschichte des Landes – vom Totemismus über kosmische Gottheiten zu Hauptgöttern wie Amun und Re – einen Sonnenmonotheismus. Aton (ursprünglich »Sonnenscheibe«), der Leben- und Lichtspender, ist einziger Gott, er, der König, sein oberster Priester und Prophet: »Wenn Du aufgehst, so leben die Menschen, gehst Du unter, so sterben sie. Denn Du bist selbst das Leben und jeder lebt nur durch Dich«, singt Amenophis IV.

Bemalte Kalksteinbüste der Königin Nofretete

Der junge Pharao ändert seinen Namen in Echnaton (= es freut sich die Sonne), gründet in **El Amarna** (Echetaton) eine neue Residenz und bekämpft alle bisherigen Kulte und deren Priesterschaft, vor allem die Amun-Anhänger.
Die Namen großer Familien verschwinden, neuer Adel kommt empor. Die Künstler werden zu naturnaher Darstellung angehalten. Der König geht mit gutem Beispiel voran und läßt sich mit seiner Frau Nofretete und den Kindern porträtieren. Die Amarna-Zeit ist ein Gipfel künstlerischer Entwicklung. Nicht so in politischer Hinsicht. Mit sich und der Weltdeutung beschäftigt, zeigt Echnaton für die außenpolitischen und militärischen Fragen nur wenig Interesse. Die asiatischen Besitzungen gehen verloren, viele diplomatische Beziehungen verkümmern.
Als der »Ketzerkönig« stirbt, steht das Reich vor schweren Belastungsproben, und das mit einem 10jährigen Nachfolger an der Spitze. Doch die Unmündigkeit hat Vorteile, erleichtert sie doch die Rückkehr zum alten Amun-Glauben und zur angestammten Hauptstadt Theben. Der Frieden mit der mächtigen Priesterschaft sichert so die innere Konsolidierung. Der junge Pharao **Tutenchamun** (1347–1339) folgt willig seinem Ratgeber Eje, der beim Tode des Jünglings für ein prunkvolles Begräbnis im Tal der Könige bei Luxor sorgt. Erst sein Grab macht den König zur historischen Figur, denn es ist als eines der wenigen unversehrten der Nachwelt überliefert, die es 1922 n. Chr. staunend öffnet.
Nach einer Übergangszeit übernimmt **Haremheb** (1334–1306), ein dem Königshaus verwandter General, den Thron. Ihm gelingt es, den inneren und äußeren Verfall zu stoppen. Um dem Brennpunkt des Geschehens näher zu sein, verlegt er seine Residenz nach Memphis.

Echnaton und seine Familie vor dem Gott Aton

Er bleibt kinderlos und bestimmt zum Nachfolger seinen General **Ramses I.** (1306–1305), der die 19. Dynastie begründet. Dessen Sohn **Sethos I.** (1304 bis 1290) und dessen Enkel **Ramses II.** (1290–1224) stellen die alte ägyptische Macht in Syrien und Palästina wieder her. Doch haben sie es jetzt nicht mehr mit kleineren Koalitionen zu tun, sondern mit der hethitischen Großmacht. In der Schlacht bei Kadesch (1285) kann Ramses II. mit Müh und Not ein Unentschieden erreichen. Auch danach kann keiner der Kontrahenten ein entscheidendes Übergewicht erlangen. So kommt es 1270 zu einem Friedensvertrag, in dem beide Reiche ihren Interessenausgleich gewährt sehen.

Zwei hethitische Prinzessinnen für Ramses' Harem verbürgen die friedlichen Absichten. Ruhige Jahrzehnte folgen, in denen Ramses II. unermüdlich bauen läßt: Abu Simbel, Karnak, Luxor, Ramesseum. Im Ostdelta gründet er Ramsesstadt als neuen Königssitz, mit Fronarbeit der Juden, deren Auszug aus Ägypten unter Mose in dieser Zeit vermutet wird. Als Ramses mit 90 Jahren stirbt, hinterläßt er seinem Sohn Merenptah (1224–1210) ein gefestigtes Reich. Danach verdunkeln politische Wirren das Ende der 19. Dynastie.

Kopf der Sitzstatue Ramses' II. im Felsentempel von Abu Simbel

Geschützt durch seine günstige Lage, dauert es lange, bis auch Ägypten von den Ausläufern der Lawine erreicht wird, die die **Zweite Indogermanische Wanderung** ausgelöst hat. Die Großreiche Vorderasiens sind in diesem Völkersturm untergegangen, auch das mächtige Hethiterreich. Jetzt bedrohen **»Seevölker«** und Philister das Nilland. Dem bedeutendsten Herrscher der 20. Dynastie, **Ramses III.** (1184–1153), gelingt die Abwehr dieser Gefahr an drei Fronten (Libyen, zur See und Palästina).

Unter seinen Nachfolgern wachsen Not und Mißwirtschaft. Nubien und Palästina fallen ab. Mit Ramses XI. endet die Dynastie und das Neue Reich.

1070–711 Dritte Zwischenzeit

(21. bis 24. Dynastie).

Sie beginnt mit der Herrschaft der Amun-Priester von Theben, während die Pharaonen der 21. Dynastie in Tanis im Delta eine untergeordnete Rolle spielen. Das Reich zerfällt. Nur vorübergehend kann der Niedergang durch die 22. Dynastie der libyschen Söldnerführer gebremst werden, deren erster, **Scheschonk** (945 bis 924) – in der Bibel als Sisak erwähnt – Jerusalem erobert und plündern läßt.

Einige der religiösen Führer setzen sich nach Nubien ab, gründen dort um 750 den Gottesstaat von Napata und betrachten sich als eigentliche Nachfolger der Pharaonen (23. Dynastie). Einer ihrer Könige, **Pianchi** (740–710), stößt bis ins Delta vor, wo sich die 24. Dynastie gleichzeitig etabliert hat und bereits den

Vorhergehende Seiten: Eingeweidesarg (links) und Uschbeti-Figuren des Tutenchamun

Totengericht. Papyrusmalerei der Dritten Zwischenzeit

Druck des heraufkommenden Assyrerreiches spürt. Mit den Königen Tefnacht und Bokchoris endet diese Dynastie unter den Schlägen von Pianchis Nachfolger und Bruder **Schabaka** von Napata.
711–332 Spätzeit (25. bis 31. Dynastie)
Die Äthiopier – so nennt man die Könige aus Napata fälschlich – herrschen bis 664, allerdings mit Unterbrechungen und Hindernissen. 671 brechen die Assyrer unter Assarhaddon ins Deltagebiet ein, 666 stoßen sie unter Assurbanipal bis Theben vor, das sie verwüsten, und vertreiben die Äthiopier.
In **Psammetich I.** von Sais (664–609) meinen die Assyrer einen geeigneten Statthalter gefunden zu haben. Doch schon bald macht sich der Befehlshaber von Sais und Memphis selbständig. Mit griechischen und karischen Söldnern wird die assyrische Besatzung beseitigt. Unter der von ihm gegründeten **26. Dynastie** (664–525) erlebt Ägypten die letzte wirklich selbständige Zeit, ohne indes zur alten weltpolitischen Größe zurückzufinden.
Hethitern, Assyrern und Babyloniern hat das Reich im Kern widerstanden, gegen die Perser aber muß es sich schließlich geschlagen geben. In der
525 Schlacht bei Pelusium, an der Landenge von Suez, unterliegt Psammetich III. (525/526) dem Perserkönig Kambyses und wird entthront. Ägypten wird persische Satrapie (Provinz). Die persischen Herren zählen als **27. Dynastie** (525 bis 404), die sich gegen viele Aufstände halten kann, bis Amyrtäus 404 vorübergehend die Unabhängigkeit wieder erringen kann: Die von ihm begründete 28. Dynastie herrscht nur fünf Jahre, die folgende 29. immerhin knapp zwanzig. Die 30. Dynastie bringt noch einmal einen Hauch von Größe, bevor sie 343 erneut den Persern unter Artaxerxes unterliegt. Die 31., wieder persische Dynastie geht im Siegeszug Alexanders des Großen 332 unter.
Es folgen die griechische, hellenische, römische, byzantinische, islamische, osmanische, englische Zeit. Über 2000 Jahre wird es dauern bis zum nächsten selbständigen ägyptischen Staat, dem Äygpten unserer Tage.

Mesopotamien

Das griechische Wort für »Zwischenstromland« hat dem zweiten Kulturzentrum des Altertums an Euphrat und Tigris den Namen gegeben.
Die beiden vorderasiatischen Ströme münden in vor- und frühgeschichtlicher Zeit noch getrennt ins Meer. Die Küste des Persischen Golfs liegt gut 150 km weiter landeinwärts als heute. Wie der Nil düngen Euphrat und Tigris alljährlich durch Überschwemmungen das umliegende Gebiet. Durch Zuwanderung aus den höher gelegenen und nach Eiszeitende versteppenden Randgebieten entsteht eine Bevölkerungsballung, die zu organisieren und zu ernähren erheblichen Verwaltungsaufwand erfordert. Es genügt nicht mehr, die wenigen anbaufähigen Flächen zu nutzen, die die Flüsse nach dem Frühjahrhochwasser wieder freigeben, **Be- und Entwässerungsbauten** müssen Wasserüberfluß und -mangel regulieren, damit das ganze fruchtbare Schwemmland genutzt werden kann.
Anders als Ägypten ist Mesopotamien sozusagen nach allen Seiten offen, denn die Flüsse sind kein ernsthaftes Hindernis, nicht für beutehungrige Angreifer und auch nicht für machtbewußte Kulturvölker des Landes selbst. So hat das Zwischenstromland keine so gradlinige Geschichte wie das »Geschenk des Nils«, wie der griechische Geschichtsschreiber Herodot Ägypten nennt. Völker steigen auf und ermatten, machen anderen Platz oder werden von überlegenen Einwanderern verdrängt, tauchen wieder auf, werden von neuen Eroberern aufgesogen oder vernichtet.

Alabaster-Statuette eines sumerischen Beamten

Sumer und Akkad
Ins Mündungsgebiet zwischen Euphrat und Tigris wandert gegen **Ende des vierten vorchristlichen Jahrtausends** ein Volksstamm ein, dessen Herkunft noch immer nicht ganz klar ist. Diese Sumerer genannten Menschen weisen in Sprache und Kultur Ähnlichkeiten sowohl mit Indo-Europäern wie mit Semiten auf. Vermutlich kommen sie von Osten und aus demselben Völker-Reservoir, aus dem sich auch die spätere Hochkultur am Indus speisen wird.
Sie treffen auf dörfliche Siedlungen der sog. El-Obeid-Kultur, die es in Ackerbau und sogar Metallbearbeitung schon recht weit gebracht hat. Doch die städtische Kultur der Sumerer ist organisatorisch deutlich überlegen. Auf Anhöhen, geschützt vor dem Hochwasser, erbauen sie ab **etwa 3000** zahlreiche **Tempelstädte**, die nicht mehr familiär-blutsverwandtschaftlich, sondern politisch-sozial klar strukturiert sind. An der Spitze der Stadtstaaten steht der oberste Priester des Obersten Gottes Enlil, der sog. Lugal (= großer Mann). Er beherrscht den Tempel, den Sitz der Gottheit, der Tempel wiederum das religiöse und politische Leben der Stadt und die Stadt schließlich das Umland.
Ein Beamtenheer, geleitet von einem Ensi (entspricht dem ägyptischen Wesir), verwaltet Land und Wasser. Dabei ist ersteres nur soviel wert wie die Wasserzuteilung, weil sie allein über den Ertrag der Anbauflächen entscheidet. So teilt letztlich der Lugal Armut und Reichtum zu. **Das theokratische System** ist durch diese wirtschaftliche Macht des Herrsches abgesichert. Die optimale Wassernutzung gelingt durch genaue Beobachtung von Gestirnen und Wetter. Die Sumerer werden die ersten bedeutenden Astronomen und Mathematiker. Ihr Zwölfer-Rechensystem ist noch heute in unserer Zeiteinteilung und im Winkelmaß enthalten.
Dauer verleiht dem sumerischen Reich

jedoch erst der Gebrauch der Schrift. Zunächst hält man in Bildern fest, was einem jeden zum Säen und Ernten zusteht, was und wieviel an den Tempel abzuführen ist. Ein umständliches System, das daher bereits um 2900 zunehmend durch Symbole für Laute und Silben ersetzt wird, Symbole, die mit dem Rohrgriffel in weichen Ton gedrückt werden und so das charakteristische **Keilschriftbild** ergeben (1802 durch den deutschen Historiker Grotefend entziffert).

Die Schrift fördert die staatliche Effizienz, deren erste Zeugen die Stempelsiegel zum Verschließen der Vorratsbehälter im Tempel sind. Sie werden zunehmend durch **Rollsiegel** mit reichem Bildschmuck verdrängt. Überhaupt tritt mit den Sumerern ein neues künstlerisches Element in Mesopotamien auf. Metall- und Tonplastiken stellen Menschen und Tiere dar, Reliefs zeigen Jagdszenen, farbige Mosaike schmücken die Tempel. Auch monumentale Bildkunst ist schon bekannt. Der lebensgroße Frauenkopf von Warka (damals Uruk) ist ein eindrucksvolles Beispiel dafür. Ins Riesige gehen schon in dieser Frühzeit, nach einem Fundort

Dschamdat-Nasr-Zeit (2950–2750) genannt, die Tempelbauten, die bis zu 80 Meter Grundlänge erreichen und sich als **Zikkurat**, wie wir sie aus der Darstellung des Turmbaus zu Babel kennen, terrassenartig über einem Hochplateau erheben. Hier ist das Herz der Stadtstaaten mit ihrer reichen Götterwelt. Neben Enlil bevölkern den sumerischen Himmel sein Vater, der Himmelsgott An(u), und dessen Frau, die Erdgöttin Ki. Die Göttin der Liebe, Inana, bei den Assyrern später Ischtar genannt, erhöht einen Sterblichen, Dumusi (hebräisch Tammuz), zum Gatten. Ihre »Heilige Hochzeit« bringt alljährlich den Frühling. Enki ist für den Süßwasserozean, für Magie und Weisheit zuständig, Ningirsu für Fruchtbarkeit und Vegetation, Nanna ist der Mondgott, Utu die Vergöttlichung der Sonne.

Die Götter haben ihre Hauptsitze: Enki residiert in Eridu, Dumusi in Uruk, Ningirsu in Lagasch, alles Städte des Südens, wo zunächst das politisch-kulturelle Zentrum Sumers liegt. In der

2750–2350 Frühdynastischen Zeit verlagert es sich nach Norden. Der Lugal von Kisch, Mesilim, wirft sich zum Oberkönig auf und macht aus dem losen Verband der Stadtstaaten ein Reich.

Unter **Mesannepadda** (um 2500) wandert das Machtzentrum wieder nach Süden. Die von ihm gegründete **1. Dynastie von Ur** leitet eine neue kulturelle Blüte, aber auch politischen Zerfall ein. Aus Gräberfunden kennen wir den erstaunlichen Grad der Lebensverfeinerung, den Sumer jetzt erreicht hat. Ungeahnte Reichtümer geben die Nachfolger den verstorbenen Königen mit auf die Reise ins Jenseits, auch Brettspiele und Musikinstrumente sind darunter.

Doch gerade die Bestattungsriten dokumentieren auch eine Abkehr vom Diesseits: Mit den toten Herrschern lassen

In Ton geritzte sumerische Schriftzeichen

Stadtfürst Ur-Nansche von Lagasch im Kreise seiner Familie

sich Frauen und Diener (manchmal bis zu 80 Personen) in die geschmückten Ganggräber einschließen, wo sie in einer religiösen Zeremonie – ganz offensichtlich freiwillig – den Gifttod sterben. Sie hoffen, am glorreichen Jenseits des Königs teilhaben zu können und wollen dem freudlosen Erdenleben entrinnen, an dessen Ende sie nur die triste Unterwelt für die normalen Sterblichen erwartet.

Mit der Entmachtung Kischs geht zunächst die politische Zentralgewalt verloren, denn neben Ur etabliert sich die **2500–2360 1. Dynastie von Lagasch,** begründet von Ur-Nansche. Unter dessen Enkel Eannatum wird Lagasch zur Vormacht, erobert den Norden und besiegt das östlich angrenzende Reich Elam. Die Nachfolger können den Reichsbestand halten, doch Korruption und Machtstreben der Priester zersetzen den inneren Frieden. Urukagina stürzt den König Lugalanda und setzt Reformen durch. Die folgende Friedenszeit wird jäh unterbrochen durch den Ensi von Umma, Lugalsagesis, der mit einem Heer gegen Lagasch vorrückt und Urukagina vertreibt. Er erobert Uruk, Ur, Kisch und Nippur. Bis ans Mittelmeer führt ihn sein Siegeszug, mit dem er vor allem die Handelswege für das rohstoffarme Sumer sichern will.

Mal schwach, mal massiver hat es schon seit Beginn der Sumerer-Zeit **semitische Einwanderung** gegeben. Aus den Steppen und von den Gebirgen kommend, sind einzelne Hirtennomaden oder ganze Kriegerstämme eingedrungen. Die blühende Flußkultur hat eine unwiderstehli-

Sargon I. von Akkad

che Anziehungskraft. Die Neuankömmlinge werden zunächst assimiliert, doch weitgehend von den Städten ferngehalten. Im Gegensatz zu den Sumerern erhalten sie ständig Zuzug aus ihren Heimatgebieten. Lugalsagesis stützt seine Macht schon zum Teil auf semitische Truppenteile.
Sumerisch geschult und waffentechnisch sowie taktisch überlegen, brauchen sie nur den geeigneten Führer, um die in die Minderheit geratenen Sumerer abzulösen. In **Sargon I. von Akkad** (2350–2294), dessen Herkunft dunkel ist, finden sie ihn. Er besiegt das sumerische Heer, erobert das gesamte Gebiet und errichtet von seiner neuen Hauptstadt Akkad aus das erste Weltreich der Geschichte. Syrien, Kleinasien, Elam und ganz Mesopotamien gehören dazu.
Sargon begnügt sich nicht mehr mit der Funktion des obersten Priesters, er läßt sich als Gottkönig verehren und als »Herrscher der vier Weltteile« bezeichnen. Sein Enkel **Naramsin** (2270–2233) nennt sich bereits »Gott von Akkad«. Er kann mit erheblichem militärischem Aufwand das Reich erhalten. Nach seinem Tod verfällt es aber rasch. Zu stark sind die zentrifugalen Kräfte der einzelnen Volksgruppen und zu stark wird der Druck von außen auf das von Thronwirren geplagte Land.
Aus dem Iran brechen die Gutäer ein und richten eine hundertjährige
2150–2050 Fremdherrschaft auf. Mit der Zerschlagung des akkadischen Reiches erhält das alte Sumerertum wieder Auftrieb, da die Gutäer keine eigene Kultur entwickeln. **Gudea von Lagasch** (um 2060) ist Repräsentant dieser sumerischen Renaissance, die durch Bewässerungsbauten die Wirtschaftsmacht Sumers stärkt und durch neue Tempel den alten Glauben reaktiviert.
Utuchengal von Uruk besiegt 2068 die Gutäer und Ur-Nammu von Ur begründet die
2064–1955 3. Dynastie von Ur und damit das Neusumerische Reich. Herausragender Herrscher ist Schulgi (2046 bis 1998), dessen Macht über ganz Mesopotamien (also mit Akkad und Assyrien) und Elam im Osten reicht. In die sumerische Kultur werden akkadische Elemente integriert, so die Idee des Gottkönigtums. Kunst und Wissenschaft erleben eine neue Blüte. Vor allem literarisch ist die Epoche produktiv. Neben Klageliedern, Hymnen und Mythen entsteht eine Dialog-Sammlung, auf der biblische und klassische Texte aufbauen werden. Die Astronomie liefert Erkenntnisse über Planeten und Fixsterne, der **Kalender** wird festgelegt (12 Monate zu 30 Tagen plus Schalttage).
Während dieser Blütezeit erlebt das Land seit etwa 2000 eine zweite semitische Einwanderungswelle. Die Kanaanäer (Amoriter) zerstören das Großreich von Ur, von dem nur die sumerische Kultsprache erhalten bleibt (bis in hellenistische Zeit).

Oberer Teil der Gesetzesstele Hammurabis

Babylon und Assur

Die semitischen Eindringlinge haben leichtes Spiel mit den traditionell zerstrittenen sumerischen Stadtstaaten. Sie etablieren sich als militärisch-politische Elite im alten Kulturland, bringen aber kaum neue kulturelle Anregungen, sondern übernehmen die ortsansässigen Kulte. In Isin (1969–1732) im mittleren und in Larsa (1961–1700) im südlichen Mesopotamien entstehen semitische Dynastien, im Norden beginnt die Macht Assurs zu wachsen.

Dort wo sich Euphrat und Tigris im Mittellauf am nächsten kommen und so das nördliche (Assyrien) und das südliche (Sumer und Akkad) Zweistromland voneinander trennen, entsteht ein neues Machtzentrum. Babylon (das biblische Babel), übersetzt: »Gottespforte«, wird Sitz einer weiteren semitischen Dynastie unter Sumuabum (1830–1817).

Er und seine Nachfolger befestigen die Stadt, besiegen Kasallu, Sippar sowie das berühmte Kisch und verbreiten den Kult Marduks, des Stadtgottes von Babylon.

Fünfter in der Reihe der babylonischen Herrscher ist **Hammurabi** (1729–1686). Geschickt Rivalitäten der verselbständigten Kleinstaaten zu immer neuen Bündnissen und Koalitionen nutzend, bei denen schließlich alle Konkurrenten besiegt werden, gelingt ihm noch einmal die Zusammenfassung ganz Mesopotamiens, das von nun an auch Babylonien genannt wird.

Anknüpfend an sumerisch-akkadische Tradition nennt er sich »Herrscher der vier Weltteile« wie Sargon und benutzt das Akkadische zur Verkündung seiner Gesetze. Im **Codex Hammurabi** legt er die Rechtsgrundsätze seines Reiches fest. Er ist nicht der erste, der eine Gesetzsammlung herausgibt, doch die seine wirkt am nachhaltigsten. Trotz grausam harter Strafen für relativ kleine Übertretungen enthalten die Vorschriften revolutionäre Neuerungen. So wird die bisher fast rechtlose Frau besser geschützt, selbst Sklaven sind nicht völlig Freiwild, und Rechtsmittel sind sogar – theoretisch – gegen königliche Entscheidungen möglich.

Damit ist eine Säkularisierung des Königtums beschrieben, die vom neuen Selbstbewußtsein des Herrschers zeugt. Er überläßt den Himmel den Göttern, unter denen Marduk, der Retter der Menschen, Schamasch, der Sonnengott, und Ischtar, die Göttin der Liebe, hervorragen. Mit der Keilschrift verbreitet sich der babylonische Kult über ganz Vorderasien.

In diese Zeit fällt auch die erste einheitliche Fassung des **Gilgamesch-Epos**, das die ältesten sumerisch-babylonisch-he-
die ältesten sumerisch-babylonisch-he-
thitischen Sagen bewahrt. Wir kennen

es in einer Abschrift aus dem 7. Jahrhundert v. Chr., die im Tontafelarchiv von Ninive gefunden worden ist. Es besingt die Abenteuer des Herrschers Gilgamesch von Uruk, Sohn des Lugalanda, der vergeblich nach dem ewigen Leben sucht. Zahlreiche Episoden haben verblüffende Parallelen zu den (späteren) biblischen Erzählungen und homerischen Epen.

Hammurabis Reich hat nicht lange Bestand. Seine Nachfolger finden sich im ausgeklügelten Bündnissystem nicht zurecht und zerstören das empfindliche Gleichgewicht des Vielvölkerstaates. Schon unter dem Sohn Samsuiluma (1686–1648) fällt der Süden ab, Kassiten (Kossäer) und Churriter aus dem Gebiet des heutigen Iran berennen die Nordostgrenze und setzen sich in einigen Gebieten fest. Den Hethitern gelingt die **1531 Eroberung Babylons,** das ihnen aber bald von den Kassiten wieder entrissen wird, die eine mehrhundertjährige Fremdherrschaft über Süd- und Mittel-Mesopotamien errichten.

Der Norden des Zweistromlandes hat sich oft von der Entwicklung des übrigen Gebietes abgekoppelt. Die semitischen Akkader, die dort um 3000 v. Chr. einwandern, vermischen sich mit den nichtsumerischen Ureinwohnern. In diesem, verglichen mit dem Süden, kargen Land entsteht ein harter, kriegerischer Menschenschlag, kulturell vom Süden abhängig, militärisch aber meist eigenständig.

Die Einwanderer haben ihren eigenen Kult mitgebracht, dessen Obergott Assur Land und Hauptstadt den Namen gibt. Trotz vielfacher Unterwerfung unter die Oberhoheit des Südens (2320–1960 zu Akkad und später Ur) bleiben sie weitgehend autonom und sind zeitweise selbständig. Unter **Schamschiadad** (1750 bis 1717) gewinnen sie sogar vorübergehend die Herrschaft über ganz Mesopotamien, bevor sie sich wieder Hammurabi von Babylon unterwerfen müssen.

Babylonische Muttergottheit. Kassitisches Backsteinrelief des Imanna-Tempels in Uruk

Die babylonische Zeit wird durch die churritische abgelöst. Die Churriter stammen aus iranischem Gebiet. Ihre Wanderung dürfte auf den Druck indoeuropäischer Völker zurückgehen und auch das Eindringen der Kassiten ins mittlere und südliche Mesopotamien ausgelöst haben. Sie verbreiten sich als dünne Oberschicht bis Ägypten (Hyksos) und gründen im Quellgebiet von Euphrat und Tigris das **1460–1340 Mitanni-Reich,** dem Assyrien tributpflichtig ist.

Mitanni ist relativ kurzlebig. Zwischen dem mühsam niedergehaltenen Assyrien und dem aufstrebenden Hethiter-Reich gelegen, wird es zerrieben. Es erliegt schließlich dem Hethiter-König Suppiluliuma I. Außer monumentalen Plastiken und lebhaften Steinreliefs ist uns nur wenig von Mitanni überliefert.

Sein Untergang aber befreit Assur aus seinen Fesseln. Eribaadad (1390–1364) gründet das

1375–1047 Mittelassyrische Reich. Sein Sohn Assur-Ubbalit I. (1364–1328) nutzt Thronstreitigkeiten in Babylon unter den Kassiten-Königen zur Ausdehnung nach Süden. Unter den Nachfolgern Salamanassar I. (1275–1245) und **Tikkulti-Ninurta** (1245–1208) gehört dann ganz Mesopotamien vom Persischen Golf bis Südarmenien zum Assyrischen Reich. Es zeichnet sich durch harte soldatische Disziplin aus, revidiert Hammurabis Gesetze zuungunsten der Frauen und sozial Schwachen. Drastische Strafen garantieren die öffentliche Ordnung. Die Unterworfenen werden oftmals massenweise deportiert. Die eigene Bedeutung findet in gewaltigen Bauten in Assur und Ninive (gegenüber dem heutigen Mosul am Tigris) Ausdruck.

Aramäer, Semiten aus den südwestlichen Wüstengebieten, überrennen Me-

sopotamien. Tikkulti-Ninurta wird vom eigenen Sohn ermordet, sein Reich zerfällt. In Babylonien etabliert sich die 2. Dynastie von Isin, die unter Nebukadnezar I. (1125–1103) das Reich der Elamiter im Osten erwirbt.
Assurs Schwächeperiode wird noch einmal unterbrochen. **Tiglatpilesar I.** (1116–1077) erobert Babylon zurück, nimmt Syrien und stößt nach Nordpalästina vor. Südmesopotamien, das einstige Sumer, kann er allerdings nicht wieder in Besitz nehmen. Mit ihm geht die assyrische Großmacht zunächst unter. Die Aramäer beherrschen Mesopotamien, Assur schrumpft wieder aufs ehemalige Kerngebiet.
Der Militärstaat Assyrien bleibt kulturell relativ bedeutungslos. Unter seiner Herrschaft werden zwar in Babylonien weiter Literatur und Wissenschaft gepflegt, aber sie bleiben in den überkommenen Gleisen. Im religiösen Bereich behaupten sich die Priester gegen monotheistische Bestrebungen, die ihre Pfründen bedrohen. Nur der militärisch-ökonomische Bereich verdankt den Assyrern Fortschritte. Das Land ist von jeher wegen seiner Armut auf Handel angewiesen. Die Staatsmacht stellt sich der Wirtschaft zur Verfügung und sichert mit militärischen Mitteln Handelswege und Märkte. Eroberungen bringen Sklaven ein, die die heimische Wirtschaft von lästigen Aufgaben befreien. Expansion wird zur Lebensfrage.
Gemeistert wird sie mit gewaltigen militärischen Anstrengungen und Verbesserung der Waffentechnik. Neben den von den Churritern übernommenen Streitwagen treten neuartige **Belagerungswaffen**, wie Rammbock und Sturmschild. Eisenverarbeitung schafft wirksamere Schwerter und Lanzen. Pfeil und Bogen sowie Schleudern sind die weittragenden Waffen, die auch bei der Jagd eingesetzt werden.
Fast zweihundert Jahre dauert es, bis Assyrien sich erholt. Die aramäischen Einwanderer haben sich derweil in Babylonien seßhaft gemacht und Staaten gegründet. Das Hethiter-Reich in Kleinasien ist in den Stürmen der 2. indogermanischen Wanderung untergegangen, Seevölker und Philister haben Ägyptens Macht in Palästina gebrochen.
In dieser Lage besteigt mit **Assurnasirpal II.** (884–859) der grausamste der ohnehin nicht zimperlichen Assyrerkönige den Thron und begründet das
884–612 Neuassyrische Reich. Er stößt wieder bis zum Mittelmeer vor. Mit regelmäßigen Polizeiaktionen bricht er den Widerstand Unterworfener. Die schon bekannten Deportationen läßt er jetzt im großen Stil durchführen, nicht zuletzt zur Rekrutierung von Sklaven und Bewohnern für den Ausbau seiner neuen Hauptstadt Kalach zwischen Assur und Ninive am Tigris. Unter seinen Nachfolgern Salamanassar III. (859–842) und Schamschiadad V. (824–810) geht die Expansion weiter: Syrien und Palästina werden assyrisch, die Meder im Osten abgewehrt,

Assurnasirpal II. mit assyrischer Gottheit

das Reich Urartu im Norden wird erfolgreich bekämpft.
Danach regiert 810–806 eine Frau: **Semiramis** (Schammuramat), deren Gartenanlagen in Babylon (das 816 wieder assyrisch ist) als eines der Weltwunder des Altertums gelten.
Den **Durchbruch zum Weltreich** schafft **Tiglatpilesar III.** (746–727). Er erobert 734 Gaza, 732 Damaskus, schlägt das Reich Urartu und macht sich 729 unter dem Namen Pulu gleichzeitig zum König von Babylonien. SeineTruppen terrorisieren mit dem neuen Dreimannstreitwagen und schneller Reiterei fast den ganzen Vorderen Orient.
Sein Sohn Salamanassar V. (727–712) kommt auf einem Feldzug gegen Israel um. Nach ihm greift ein General nach Assurs Krone. **Sargon II.** (722–705) begründet eine neue Dynastie, die den Höhepunkt der Machtentfaltung Assyriens bringt. Sanherib (705–681), Assarhaddon (681–669) und **Assurbanipal** (669–627) nehmen Vorderasien von Elam (heute Südiran), Mesopotamien, Syrien, Kleinasien über Zypern und Palästina bis Ägypten in Besitz. Zahlreiche angrenzende Reiche werden tributpflichtig.
Lebendige Reliefkunst ist uns überliefert und vor allem das Tontafelarchiv des Assurbanipal in Ninive, das um 700 wieder Hauptstadt geworden ist. 20.000 Fragmente von Tontafeln sind ein Schlüssel für zwei Jahrtausende kultureller Blüte in Mesopotamien. Dichterische Texte, Verordnungen, historische Abrisse geben Einblick in sonst verschlossene Bereiche. Briefe beleuchten Kriegsmotive (meist religiöse), Kriegsberichte zeigen die Methoden der assyrischen Propaganda.
Doch das Reich ist ausgeblutet und dem Ansturm der jungen Völker nicht mehr gewachsen. Schon 855 geht Ägypten verloren, 626 löst sich Babylon.
614/612 fallen Assur und Ninive den verbündeten Medern unter Kyaxares und

Angriff assyrischer Truppen auf eine babylonische Festung. Steinrelief vom Palast in Ninive

Babyloniern unter Nabopolassar zum Opfer. Die Rache der jahrhundertelang Unterdrückten am Peiniger wird furchtbar. In den Städten bleibt kein Stein auf dem anderen. Assyrien sinkt zur Bedeutungslosigkeit herab, Wüste bedeckt nach und nach das entvölkerte Land.
Babylon überlebt Assurs Sturz um einige Jahrzehnte. Nabupolassar (626–605) begründet das **Neubabylonische Reich**, das auch das Chaldäische genannt wird, denn er entstammt einer Aramäer-Dynastie. Obwohl also nicht aus der Ureinwohnerschaft stammend, betrachtet er sich als Erben von Sumer, Akkad und Babylon, deren Kultur er bewußt neu belebt.
Diese Politik wird von seinem bedeutenden Sohn **Nebukadnezar II.** (607–562) fortgesetzt. Er schlägt 605 bei Karkemisch in Syrien die Ägypter und erobert zweimal Jerusalem, das er 587 zerstören und dessen Einwohner er deportieren läßt (»Babylonische Gefangenschaft« der Juden). Seine Bauten übertreffen alles bisher Dagewesene. Zu nennen sind vor allem der Hochtempel des Marduk mit über 90 Metern Seitenlänge und die »Medische Mauer« vom Euphrat zum Tigris nördlich von Babylon.
Thronwirren folgen dem Tod des großen Königs. 555–539 herrscht der letzte der Chaldäer, Nabonid, der meist abwesend ist und seinen Sohn Belsazar regieren läßt. Die beiden bringen die Priesterschaft gegen sich auf, die mit den Persern konspiriert. 539 kann Kyros II., der Große, Babylon fast kampflos nehmen.
Mesopotamien verliert seine Sonderstellung und wird eine der vielen persischen Provinzen. Die Menschen gewöhnen sich an die Fremdherrschaft, die 331 von Alexander dem Großen abgelöst und danach von Seleukiden, Parthern, Sassaniden, Arabern, Türken, Engländern fortgesetzt wird. Über den Hellenismus wirkt die Gedankenwelt dieser Kulturwiege nach Europa, über die jüdische Geschichte ins Christentum hinein.

Emailliertes Ziegelrelief vom Ischtartor Nebukadnezars II. in Babylon

Kleinasien und Palästina

Wesentlich später als Ägypten und Mesopotamien tritt der übrige Nahe Osten ins Licht der Geschichte. Er ist auch eher ein Durchzugsgebiet und bietet kaum die nötigen Voraussetzungen für dauerhafte Staatenbildung.
Viele große und kleine Reiche haben hier Fuß zu fassen gesucht. Eines der ersten und bedeutendsten ist das
1640–1200 Hethiter-Reich. Im Zuge der ersten indogermanischen Wanderung wandert in Kleinasien ein Volksstamm ein, dessen Namen wir nicht kennen und der daher nach den von ihm unterworfenen Hatti als Stamm der Hethiter bezeichnet wird. Er ist womöglich vom Erzreichtum dieser Gegend angezogen worden. Seit 2000 v. Chr. treten zunehmend indogermanische Namen unter den führenden Gruppen auf. Dieser Hethiter bilden nach und nach eigene Gemeinwesen und organisieren sich unter Labarna, dessen Name fortan als Königstitel verwendet wird, in einem Reich im Halysbogen mit der Hauptstadt Hattusa (heute Bogazköy, 150 km östlich von Ankara). Das **1640–1490 Alte Hethiter-Reich** stößt unter seinem zweiten Herrscher, Hattusilis I., nach Syrien vor, unter dem dritten, Mursilis I., gar bis Babylon (1531), das allerdings gegen die vordringenden Kassiten nicht gehalten werden kann. Danach schwächen Thronwirren die hethitische Macht, und erst durch die Reformen des Telepinus (um 1460) kann die Lage stabilisiert werden.
Aus diesen Reformen kennen wir die Verfassungsgrundsätze des hethitischen Gemeinwesens. Danach ist der König von einem Adelsrat abhängig und keineswegs gottähnlich wie in den frühen Flußkulturen. Das Reich ist ein Feudalstaat, der wesentlich auf der Arbeitskraft der versklavten Urbevölkerung und auf dem Kriegsdienst der hethitischen Herrenbevölkerung beruht.

Hethitischer Krieger. Steinrelief

Um 1440 entsteht das **Neue Hethiter-Reich**, das in **Suppiluliuma I.** (1375 bis 1340) den herausragenden Herrscher hat. Er kann nach eindrucksvollen Siegen das Mitanni-Reich im Quellgebiet von Euphrat und Tigris erobern und erneut Hattusas Großmachtanspruch anmelden. Sein jüngerer Sohn – der König übergeht die Erbfolge – Mursilis II. (1338–1310) weitet das Reich nach Westen. Muwatallis (1310–1285) stoppt die Ägypter bei Kadesch in Syrien, sein Nachfolger Hattusilis III. (1278–1250) schließt 1270 Frieden mit Ägypten und behält den größten Teil Syriens.
Damit endet die hethitische Großmachtrolle. Das Reich geht im Völkersturm der 2. indogermanischen Wanderung unter. Es hinterläßt Zeugnisse einer abgeleiteten Kultur. In Kult und Kunst ist der Einfluß Babyloniens unverkennbar. Auch

die Keilschrift ist von dort entliehen ebenso wie manche kultischen Riten.
Östlich der Hethiter entsteht im 13. vorchristlichen Jahrhundert das Reich **Urartu**, in dem sich die Reste der nach Süden drängenden Churriter organisiert haben. Sie können sich dem assyrischen Einfluß entziehen und gewinnen mit zunehmender Schwäche Assurs an Boden. Von der Hauptstadt Tuschpa aus regiert der Oberpriester des Hauptgottes Chaldi als König über von Statthaltern kontrollierte Provinzen.
Sardur I. (835–825) beherrscht ein Gebiet zwischen Urmia-See und Quellgebiet des Euphrat. Seine Nachfolger dringen im Norden nach Aserbaidschan vor und erreichen im Südwesten Aleppo. Bald aber fesseln die über den Kaukasus flutenden Kimmerier alle Kräfte, so daß der Widerstand gegen Assyrien erlahmt. 714 siegen die Assyrer. Endgültig erliegt das Reich dem Skythen-Ansturm um 620. Um 610 geht das Gebiet im Mederreich auf.
Westlich des einstigen Hethiter-Reiches bildet sich
seit 800 das Phrygische Reich, das im 7. Jahrhundert den Kimmeriern erliegt. Berühmt ist es durch seinen sagenhaften König Midas und dessen Reichtum. Der Kult der »Großen Mutter« Kybele in Phrygien wird in spätantiker Zeit wieder eine Rolle spielen.
Das entstehende Machtvakuum begünstigt den Aufstieg Lydiens im südlichen Kleinasien. Das indogermanische
680–546 Lydische Reich steht in ständiger Fehde mit den Griechenstädten an der Westküste. Gyges (680–652) kämpft vergeblich gegen sie. Auch sein Sohn Ardys kann sie nicht bezwingen. Der Nachfolger Alyattes (605–560) wendet sich nach Osten und dehnt seine Macht bis ins alte Hethiter-Gebiet im Halysbogen aus.
So hat sein Sohn **Kroisos** (560–546), der unendlich reiche Krösus der Sage, bei Regierungsantritt eine gewichtige Stimme im Konzert der damaligen Großmächte Medien, Babylon und Assur. Er schafft endlich den Sieg über die Griechenstädte (außer Milet), scheitert aber bei einem Überraschungsschlag gegen die neue persische Großmacht. Bei Pteria wird er von Kyros geschlagen und gefangengenommen. Lydien geht unter. Es hat seinen Namen vor allem durch die Erfindung gemünzten Geldes ins Buch der Weltgeschichte eingetragen.
Noch stärker als Kleinasien ist das Gebiet an der Ostküste des Mittelmeers – heute Libanon, Syrien und Palästina – vom Bevölkerungs- und Kulturdurchzug betroffen. Es liegt genau zwischen den beiden ersten Weltzentren Ägypten und Meso-

Terrakottafigur eines phrygischen Kriegers

potamien und ist entsprechend oft umstritten.
Die erste indogermanische Wanderung löst um 2000 v. Chr. eine **semitische Wanderung** aus. Churriter wandern durch Mesopotamien bis nach Ägypten, wo sie als Hyksos um 1650 die Macht erringen. Mit ihnen mögen auch die israelitischen Stämme zunächst nach Sumer mit der Stadt Ur, der Heimat ihres Urvaters Abraham, dann nach Kanaan im Jordangebiet und schließlich bis ins Nildelta gekommen sein. Zunächst genießen sie noch den Schutz der Hyksos-Herrschaft, nach deren Zusammenbruch sinken sie aber schließlich zu einem Sklavenvolk herab, das zum höheren Ruhme der Pharaonen fronen muß (z.B. für den Ausbau von Ramsesstadt).
Als Ägyptens Herrschaft jenseits der Landenge von Suez wankt, macht sich das Volk »Israel« (»Gotteskämpfer«) auf den Rückweg in Gebiete, in denen es schon einmal siedelte und in denen auf dem Hinzug nach Ägypten eine israelitisch-kanaanäische Bevölkerung zurückgeblieben ist. Unter **Moses** ziehen die Juden, wie sie sich auch nennen, **um 1250** durch die Wüste Sinai. Dort verpflichtet sie ihr Führer auf den **Jahwe-Glauben**, den ersten erfolgreichen Monotheismus der Geschichte. Ob darin Reminiszenzen an den Sonnenglauben Echnatons zu sehen sind, bleibt unklar.
Die Schilderungen der Bibel, erst viel später aufgezeichnet (nach 1000 v. Chr.), sind ungenau und einseitig, da es den Schreibern um den religiösen Inhalt ging und nicht so sehr um historische Exaktheit. Immerhin läßt sich ablesen, daß die Israeliten allmählich Kanaan durchdringen, ohne zu einer übergeordneten staatlichen Organisation zu kommen. Das schafft erst der Druck von außen.
Die **Richterzeit**, in der bei Bedarf ein Richter zur Leitung der zwölf Stämme (Einteilung des Volkes aus religiösen Gründen) berufen wird, geht zu Ende, als **nach 1200** die **Philister** von der Mittelmeerküste herandrängen. Es sind versprengte indogermanische Volksgruppen, die dem Lande Kanaan den heutigen Namen Palästina (= Philisterland) gegeben haben. Sie bringen die jüdischen Siedlungen in Gefahr. Ein König für den Abwehrkampf wird ernannt.
1027 tritt das Volk Israel unter **Saul** zur Verteidigung der erst seit gut hundert Jahren eingenommenen Wohngebiete an – und unterliegt. Erst sein Nachfolger **David** (1007–968) kann die Philister schlagen und im Gebiet des heutigen Gaza-Streifens zusammendrängen. Sie werden tributpflichtig. Davids Siegeszug hält an. Das Ostjordanland fällt ihm zu, Jerusalem wird erobert und Israels Hauptstadt, Damaskus unterwirft sich. Ein Großreich altorientalischer Art ist entstanden.
Davids Sohn **Salomo** (968–930) kann es trotz geschickter Politik nicht halten, einzelne Gebiete fallen ab. Dafür blüht der Reichtum durch gemeinsamen Handel mit dem phönikischen Tyros. Jerusalem wird als sakraler Mittelpunkt des »auser-

Ägyptische Darstellung eines semitischen Arbeitssklaven

wählten Volkes« – so die selbstbewußte Eigenbezeichnung zur Unterscheidung von der polytheistischen Umwelt – prachtvoll ausgebaut. Der Tempel Jahwes wird Zentrum des Judentums.
Danach bricht das Reich in das nördliche Israel unter Jerobeam (930–908) und das südliche Juda unter Rehabeam (930–913) auseinander; eine Zeit blutiger Wirren folgt. Mehrfach wird der Jahwe-Glauben durch fremde Kulte (z.B. Baal) überwuchert. Propheten treten auf, die für die Reinhaltung der mosaischen Gesetze kämpfen. Fremde Mächte mischen sich ein.
721 wird **Samaria** von Sargon II. von Assyrien **erobert** und ganz Palästina unterworfen. Die Assyrer lassen den Israeliten eine gewisse religiöse und kulturelle Autonomie, in deren Schutz die Reinigung des monotheistischen Glaubens gelingt. Passahfest – Erinnerung an den Auszug aus Ägypten – und Bundeslade – Zentralheiligtum der israelitischen Stämme – kommen wieder zu Ehren. Ein Befreiungsversuch nach dem Zusammenbruch Assyriens scheitert gegen die vorrückenden Ägypter 609 bei Megiddo.
Wenig später gewinnt Nebukadnezar II. von Babylonien die Oberhoheit über Palästina:
587 Eroberung Jerusalems, Zerstörung des Tempels und Verschleppung großer Teile der Bevölkerung (Babylonische Gefangenschaft).
539 erobern die Perser Babylon, die Juden wandern zurück ins »gelobte Land« am Jordan und bauen Jerusalem und den Tempel wieder auf. Doch politische Selbständigkeit erreichen sie lange nicht mehr, wenn sie auch im persischen Weltreich, unter Alexander dem Großen (ab 332 v. Chr.) und vor allem unter den ihm folgenden Seleukiden (bis 63 v. Chr.) eine gewisse Autonomie genießen.
Sie hinterlassen der Nachwelt keine Pyramiden und keine hängenden Gärten. Mit ihrer Religion und dem Buch, das sie aufzeichnet, der Bibel, haben sie sich ein Denkmal gesetzt, das die steinernen Monumente anderer Kulturen weit überragt. Es folgen römische, byzantinische, arabische, türkische, englische Herrschaft über Palästina. Die Juden werden verstreut in alle Welt. Ihre innere Klammer aber, der Glaube, ist stärker als Verstreuung (Diaspora) und Verfolgung. Heute siedeln sie wieder im »Gelobten Land«.

Jüdische Familie auf dem Weg in die Babylonische Gefangenschaft. Babylonisches Steinrelief

Iran

Fast alle Schilderungen der Hochkulturen des frühen Altertums enden mit der Floskel ». . . wurde persische Provinz« oder ». . . ging im persischen Großreich auf«. Das Gebiet östlich und nordöstlich von Mesopotamien ist jahrtausendelang eigentlich nur als Bedrohung in unseren Quellen vorhanden. Von dort kommen Akkader, Kassiten, Gutäer, Churriter, Elamiter und wie die kriegerischen Stämme alle heißen, die vom Reichtum der Flußkulturen angezogen werden.

Sie alle aber werden von der hochentwikkelten Kultur im Zweistromland aufgesogen, auch wenn sie zeitweise die Herrscher stellen. Von Dauer ist eigentlich nur das Reich Elam im Osten des Mündungsgebietes von Euphrat und Tigris mit der Hauptstadt Susa. Erst 639 v. Chr. gelingt es den Assyrern, diese Bedrohung endgültig auszuschalten.

Damit erwächst ihnen aber eine viel ernstere Bedrohung, denn Elam war eine Art Puffer gegen die aufstrebenden **Perser und Meder**, die 836 v. Chr. erstmals in assyrischen Quellen genannt sind. Es handelt sich um Völker, die während der zweiten indogermanischen Wanderung ins Gebiet des Iran einwandern und sich im Nordosten (Meder) und Osten (Perser) niederlassen und ihrerseits dem ständigen Druck durch Skythen und Kimmerier ausgesetzt sind.

Die Meder sind die ersten, die daraus die Konsequenz ziehen und sich gegen Mesopotamien wenden. Ihr König **Kyaxares** (625–585) verbündet sich mit Babylonien, das nur zu gerne die Gelegenheit zur Rache an den assyrischen Unterdrückern ergreift. 614 erobern die Meder Assur, 612 Ninive. Bis zum Halys, der Grenze zum Lydischen Reich, dringen sie vor. In den Persern erwächst dem nächsten medischen König Astyages (585–550) aber ein mächtiger Gegner.

Der medischen Autonomiepolitik ist kein

Speerträger des Dareiospalastes in Susa

Erfolg beschieden. Der tributpflichtige persische Vasallenkönig **Kyros II., der Große** (559–529), erhebt sich gegen Ekbatana (Hauptstadt Mediens) und siegt, wiederum im Bündnis mit den Babyloniern unter Nabonid. Er aber macht am Halys nicht halt, sondern besetzt auch Lydien (546) und erobert die Griechenstädte in Kleinasien. Streitigkeiten zwischen der babylonischen Priesterschaft einerseits und deren Herrscher Nabonid und Belsazar andererseits nutzt Kyros zur Intervention in Babylon. Fast kampflos fällt ihm Mesopotamien zu (539), Syrien und Palästina folgen.

Das bisher größte Reich des Altertums ist entstanden. Es zeichnet sich durch religiöse Toleranz (u.a. Erlaubnis zum Tempelbau in Jerusalem) und starken Regionalismus aus (einheimische Fürsten als Statthalter). Religiös bekennen sich die neuen Herren der Welt zur quasi monotheistischen Lehre **Zarathustras** (griechisch Zoroaster), der etwa drei- bis vierhundert Jahre vorher gelebt und den Kult des »weisen Herrn« **Ahuramazda** gepredigt hat. Zauberkulte haben die Lehre allerdings stark verwässert.

Des Kyros Sohn Kambyses II. (529–522) zieht nach Ägypten und erwirbt es als neue persische Provinz. Ihn versuchen die daheimgebliebenen Magier zu stürzen, scheitern aber nach seinem Tod an **Dareios I.** (521–485), dem Großneffen des Kyros. Aufstände zwingen den neuen Herrscher zu Feldzügen nach Ägypten (518), wo er den Kanal vom Nil zum Roten Meer fertigstellen läßt, und über den Bosporus nach Europa, wo er Thrakien und Makedonien unterwirft. 500–494 muß er sich einer Revolte der Griechenstädte in Kleinasien erwehren, in deren Verlauf Milet zerstört wird.

Überhaupt sieht er im Griechentum eine ständige Bedrohung seiner Westflanke und rüstet zum Präventivschlag. 490 bei Marathon scheitert er jedoch. Nicht anders ergeht es seinem Nachfolger **Xerxes I.** (485–465), der 480 bei den Thermopylen zwar den Durchbruch ins attische Gebiet erzwingt und Athen zerstört, aber in der Seeschlacht bei Salamis eine Niederlage erleidet. 479 wird sein Heer bei Platäa von den Griechen geschlagen.

Unter seinen Nachfolgern Artaxerxes I. (465–424), Dareios II. (424–405), Artaxerxes II. (405–359) und Artaxerxes III. (359–338) kann das Reich mit wechselndem Erfolg gehalten werden. Die Herrscher sind fast ununterbrochen mit der Niederschlagung von Aufständen beschäftigt. Diese intensive militärische Durchdringung des Riesenreiches kommt dem Transportwesen und dem Handel zugute. Bekannt vor allem sind die Königsstraßen, darunter die große Achse von Sardes in Westkleinasien nach Susa im südwestlichen Iran.

In 20 Satrapien ist das Land gegliedert. Die Satrapen genießen viel Selbständigkeit, wenn auch die Herrscher immer orientalisch-despotischer werden. So verlangen sie von ihren Untertanen, die insgesamt als Sklaven betrachtet werden, die Proskynese (Fußfall). Die strenge zoroastrische Lehre wird zugunsten des altiranischen **Mithras**-Kultes und der Verehrung der semitischen Fruchtbarkeitsgöttin Ischtar aufgegeben. Verkehrssprache ist das Aramäische.

Das Perserreich ist also innerlich schon ausgehöhlt, als mit **Dareios III.** (336–330) der letzte Herrscher aus dem Haus der Achämeniden, so heißt die seit Kyros regierende Dynastie, den Thron besteigt. Günstlingswirtschaft beherrscht das Hofleben. Intrigen lähmen die Handlungsfähigkeit, als Alexander der Große nach Kleinasien übersetzt und in beispiellosem Siegeszug das Weltreich der Perser zerstört. Er tritt das Erbe einer Macht an, die alle Reiche des frühen Altertums zusammengefaßt und damit entscheidend zur gegenseitigen Bereicherung der Hochkulturen beigetragen hat.

Tributbringender Syrer, Relief am Palast Dareios' I. in Persepolis, der in Südwestpersien nordöstlich von Schiras gelegenen mächtigen Königsburg der Achämeniden

Indien

Ähnlich wie am Nil und im Zweistromland ist die frühe Hochkultur im Einzugsgebiet des Indus entstanden, der dem ganzen Subkontinent den Namen gegeben hat. Schon zu Beginn des 3. vorchristlichen Jahrtausends tauchen bei Mohenjo Daro am Unterlauf und in Harappa im Gebiet der Quellflüsse (Pandschab = Fünfstromland) städtische Siedlungsformen auf. Sie erleben etwa von
2500–1800 in der **Harappa-Epoche** ihre Blütezeit. Metallverarbeitung (Bronze) und Töpferscheibe sind bekannt. Die Städte sind systematisch nach astrologischen Gesichtspunkten angelegt, haben mehrstöckige Häuser aus gebrannten Ziegeln mit Bädern und einer guten Kanalisation.
Ob die Harappa-Kultur ohne äußere Einflüsse entstanden ist, läßt sich nicht schlüssig beantworten. Ein gewisser Austausch mit den mesopotamischen Kulturen ist jedoch nachweisbar. Im Zug der ersten indogermanischen Wanderung stoßen Streitwagen-Stämme zunächst nach Iran vor, spalten dort einen Zweig nach Osten ab und dringen **um 1500 v. Chr.** durch die »Völkerpforte«, den Khaiber-Paß, ins Pandschab ein.
Diese **Einwanderung der Arier** (Arya = Edle), wie sich die Eroberer selbst nennen, führt zum raschen Verlöschen der Induskulturen. An ihre Stelle tritt das Hirtennomadentum der Neuankömmlinge, die später auch seßhaft werden. In Gesängen und Sagen bewahren sie die Geschichte ihres Eroberungszuges. Diese sog. Veden (Veda = Wissen), sehr viel später aufgezeichnet, beinhalten auch den Kult der Arier. Ihr Hauptgott ist

Überreste freigelegter Speicheranlagen in Harappa

Indra, wie der germanische Thor ein Gewittergott. Daneben werden Naturgottheiten (z.B. Surya für die Sonne, Agni fürs Feuer usw.) verehrt. Die Jahrhunderte von

1500–1000 heißen **Frühvedische Zeit**, in der sich, ausgehend von erobernden Herren und unterworfenen Sklaven, allmählich ein Kastenwesen herausbildet. Ganz oben rangieren zunächst die Krieger (Kshatriyas), nach längerer Friedenszeit verdrängt von den Priestern, den Brahmanen (von brahma = Weltseele); es folgen Viehzüchter, Bauern und Handwerker (Vaischyas), und am Ende der Skala stehen die Parias, die »Unberührbaren«.

1000–600 schließt die **Spätvedische Zeit** an. Mit Hilfe ihrer Streitwagen wird die Bevölkerung der Indus-Ganges-Kultur überwältigt und deren Städte zerstört. Größere Stammesverbände beherrschen zusammenhängende Gebiete, eine Reichsbildung kündigt sich an. Immer mächtiger werden die Priester in diesem Land, dessen Gedeihen so entscheidend von Sonne und Regen abhängt. Zahlreiche Zauberkulte mischen sich in die überkommene Religion und dienen zum weiteren Ausbau der Priesterherrschaft. Dagegen erheben sich Erneuerungsbewegungen wie der Jainismus oder der Buddhismus, der zu einer Weltreligion werden soll.

Um 560 v. Chr. Geburt des Gautama Buddha.

»Der Erleuchtete« (Übersetzung des Ehrentitels Buddha) stammt aus adliger Familie in Kapilavastu (Nordindien). Mit 29 Jahren bricht er aus dem Dasein des Müßiggängers aus und versucht durch Askese seinem Leben Sinn zu geben. Doch auch dieser Weg erweist sich nach langen Jahren als Irrtum, bis Gautama die Erleuchtung kommt, er der Buddha wird. Von nun an zieht er predigend durchs Land und verkündet den »achtfachen Pfad« zur Erkenntnis, daß Geborenwerden, Leben und Sterben Leid sei und durch Versenkung und Abtötung aller Wünsche allein der Fluch der ewigen Wiedergeburten zu brechen sei und die Seele im Nirwana verlöschen und aufgehen könne.

Als der Buddha 483 stirbt, hat seine im Wortsinn »gottlose« Lehre bereits eine riesige Anhängerschaft und eine große Verbreitung gewonnen.

512 greift das persische Reich auf Westindien über. Alexander der Große zieht 327–325 durchs Indusgebiet.

321–297 regiert **Tschandragupta** und begründet die Maurya-Dynastie von Maghada mit der Hauptstadt Pataliputra, dem heutigen Patna, am Ganges. Sein Sieg über Seleukos von Persien (305–301) macht ihn zum Oberherrn über alle Staaten von Nord- und Westindien.

Asketischer Buddha. Schieferplastik aus Gandhara

272–231 folgt sein Enkel **Aschoka**, dessen Reich nach der Eroberung von Kalinga (heute Orissa) fast ganz Indien umfaßt. Straßen mit Brunnen und Rasthäusern werden gebaut. Auf der Grundlage des Buddhismus führt Aschoka eine Reihe religiös-moralischer Reformen durch. Er predigt allgemeine Toleranz und Mitleid, Unverletzlichkeit und Frieden. In allen Teilen des Landes werden besondere Beamte eingesetzt, die seine Lehre verbreiten und sich um die moralische Erziehung des Volkes zu kümmern haben. Die so geförderte neue Lehre soll mit dazu beitragen, sein gewaltiges und heterogenes Herrschaftsgebiet zu einigen. Nach ihm zerfällt das Reich, von Nordwesten drängen Gräkobaktrier, aus dem Seleukiden-Reich abgespaltene Stämme, ins Indusgebiet. Hatte schon Alexanders Zug hellenischen Einfluß nach Indien gebracht, so verstärkt sich dieser zunächst, um dann aber doch zu versiegen. Saken und Parther schieben sich zwischen Indien und die mediterrane Welt. Für Europa wird es für lange Zeit ein märchenhafter Garten Eden, über den nur sporadisch Nachrichten nach Westen dringen.

Buddhakopf. Altindische Steinplastik

China

Der Nil Ostasiens ist der Hoangho, der »Gelbe Fluß«. Seine Farbe rührt von den Lößgebieten her, durch die er fließt und die er mit seinen Überschwemmungen fruchtbar macht. Hier lassen sich schon in vorgeschichtlicher Zeit Menschen nieder, die Ackerbau und Haustierhaltung kennen. Ausgeklügelter Deich- und Wasserbau garantieren die optimale Nutzung der fruchtbaren Flußtäler. Am Mittellauf des Stromes zeugen heute die Reste des Dorfes **Yang-Schao** vom Leben im jungsteinzeitlichen China um die Mitte des dritten vorchristlichen Jahrtausends.

Hackbau, Raupenzucht, Knotenschrift, bunte Keramik sind bekannt. Verblüffende Ähnlichkeit mit vorderasiatischen und europäischen Relikten der Zeit sind zu finden. Doch eine direkte Verbindung ist nicht nachzuweisen, zu gut schirmen im Westen Gebirge und Wüsten China vom restlichen Eurasien ab. Die Yang-Schao-Kultur erstreckt sich nach Norden bis Korea und nach Süden bis ins Gebiet des Jangtsekiang. Größere staatenähnliche Zusammenschlüsse sind nicht nachweisbar. Der legendären Hsia-Zeit unter Kaiser Yü folgt um

1500 die **Schang-Dynastie**. Ihr Machtzentrum liegt in Anyang (Nordost-Honan), der ältesten Stadt Chinas. Mit städtischer Organisation des Staatswesens beginnt die eigentliche Geschichte der chinesischen Hochkulturen. Ein halbes Jahrtausend lang herrscht diese bronzezeitliche Kultur im »Reich der Mitte«. Ausgereifte Kunstwerke und Produkte einer verfeinerten Technik (Armbrust, Streitwagen u.a.) markieren ihren Entwicklungsstand. Ihre Gesellschaft ist hierarchisch gegliedert.

Haupt des Staates ist ein König, der, wie im alten Sumer und Ägypten, zugleich oberster Priester ist. Dieser »Sohn des Himmels« vertritt in der Gesellschaft das »Tao«, das ordnende Prinzip des Kosmos, und leitet die Kulte der Naturgottheiten, von deren Wohlwollen Ernten und Jagderfolge abhängen. Durch Verehrung der Vorfahren will man sich die Mächte des Jenseits gewogen machen. Anfänge einer Bilderschrift zeichnen die heiligen Riten auf.

Darstellung des legendären chinesischen Kaisers Yü

Im 11. Jahrhundert wird die Schang-Dynastie gestürzt. An ihre Stelle tritt

1000–249 die **Tschou-Dynastie**, deren Zentrum am Mittellauf des Hoangho liegt. Sie schaltet die Konkurrenten um die Königswürde aus, organisiert Kriegszüge tief in den Süden und errichtet ein mächtiges Reich. Mit dem Ausbau des Lehensprinzips jedoch wird die zentrale Königsmacht unterhöhlt. Vasallengebiete unter tributpflichtigen, aber relativ autonomen Lehnsherren, die sich noch dazu eigene Heere schaffen, umgeben nun das Land der Krone.

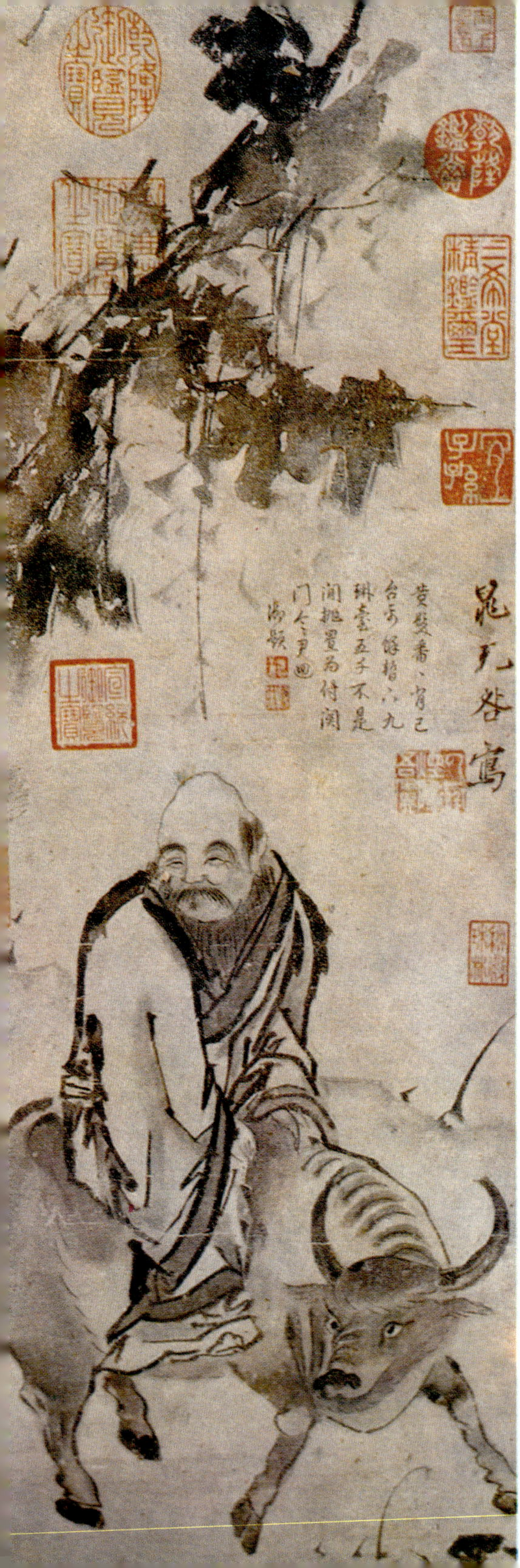

Rivalitäten unter den Vasallen garantieren dem Königtum zwar auf einige Zeit noch die nominelle Herrschaft, doch wird seine Macht mehr und mehr beschnitten. Die Bedrohung durch die Hunnen wird im 7. Jahrhundert noch einmal gemeinsam abgewehrt. Dann aber ist der Verfall nicht mehr aufzuhalten. Kriegerische Auseinandersetzungen der Fürsten sowie die Heranziehung der Bauern zum Kriegsdienst erschüttern das überkommene Feudalsystem.

Der Niedergang von Ordnung und Moral ruft Erneuerungsbewegungen auf den Plan, deren bedeutendste der Konfuzianismus wird. Er basiert auf den Lehren des

551–479 Kungfutse (lateinisch: **Konfuzius**, eines ehemaligen Beamten, der eine ewige Weltenordnung annimmt und daraus die Unveränderbarkeit der Autoritäten in allen Lebensbereichen ableitet. Wie Gott Herr des Kosmos, so sei der Kaiser Herr der menschlichen Ordnung, der Vater Herr der Familie usw. Autorität und Macht aber erbe man nicht, sondern erwerbe sie durch sittlichen Lebenswandel, moralische Integrität. Von seinen Schülern verbreitet, gewinnt der Konfuzianismus erst lange nach Kungfutses Tod an Bedeutung (von 200 v. Chr. bis 1906 Staatsreligion). Kungfutses Zeitgenosse Laotse, der Verkünder der Abkehr vom Verfall und des Gewährenlassens des Tao (= Weltprinzip), und Moti, der Prediger der Nächstenliebe, wirken mehr in die Volksreligiosität.

480–249 Periode der kämpfenden Reiche. Während die großen Fürsten über zwei Jahrhunderte vernichtende Kriege gegeneinander führen, vollzieht sich gleichzeitig der gesellschaftlich-ökonomische Wandel, der unter der Tsin-Dyna-

Links: Idealisierte Darstellung des chinesischen Philosophen Laotse

Vorhergehende Seiten: Blick auf die Chinesische Mauer

stie (221–206) zu einem geschlossenen Reich führt. Der Einheitsstaat mit starker Zentralgewalt, Beamtenapparat und differenziertem Steuerwesen löst das verfallene Feudalsystem ab. Militärgouverneure leiten die Provinzen, einheitliche Schrift, Maße und Gewichte fördern Handel und Technik. Straßenbau beschleunigt Nachrichten- und Transportwesen. Die **Große Mauer** im Norden wird 214 zunächst als Erdwall wegen erneuter Hunnengefahr begonnen. Schlagadern des wirtschaftlichen und politischen Lebens aber bleiben weiterhin die Ströme Hoangho und Jangtsekiang. Aufstände beenden die Tsin-Herrschaft. Sie münden in die

206 v. Chr.–220 n. Chr. Han-Dynastie, unter der das »Reich der Mitte« die größte Ausdehnung erreicht. Kaiser Wuti (140–87), der bedeutenste Herrscher der Han-Dynastie erweitert das Reich durch ständige Kriege bis Korea, Mandschurei, Turkestan, Annam. Der zentrale Staatsapparat wird noch verstärkt, das System der Staatsprüfungen für den Beamtennachwuchs eingeführt (134) und der Konfuzianismus zur bestimmenden Staatsreligion erhoben. Wesentlichen Anteil an der Ausbreitung des Konfuzianismus hat der Philosoph Tung Chungshu (179–104). Kunst, Wirtschaft (der Überlandhandel bringt chinesische Seide bis ins Römische Reich), Technik (z.B. Papier) entwickeln sich rasch zu ungeahnter Blüte, bevor mit neuen Wirren (220–265 Herrschaft der drei Reiche) und der Völkerwanderung der Hunnen (4. Jahrhundert n. Chr.) das chinesische Mittelalter beginnt.

Zwei Reiter. Bemalte Tonfiguren aus der Han-Zeit

Griechenland

Eine einheitliche griechische Geschichte gibt es nicht; dafür haben die geographischen Bedingungen gesorgt: Zahllose Gebirge teilen das Land in Kleinlandschaften auf und behindern den wirtschaftlichen und politischen Austausch zwischen den isolierten Gemeinschaften. Dabei bildet der Gebirgszug des Pindos, der sich auf dem Peloponnes fortsetzt, eine besondere Barriere. Er trennt den Westen vom Osten, die adriatische von der ägäischen Seite des in weiten Teilen kargen Landes.

Die Besiedelung Griechenlands ist stark von diesen landschaftlichen Besonderheiten geprägt. Zuerst werden die nördlichen Ebenen wie Thessalien in Besitz genommen, von Osten folgen Einwanderer aus Kleinasien, die sich in Buchten und an den Mündungen der kleinen Gebirgsflüsse niederlassen. Pelasger oder Karer nennen die Griechen später diese jungsteinzeitlichen Ureinwohner ihres Landes.

Kreta und Mykene

Südlichster Vorposten der ägäischen Inselwelt ist Kreta. Es wird schon sehr früh von den Ausläufern der ägyptischen und mesopotamischen Hochkulturen erreicht. So kreuzen sich hier die Einflüsse der südeuropäischen Megalith-Kulturen mit den bronzezeitlichen Errungenschaften des Südostens. Die daraus entstehende Verbindung heißt minoische Kultur nach dem sagenhaften kretischen König Minos, dem Sohn des Zeus und der Europa. Dabei unterscheidet man drei Abschnitte, deren erster

2600–2000 die **frühminoische Periode** genannt wird. Sie ist gekennzeichnet durch europäische und orientalische Elemente. Weisen Rundgräber (Tholoi) und Bandkeramik nach Norden, so stammen Siegel, Schriftansätze und Gesellschaftsform aus den südlichen Hochkulturen. Die Stadt mit dem Palast des Herrschers ist hier ebenso typisch wie die arbeitsteilig organisierte Gesellschaft. Handel mit Ägypten, Zypern und Kleinasien bereichert die Inselkultur und führt

2000–1600 die **mittelminoische Kultur** herbei. Noch ungestört von der Völkerwelle, die die erste indogermanische Wanderung ausgelöst hat, entfaltet sich auf der auch klimatisch begünstigten Insel eine hochstehende Kultur. Sie wird sichtbar in den eindrucksvollen Palastanlagen von Knossos, Mallia oder Phaistos. Um sie scharen sich herrschaftliche Villen. Das höfische Leben ist elegant und aufwendig. Man genießt sorglos die Freuden des Diesseits und hält nicht viel von den düsteren Kulten des Orients.

Deshalb fehlen auch weitgehend Tempelbauten. Nur den Toten widmet man einen wiederum eher heiteren Kult mit wertvollen Grabbeigaben und feierlichen Bestattungen. Die Frauen spielen eine wesentliche Rolle, was sich auch in der Verehrung einer Mutter- und Erdgöttin und im Fehlen kriegerischer Szenen auf den Wandgemälden und Keramikverzierungen zeigt. Die Paläste sind nicht befestigt, so sicher fühlen sich die Kreter im Schutz ihrer mächtigen, das östliche Mittelmeer beherrschenden Flotte.

1600–1450 folgt die **spätminoische Zeit**. Nach kurzer Unterbrechung durch Naturkatastrophen (Erdbeben), denen die älteren Paläste zum Opfer gefallen sind, ersteht die minoische Kultur erneut und übertrifft sogar noch die künstlerischen und architektonischen Leistungen der vorangegangenen Epoche. Doch nun bleibt auch Kreta von den Auswirkungen der indogermanischen Wanderung nicht verschont. Achäer (mykenische Griechen) erobern die Insel, beenden die kretische Seeherrschaft und zerstören die minoische Kultur.

Grundmauern eines freigelegten minoischen Palastes auf Kreta

Tänzerinnen. Wandgemälde im Königspalast von Knossos

Seit etwa 1800 v. Chr. wandern die indogermanischen Stämme der Ioner und Achäer (Äoler) in Griechenland ein. Sie verdrängen überall die altmittelmeerische Urbevölkerung, von deren Sprache Reste im Griechischen übrigbleiben. Während die Ioner Attika und Euböa besetzen, dringen die Achäer weiter nach Süden auf den Peloponnes vor. Ihre Überlegenheit verdanken sie der Kriegstechnik, die sich auch in den monumentalen Burgen zeigt, die die neuen Herren als Mittelpunkte ihrer Herrschaft anlegen. Eine davon ist Mykene, Sitz des Sagenkönigs Agamemnon, nach der die Epoche **1600–1150 Mykenische Zeit** heißt. Die achäischen Herren weiten ihren Einflußbereich bis Kleinasien aus. Ihre Schiffe erreichen Kreta und Ägypten.

Mit der Eroberung Kretas wächst auch der Einfluß der kretischen Kultur.

Grundlage bleibt indes das indogermanische Erbe. Mykenes gigantische Befestigungen (»zyklopische Mauern«), die klare Gliederung der Burg um das Megaron (Herrenhaus) herum, die kriegerischen Themen der Vasenmalereien heben sich deutlich vom kretischen Selbstverständnis ab. Prunkvolle Grabbeilagen, Schmuck und Gebrauchsgegenstände aus Gold und Silber, vermitteln das Bild einer hierarchisch gegliederten Kriegergesellschaft, wie sie zuvor in Griechenland unbekannt ist.

In die spätmykenische Zeit fallen auch der sagenhafte **Trojanische Krieg** und die Irrfahrten des Odysseus, bleibende Mythen der griechischen Tradition.

Das griechische Mittelalter
Ausgelöst durch die zweite indogermanische Wanderung, verdrängen aus dem Donauraum stammende Dorer und Nordwestgriechen um
1100–900 in der **Dorischen Wanderung** die ionisch-achäische Bevölkerung. Während die Achäer weitgehend von den erobernden Stämmen aufgesogen werden, halten sich die Ioner in Attika und gelangen über die ägäischen Inseln nach Kleinasien, wo sie die Küste nördlich von Milet besiedeln. Südlich davon setzen sich vom Peloponnes aus weiter gewanderte Dorer fest, die die Achäer auch auf Kreta verdrängen. Nordwestgriechen besiedeln Thessalien und erreichen den äußersten Nordwesten des Peloponnes (Elis).
Überlegene Kriegstechnik (Eisenwaffen und Reiterei) ebnet den Eroberern den Weg. Sie drängen den kretischen Einfluß, der die mykenische Kultur noch stark geformt hat, weiter zurück.
Ihre Züge leiten **Heerkönige**, die aber durch die Seßhaftwerdung an Macht verlieren und allmählich zurück in den Rang der übrigen Adligen treten. Nur in den nördlichen Randstaaten Epirus und Makedonien bleibt das Königtum erhalten. Sonst gliedert sich die Gesellschaft in adlige Großgrundbesitzer, freie Bauern, Handwerker und Leibeigene bzw. Sklaven (Kriegsgefangene).
Indogermanische Herkunft verbindet alle Griechenstämme, denn auch die Ioner aus der 800 Jahre älteren Einwanderung sind Indoeuropäer. Ebenfalls verbindend wirkt auch das von den Phönikern übernommene Alphabet. Angereichert durch Vokalzeichen, ist es die Grundlage unserer heutigen Buchstabenschrift.
Um den Göttervater Zeus – die Griechen stellen sich den Himmel gemäß ihrer eigenen Gesellschaft als eine Art Hofstaat vor – scharen sich Hera, seine Gemahlin, Athene, die seinem Haupt entsprang und Göttin der Künste und der Weisheit ist, Meeresgott Poseidon, Kriegsgott Ares, Götterbote und Kaufmanns- bzw. Diebesgott Hermes, Lichtgott Apollon, die schaumgeborene Aphrodite und viele andere.
Die Götter lieben und leiden wie die Menschen, kämpfen ihre Schlachten mit und ergreifen Partei. Nur Unsterblichkeit unterscheidet sie von den Erdbewohnern.
Um 800 entstehen auf der Grundlage älterer Heldenlieder die **Homerischen Epen** (»Ilias« und »Odyssee«). Die »Ilias« behandelt die Ereignisse des letzten Jahres der sagenhaften zehnjährigen Belagerung Trojas durch die Griechen, die »Odyssee« die abenteuerliche Heim-

Münzportrait Homers

kehr des griechischen Königs Odysseus. Seit **776 v. Chr.** sind uns die Siegerlisten für die berühmtesten sportlichen Wettkämpfe Griechenlands, **die Olympischen Spiele**, bekannt. In Olympia, auf dem Peloponnes, werden alle vier Jahre die besten Sportler ermittelt. Gottesfrieden unterbricht während der Spiele die Fehden zwischen den einzelnen griechischen Staaten. Olympiasieger (Olympionike) zu werden ist eins der begehrtesten Ziele junger Griechen. Barbaren – so nennen die Griechen Angehörige fremder Völker wegen ihrer unverständlichen Sprachen – sind nicht zugelassen.

Erstmals in der Geschichte wird körperliche Anmut zur ästhetischen Kategorie, die sich nun auch in der griechischen Kunst widerspiegelt. Das vielfältige Formenspiel der kretisch-mykenischen Zeit weicht klaren Linien und einfachen Mustern. Man nennt kunsthistorisch die Zeit von etwa 1000–700 daher auch »geometrische Epoche«.

Bevölkerungsüberschuß, damit verbundene soziale Spannungen sowie griechischer Entdeckergeist führen

750–550 zur **griechischen Kolonisation** der Küsten des westlichen Mittelmeers und des Schwarzen Meeres. Ausgehend von Mutterstädten siedeln sich Griechen in Unteritalien, Sizilien, Südfrankreich, Spanien und an den Schwarzmeerküsten an.

Unter einem Führer werden Expeditionen ausgerichtet, die das heimische Feuer an die fremden Gestade bringen. Hier verteilen die Neuankömmlinge, oft erst nach Kämpfen mit der eingeborenen Bevölkerung, das Land und organisieren sich wie daheim in einer Volksversammlung. Nur fehlen jetzt die Hörigen und auch der Adel spielt noch keine Rolle. So entwickeln sich fern vom Mutterland erste »Demokratien«, die auf die Heimat zurückwirken werden.

Als gegen Ende des 7. vorchristlichen Jahrhunderts die Macht Assurs verfällt, greifen griechische Kolonisten auch nach Süden und Osten. Nur das südwestliche Mittelmeer bleibt ihnen durch die phönikische Flotte verschlossen. Eine erste Hellenisierungswelle erfaßt die mittelmeerische Welt.

Neben Agrarkolonien treten zunehmend Handelsniederlassungen auf. Erhebliche Reichtümer fließen ins Mutterland, Tauschhandel weicht dem Geldhandel, Gefangene werden als Sklaven zur Arbeits- und Handelsware, der Export handwerklicher Produkte steigt, Nahrungsmittel werden importiert.

Der neue Reichtum und das demokratische Vorbild der Kolonien verschärfen die sozialen Konflikte. Das erstarkende Bürgertum neidet dem Adel die politische Macht, verarmte Bauern schließen sich dem Kampf gegen die Grundherren an. So kommt es mit der Verdrängung des Geburtsadels seit etwa

650 zur **Bildung der Polis**. Die ionischen Siedlungen in Kleinasien machen den Anfang. Die hier schon länger seßhaften Griechen müssen sich immer wieder gegen Phryger und Lyder verteidigen. Adlige Ritter allein reichen zur Verteidigung nicht aus, alle freien Männer sind bewaffnet und verlangen daher Sitz und Stimme im Rat.

Auch im Mutterland setzt sich diese Entwicklung durch. Zwar werden vorerst noch meist Adlige in die höchsten Staatsämter gewählt, weil sie allein die erheblichen Kosten für Repräsentation, Volksfeste und Bauten aufbringen können, doch an der Wahl wirken jetzt alle Freien mit.

Läufer, Diskuswerfer und Kampfrichter auf einer griechischen Vase

In der Polis (= Gemeindestaat) wird die nach ihr so genannte Politik nun von der Volksversammlung bestimmt. Welche Macht den unteren Schichten dabei zukommt, zeigt das Übergangsphänomen der **Tyrannis**. Das ist die griechische Bezeichnung für die Herrschaft eines einzelnen, der von der Unzufriedenheit der Massen an die Macht gebracht worden ist. Auf dem Wege zur echten Demokratie (Volksherrschaft) kommt es mehrfach zu tyrannischen Regimen. Sie werden später als Inbegriff der Grausamkeit und Willkür gebrandmarkt, obwohl nicht wenige Städte gerade unter ihnen ihre höchste Blüte erleben.

Am Ende der Entwicklung steht die **Demokratie,** in der jeder freie Mann wählen und gewählt werden kann. Aufgezeichnetes Recht verbürgt die demokratische Verfassung. Die Polis geht damit weit über die orientalischen Stadtstaaten hinaus, in denen Macht noch sakral begründet und militärisch-bürokratisch ausgeübt wurde. **Die Polis wird zum Vorbild aller demokratischen Systeme,** auch wenn sie zeitbedingt noch kein Frauenstimmrecht kennt und ihrer Wirtschaft die Arbeit rechtloser Sklaven zugrunde liegt.

Dionysos. Griechische Vasenmalerei

Überhaupt setzt die wirtschaftliche Blüte und die Arbeitsentlastung durch Sklaven erstaunliche Energien frei, deutlich sichtbar in der Kunst: Die Dichter wenden sich nun dem konkreten Ich zu. Statt Heldengesängen werden **lyrische Gedichte** (so benannt nach dem Begleitinstrument, der Lyra) von Liebe und Leid, Schmerz und Tod verfaßt. Berühmt werden vor allem die Spottverse des Archilochos von Paros (um 650 v. Chr.), die Liebeslieder der Sappho von Lesbos (um 600 v. Chr.) und die Oden Pindars (522–446).

Auch bei der Plastik und Vasenmalerei tritt das individualistische Element hervor. Menschenfiguren, die männlichen meist nackt, werden dargestellt. Szenen aus dem täglichen Leben schmücken die Keramikwaren. Auf braunem Grund werden in Schwarz die Bilder gemalt (schwarzfiguriger Stil). Zuweilen findet sich sogar der Name des Künstlers auf den Vasen.

Neue Frömmigkeit kommt auf. Orakel wie das des Apollon in Delphi werden bei wichtigen Entscheidungen befragt. Mysterien und Geheimkulte blühen. Überall werden Tempel errichtet, seit etwa 650 v. Chr. im dorischen Stil mit fußlosen, gerillten Säulen und einfachem Kapitell, seit etwa 570 auch im ionischen Stil mit schlankeren Säulen, spiraligem Kapitell und einem Fries am Balkenwerk. Der heutige farblos verblichene Anblick der Gebäude täuscht, denn ursprünglich sind sie bemalt. Die Griechen lieben Farben und sparen damit auch nicht bei der Ausschmückung ihrer Tempelbauten.

In Ostionien, der von Attika aus besie-

delten Küste Kleinasiens, macht sich eine gegenläufige Entwicklung bemerkbar. Naturforscher und Philosophen suchen nach logischer Erklärung der Welt, ihrer Herkunft und ihres Sinns. Die Kolonisation hat sie mit fremden Kulturen in Berührung gebracht, die Gültigkeit mythischer Welterklärung wird durch die Bekanntschaft mit zahllosen Kulten zweifelhaft. Sind noch Ägypter und Babylonier bei bloßer Naturbeobachtung stehengeblieben, so wird bei den Griechen daraus die **ionische Naturphilosophie** und -wissenschaft.
Thales von Milet (um 624–546) sagt die Sonnenfinsternis von 585 ein Jahr zuvor voraus, Pythagoras von Samos (580–500) formuliert die ersten Dreiecks- und Kreisgesetze, Hekatäos vom Milet entwickelt um 500 nach langen Reisen die erste Erdkarte. Die Philosophen suchen nach dem Urstoff, aus dem alles geworden ist. Sie nehmen Wasser (Thales), Feuer (Heraklit) oder Luft (Anaximenes), die drei Grundelemente der Welt, als Ausgangsstoff (Arché) an. Bedeutend wird vor allem Heraklit von Ephesus (um 540–480) mit seiner Lehre, daß alles, was ist, ewig in Bewegung sei, gelenkt vom Logos, dem göttlichen Gesetz. Weisheit bestehe in der Erkenntnis dieses Weltgesetzes. In Elea gründet der Ioner Xenophanes von Kolophon (um 565–470) eine Philosophenschule, die dagegen die Einheit von Denken und Sein und die Unveränderbarkeit des Seins lehrt.

Thales von Milet im Kreis der Sieben Weisen. Mosaik aus Pompeji

Weltgeschichtlich setzt die ionische Naturphilosophie zu einer Zeit ein, als Zarathustra in Persien seine monotheistische Lehre von Ahura Mazda verkündet, als in Israel die Propheten Jeremia und Jesaja den Messias ankündigen, als Buddha in Indien den Weg ins erlösende Nirwana weist und Konfuzius in China seine Normen für ein sittliches Leben aufstellt. Der Philosoph Karl Jaspers hat daher das 6. vorchristliche Jahrhundert als »Achsenzeit der Weltgeschichte« bezeichnet.
Die danach einsetzende klassische Epoche der griechischen Geschichte ist geprägt vom Dualismus Ioner–Dorer, repräsentiert durch Athen und Sparta. Gedeihen und Verderben des Griechentums sind abhängig von ihrem Verhältnis zueinander. So fruchtbar die Konkurrenz werden kann, so lähmend sind zuweilen ihre Wirkungen. Zu welcher Leistung sie gemeinsam fähig sind, beweisen die Perserkriege. Ihre Selbstzerfleischung im Peloponnesischen Krieg hingegen führt zum endgültigen Verfall, auch wenn sich danach noch einmal, in Form des Hellenismus, die gewaltige Kulturleistung des Griechentums glanzvoll zu entfalten vermag.

Sparta
Die indogermanischen Dorer dringen um 1000 v. Chr. am ionischen Attika vorbei auf den Peloponnes vor. Dort setzen sie sich im Süden fest und gründen um
900 v. Chr. Sparta, eine Gemeinschaft von vier Dörfern (Limnai, Mesoa, Kynosura, Pitane) im Tal des Eurotas in der Landschaft Lakonien. Die sich hartnäckig verteidigende achäische Bevölkerung wird versklavt. Heloten nennen die Spartaner diese Hörigen, die zu je fünf einem dorischen Krieger zugeteilt werden und das Land für die Eroberer bebauen müssen. Die vornehmsten Dorer erhalten Land im fruchtbaren Tal, die anderen an den weniger ergiebigen Gebirgshängen. Sie heißen Perioken (Umwohner) und sind zur Heerfolge verpflichtet, ohne aber politisch den eigentlichen Spartanern gleichgestellt zu sein.
Sparta bekommt das Land erst nach und nach unter Kontrolle. Lange hält sich die mykenische Feste Amyklai (bis etwa 760 v. Chr.), die später in die spartanische Gemeinschaft aufgenommen wird. Im Westen lockt mit seinen fruchtbaren Ebenen Messenien. Es wird
740–720 im **1. Messenischen Krieg** erobert. Das Ackerland wird unter die Eroberer aufgeteilt, die messenische Bevölkerung helotisiert. Um 706 gründen Spartaner in Unteritalien die Kolonie Tarent.
Aufstände und Angriffe anderer peloponnesischer Staaten zwingen Sparta zu extremer Militarisierung seines Gemeinwesens, denn die unterworfene Bevölkerung ist ihm an Zahl um ein Vielfaches überlegen. Sparta führt seine Verfassung auf den sagenhaften Gesetzgeber **Lykurg** zurück. Sie stammt etwa aus der Zeit um 700 v. Chr.:
Zunächst führen zwei Könige, später fünf Ephoren den Staat, kontrolliert vom Rat der Alten (Gerusia) und der Heeresversammlung (Apella), die auch die Ephoren wählt. Alle stimmberechtigten Spartaner haben sich ausschließlich dem Militärdienst zu widmen, alle handwerklichen, landwirtschaftlichen oder kaufmännischen Tätigkeiten sind ihnen untersagt. Vom achten Lebensjahr an verlassen die Jungen ihre Familien. In Jahrgangsklassen zusammengefaßt, werden sie zu den Idealen des Kriegerstaates, zu Mut, Ausdauer und Gehorsam erzogen. Später, ab 20, leben sie in lagerartigen Zeltgemeinschaften und üben sich vornehmlich im Waffenhandwerk.
660–640 im **2. Messenischen Krieg** behauptet sich Sparta in langen verlustrei-

Spartanischer Krieger. Verzierung des Bronzekraters von Vix chen Kämpfen gegen eine erdrückende Übermacht von aufständischen Messeniern, die von Achaia, Elis und Argos unterstützt werden. Nach der Eingliederung von Elis ist bis auf Achaia und Argolis die ganze Halbinsel Peloponnes im spartanischen Bündnissystem des **Peloponnesischen Bundes** (um 530) vereinigt, womit Sparta zur stärksten Militärmacht ganz Griechenlands wird.

Athen

Die Hauptstadt Attikas ist bei allen Leistungen Spartas oder der kleinasiatischen Städte zum Inbegriff des Griechentums geworden. In Athen wird Demokratie erstmals im vollen Sinne Verfassungswirklichkeit, Athen entwickelt sich zum geistigen Mittelpunkt der griechischen Welt.

Ioner haben Attika nach 2000 v. Chr. besiedelt. Die dorische Wanderung erreicht die Halbinsel nicht. Der Konflikt mit einer bereits ansässigen Bevölkerung, der Sparta geprägt hat, bleibt ihr erspart. Zunächst stehen auch die Ioner unter Führung eines Königs, der aber ebenso wie in den anderen griechischen Staaten vom Adel entmachtet und 683 v. Chr. von zunächst drei, später neun gewählten Archonten ersetzt wird.

Trotz einer im Vergleich zu Sparta wesentlich ruhigeren Entwicklung bleibt doch auch Athen nicht von Konflikten verschont. Dem Adel gehören die wenigen fruchtbaren Ebenen Attikas, die Kleinbauern geraten zunehmend in Abhängigkeit, soziale Unruhen breiten sich aus. Ihrer Linderung soll

621 die **Gesetzgebung Drakons** dienen, der auf dem Athener Markt hölzerne Tafeln mit den verbindlichen Gesetzen der Polis aufstellen läßt. Bei Übertretung drohen harte, seitdem »drakonisch« genannte Strafen. Die Beruhigung ist jedoch nur vorübergehend. Der Adel sieht sich zu weiteren Zugeständnissen genötigt und beauftragt

Pallas Athene, Stadtgöttin Athens

594 Solon (um 640–560), selbst Adliger, mit Reformen. Gestützt auf diktatorische Vollmachten verfügt Solon die Entschuldung aller Bauern, allerdings ohne die erforderliche Neuverteilung des Bodens durchzuführen. Die Adelsmacht wird durch Schaffung von vier Gruppen wahlberechtigter Bürger (Reiche, Ritter, Bauern, Besitzlose) eingeschränkt, das Münzwesen reformiert und das Recht kodifiziert. Die Macht in Athen geht nun von der Volksversammlung aus, die die – allerdings weiterhin adligen – Archonten wählt und den »Rat der Vierhundert« aus den drei oberen Klassen bestimmt. Jeder Bürger kann vor Geschworenengerichten gegen Entscheidungen der Archonten klagen.

Der Versuch des Adels, die ihm zu weitgehenden Reformen rückgängig zu machen, stößt auf den energischen Widerstand der bäuerlichen Bevölkerung. Ihre Unzufriedenheit nutzt

560 Peisistratos (um 600–527) zur Errichtung einer **Tyrannis** in Athen. Der Alleinherrscher tastet Solons Reformen nicht an, verteilt aber Land oppositioneller Adliger an die Bauern, erhebt Steuern, fördert Handel und Handwerk, gründet Kolonien und sorgt für sozialen Ausgleich und wirtschaftliche Blüte. Seine Söhne können die Macht nur bis 514 behaupten. Hipparch wird ermordet, Hippias vertrieben. Die Tyrannis wird mit Hilfe eines spartanischen Heeres gestürzt, die Athener Polis

509–507 durch die **Reform des Kleisthenes** reorganisiert. Die solonischen Ansätze werden weiter entwickelt. Allen freien Männern Attikas wird ohne Rücksicht auf Besitz das Recht auf Mitwirkung im »Rat der Fünfhundert«, der die Polis verwaltet, zugebilligt. Zwar bleiben die höchsten Ämter weiterhin beim Adel, doch kann das Volk bei Machtmißbrauch in einem »Scherbengericht« (Ostrakismos) die Verbannung für zehn Jahre verfügen.

Die Perserkriege

Seit der Mitte des 6. vorchristlichen Jahrhunderts zerschlagen die Perser das alte Staatensystem Vorderasiens und Ägyptens und schaffen ein Riesenreich vom Indus bis zur Ägäis und vom Kaukasus bis nach Nubien. An der kleinasiatischen Westküste kommen sie mit den Griechen in Kontakt, ohne zunächst gegen die ionischen Städte aktiv zu werden. Stattdessen greift König Dareios I. zur Vorbeugung gegen Skytheneinfälle 512 nach Europa über und gliedert Thrakien und Makedonien seinem Einflußbereich an.

Damit kontrolliert er den Zugang zum Schwarzen Meer, an dessen Küsten die Griechen, besonders Milet, zahlreiche Kolonien gegründet haben. Die Perser unterbinden dadurch eine Lebensader vor allem der ionischen Griechenstädte, die sich

500–494 im **Ionischen Aufstand** erheben. Da spartanische Hilfe ausbleibt und nur Athen und Eretria (Euböa) unzureichende Unterstützung gewähren, bricht die Revolte nach Anfangserfolgen (Zerstörung von Sardes) zusammen und endet

494 mit der **Zerstörung von Milet** und der Deportation seiner Einwohner nach Mesopotamien.

Dareios fordert nun Unterwerfung der Griechenstaaten. Athen und Sparta lehnen ab, die Boten des Perserkönigs werden ermordet. 20000 Mann unter Datis und Artaphernes schickt Dareios daher auf Strafexpedition gegen die untereinander zerstrittenen Griechen. Die Perser erobern Eretria und zerstören es zur Strafe für die Hilfe beim Ionischen Aufstand. Obwohl die Spartaner ihnen nicht helfen, weil sie aus religiösen Gründen den Vollmond abwarten müssen, stoppen die Athener unter Miltiades (540–489)

490 in der **Schlacht bei Marathon** den persischen Vormarsch. Ein Läufer bringt

Berittener Krieger. Skythische Schmiedearbeit

die Siegesnachricht in die 42 km entfernte Stadt (»Marathon-Lauf«). Das Heer folgt ihm und vereitelt in letzter Minute einen Handstreich der persischen Flotte gegen Athen. Die Truppen des Dareios verlassen Griechenland. Athen ist neben Sparta zur militärischen Vormachtstellung aufgerückt.

Daß die Perser diese Niederlage nicht hinnehmen werden, ist allen Griechen klar. Kontrovers aber ist, mit welchen Mitteln man der Gefahr begegnen soll. Thessalien und Böotien (Theben) wollen der Vernichtung durch Unterwerfung entgehen, Achaia, Argos und Kreta wollen sich durch Neutralität behaupten, die restlichen Staaten schließen sich unter Spartas und Athens Führung zur **Hellenischen Symmachie** (Kampfbund) gegen die Perser zusammen. Athen wird im Seekrieg führen, Sparta die Abwehr zu Lande organisieren.

Die Mobilisierung aller Kräfte führt zu politischen Veränderungen. Die Volksversammlung macht vermehrt vom Recht des Scherbengerichts gegen machtgierige Politiker Gebrauch. Die Besitzlosen, bisher als Leichtbewaffnete eingestuft, werden als Ruderer für die Flotte wichtig, die der Athener **Themistokles** (um 525 bis 460), seit 493 Archon, erheblich ausbaut. Er verwendet dazu die Erträge der Silbergruben von Laureion und Spenden reicher Bürger. 180 Trieren (Schiffe mit drei Ruderbänken übereinander) werden neu gebaut.

Doch Spartas und Athens Anstrengungen sind geringfügig im Vergleich zum gewaltigen persischen Aufmarsch: Straßen in Thrakien werden gebaut, ein Kanal durchsticht die Halbinsel Athos für die unter der Küste segelnde Flotte, über die Dardanellen (Hellespont) werden zwei Brücken geschlagen. Mit 1200 Kriegsschiffen und 100000 Mann bricht der neue König Xerxes, Sohn des Dareios, **480** zum **2. Perserzug** gegen Griechenland auf. Gleichzeitig bedrohen seine karthagischen Bundesgenossen die Griechenstädte in Sizilien und Unteritalien. Doch der Tyrann von Syrakus, Gelon, schlägt die Karthager 480 in der Schlacht bei Himera.

Sterbender Hoplite

Erfolgreicher verläuft zunächst der Zug der Perser. Sie stoßen durch Thessalien vor, ihre, allerdings von Stürmen angeschlagene Flotte geht nördlich von Euböä vor Anker. Doch dann tauchen erste Hindernisse auf. Zwar haben die Spartaner die Landenge bei den **Thermopylen** mit Truppen unter **Leonidas** nur schwach besetzt – sie wollen eigentlich erst den Isthmus von Korinth verteidigen –, doch die Perser können erst nach Tagen und nur durch Verrat die Thermopylen-Stellung überwinden und auf Athen marschieren. Die Stadt, deren Bevölkerung zuvor nach Salamis und Ägina evakuiert worden ist, wird zerstört.

Gegen die geschickt operierenden athenischen Schiffe unter dem Spartaner Eurybiades erleidet die persische Flotte schwere Verluste. Nach Zusammenbruch der Thermopylen-Stellung müssen sich die Griechen dennoch zurückziehen. Mit einer gefälschten Nachricht des Themistokles gelingt es, die Perser zur Verfolgung der Griechenschiffe zu verleiten. Die persische Flotte wird am 28.9.
480 in der **Seeschlacht bei Salamis** vernichtend geschlagen. Die großen Kriegsschiffe der Perser, im engen Sund vor der Küste Attikas benachteiligt, fallen den schnelleren und wendigeren griechischen Trieren zum Opfer.
Danach ziehen sich die Perser zunächst nach Thessalien zurück, um 479 erneut anzugreifen. Abermals wird Attika verwüstet, Athen ein zweites Mal zerstört. In Böotien stoßen sie aber auf ein spartanisches Heer unter Pausanias, das
479 in der **Schlacht bei Platäa** siegreich bleibt. Die Athener vollenden den Sieg durch Verfolgung der persischen Flotte, die sie bei der Halbinsel Mykale (Kleinasien) vernichten. Die ionischen Städte an der kleinasiatischen Küste werden von der Perserherrschaft befreit; der Plan des Xerxes, Griechenland zu einer Satrapie zu machen, vereitelt.
Von der erfolgreichen Abwehr der persischen Gefahr profitiert in erster Linie Athen. Während die bisherige griechische Führungsmacht Sparta, durch die großen Blutopfer geschwächt (ihre Kriegerzahl ist auf 4000 abgesunken), für Jahrzehnte außenpolitisch nicht mehr aktiv ist, führt

Kriegsschiff mit Rammsporn. Griechische Vasenmalerei

Athen mit seiner Flotte den Kampf gegen die Perser fort. Ziel ist nunmehr die Befreiung der ionischen Städte in Kleinasien von der persischen Oberhoheit. Dazu wird

477 der Attisch-Delische (oder Erste) **Seebund** geschlossen. Die Mitglieder, schließlich etwa 200 Städte, verpflichten sich, Truppen, Kriegsschiffe oder entsprechende Geldmittel zur Verfügung zu stellen. Die Kasse wird im Heiligtum des Apollo in Delos untergebracht. Und da schon bald fast alle Bundesmitglieder ihre Beiträge in jährlichen Zahlungen an Athen leisten, nimmt hier wiederum der Schiffsbau einen gewaltigen Aufschwung. Auf den Werften und im Hafen arbeitet ein Heer von Handwerkern und Trägern, mehr als 10000 Ruderknechte sind auf der Flotte beschäftigt. Diese beherrschende Rolle im Seebund hat für Athen zur Folge, daß seine Gesellschaft sich vom Ackerbau weg auf Seefahrt, Handel und Exportgewerbe orientiert. Auch

465 nach dem **Sieg am Eurymedon** über Flotte und Heer der Perser, mit dem die Ziele des Bundes erreicht sind, hält Athen diesen aufrecht; zu sehr ist bereits die athenische Wirtschaft und Politik darauf eingestellt. Um sich der Gefolgschaft der Bundesgenossen weiterhin zu vergewissern, wird der Krieg gegen Persien bewußt verlängert. Er endet erst

448 mit dem **Kalliasfrieden** (nach dem athenischen Unterhändler Kallias). Persien gibt die ionischen Städte frei; die **Herrschaft Athens über die Ägäis** ist nunmehr unbestritten.

Das Zeitalter des Perikles

In der kurzen Spanne zwischen dem Ende der Perserkriege und dem Beginn des Peloponnesischen Krieges liegt die Zeit der **höchsten Entfaltung Athens und des Griechentums überhaupt**. Im geistigen Raum der Polis schaffen Dichter und Denker, Bildhauer und Baumeister unvergängliche Werke, die den ersten Höhepunkt abendländischer Kulturgeschichte darstellen; der attische Staat wird zur Wiege demokratischer Institutionen und Lebensformen. Untrennbar ist mit dieser Blütezeit der Name des **Perikles** (um 500–429) verknüpft. Die Forderung, daß der Bürger das Gemeinwesen zugleich trage und verkörpere, schien für die Zeitgenossen in ihm ihre Erfüllung gefunden zu haben. Mitte der 60er Jahre ins politische Leben eintretend, ergreift Perikles, selbst aristokratischer Herkunft, sogleich für die unteren Schichten Partei.

Politische Rechte, an den Kriegsdienst gebunden, sind bislang nur Begüterten vorbehalten gewesen, da der Krieger seine Ausrüstung selbst finanzieren mußte. Das ändert sich im Gefolge des Flottenbaus während der Perserkriege. Die Besitzlosen werden als Ruderknechte eingesetzt, nehmen am Krieg (wie auch an außenpolitischen Unternehmungen) teil und gewinnen so politische Rechte. Auf diese Weise vergrößert sich das Fundament des athenischen Staates ganz erheblich.

Das **Grundprinzip der athenischen Demokratie, die Isonomie** (Gleichberechtigung) wird nun umfassender als bisher durchgesetzt. Jeder Bürger hat gleiches politisches Stimmrecht, gleiches Recht, für jedes Amt gewählt zu werden. Beamte, Richter, Besucher von Volksversammlungen erhalten Diäten; um zu verhindern, daß sich gewisse Beamte auf gewissen Posten festsetzen, werden die Stellen unter den gewählten Kandidaten ausgelost. Das wichtigste Amt, das Feldherren- oder Strategenamt, wird mit 10 Männern gleichzeitig besetzt. Der Rat auf dem Areopag wird entmachtet; ihm bleiben nur die Blutgerichtsbarkeit und

Bronzekopf des Wagenlenkers von Delphi

sakrale Funktionen. Der Volksrat, das jährlich aus den Bezirken gewählte 500-Männer-Gremium wird Regierungsbehörde; jeweils der zehnte Teil dieses Rates übt im Turnus wechselnd die eigentliche Regierung aus.
Die Bürger sollen nicht nur die gleichen Rechte besitzen, auch die politische Tätigkeit soll von ihnen vollzogen werden. So kommt es zu großen Volksversammlungen und zur Bildung riesiger Geschworenenhöfe für Gerichtsverhandlungen.
Wenn auch alles darauf abzielt, eine zu große Machtfülle eines Einzelnen zu verhindern, so gibt das athenische Verfassungssystem dennoch dem geschickten Redner, dem »Demagogen«, die Möglichkeit, zu Einfluß zu gelangen. Perikles repräsentiert diesen Fall im Guten, andere, die nach ihm kommen, reißen Athen zu verhängnisvollen Abenteuern hin. Ein Schatten fällt auf die athenische Demokratie auch dadurch, daß die tatsächlichen Verhältnisse in Attika eben doch nicht bruchlos in der Verfassung aufgehen. Nur Männer haben politisches Recht, und nur Einheimische; Frauen, Sklaven, Metöken (Fremde) sind ausgeschlossen. Politik wird in der Stadt Athen gemacht; der Stadtbewohner hat es leichter, daran teilzunehmen als der Bauer auf dem Land. Städtische Belange werden dadurch vorrangig berücksichtigt.
Das von den Persern 480 zerstörte Athen wird wiederaufgebaut; in den Tempelbauten auf der Akropolis (Parthenon, Propyläen, Niketempel) schafft sich die Stadt unvergängliche Denkmäler. Malerei und Bildhauerei gelangen zur Hochblüte (Phidias, Myron, Polyklet, Polygnot) wie auch Tragödie und Komödie (Äschylos, Sophokles, Euripides, Aristophanes). In Philosophie und Wissenschaft werden die **Sophisten** Wortführer; sie lehren die Kunst der Rede und des Überredens, erklären Staat und Gesetze als Menschenwerk. Ihnen tritt **Sokrates** (469–399) entgegen, der, gleichfalls in sophistischer Dialektik geschult, diese jedoch zur Erweckung sittlicher Erkenntnisse anwenden will. In der Geschichtsschreibung endlich bringt das perikleische Zeitalter die ersten Meisterwerke der erzählenden (Herodot) wie auch der kritischen Historie (Thukydides) hervor.

Peloponnesischer Krieg und politischer Niedergang Griechenlands
Bereits während des Kampfes gegen die Perser hat es
457–451 kriegerische Auseinandersetzungen zwischen Sparta und Athen gegeben, die
445 im **Dreißigjährigen Frieden** beigelegt wurden. Aber schon bald brechen sie wieder auf. Athen hat in den politischen und wirtschaftlichen Bereich Korinths, eines spartanischen Bundesgenossen, eingegriffen; der Kriegerstaat sieht seine Vorherrschaft nun auch noch auf der Peloponnes gefährdet. Athen vermeidet, nach Perikles' Rat, einen Kampf zu Lande mit dem überlegenen spartanischen Heer und sucht die Entscheidung zur See, während die Bevölkerung in die zwischen 460 und 457 errichtete Festung Athen-Piräus evakuiert wird. Hier bricht 429 die Pest aus, der auch Perikles zum Opfer fällt.
Der Krieg wird äußerst hart geführt, mit Verwüstungen und Massenhinrichtungen. Nach dem Tod des Athener Feldherrn Kleon und seines spartanischen Gegenspielers Brasidas 422 wird
421 Friede zwischen Sparta und Athen geschlossen (sogenannter Nikiasfrieden, nach dem athenischen Politiker Nikias), der jedoch nur ein Atemholen bedeutet. Die von dem glänzenden Demagogen Alkibiades angeregten außenpolitischen

Nike-Tempel auf der Akropolis

Abenteuer verschlechtern wieder das Verhältnis zu Sparta. Nach der

415–413 Expedition gegen Sizilien, die in einer Katastrophe endet (7000 Athener geraten in Gefangenschaft und müssen in den Steinbrüchen von Syrakus Sklavenarbeit verrichten), greift Sparta wieder an, im Bunde diesmal mit den Persern. In Athen erfolgt 411 ein aristokratischer Putsch; die **Errichtung der Oligarchie** bleibt jedoch nur Intermezzo, noch im selben Jahr wird die Demokratie wieder eingeführt. Athen, von vielen Bundesgenossen verlassen, treibt der Niederlage zu. Zwar gelingt noch ein Triumph 406 bei den Arginusen (an der Küste Kleinasiens), jedoch nach der verlorenen

405 Schlacht von Aigospotamoi (am Hellespont) und der Einschließung Athens bittet es **404** um **Frieden**. Es muß seine Befestigungen schleifen, die Flotte ausliefern, den Seebund auflösen und eine Oligarchie nach spartanischem Vorbild einführen.

Platon

Die Niederlage Athens hinterläßt ein Machtvakuum, das von dem gleichfalls schwer angeschlagenen Sparta nicht gefüllt werden kann. Dies verzettelt sich obendrein in Unternehmungen gegen Persien (401 »Zug der Zehntausend«, begleitet vom Geschichtsschreiber Xenophon, um in persische Thronwirren einzugreifen, und 399–394 Krieg zwischen Sparta und Persien um die ionischen Inseln). In Athen wird das oligarchische Regiment 403 gestürzt, die Polis wagt, im Bunde mit Theben, Korinth, Argos und den Persern, abermals einen Kampf gegen Sparta, den

395–387 Korinthischen Krieg, der

387 im **Königsfrieden** endet. Danach sind die kleinasiatischen Städte an Persien verloren. Sparta muß 377 die Gründung des 2. Attischen Seebundes zulassen. In Mittelgriechenland ersteht ihm in der Stadt Theben ein neuer Gegner, dem

371 in der **Schlacht von Leuktra** unter Führung des Feldherrn Epaminondas (und unter Anwendung der »schiefen Schlachtordnung«) ein triumphaler Sieg, der erste Landsieg überhaupt, gegen Spartas Truppen gelingt.

Nun herrscht Krieg aller gegen alle. Keine Polis ist mehr stark genug, die Vorherrschaft zu erringen; in immer neuen Koalitionen bekriegen die Städte einander.

In Griechenland herrscht Chaos. Flüchtlungsströme sind unterwegs, Handel und Gewerbe liegen darnieder. Kunst und Wissenschaft jedoch blühen fast unerschöpflich weiter. Bildhauer wie Praxiteles oder Lysipp schaffen ihre Meisterwerke. **Platon** (427–347), ein Schüler des Sokrates, verzichtet, erschüttert durch den Tod des Lehrers (Sokrates muß als »Verderber der Jugend« 399 den Giftbecher trinken), auf eine politische Laufbahn und gründet 387 eine »Akademie«

Aristoteles unterrichtet den jungen Alexander. Mittelalterliche Buchillustration

in Athen. Seine in Dialoge gefaßte Ideenlehre mit ihrem erkenntnistheoretischen Ansatz (die Dinge als Abbilder von Ideen) und die daraus resultierende Ethik und Metaphysik wirken bis heute nach. Wichtig wird auch seine Staatstheorie. Drei Klassen sollen den Staat tragen, die erkennende (Herrschaft), die mutvolle (Krieger, Beamte) und die nährende (Bauern, Handwerker). An der Spitze sieht er den Philosophen, für Frauen fordert er Gleichberechtigung, Privateigentum verneint er. Sein Werk umfaßt auch physikalische und medizinische Arbeiten. Mathematik und Mechanik werden gepflegt (Schule des Pythagoras in Kroton). Der Grieche Hippokrates stellt die Medizin auf exakte Grundlagen. Der größte Wissenschaftler des 4. Jahrhunderts aber wird **Aristoteles** (384–322). Schüler des Idealisten Platon, wandelt er sich zum Realisten, der auch auf praktische Anwendung der Philosophie dringt (als Erzieher des Prinzen Alexander von Makedonien, des späteren Welteroberers). Seine Wirkung reicht weit, durch arabische Überlieferung wird er der Lehrer des europäischen Mittelalters. Seine Logik gilt bis heute, seine Poetik hat ganze Dichtergenerationen beeinflußt, Staatsphilosophie, Ethik und Metaphysik sind ohne aristotelische Grundlage kaum denkbar.

Aus den griechischen Wirren der Mitte des 4. Jahrhunderts steigt eine Macht empor, die bisher am Rande gestanden hat, von den Griechen aus als Halb-Barbaren betrachtet: die **Makedonen**. Ihr König

359–336 Philipp II. gibt dem Bauernstamm eine moderne staatliche Organisation und vergrößert sein Herrschaftsgebiet um Thessalien, Chalkidike, Päonien und Thrakien. In Griechenland wird Philipp nunmehr als Bedrohung empfunden, der athenische Rhetor Demosthenes fordert seine Landsleute zum Kampf auf (»Philippiken«). Die Entscheidung fällt

338 bei **Chaironea**. Philipp trägt den Sieg davon, er verzichtet jedoch auf Unterwerfung und begnügt sich

337 mit dem Korinthischen oder **Panhellenischen Bund**, der den griechischen Städten Autonomie beläßt. Mit ihrer Unterstützung will er den Kampf gegen die Perser wiederaufnehmen, wird aber mitten in den Vorbereitungen dazu 336 ermordet.

Das Weltreich Alexander des Großen und der Hellenismus

Auf den makedonischen Thron folgt der Sohn Philipps II.

336–323 Alexander der Große (geboren 356).

Bereits in der Schlacht von Chaironea hat er die makedonische Reiterei geführt. Ein genialer Feldherr, ist er dabei politisch weitsichtig und von ungeheurer politischer Dynamik, geistig hochinteressiert, aber auch von ungezügeltem Tempera-

Alexander der Große in der Schlacht von Issos. Mosaik aus Pompeji

ment, hemmungslos bis zum Mord. Seine geschichtliche Leistung besteht darin, daß er dem Griechentum (gewaltsam) den Orient eröffnet und beide im Sinne eines universalistischen Staatsgedankens verbindet. Die zivilisatorische Synthese und die wirtschaftliche Einheit in Alexanders Herrschaftsbereich, der sich schließlich bis an den Indus erstreckt, begründen die hellenistische Weltkultur.
Rasch und brutal beseitigt der junge Alexander alle Konkurrenten um den Thron, schlägt Aufstände in Illyrien und Griechenland nieder (335 Zerstörung Thebens) und bekommt damit die Hand frei für den

334–330 Perserfeldzug. Mit einem etwa 40000 Mann starken Heer überschreitet er den Hellespont. In der Reiterschlacht am Granikos besiegt er die persischen Satrapen von Kleinasien. Ein 100000–Mann-Aufgebot des Perserkönigs Darius III. rückt ihm entgegen, das er
333 in der **Schlacht bei Issos** schlägt. Angebote des Großkönigs auf Gebietsabtretungen schlägt Alexander ab; nach Issos wird der Boden griechisch-makedonischer Politik verlassen, es beginnt das große Abenteuer, die Eroberung eines Weltreichs. Er belagert 333/32 Tyros, gewinnt die phönizische Küste, besetzt 332/31 Ägypten, gründet dort eine Stadt, die seinen Namen trägt (Alexandria) und läßt sich in der Oase Siwa von den Amun-Priestern als Nachfolger der Pharaonen feiern. Auf dem Marsch durch die persischen Zentralprovinzen stellt sich ihm nochmals Dareios III. entgegen.
331 bei **Gaugamela** wird dieser endgültig geschlagen und im folgenden Jahr (330) von einem persischen Fürsten ermordet. Alexander tritt nun als Rächer und Nachfolger des Großkönigs auf. Triumphierend, schon als »König von Asien« verehrt, zieht er in die Königsburg Persepolis und das Verwaltungszentrum in Susa ein.
330–325 folgt die **Unterwerfung Ostirans** und der **Zug nach Indien**. Begleitet von zahlreichen Forschern dringt das griechische Heer in Gebiete ein, die bisher ganz unbekannt oder nur vom Hörensagen bekannt waren. Eine Meuterei seiner erschöpften Truppen am Hyphasis (im heutigen Pandschab) zwingt ihn schließlich zur Umkehr. Er läßt eine Flotte bauen und fährt mit seinen Truppen den Indus hinunter; und während die Flotte den Seeweg an der Küste des Indischen Ozeans und des Persischen Golfes nimmt, tritt Alexander den Rückmarsch durch

Kämpfende Makedonier. Relief des Alexander-Sarkophags

Wüsten und unbewohnte Gebiete an, der ihn die Hälfte seines Heeres kostet. Zurückgekehrt in die Residenz der Großkönige, beginnt er sogleich seinen **Plan zur Verschmelzung von Makedonen und Persern** in die Tat umzusetzen. In Susa wird **324** eine **Massenhochzeit** zwischen 10000 Makedonen und Perserinnen veranstaltet. Alexander, der sich bereits 328 mit der Fürstentochter Roxane vermählt hat, nimmt sich noch einige Nebenfrauen dazu. Das persische Hofzeremoniell mit der Proskynese, dem Fußfall, wird eingeführt; Widerstände unter Alexanders griechischen Gefolgsleuten werden brutal unterdrückt. Als Perserkönig, Führer des Panhellenischen Bundes und makedonischer König faßt Alexander die Reichsteile Persien, Griechenland und Makedonien zusammen. Die Einführung der Silberwährung gibt die Voraussetzung für das **Entstehen eines einheitlichen Wirtschaftsgebietes**. Eine **Heeresreform** stellt persische und griechische Truppen gleich.

Mitten in den Vorbereitungen zu einem neuen Feldzug, der ihm die Herrschaft über Karthago und das westliche Mittelmeer einbringen soll, stirbt Alexander 323, gerade 33 Jahre alt, in Babylon an der Pest.

Nach Alexanders Tod entbrennen unter seinen Feldherrn und Vertrauten, die sich als Nachfolger (griech. Diadochen) betrachten, langwierige Kämpfe, die

323–280 Diadochenkämpfe. Die Reichsidee läßt sich nicht halten; als ihr stärkster Vertreter, der 80jährige Antigonos, in der Schlacht von Ipsos (in Phrygien) 301 fällt, ist die Auflösung des Alexanderreichs vollkommen. Es bilden sich **drei Diadochenreiche** heraus:

Das **Reich der Ptolemäer in Ägypten**, benannt nach dem Feldherrn Ptolemaios, mit der Hauptstadt Alexandria, das bis 30. v. Chr. besteht;

das **Seleukidenreich** (begründet von Seleukos) in Vorder- und Kleinasien, mit der Hauptstadt Seleukeia (in der Nähe des heutigen Bagdad), das bis 64 v. Chr. hält;

das **Antigonidenreich** (nach dem Feldherrn Antigonos Gonatas) im Stammland Makedonien, das bereits 168 untergeht.

Erben der Diadochen sind in jedem Falle die Römer.

Längeren Bestand als die Reiche Alexanders und seiner Nachfolger hat die **Kultur des Hellenismus.** Griechischer Bevölkerungsüberschuß drängt nach Osten. Techniker und Kaufleute, Soldaten und Verwaltungsbeamte, Wissenschaftler und Künstler finden hier eine neue Heimat. Es bildet sich eine Umgangssprache, die Koiné (vorwiegend aus attischem und ionischem Dialekt gebildet) heraus, die in

Alexander der Große mit der Leiche Dareios' III. Persische Miniatur

Silbermünze Alexander des Großen

Kanzleien, im Handel und im Militär üblich wird. Selbst die Juden benutzen sie für die Übersetzung ihrer heiligen Schriften aus dem mittlerweile nicht mehr verständlichen Hebräisch (sogenannte Septuaginta um 250).

Der Verlust der Polis als Lebensmitte hat den Griechen nun als Person auf sich selbst gestellt. Philosophische Richtungen des Individualismus bilden sich heraus, des persönlichen Glücksstrebens (vertreten etwa von Epikur) der Bescheidenheit (Schule der Kyniker, Diogenes), oder des Zweifelns (Skeptiker); stärkste und weitestreichende Wirkung geht dabei von der Schule des Zenon von Athen aus. Er lehrt seine Anhänger (die sich in der Markthalle, griech. stoa, daher ihr Name Stoiker) nach der Weltvernunft zu leben, der Leidenschaft abzusagen und, da alle mit allen verbunden, den Mitmenschen zu achten und zu respektieren.

Die Religionen des Orients werden hellenistisch überformt; als Kulte der Sarapis, der Isis, der Kybele und des Asklepios finden sie weiteste Verbreitung.

Zum Zentrum hellenistischer Wissenschaft wird Alexandria. Die Ptolemäer stiften das »Museion«, in dem etwa 100 Gelehrte, ohne an Erwerb ihres Lebensunterhalts denken zu müssen, sich zu Forschungsarbeiten versammeln. Dazu steht ihnen eine Bibliothek mit einer dreiviertel Million Schriftrollen zur Verfügung.

Alexandria wird auch in seiner schachbrettartigen Anlage mit Wasserleitungen und Kanalisation das Muster für Städteneugründungen im Mittelmeerraum und im Orient.

In die hellenistische Zeit fallen bahnbrechende Ergebnisse in der Mathematik (durch Euklid und Archimedes) in der Astronomie (Aristarch), in der Geographie (Erathostenes), in der Medizin (die Ptolemäer erlauben die Sektion von Leichen).

Künstlerisch bedeutet der Hellenismus teils üppige Repräsentation mit einem Hang ins Kolossale (z.B. der Pergamonfries) oder Barock-Überschwengliche (»Nike von Samothrake«), teils Schönheitskult (»Venus von Milo«), teils liebevolle Kleingestaltung, die bis zur Karikatur geht (z.B. die Plastik des »Dornausziehers«). Ähnlich die Dichtung, die vom strengen höfischen Stil (Kallimachos) bis zu den Hirtengesängen und Idyllen des Theokrit reicht.

Rom

Eine kleine unbedeutende Siedlung in der Mitte Italiens, gelegen auf mehreren Hügeln über einer sumpfigen Niederung am Unterlauf des Tiber, ist die Keimzelle des römischen Weltreiches. Von hier aus wird in jahrhundertelangen Kämpfen das Imperium Romanum aufgerichtet, das nach der Zeitenwende eine feste Friedens- und Rechtsordnung für die Völker um das Mittelmeer darstellt. In ihm leben die fruchtbaren Elemente griechisch-hellenistischer Kultur wie auch das Christentum weiter und werden zu Bausteinen des Abendlandes. Bis in das Mittelalter ist die Idee des Imperiums mächtig, ja als »Heiliges Römisches Reich Deutscher Nation« dauert Rom, so gesehen, bis ins 19. Jahrhundert.

Die Frühzeit

Genau wie in Griechenland, nur um Jahrhunderte später, stoßen **indogermanische Einwanderungswellen** auf Stämme mediterraner Vorbewohner, deren einer dem Land den Namen Italia gegeben haben kann: Land der itali (oder vitali), d.h. der Jungstiere, wie sich diese Völker als Abkömmlinge des Stiergottes bezeichnen. Man unterscheidet bei den Einwanderern, nach der Art, ihre Toten zu bestatten,

etwa ab 1200 »Verbrennende Italiker«, zu ihnen gehören die Latiner, und (im Gebiet des späteren Rom)

etwa ab 1000 (Erd-)»Bestattende Italiker«, denen unter anderen Umbrer, Sabiner und Samniten in Mittel- bis Süditalien zugehören. Die dritte bedeutende Einwanderergruppe sind

um 800 und früher die Etrusker, ein Mischvolk aus vorherrschend nicht-indogermanischen Elementen, das im Gegensatz zu den Italikern nicht von Norden einwandert, sondern von See her an der südlichen Westküste, im Gebiet der heutigen Toskana. Die Landnahme vervollständigt sich

im 8. Jahrhundert durch die **griechischen Kolonisationen** in Unteritalien und Sizilien. Das Griechentum wird den Italikern vor allem durch die Etrusker vermittelt. Diese spielen für die Entwicklung Roms und der Apenninhalbinsel eine bedeutsame Rolle. Neben Ackerbau und Handwerk steht bei ihnen, gestützt auf die reichen Eisen- und Kupferlager der Toskana, die Metallurgie in hoher Blüte. Einen etruskischen Staat gibt es nicht, nur Städtebünde; die innere Ordnung hat jedoch schon viele Züge, die uns später in Rom wieder begegnen: einen Rat der Ältesten, eine Volksversammlung, Wahlbeamte, Amtsdiener mit dem Beil im Rutenbündel (Fasces) als Symbol der Gewalt über Leben und Tod. Die Römer werden später die Kultur der Etrusker zerstören und buchstäblich verschütten; übrig bleiben unterirdische Totenstädte, in denen elegante Wandmalereien den verfeinerten Lebensstil des etruskischen Adels widerspiegeln.

Unter etruskischem Einfluß erfolgt der Zusammenschluß von Siedlungen der Latiner auf dem Palatin-Hügel und der Sabiner auf Esquilin-, Viminal- und Qurinal-Hügel am Tiber. Der Name dieser Gemeinde, Rom, ist herzuleiten aus dem etruskischen Geschlecht Ruma. Das präzise Gründungsdatum 21.4.753, mit dem Roms Zeitrechnung beginnt (»ab urbe condita«), ist genauso sagenhaft wie die »Gründer« Romulus und Remus, der Stammvater Äneas oder der Raub der Sabinerinnen.

Legenden ranken sich gleichfalls um die **zwischen 750 und 510** datierte **Herrschaft der 7 Könige** über Rom, deren letzter, Tarquinius Superbus, 510 aus der Stadt vertrieben wird.

In der Königszeit sind nur Mitglieder der Geschlechter Angehörige des römischen Volkes. Alle waffenfähigen Krieger ver-

Portrait eines Römers. Römische Bronzeplastik

sammeln sich in den **Kuriatkomitien** (Volksversammlung nach Kurien). Die von den Geschlechtern (gentes) gewählten Gentilältesten haben im **Senat**, dem Rat der Ältesten, ihren Sitz. Beschlüsse der Kuriatkomitien bedürfen der Zustimmung des Senats; die Senatoren wahren die Tradition der Väter, sie sind Berater des Königs und werden auch als Väter (patres) bezeichnet.
Es entsteht eine **Gentilaristokratie** (Patrizier), die über relativ großen Grundbesitz verfügt. Daneben gibt es Personen minderen Rechts, genannt **Plebejer**, deren Herkunft nicht genau geklärt ist, möglicherweise sind es Angehörige besiegter latinischer Stämme, die nach Rom verschleppt werden oder auch freiwillig dort zuwandern und Ackerbau und Handwerk betreiben. Die kriegsdienstpflichtigen Plebejer, die zunächst noch keine politischen Rechte haben, unterstellen sich als Klienten einem Patrizier, der ihr Patron wird. Damit gehören sie zu dessen Familie und somit wiederum zum römischen Volk, zum Populus Romanus. Überhaupt spielt die Familie eine große Rolle, bei umfassender Gewalt des Familienvaters (pater familias) über Leben und Tod aller Familienangehörigen, also auch der Klienten.
Die frühe Religion der Römer ist ein primitiver Polytheismus; unpersönliche Mächte in Natur und Mensch werden verehrt, es gibt keine Götterbilder oder Tempel. Die verstorbenen Ahnen sind als Masken gegenwärtig, Penaten und Laren (Hausgeister) schützen Besitz und Familie. Etruskischer Einfluß wirkt im Opferpriestertum: Aus Vogelflug und Eingeweideschau der Opfertiere wird die Zukunft geweissagt.

Romulus und Remus. Römisches Steinrelief

Die römische Republik

510/509, nach dem **Sturz der tarquinischen Königsherrschaft**, beginnt für das nunmehr selbständige Rom die Zeit der **Republik**, deren frühe Epoche **bis 287** reicht. In dem aristokratischen Stadtstaat üben die Patrizier die Macht aus. An die Stelle der Könige treten Amtspersonen (Magistrate). Oberste Jahresbeamte sind zwei Konsuln. Symbol ihrer Macht sind 12 Liktoren, eine Art Leibwache oder Polizei, mit dem Beil im Rutenbündel. In Notzeiten kann statt der beiden Konsuln (die zu gegenseitiger Kontrolle verpflichtet sind) ein Diktator berufen werden, der dann – für sechs Monate – die gesamte Macht im Staat besitzt. Der Senat (mit 300 Mitgliedern) wird beibehalten. Für die Rechtsprechung sind Prätoren zuständig, für Sittenaufsicht und Vermögensveranlagung Zensoren, für die Verwaltung der Staatskasse Quästoren.
Das frühe Rom ist ein ausgesprochen aristokratischer Staat, nur Patrizier gelangen in den Senat und auf Magistratsstellen. Dem privilegierten Stand der Patrizier steht die nichtvollberechtigte Masse der Plebejer gegenüber. Zwischen diesen beiden Ständen entwickelt sich ein die gesamte frühe Republik durchziehender Kampf, der **Ständekampf**, dessen Ende mit dem der frühen Republik, **287**, zusammenfällt.

Kultische Szene. Etruskische Grabmalerei

Dabei geht es nicht nur um politische Rechte, sondern vor allem um den Anteil am Grund und Boden. Der größte Teil des Gemeindelandes (ager publicus) ist von den Patriziern in Besitz genommen. Im Verlauf des Ständekampfes verschmelzen die alten Patriziergeschlechter mit der Oberschicht der Plebejer zu einer neuen privilegierten Schicht der **Nobilität**. Dadurch werden die Reste der Gentilordnung endgültig beseitigt, es bildet sich eine Gesellschaftsstruktur heraus, an deren Spitze die Nobilität (Großgrundbesitzer) steht, darunter der Ritterstand (Kaufleute, Wucherer), dann die Plebejer (kleine und mittlere Bauern, Handwerker und Händler), schließlich die Sklaven, deren Zahl allerdings erst in der Epoche der römischen Expansion an Bedeutung gewinnt.

Die inneren Auseinandersetzungen beginnen **494–493** mit dem **Auszug der Plebs auf den Heiligen Berg**, einem von der Sage ausgeschmückten Ereignis, dem aber doch historische Wirklichkeit zukommt (die Plebs wird vom Senator Menenius Agrippa mit dem berühmten Gleichnis vom Staat als einem menschlichen Körper, dessen Teile voneinander abhängig sind, zur Rückkehr bewogen). Das Patriziat gesteht die **Einführung des Tribunen-Amtes** zu. Gewählt in den plebejischen Wohnbezirken (tribus), treten zehn Volkstribunen als Vertreter der Plebs auf. Als Gehilfen haben sie die Ädilen, die Polizeigewalt besitzen und die plebejische Kasse im Tempel (aedes) der Fruchtbarkeitsgöttin Ceres verwalten.

Die militärische Expansion Roms, von der noch zu sprechen sein wird, führt zu einer **Heeresreform**. Ganz wie in Griechenland zwei Jahrhunderte zuvor, wird in Rom die Erfahrung gemacht, daß der

bisherige Träger kriegerischer Auseinandersetzungen, die Adelsreiterei, nicht mehr ausreicht; ihr zur Seite treten die Formationen der bewaffneten Bauern und Handwerker, die aus dem Kriegsdienst dann Ansprüche auf politische Rechte herleiten. 193 Zenturien (Hundertschaften) bilden das Heer (18 Zenturien der adligen Reiterei, 80 der schwerbewaffneten Großbauern, 90 der leichtbewaffneten Plebejer, dazu 5 mit Technikern, Musikern, Ordonnanzen). Die Heeresversammlung auf dem Marsfeld entscheidet über Krieg und Frieden, über die Wahl der obersten Beamten sowie über neue Gesetze. Wichtiger als Abstammung ist nunmehr Grundbesitz und der danach gestaffelte Kriegsdienst.
Der nächste Schritt auf dem Weg zur plebejischen Emanzipation ist
450 das **Zwölftafelgesetz**. Das römische Gewohnheitsrecht wird kodifiziert und der willkürlichen Auslegung entzogen. In den folgenden Jahren fällt das Eheverbot zwischen Patriziern und Plebejern; 366 gewinnen Plebejer Zugang zum Amt der Konsuln, nachdem ihnen schon 421 das Quästorenamt geöffnet worden ist. Um die Wende des 4./3. Jahrhunderts werden den Plebejern auch die übrigen hohen Staats- und Priesterämter zugänglich gemacht. Allerdings gelten diese Zugeständnisse immer nur der reichsten Schicht der Plebejer. Gemeinsam mit dem alten Blutadel bilden diese Emporkömmlinge nun den neuen Amtsadel, der über Jahrhunderte hinweg Träger der römischen Politik wird.

Der Kampf um die Herrschaft in Italien
Die Ausdehnung Roms, die Gewinnung eines Herrschaftsgebietes vollzieht sich langsam, unter schweren Rückschlägen. So dauert allein der Kampf gegen die Etrusker, Roms ehemalige Herren, fast hundert Jahre. Erst
396 mit dem **Fall der Stadt Veji** kann er als abgeschlossen gelten. Neun Jahre später ist Rom am Rande des Untergangs: Eine **Invasion der Kelten**, Ausläufer einer Wanderbewegung des indoeuropäischen Volksstamms, die im 2. Jahrhundert am Niederrhein begonnen hat und über das Maingebiet bis an den Alpenrand (um 800 Hallstatt-Kultur), nach Burgund (um 500 La-Tène-Kultur) und Westfrankreich, Südengland und Spanien geführt hat, erreicht um 400 Oberitalien. Ein römisches Heer wird **387** in der **Schlacht an der Allia**, einem Nebenfluß des Tiber, von den Kelten unter Brennus besiegt, die Stadt erobert und geplündert. Gegen weitere Überfälle sichern sich die Römer mit Errichtung der sog. Servianischen Mauer um die Stadt. 358 gelingt es immerhin, die Kelten zu schlagen, ihr Zurückdrängen aus Oberitalien ist jedoch erst im 3. Jahrhundert möglich. Im
340–338 Latinerkrieg wird die römische Herrschaft über das Umland endgültig befestigt. Anders jedoch als etwa Sparta mit den Besiegten verfuhr, beläßt Rom den latinischen Gemeinden größtenteils ihre Selbstverwaltung, einige erhalten das römische Bürgerrecht – für die übrigen ein Anreiz, es ebenfalls anzustreben. Der Kriegsdienst allerdings ist obligatorisch. Nach den
343–290 drei Samnitenkriegen, in denen Rom abermals an den Rand der Katastrophe gerät (das italische Bergvolk zwingt u.a. 321 ein römisches Heer bei Kaudium zur Kapitulation; der Sage nach müssen alle Soldaten unter einem Joch hindurchkriechen), ist Rom zu Beginn des 3. Jahrhunderts die Herrin Mittelitaliens. Militärkolonien werden angelegt, die den römischen Einfluß sichern, die ersten Wasserleitungen und Heerstraßen (Via Appia) entstehen.
Die nächsten Gegner römischer Expansionspolitik sind die **griechischen Städte in Unteritalien**. Tarent ruft den König Pyrrhus von Epirus (Nordwestgriechenland) zu Hilfe. Der schlägt die Römer 280 bei Heracleia und 279 bei Asculum, aller-

Zwei samnitische Krieger. Im Kampf um die Vormacht über Italien erweisen sich die Samniten, ein straff organisierter kriegerischer Stamm, als Roms hartnäckigste Gegner

dings unter hohen eigenen Verlusten, und vermag obendrein aus seinen Siegen kein politisches Kapital zu schlagen, etwa durch Abfall der italischen Bundesgenossen von Rom (»Pyrrhussiege«). **275** revanchieren sich die Römer in der **Schlacht bei Benevent**; Pyrrhus muß sich aus Unteritalien zurückziehen,
272 ergibt sich Tarent. Rom dehnt seine Herrschaft bis über die gesamte Apenninhalbinsel aus, neben den hellenistischen Reichen im Osten und dem karthagischen Handelsreich im Westen ist es zu einer **Großmacht** geworden. Vom inneren Aufbau her ist der Staat als Wehrgemeinschaft anzusprechen: Den ca. 300 000 waffenfähigen Bürgern des eigentlichen Staatsgebietes sind Latiner und Bundesgenossen (socii nominisque Latini) mit jeweils abgestuften Rechten assoziiert.
Noch sind die bäuerlichen Grundlagen der Lebensführung in Rom erhalten und prägen auch seine Kultur: Einfachheit und Nüchternheit, Sinn für das Praktische und Nützliche, Achtung vor der Tradition, der Lebenserfahrung der Alten, Respekt vor den Göttern, dem Recht und der überlieferten Sittlichkeit. Die römischen Sagen feiern heroische Beispiele der Loyalität, der Pflichterfüllung und der Aufopferung für das Gemeinwesen.

Der Weg zum Weltreich
Das Ausgreifen nach Süden bringt Rom, ebenso wie zuvor mit den Griechen, in feindliche Berührung mit der westlichen Seemacht Karthago. Daraus entstehen die drei Punischen Kriege, die mit der Vernichtung karthagischer Macht und schließlich auch der Stadt Karthago selbst enden.
264–241 Erster Punischer Krieg. Ursprünglich noch Helfer Roms gegen die Griechenstädte in Unteritalien und ihren Bundesgenossen Pyrrhus, wird das Handelsvolk der Karthager (von den Römern Punier genannt) zu Feinden, als Rom beginnt, sich in Konflikte sizilianischer Städte einzumischen, die zum karthagischen Einflußbereich gehören. Die Auseinandersetzungen weiten sich aus zum Kampf um Sizilien und schließlich um die Herrschaft im westlichen Mittelmeer.

Münzportrait des Königs Pyrrhus

261 nach der **Eroberung Westsiziliens** wagen die Römer den Schritt aufs Meer: Ein gestrandeter punischer Fünfruderer dient zum Modell, nach dem das Bauernvolk seine Flotte baut, ergänzt durch eine bahnbrechende Erfindung, die Enterbrücke, mit der Schwerbewaffnete vom Deck des eigenen auf das des Gegnerschiffs gelangen können. Die Taktik des Landkampfes wird so auf den Seekrieg übertragen. Der neuen Flotte gelingen Siege **260 bei Mylae** und **256 am Vorgebirge Ecnomus**. Die Landung römischer Truppen 256/55 an der nordafrikanischen Küste endet jedoch in einem Fiasko.
249 verliert die römische Flotte die **Seeschlacht bei Drepanum**. Sizilien wird nun wieder Kriegsschauplatz, wo sich besonders der karthagische Feldherr **Hamilkar Barkas** (gest. 228) als geschickter Führer eines – für die Römer verlustreichen – Kleinkrieges hervortut. Aus Privatmitteln römischer Bürger wird eine neue Flotte von 200 Fünfruderern erbaut, deren Sieg

Kampfelefant. Bunt bemalter römischer Teller

241 in der **Seeschlacht bei den Ägatischen Inseln** den Krieg zugunsten Roms entscheidet. Karthago muß Sizilien räumen und eine hohe Kriegsentschädigung zahlen.

Rom macht die sizilischen Griechenstädte zu Bundesgenossen, das übrige **Sizilien** jedoch zur **Provinz**, d.h. zu einem Untertanenland. Der Boden gilt als »ager publicus«, d.h. römisches Eigentum; für seine Benutzung müssen die Inselbewohner den Zehnten des Ernteertrages abliefern. Ein römischer Statthalter, zumeist ein ehemaliger Konsul, verwaltet das Land. Während Karthago in den nächsten Jahren von Söldneraufständen erschüttert wird, nutzt Rom dessen Schwäche, um auch die Inseln Korsika und Sardinien als Provinz in Besitz zu nehmen. Expeditionen gegen die Piraten an der Küste Illyriens bringen Rom ein Schutzgebiet ein, das die Grundlage der späteren Provinz Dalmatien wird. Ein Vorstoß der keltischen Gallier von Oberitalien aus wird 222 abgewehrt, im Gegenzug werden die römischen Grenzen bis über den Po vorgeschoben (auch mittels Straßenbau: Via Flaminia), das neue Gebiet als die Provinz Gallia Cisalpina (diesseitiges Gallien) einverleibt. Die nächste Auseinandersetzung mit Karthago, der

218–201 Zweite Punische Krieg, ent-

Umseitig: Blick auf das Forum Romanum

zündet sich wegen Spanien. Dort hat 231 Hamilkar Barkas ein neues karthagisches Reich errichtet (Hauptstadt Carthago nova, das heutige Cartagena). Sein Schwiegersohn und Nachfolger Hasdrubal schließt mit den Römern **226** den **Ebrovertrag**: der Fluß wird als Grenze der Interessensphären festgelegt. Rom verletzt jedoch den Vertrag, als es 219 das auf karthagischem Gebiet liegende Sagunt unterstützt. Der junge **Hannibal** (246–183), Sohn Hamilkar Barkas' und nach Ermordung Hadrubals (221) Befehlshaber des karthagischen Heeres, zerstört die unbotmäßige Stadt, worauf Rom den **Krieg** erklärt.
Die Republik kann 6 Legionen mit rund 70000 Mann ins Feld stellen und hat Reserven von rund 350000 Mann, dazu 400000 Mann Bundesgenossen; Karthagos Feldherr Hannibal dagegen führt ein Söldnerheer von nur etwa 60000 Mann. Der römische Kriegsplan sieht einen Doppelstoß, zum einen über Massalia (das heutige Marseille) nach Spanien, zum anderen über Sizilien nach Afrika vor. Hannibal kommt dem zuvor. Er tut das Unerwartete und Unbegreifliche, überschreitet, von Spanien kommend, die Pyrenäen, setzt über die Rhone und wagt noch im **Herbst 218** den **Übergang über die Alpen**. Sein Heer zählt danach kaum 26000 Mann; dennoch gelingen ihm Siege über römische Truppen am Ticinus und an der Trebia. Er bekommt Zulauf von den Kelten der Provinz Gallia Cisalpina und kann im folgenden Jahr, **217**, den **Vormarsch auf Rom** antreten. Am Trasimenischen See zwischen Arezzo und Perugia lockt er das Heer des Konsuls C. Flaminius, der unnötigerweise seine Stellung verlassen hat, in eine Falle und vernichtet es. Die erhoffte allgemeine Erhebung gegen Rom bleibt jedoch aus. Hannibal belagert erfolglos Spoleto und zieht dann weiter, mit einem Heer, in dem Krankheiten grassieren; an eine Eroberung Roms ist unter diesen Umständen

Publius Cornelius Scipio d.Ä.

nicht zu denken. In der Stadt ist der bewährte Feldherr **Quintus Fabius Maximus** zum **Diktator** gewählt worden. Die Zeitgenossen belegen ihn bald mit dem Beinamen »Cunctator« (der Zauderer), weil er eine Schlacht vermeidet. Seine Ermattungs- und Zermürbungsstrategie gegen den unschlüssig in Italien umherziehenden Hannibal erweist sich jedoch

als äußerst wirksam. Der Karthager ist eigentlich am Ende, als ihm das unverhoffte Glück zuteil wird, daß nach Ablauf der sechsmonatigen Amtszeit des Diktators Quintus Fabius Maximus wieder zwei Konsuln gewählt werden, L. Aemilius Paullus und C. Terentius Varro, von denen jedenfalls der letztere so unvorsichtig und ungeduldig ist wie es der am Trasimenischen See geschlagene Flaminius gewesen. Roms Heer läßt sich nach Apulien locken und nimmt am 2.8.
216 die Schlacht beim Ort Cannae an.
Im Vertrauen auf die zahlenmäßige Überlegenheit (86 000 gegen ca. 50 000) und die Durchschlagskraft ihrer Infanterie greifen die Römer frontal an. Gemäß Hannibals Meisterplan weicht das Zentrum seiner Schlachtreihe langsam zurück und verlockt die Römer zu weiterem Vorstürmen. Ein Durchbruch gelingt ihnen jedoch nicht; die Karthager halten stand, während ihre Reiterei, besser bewaffnet und geführt als die römische, an den Flügeln vorrückt, die römischen Reiter zerstreut und schließlich die Fußtruppen vom Rücken her faßt. Eingekreist und zusammengedrängt, vermag sich die römische Infanterie nicht mehr zu entfalten, 50 000 Mann werden erschlagen, 10 000 gefangengenommen, nur 3000 gelingt die Flucht. Als **Muster einer Umfassungsschlacht** geht Cannae in die Militärgeschichte ein.
Roms schwärzeste Stunde ist da. Die Bundesgenossen beginnen abzufallen. In heroischer Anstrengung sammelt der Staat seine letzten Kräfte. Sklaven werden freigekauft und bewaffnet, junge Männer bis zum Alter von 17 Jahren für den Militärdienst ausgehoben, die in den Tempeln als Weihegaben gelagerten Waffen eingezogen. Man kehrt wieder zur hinhaltenden Strategie zurück, nur langsam schließt sich der Kreis um Hannibals Heer, das Capua als Stützpunkt gewählt hat. Der Karthager plant inzwischen, in Süditalien einen geeinten großen Staat zu errichten und knüpft auch Verhandlungen mit König Philipp V. von Makedonien an, wird aber von Karthago aus kaum noch unterstützt. Der Ring römischer Truppen um Capua wird immer enger, auch ein **Entlastungsvorstoß Hannibals 211 nach Rom** (»Hannibal ante portas!«) schafft nur kurze Zeit Ruhe. Capua geht verloren, ebenso Syracus auf Sizilien, wo der Mathematiker und Festungsingenieur Archimedes von den Römern erschlagen wird. Das Kriegsglück scheint sich den Römern zuzuneigen, da ereignet sich eine Katastrophe, die noch einmal alles in Frage stellt: In Spanien wird 211 das bis dahin erfolgreich operierende Heer unter den Brüdern P. Cornelius und Gnaeus Scipio vernichtend geschlagen. Der karthagische Sieger, Hannibals Bruder **Hasdrubal**, kann auch von einem weiteren Heer unter P. Cornelius Scipios gleichnamigen Sohn nicht aufgehalten werden und marschiert in Richtung Italien, um sich mit seinem Bruder zu vereinigen. Er wird jedoch **207 am Metaurus** (zwischen Rimini und Senigallia) **abgefangen und in der Schlacht getötet**.
Rom fühlt sich nun stark genug, den Krieg nach Afrika hinüberzutragen. Nachdem er Spanien erobert hat, wird Scipio 205 zum Konsul gewählt und setzt 204 mit einem Heer nach Afrika über. Das bedrohte Karthago ruft seinen Feldherrn zurück; Hannibal stellt sich Scipio
202 zur **Entscheidungsschlacht bei Zama** und unterliegt. Von römischen Auslieferungsanträgen verfolgt, flieht der Besiegte zu König Antiochos III. von Syrien, dann zu König Prusias von Bithynien (in der heutigen Westtürkei), wo er 183 Selbstmord begeht. Sein Gegenspieler Scipio, zunächst noch mit dem Beinamen »Africanus« und einem Triumphzug geehrt, wird später in Rom in innenpolitische Auseinandersetzungen verwickelt und stirbt ebenfalls 183, in freiwilliger Verbannung.

Im Friedensvertrag von 201 muß Karthago Spanien und die Balearen abtreten, seine Flotte ausliefern, eine gewaltige Kriegsentschädigung zahlen und sich verpflichten, ohne Genehmigung Roms keine Kriege zu führen. Rom ist zur Herrscherin des westlichen Mittelmeeres geworden.
Alsbald nimmt es den **Kampf gegen Karthagos Bundesgenossen oder zeitweilige Parteigänger** auf. Eine Erhebung der Kelten in Oberitalien wird 200–190 niedergeschlagen. Die Anlage von Heerstraßen, so der Ausbau der Via Aemilia, die als Fortsetzung der Via Flaminia bis ins Gebiet des heutigen Piacenza führt, sichert hier die Herrschaft Roms. Der
200–197 Krieg gegen Makedonien beendet Philipps V. Hegemonie über Griechenland. Trotz der
196 verkündeten **Freiheitserklärung für die griechischen Staaten** behält sich Rom die Schutzherrschaft vor. Der Sieg **190** in der **Schlacht von Magnesia** bringt erstmals auch Gebiete in Kleinasien unter römischen Einfluß. Zum
Endkampf mit Makedonien kommt es **171–168.** Die einstmals gefürchtete makedonische Phalanx wird
168 in der **Schlacht von Pydna** völlig vernichtet.
Tausende von Griechen wandern als Geiseln nach Rom, unter ihnen auch Polybios, der den Aufstieg Roms zur Weltmacht beschreiben wird. Aufstände der Griechen werden grausam erstickt, 146 wird Korinth dem Erdboden gleichgemacht. Die Römer übernehmen jetzt selbst die Herrschaft und richten die Provinzen Makedonien und Asien (das ehemalige Reich von Pergamon, der Nordostzipfel der heutigen Türkei) ein.
Als Karthago sich 149 gegen die Landräubereien des von Rom favorisierten Berberfürsten Masinissa erhebt, sieht Rom dies als Bruch des Friedensvertrages an. Der
149–146 Dritte Punische Krieg ist kaum etwas anderes als die Belagerung Karthagos durch die Römer; der alte Handelsstaat ist zu Offensiven nicht mehr fähig. Der ständig wiederholten Forderung des römischen Politikers Cato (Zensor seit 184), Karthago müsse zerstört werden, wird Genüge getan. Von der Stadt bleiben nur Ruinen, die Überlebenden werden in die Sklaverei verkauft. Karthagos Gebiet wird zur Provinz Afrika erklärt.

Punischer Hausaltar aus Karthago

Soziale Unruhen und Bürgerkriege

Den Weg zur Weltmacht erkauft Rom mit einer sozialen Krise. Im Innern des Reiches haben sich als Folge der unaufhörlichen Kriege und Eroberungen folgenschwere Wandlungen vollzogen. Rom tritt in eine hundertjährige Epoche innerer Auseinandersetzungen ein.
Der altrömische Agrarstaat existiert nicht mehr. Zahlreiche Kleinbauern, die Basis des Staates, haben ihre Höfe wegen Kriegsdienstes vernachlässigen müssen, nach ihrer Rückkehr womöglich auch von gegnerischen Truppen verwüstet vorgefunden. Sizilien und Afrika, die neuen Kornkammern des Reiches, liefern Getreide zu Preisen, mit denen der Klein-

Eselskarren und Bauer. Römisches Steinrelief

bauer nicht konkurrieren kann. Viele verkaufen ihr Land an Großbauern, die zu weiträumiger Weidewirtschaft übergehen oder auf ihren Besitzungen (Latifundien) Sklaven arbeiten lassen, an denen nach so vielen erfolgreichen Kriegszügen kein Mangel ist. Der Ritterstand vermehrt seinen Reichtum durch Geldverleih und Pachtgeschäfte; in den eroberten Provinzen werden Bergwerke, Steinbrüche oder Wälder, die Eigentum des römischen Staates geworden sind, aber von diesem nicht selbst ausgebeutet werden können, meistbietend an Privatleute vergeben, ebenso das Recht der Steuerpacht. Zu tausenden drängen sich in Rom die Kleinbauern und Handwerker, die ihren Beruf aufgegeben haben und sich durch Spenden der Begüterten am Leben halten, denen sie wiederum bei Ämterwahlen und Gesetzesinitiativen nützlich sein können, da sie noch das römische Bürgerrecht besitzen: eine Wählermasse, die sich immer dem zuwendet, der am meisten bietet.

Die politischen und militärischen Entscheidungen, von der Volksversammlung nicht mehr zu übersehen und zu bewältigen, verlagern sich mehr und mehr auf den Senat, der wiederum fest in der Hand der Aristokraten ist. **Rom entwickelt sich zur Oligarchie** mit ausgeprägter Kumpanei der Mächtigen; die skandalöse Ausbeutung der Provinzen wird vertuscht, eine öffentliche Kontrolle der Verwaltung fehlt. Die Heerführung, in den (Laien-)Händen der Konsuln oft genug nicht gut aufgehoben, geht an Berufsoffiziere über, die ihrerseits die bisherige Bürgerarmee in ein Berufsheer umwandeln. Dennoch bleibt Rom ein Stadtstaat, der die räumlichen Erweiterungen vorerst nicht zu einem Reich zusammenzufügen vermag, das den Ländern und Völkern am Mittelmeer eine gemeinsame Ordnung gegeben hätte.

Revolten in Griechenland in der Mitte des 2. Jahrhunderts und **die ersten Sklavenaufstände in Sizilien 136–132** konnten als Warnzeichen verstanden werden; dennoch unterbleiben reformerische Maßnahmen. Die Kraft der Integration, einst bewundernswerte Eigenschaft der altrömischen Republik, ist erlahmt.

Auch kulturell und moralisch sind Wandlungen eingetreten. Die Besetzung Siziliens und Griechenlands hat die Römer mit der hellenistischen Kultur in Berührung gebracht. Griechische Künstler, die man als Sklaven ins Land gebracht hat, arbeiten jetzt in Rom und schwingen sich in kürzester Zeit zu Vorbildern auf ästhetischem Gebiet auf. Das griechische Drama, vor allem die Komödie, wird rezipiert, ebenso die Geschichtsschreibung. Hellenistische Mysterienkulte dringen nach Rom, auch die Philosophie der Stoa. In gebildeten Kreisen wird griechisch gesprochen. Immerhin vermag nüchterner römischer Wirklichkeitssinn sich gegen allzu starke kulturelle Überfremdung zu behaupten oder mit den neuartigen Einflüssen Synthesen einzugehen.

Die ersten, die das Elend der unteren Schichten bessern wollen und eine grundlegende Reform der res publica anstreben, aber auch – und das macht ihre Versuche wie auch die späterer Nachahmer so zwiespältig – für sich persönlich politisches Kapital daraus schlagen wollen, sind die aus dem altadligen Geschlecht der Sempronier stammenden Brüder **Tiberius** (163–132) und **Gaius Gracchus** (153 bis 121).

Der erstere läßt sich **133** zum Volkstribun wählen und bringt einen Antrag auf **Erneuerung des alten Ackergesetzes** ein. Dieses, 367 beschlossen, um neuerworbenes Staatsgebiet gerecht zu verteilen (höchstens 500 Morgen an eine Person), ist längst in Vergessenheit geraten, die Entwicklung von Großgütern mit Sklavenhaltung darüber hinweggegangen. Berühmt ist die vom Geschichtsschreiber Plutarch überlieferte (und wohl auch ausgeschmückte) Anklagerede des Tiberius Gracchus: »Die Tiere Italiens haben Höhlen und eine Lagerstelle oder einen Unterschlupf. Die Männer aber, die für Italien kämpfen oder sterben, haben nichts. Ohne Haus und Hof irren sie mit Weib und Kind umher. Sie heißen die Herren der Erde, und doch haben sie nicht eine Scholle zu eigen.«

Der Versuch einer Wiederherstellung des freien Bauerntums mittels Erneuerung des Ackergesetzes wird bereits von einem Kollegen im Volkstribunat blockiert. Tiberius Gracchus läßt diesen absetzen. Die Gelder für Einrichtung neuer Bauernstellen beschafft er aus dem Schatz des Königs von Pergamon, das soeben (133) an Rom gefallen ist – womit ein Recht des Senats verletzt wird. Als Tiberius Gracchus im folgenden Jahr (132) seine – verfassungswidrige – Wiederwahl zum Volkstribunen durchsetzen will, wird er von Anhängern des Senats erschlagen. **Sein jüngerer Bruder Gaius nimmt,** neun Jahre später (123) zum Volkstribunen gewählt, **die Reformpläne wieder auf.** Er gewinnt die in Rom zugewanderten Plebejer durch ein **Getreidegesetz,** das jeder römischen Familie ca. 3/4 Zentner Weizen pro Monat zum halben Preis garantiert. Sein **Richtergesetz** begünstigt den Ritterstand, der nun die Möglichkeit erhält, kontrollierend in die Ausbeutungs- und Bereicherungspolitik der senatorischen Statthalter in den Provinzen einzugreifen. Als Gaius Gracchus jedoch ein **Bundesgenossengesetz** einbringt, das für alle Italiker gelten soll, verlassen ihn seine bisherigen Anhänger. Nach einem gescheiterten Putschversuch begeht er 121 Selbstmord.

Die kaum eingeleiteten Agrarreformen werden wieder aufgehoben, nur Getreide und Richtergesetz bleiben bestehen. Die Reformgegner schließen sich zur Ver-

Mosaikportrait eines römischen Legionärs

teidigung ihrer Machtpositionen zusammen und nennen sich fortan **Optimaten.** Ihre Widersacher sind die **Popularen,** keineswegs so festgefügt wie die Optimaten, eine schwankende Koalition von Rittern, Kleinbauern und Besitzlosen, in der aber immer wieder begabten Emporkömmlingen oder Männern aus vornehmen Familien ein rascher politischer Aufstieg gelingt.

So Gaius **Marius** (155–86), ein »homo novus« bäurischer Herkunft, der vom Ritterstand favorisiert, sich als Feldherr in Nordafrika im

111–105 Krieg gegen den Numiderkönig Jugurtha die Sporen verdient und abermals zum Konsul-Feldherrn berufen wird, als die **Kimbern und Teutonen** Rom bedrohen. Diese germanischen Völkerschaften sind aus ihren Wohnsitzen auf der Halbinsel Jütland abgewandert, vermutlich infolge von Flutkatastrophen und Mißernten, und die Oder aufwärts durch Schlesien und Böhmen bis zur Steiermark gezogen. Dort haben sie 113 bei Noreia zum erstenmal ein römisches Heer geschlagen, im Verlauf der weiteren Wanderung am Nordrand der Alpen entlang, über den Rhein und durch die Burgundische Pforte im Rhonetal kommt es noch zu weiteren Schlachten, wobei

105 die **römische Niederlage bei Arausio** (dem heutigen Orange/Südfrankreich) am schwersten ist. Eine Wiederholung des »Keltensturms« von 387 scheint bevorzustehen.

Marius nutzt die Stunde der Bedrohung zu einer **Heeresreform.** Er wirbt besitzlose Proletarier an, die sich für eine 16jährige Dienstzeit verpflichten, in der sie das Anrecht auf Zivilversorgung erwerben. Der Schritt zum Berufsheer ist vollzogen, die lange Dienstzeit erlaubt eine bessere Ausbildung der Soldaten, gleichzeitig wird aber auch das Heer aus seinen alten politischen Bindungen gelöst, der Soldat verpflichtet sich dem Feldherrn, bald werden die Zeiten kommen, da einzelne Militärs mit ihnen ergebenen Truppen Politik, sogar gegen den Staat, machen können.

Nach einer mehrjährigen Wanderung durch das nördliche Spanien und Frankreich erscheinen die Germanen abermals auf römischem Staatsgebiet.Sie haben sich jedoch unterwegs geteilt, das reorganisierte Heer des Marius kann sie besiegen; die Teutonen

102 in der **Schlacht bei Aquae Sextiae** (das heutige Aix-en-Provence), und die Kimbern **101** in der **Schlacht bei Vercellae** (zwischen Novara und Turin).

Als Retter des Vaterlandes gepriesen, wird Marius im Jahr 100 zum 6. Male Konsul. Er bringt ein Gesetz durch, das die Zuteilung von Ackerland (allerdings nur in den Provinzen) an Veteranen ermöglicht, nach dem Verfahren, das bereits einige Jahre zuvor bei der Besetzung der Provinz Gallia Narbonensis (das heutige Südfrankreich um Narbonne) 125–122 angewendet worden ist. Mit seinem Scheitern bei den Konsulatswahlen des nächsten Jahres sind jedoch Marius' weitere Reformpläne vorerst gestoppt.

Auch die Initiative des Volkstribunen Marcus Livius Drusus, den Kleinbauern Gemeindeland aus dem Besitz der Bundesgenossen zuzuteilen, wofür diese wiederum römisches Bürgerrecht erhalten sollen, dringt nicht durch. Die Antwort der enttäuschten Bundesgenossen ist ein Aufstand, in dem Rom schwere Niederlagen erleidet und schließlich nachgeben muß.

88 erhalten die Bundesgenossen in Italien das Bürgerrecht, allerdings gilt dieses immer nur bei Anwesenheit in Rom selbst.

In den Kämpfen des Bundesgenossenkrieges hat sich ein Feldherr namens Publius Cornelius **Sulla** (137–78) hervorgetan. Ihm überträgt der Senat 88 den Oberbefehl im Kampf gegen den König **Mithradates** von Pontus (am Schwarzen Meer, heutige Nordosttürkei), der sein Herrschaftsgebiet über ganz Kleinasien ausgedehnt hat und römische Handelswege und schließlich auch Provinzen bedroht.

Drei Gladiatoren im Kampf mit zwei Löwen. Römisches Steinrelief

Gegen den Senatsbeschluß dringen die Popularen in Rom darauf, daß statt Sullas der alte Marius den Krieg führen solle. Sulla, dessen Truppen soeben eingeschifft werden sollen, macht kehrt, marschiert gegen Rom und stellt die Senatsherrschaft wieder her. Die gefährliche außenpolitische Situation (in Griechenland sind die meisten Städte schon zu Mithradates übergegangen) nötigt ihn aber doch zum baldigen Aufbruch von Rom. Während er den König von Pontus aus Griechenland vertreibt, ergreift die Popularen-Partei in Rom die Macht, es kommt zur
87–84 Terrorherrschaft der Popularen unter **Marius** (gest. 86) und **Cinna** (erschlagen 84). Im Jahre 84 kehrt Sulla vom Mithradatischen Feldzug zurück. Mit 40000 Mann ergebener Truppen bricht er den Widerstand der Marianer und errichtet seinerseits eine Schreckensherrschaft, die weit grausamer ist als die vorhergegangene. In der nun folgenden
82–79 Diktatur Sullas werden Tausende von politischen Gegnern hingerichtet, ihr Vermögen eingezogen. Die Namen der Geächteten werden durch Anschlag (proscriptio) bekanntgegeben; das Verfahren des Proscription wird zum immer aufs neue benutzten Mittel der innenpolitischen Auseinandersetzungen in Rom. Sullas Diktatur bedeutet noch einmal die Wiederherstellung rein aristokratischer Senatsherrschaft; der Diktator legt freiwillig im Jahre 79 die Macht aus den Händen und zieht sich ins Privatleben zurück. Gleichwohl ist noch keineswegs Ruhe im Römischen Reich. In Spanien haben sich die Anhänger des Marius festgesetzt, im Osten wird wieder
83–81 und **74–64 Krieg gegen Mithradates** geführt, und gefährlicher noch, in der Gladiatorenschule von Capua bricht 73 eine Revolte der todgeweihten Kämpfer

aus, der sich Zehntausende von Sklaven anschließen. Der

73–71 Sklavenaufstand, angeführt von dem Thraker Spartacus, kann nur mit äußerster Mühe niedergeschlagen werden. Der Sieger des Sklavenkrieges, Marcus Licinius **Crassus** (115–53) einigt sich mit dem Feldherrn, der die Marianer in Spanien bekämpft hat, Gnaeus **Pompeius** (106–48); beide nehmen das Konsulat für das Jahr 70 an und revidieren die überlebte Sullanische Verfassung: so lassen sie unter anderem das von Sulla abgeschaffte Amt der Volkstribunen wieder zu.

Pompeius festigt sein Ansehen durch erfolgreiche Bekämpfung der Seeräuber im östlichen Mittelmeer (67), Siege über König Mithradates (66–64) und Neuordnung Kleinasiens (in Syrien wird die Seleukidenherrschaft beendet, Jerusalem erobert, die Provinzen Pontus und Syrien eingerichtet). Ein Komplott des **Catilina** wird 63 durch den Konsul **Cicero** (106 bis 43) aufgedeckt, der Verschwörer fällt 62 in der Schlacht bei Pistoria. Ciceros Reden gegen Catilina stellen Höhepunkte römischer Rhetorik und republikanischer Gesinnung dar. 62 kehrt Pompeius, beutebeladen, an der Spitze siegreicher Truppen, von den Griechen als »Pompeius Megas« (der Große) verehrt, nach Italien zurück. Den von vielen erwarteten Schritt zur Alleinherrschaft tut er aber nicht. Vielmehr schließt er mit Crassus und dem jungen Gaius Julius **Caesar** (100–44) eine Vereinbarung, daß nichts im Staat geschehen soll, das einem von ihnen nicht paßt, das

60 Erste Triumvirat (Dreimännerbund). Dem Juniorpartner messen Pompeius und Crassus wenig Bedeutung bei; er ist es jedoch, der sie in kurzer Zeit überspielen wird.

Caesar und Augustus

Aus altadliger Familie stammend, hat Caesar seine politische Karriere dennoch bei den Popularen gesucht, zeitweilig sogar sich in den Kreisen des Verschwörers

Marmorbüste Marcus Tullius Ciceros

Catilina bewegt. Sein Aufstieg ist der damals übliche, nur in besonders kurzer Zeit: mit großzügigen Geschenken und Volksbelustigungen; die Mittel dazu hat er sich als Statthalter der Provinz Südspanien durch hemmungsloses Ausplündern seines Verwaltungsgebietes erworben.

Caesar läßt sich die Statthalterschaft in den Provinzen Gallia Cisalpina (Norditalien) und Narbonensis (Südfrankreich) übertragen und geht sogleich an die Erweiterung des römischen Herrschaftsgebietes. Die

58–51 Eroberung Galliens durch Caesar gestaltet sich jedoch äußerst schwierig. Immer neue Aufstände, vor allem die Erhebung unter **Vercingetorix** (52) gefährden das Erreichte, bis im Jahre 51 Ruhe in Roms neuer Provinz eintritt. Caesar beschreibt die Feldzüge in seinem Buch »De bello Gallico«, das eigentlich nur als Pro-

pagandaschrift für ihn gedacht, bis in die Gegenwart als Muster klassischen Lateins und erzählerischer Klarheit gelten wird. Die Strapazen des gallischen Krieges, in dem sich der Feldherr kaum weniger geschont hat als seine Soldaten, haben Caesar ein treu ergebenes Heer gewinnen lassen. Das kommt ihm zustatten, als durch den Tod des Crassus 53 (im Feldzug gegen die Parther in Syrien) das Triumvirat beendet wird und Pompeius, nunmehr zur Optimaten-Partei übergegangen und zum »Konsul ohne Kollegen« gewählt, gegen Caesar Front macht. Dieser ist nicht bereit, sein Heer zu entlassen, wenn nicht auch Pompeius sich von seinen Truppen trennt. Der Senat enthebt Caesar daraufhin seines Kommandos. Caesar verweigert den Gehorsam. Der
49–46 Bürgerkrieg gegen Pompeius beginnt mit Caesars Übergang über den Fluß Rubicon, der seine Provinz Gallia Cisalpina von Italien trennt (»Die Würfel sind gefallen«). Die Senatstruppen laufen zu ihm über, Pompeius muß Italien räumen. Caesar folgt, es kommt **48 bei Pharsalus** in Thessalien zur **Entscheidungsschlacht.** Pompeius unterliegt und flüchtet nach Ägypten, wo er ermordet wird. Caesar, der ihm auch dorthin gefolgt ist, wird von den Ägyptern in Alexandria eingeschlossen, kann sich befreien (allerdings um den Preis, daß die Bibliothek von Alexandria dabei in Flammen aufgeht). Er greift in die Thronstreitigkeiten des Ptolemäischen Hauses ein und macht **Cleopatra** zur Königin. Nach siegreichen Feldzügen gegen Pharnaces von Pontus 47 (»veni, vidi, vici« (ich kam, ich sah, ich siegte), und gegen die Anhänger des Pompeius in Afrika 46 und Spanien 45, kehrt er nach Rom zurück.

Seine Machtfülle ist außerordentlich. Er ist Diktator auf Lebenszeit (seit 45), Imperator (seit 51), Konsul auf 10 Jahre (seit 48), Pontifex maximus (seit 63) und Träger tribunizischer Gewalt (seit 44). Doch ihm fehlt die Zeit, alles zuende zu

Gallischer Söldner. Römische Steinplastik

führen, was er an Reformen geplant (und teilweise schon begonnen) hat: Landverteilung an die Proletarier, Arbeitsbeschaffung durch Ausbau der Hauptstadt, Tiber-Regulierung, eine Reichsreform mit Erweiterung des Bürgerrechts, eine einheitliche feste Zeitrechnung u.a.

Im Ungewissen bleibt vor allem Caesars Vorstellung von einer neuen Staatsform

für Rom. Seine Ämterhäufung deutet auf Etablierung eines absoluten Herrschertums hin, desgleichen ein ausgeprägter Personenkult und göttliche Verehrung; dennoch lehnt er das ihm zu Beginn des Jahres 44 von seinem Anhänger Marcus Antonius angetragene Königsdiadem ab. Einer Verschwörergruppe von Vertretern altrömischer Tradition unter **Brutus** und **Cassius** ist aber Caesars halbe Monarchie schon zuviel, an den Iden des März (15.3.)
44 wird Caesar im Senat ermordet.
Die Mörder haben kein Konzept, was nach der Tat werden soll. Sie müssen feststellen, daß Caesars Nimbus weiterlebt und daß die erwartete Rückkehr zur republikanischen Staatsform ausbleibt. Zwei Männer treten auf, die sich als Erben und Testamentsvollstrecker des Ermordeten betrachten: Der schon erwähnte Marcus **Antonius** (83–30) und Caesars Großneffe Gaius **Octavianus** (63–14 n.Chr.). Wieder herrscht im Römischen Reich
44–30 Bürgerkrieg. Es gibt massenhafte Proskriptionen, denen auch der alte Republikaner Cicero zum Opfer fällt. Antonius und Octavian schließen mit Caesars altem Reitergeneral Lepidus
43 das **Zweite Triumvirat**, das ihnen auf fünf Jahre die Macht in Rom sichert. Sie verfolgen die Caesarmörder nach Griechenland.
42 in der **Schlacht bei Philippi** in Makedonien verlieren diese Sieg und Leben. Während Octavian nach Italien zurückkehrt und Lepidus, der (unbedeutende) Dritte im Bunde, mit der Verwaltung von Afrika abgespeist wird, versucht Antonius im Osten ein eigenes Reich aufzubauen. Er vermählt sich mit Ägyptens Königin Cleopatra und nimmt mehr und mehr die Gewohnheiten hellenistischer Herrscher an – für Octavian Anlaß, im Namen römischer Staatsidee und Sitte gegen den Partner aufzutreten. Mit der Behauptung, Antonius wolle seinen Kindern Teile römischer Provinzen als Königreich

Gaius Julius Caesar. Römische Marmorstatue

vererben, bricht er einen Krieg vom Zaun, der
31 in der **Seeschlacht bei Actium** entschieden wird. Die Unterlegenen, Antonius und Cleopatra, fliehen und begehen im folgenden Jahr Selbstmord. Im Sommer 29 zieht **Octavian** als **Herr des Römischen Reiches** triumphierend in Rom ein. Das Jahrhundert der Revolutionen und Bürgerkriege ist zu Ende; gleichzeitig wird die Republik zu Grabe getragen.
Octavian vereinigt auf sich eine ähnliche

Machtfülle wie Caesar, nur versteht er sie besser in die überlieferten römischen Staatsvorstellungen einzupassen. Er gibt 27 die ihm übertragenen außerordentlichen Vollmachten an Senat und Volk zurück und nennt sich fortan princeps, der Erste. Zu diesem seinem **Prinzipat** gehört jedoch das Konsulat im Gemeindestaat Rom und das Imperium (Herrschaft) im Reich, wobei die abgelegenen und Grenz-Provinzen (Spanien, Gallien, Illyrien, Syrien, Ägypten) ihm in direkter Verwaltung unterstehen. Hier befinden sich auch die meisten Truppen, so daß Octavians Herrschaft als Militärmonarchie angesprochen werden kann. Der Ehrentitel »Augustus« (der Erhabene, 27), die tribunizische Gewalt (seit 23), die Würde des Pontifex Maximus (ab 12) und schließlich die Ehrung als »Pater Patriae« (2. v.Chr.) runden das Bild eines de-facto-Kaisertums ab, das aber von den Römern nun ertragen wird. Eine lange Friedensepoche läßt die Wunden des Bürgerkriegs vernarben, als »Goldenes Zeitalter« empfinden die Zeitgenossen die 40jährige Regierungszeit des Augustus.

Kaiser Octavian

Das Jahr 17 bildet mit der **Säkularfeier der Stadt Rom** und der **Verkündung des Weltfriedens** (»Pax Augusta«) den Höhepunkt der Augusteischen Epoche. Rom, bisher fast ohne herausragende Bauten, wird durch großartige Bautätigkeit zur »Stadt des Marmors«. Sosehr Augustus mit seiner Rom- und Italienpolitik im Großen Erfolg hat (anders als Caesar mit seinen mehr am Alexanderreich orientierten Vorstellungen ist Augustus fest im Römertum verwurzelt), so wenig gelingt ihm doch eine Erneuerung altrömischer Sitte und Religion. Seine Gesetze gegen Kinderlosigkeit und Verschwendungssucht, die von ihm angeregten Feiern alter Gottheiten, finden kaum Widerhall.

Dafür erreicht nun aber die Literatur eine Hochblüte. Vergil (70–19) schenkt in seiner »Aeneis« den Römern ihr nationales Epos, Horaz (65–8) besingt die ländlichen Freuden und feiert im Hymnus zum Säkularfest Augustus als Friedensbringer, Ovid, Properz und Tibull sprechen in der Art hellenistischer Dichtungen ihre Empfindungen der Leidenschaft und Liebe aus; Livius (57–17 n.Chr.) erzählt die römische Geschichte seit den Anfängen und deutet die (augusteische) Gegenwart als ihre Vollendung. Sallust (86–35) schildert Ereignisse aus den Tagen des Bürgerkrieges.

Die Außenpolitik des Imperators ist mehr auf Verstärkung und Berichtigung der Grenzen ausgerichtet als auf Expansion. Das verkleinerte Heer (25 Legionen, mit Hilfstruppen aus Barbaren ca. 300000 Mann) steht in den Grenzprovinzen. In Rom verbleibt eine Leibgarde, die sogenannten Prätorianer, die in späteren Zei-

ten noch als Stütze und Hausmacht der Kaiser eine große Rolle spielen werden. Verträge mit den Parthern sichern den Osten. Im Norden dagegen werden Expeditionen unternommen,um ein Glacis und Pufferzonen gegen die unruhigen Germanen und Kelten zu gewinnen. Die Stiefsöhne des Augustus, **Drusus** (39–9) und **Tiberius** (42–37 n.Chr.) dringen in den Jahren 15–13 bis zum Bodensee und zur oberen Donau vor und richten in den Alpen die Provinzen Rätien und Noricum ein. Weitere **Vorstöße** in den Jahren 12–9 und 8–6 gehen **bis an die Elbe und die thüringische Saale.** Schon ist für das Jahr 6 n.Chr. ein Angriff auf das Markomannenreich in Böhmen geplant, da zwingt ein in der Provinz Pannonien (das heutige Ungarn, seit den zwanziger Jahren bereits mehr oder weniger dem Reiche angegliedert) ausgebrochener Aufstand die Römer, einen Teil ihrer Truppen aus Germanien abzuziehen.

Diese Lage nützen einige Germanenstämme unter Führung des Cheruskerfürsten **Arminius** (etwa 18 v.Chr.–19 oder 21 n.Chr.) zu einem Angriff auf den römischen Statthalter **Varus**.

9 n. Chr. in der **Schlacht im Teutoburger Wald** (der Schlachtort ist umstritten) vernichten sie drei Legionen.

Germanien ist danach vorerst für die Römer verloren, Augustus empfiehlt seinen Nachfolgern, die Dreistromgrenze Rhein-Donau-Euphrat zu halten.

Die römische Kaiserzeit

Kennzeichnend für die Kaiserzeit nach Augustus werden drei Entwicklungen (die teilweise sich auch schon vorher anbahnen):

Die Provinzialisierung des römischen Reiches. Der wirtschaftliche Schwerpunkt verlagert sich von Italien in die Provinzen. Staatsbeamte, die fest besoldet sind und nicht mehr auf eigene Rechnung arbeiten, verwalten die Provinzen unter Beteiligung einer dem Kaiser ergebenen Provinzialaristokratie. Die Provinzialbevölkerung wird immer stärker zu Kriegsdiensten herangezogen, vielen gelingt der Aufstieg in den Senat, einzelnen sogar die Erringung der Kaiserwürde. Mit der Verleihung des Bürgerrechts 212 an alle freien Bewohner des Reiches wird diese staatspolitische Entwicklung ihre Krönung finden.

Die Barbarisierung des römischen Reiches. Barbarenstämme dringen auf römisches Gebiet vor, werden dort angesiedelt, assimiliert, zum Heeresdienst herangezogen, schließlich zu Verbündeten Roms gegen Angriffe anderer Barbaren gemacht.

Die Ausbildung einer absolutistischen Gewaltherrschaft. Republikanische Ämter und Einrichtungen verkommen zu Formalien; die kaiserliche Bürokratie dominiert. Einige Kaiser nennen sich »Herr und Gott«, dulden keine Mitsprache mehr. Die Kaisermacht wird durch religiöse Kulte sanktioniert. Das Militär nimmt Einfluß, Kaiser werden von ihren Truppen gemacht, wobei wiederum Rivalitäten zwischen Armee und Prätorianern auftreten.

Da Augustus keine männlichen Erben besitzt, adoptiert er seinen Stiefsohn Tiberius, den er wiederum verpflichtet, den jungen Germanicus, einen Sohn von Tiberius' Stiefbruder Drusus (gest. 9 v.Chr.) zu adoptieren. Mit dem Übergang der Herrschergewalt auf Tiberius nach dem Tode des Augustus 14 n.Chr. beginnt die **14–68 julisch-claudische Dynastie** (Den Claudiern entstammt Tiberius' Mutter Livia, den Juliern Augustus' Adoptivvater Caesar). Tiberius versieht sein Amt gewissenhaft, vermag aber nicht die Autorität und das Vertrauen zu bewahren, das dem Augustus entgegengebracht worden ist. Er duldet lange Zeit die Um-

Triumphbau des Kaisers Augustus in La Turbie, Frankreich

triebe des Prätorianerpräfekten Seian (die Leibgarde greift zum erstenmal in die Politik ein) und kann sich nur mit großer Mühe gegen eine von diesem angezettelte Palastrevolution wehren. In seine Regierungszeit (14–37) fällt

um das Jahr 33 die **Kreuzigung des Jesus von Nazareth.** Das Geburtsjahr des Religionsstifters ist umstritten (zwischen 8 v.Chr. und 7 n.Chr.). Jesus hat in Palästina das nahe Weltende (Reich Gottes) verkündet, Umkehr und Buße gefordert. Seine Lehre, eine ethische Vertiefung des jüdischen Glaubens, hat viel Anhängerschaft gefunden, aber auch den Widerstand der Orthodoxen, die bei den römischen Landesherren die Gefangennahme, Verurteilung wegen Gotteslästerung und schließlich die Hinrichtung (am Kreuz) durchsetzen. Der Tod Jesu ist nicht das Ende seiner Glaubensgemeinschaft; die kleine Sekte findet in **Paulus** aus Tarsos (um 10–64 oder 67) die stärkste intellektuelle und missionarische Größe. Durch ihn vor allem wird das Christentum theologisch der veränderten Bewußtseinslage angepaßt und über den Mittelmeerraum verbreitet. In unablässiger Arbeit, über Generationen hinweg, wird die Überlieferung von Jesu Leben und Lehre mit den Prophezeiungen der jüdischen Propheten verknüpft, wird aus Jesus der Messias und Heiland, entsteht das **Christentum** (von Christos = griech. der Gesalbte).

Auf Tiberius folgt, da der designierte Germanicus früh verstorben ist, dessen Sohn Gaius Caesar Germanicus, genannt

37–41 Caligula (das Soldatenstiefelchen), ein womöglich geistig Verwirrter, an dem zum erstenmal der sogenannte Cäsarenwahnsinn zu beobachten ist, eine Überspannung des Selbstgefühls bis hin zum Verlangen, als Gott verehrt zu werden und Herr über jedermanns Leben und Tod zu sein. Die Prätorianer haben ihn zum Kaiser gemacht, die Prätorianer bringen ihn auch um und rufen seinen Onkel,

45–54 Claudius zum Nachfolger aus. Unter Claudius zieht wieder einige Ordnung in die Verwaltung ein; Südbritannien und Thrakien werden als Provinzen gewonnen. Um den Kaiserthron entwikkelt sich aber ein Klima von Palastintrigen, in denen Frauen eine große Rolle spielen. Claudius wird schließlich durch seine eigene Frau Agrippina umgebracht, die mit Hilfe der Prätorianer ihren Sohn aus erster Ehe,

54–68 Nero (geb. 37) zum Kaiser erhebt. Die ersten Regierungsjahre, vor allem dank Neros Erzieher **Seneca** (4 v.Chr. bis 65), verlaufen noch glücklich. Dann aber beginnt Nero gegen seine Familie zu wüten, er läßt seine Mutter, seine Frau Octavia und deren Bruder Britannicus umbringen, schließlich auch den Philosophen Seneca. Der womöglich vom Kaiser selbst verursachte Brand Roms im Jahre 64 und die daraufhin veranstalteten ersten Christenverfolgungen (Märtyrertod des Petrus und Paulus) sind die schlimmen Höhepunkte von Neros Regierungszeit. Im Jahre 68 rebelliert die Armee gegen ihn, der Kaiser verübt Selbstmord. Ihm folgen

68–69 im **Vierkaiserjahr** die Heerführer Galba, Vitellius, Otho und Vespasian, von denen nach einem Jahr blutiger Wirren nur noch

69–79 Vespasian übrig bleibt. Er begründet die

69–96 Herrschaft des flavischen Kaisergeschlechts. Nach den hochadligen Juliern betritt nun eine Familie aus bürgerlich-italischen Verhältnissen die Bühne. Der Senat wird erweitert auf 1000 Mitglieder (unter Caesar: 900, unter Sulla: 600, davor: 300), vorwiegend kommen italienischer Provinzadel sowie die Führungsschichten der westlichen Provinzen zum Zuge. Unter Vespasian kehren wieder Einfachheit, Sparsamkeit und Ordnung wie zu Zeiten des Augustus und Tiberius ein. Aufstände am Rhein und in Palästina werden niedergeworfen,

JULISCH-CLAUDISCHES HAUS

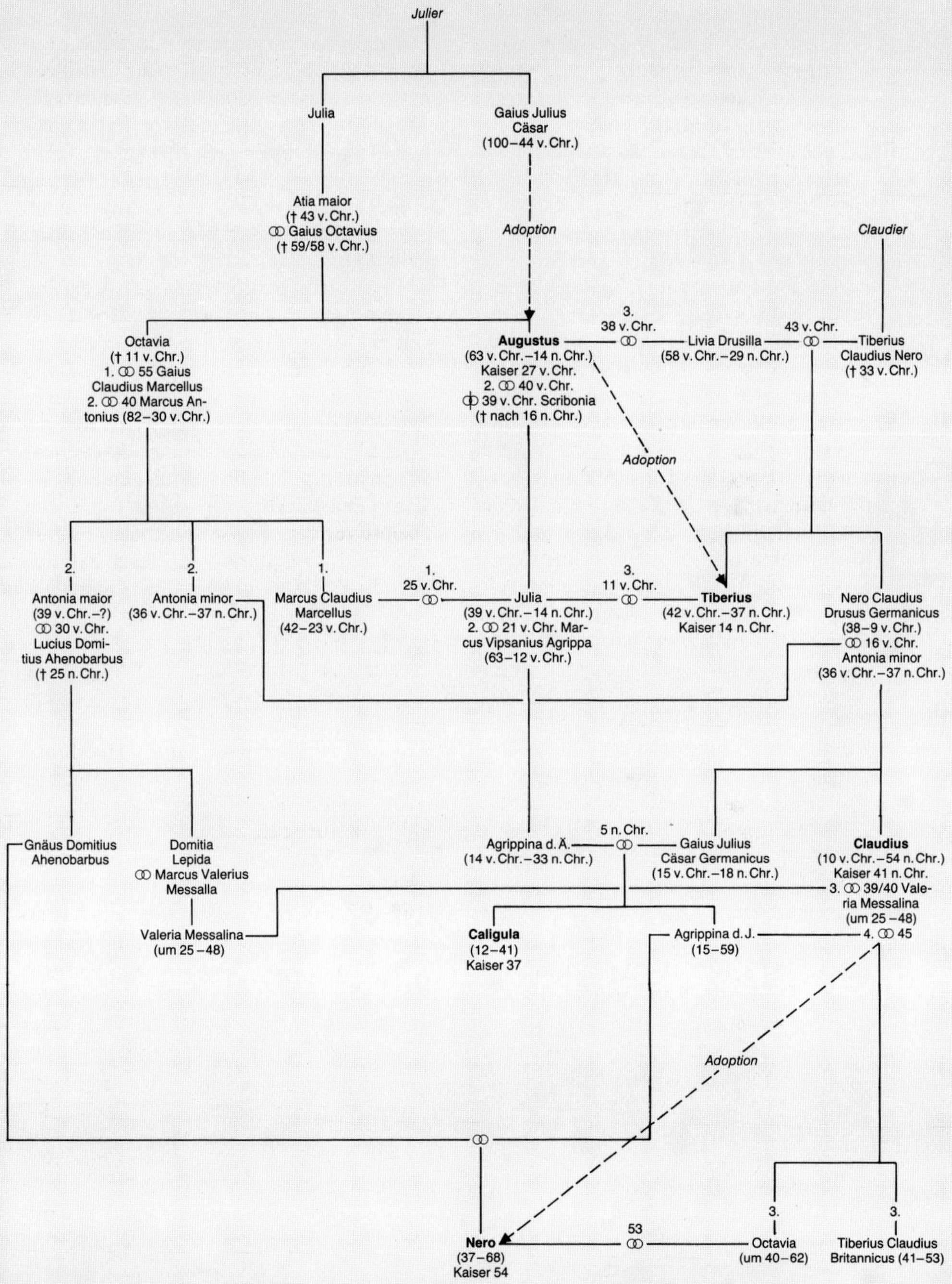

Halbfett sind die Namen der römischen Kaiser

70 zerstört Vespasians Sohn **Titus Jerusalem und den Tempel.** In dessen Regierungszeit (als Nachfolger Vespasians, 79–81) fällt

79 der **Ausbruch des Vesuvs.** Die Städte Pompeji und Herculanum werden verschüttet. Im 18. Jahrhundert zufällig wiederentdeckt und später planmäßig ausgegraben, stellen diese Funde das eindrucksvollste Anschauungsmaterial für städtisches Leben in der Römerzeit dar.

81–96 Domitian, ein Bruder des Titus, führt die Eroberung Britanniens weiter; das eroberte Gebiet wird mit einem Grenzwall gegen die Völker im Norden der Insel (Picten und Scoten) gesichert. Domitians Ansprüche auf göttliche Verehrung treffen auf Widerstand in Rom. Seine Ermordung nach einer Palastrevolte ist das Ende des flavischen Herrscherhauses wie auch des Erbkaisertums überhaupt. Der stoischen Lehre folgend (die um diese Zeit Aufschwung nimmt, auch Neros Lehrer Seneca war einer ihrer Vertreter), soll ein Herrscher seinen Nachfolger unter den verdientesten Männern auswählen und adoptieren. Man spricht daher vom Zeitalter der

96–102 Adoptivkaiser. Römer sind nicht mehr unter ihnen. Für eine Übergangszeit (96–98) regiert der vom Senat als Princeps eingesetzte Nerva. Er adoptiert

98–117 Trajan, einen Spanier, der als erster Provinzialrömer den Thron besteigt. Unter seiner Herrschaft wird die **größte Ausdehnung des römischen Reiches** erreicht: Die Provinzen Dakien (im heutigen Rumänien), Arabien (Sinai-Halbinsel und Jordanien), Armenien, Assyrien und Mesopotamien werden hinzugewonnen. Bis ans Kaspische Meer und den Persischen Golf gilt römisches Recht, wird Latein als Verwaltungssprache gebraucht. Der Nachfolger

Plünderung des Tempels von Jerusalem. Steinrelief des Titusbogens in Rom

117–138 Hadrian gibt einige Eroberungen wieder auf, verlegt die Ostgrenze des Reiches hinter den Euphrat, läßt Befestigungsanlagen an den Grenzen errichten (u.a. den Limes zwischen Rhein und Donau).
132–135 wagen die Juden unter Bar Kochba einen letzten Aufstand, der mit der erneuten Zerstörung Jerusalems und der Versklavung der Juden endet (»und wurden zerstreut unter alle Völker«). Die beinah zweitausendjährige Geschichte der jüdischen Wanderungen und des Lebens in der **Diaspora** (Zerstreuung) beginnt. In Babylon bildet sich ein neues Kulturzentrum der Juden; dort wird auch um 500 die Lehre des Talmud formuliert. Hadrian stirbt 138 und wird in einem monumentalen Rundgrab in Rom (Mausoleum Hadriani, Engelsburg) beigesetzt. Der nächste Adoptivkaiser,
138–161 Antonius Pius setzt Hadrians Friedenspolitik fort, der Nachfolger jedoch,
161–180 Mark Aurel, hat Mühe, den römischen Besitzstand zu wahren; Kriege gegen die Parther und gegen die Markomannen (an der Donau) überfordern bereits Roms Militärmacht. Der »Philosoph auf dem Kaiserthron«, der im Militärlager sein Hauptwerk verfaßt (»Wege zu sich selbst«), getragen vom Geist stoischer Selbstbescheidung und Pflichterfüllung, stirbt während eines Markomannenfeldzuges 180 in Vindobona (Wien). Der von ihm eingesetzte Nachfolger,
180–192 Commodus, erweist sich als schlimmer Mißgriff und das genaue Gegenbild seines Adoptivvaters. Genußsüchtig und voll mörderischer Launen, macht er Rom wieder zum Schauplatz von Günstlingswirtschaft, sexuellen Ausschweifungen und blutigen Volksbelustigungen, bis er selbst einer Palastverschwörung zum Opfer fällt (im Auftrag der kaiserlichen Umgebung wird er von einem Ringer erwürgt).
In der Zeit der »guten« Adoptivkaiser

Bronzekopf des Reiterstandbilds Marc Aurels in Rom

Trajan, Hadrian, Antonius Pius und Mark Aurel kann sich die römische Literatur entfalten. In der »silbernen« Latinität (nach dem »goldenen« augusteischen Zeitalter) schreibt Cornelius **Tacitus** (55?–117?) die Geschichte Roms seit Augustus und ein Werk über Germanien (das er dem verderbten Rom entgegenhält) und **Sueton** (70–146) das Leben der Kaiser. Satiriker wie Martial, Juvenal und Petronius geißeln die Schwächen ihrer Mitmenschen.
Nach einem
193 Vierkaiserjahr, in dem sich verschiedene Aspiranten aus Italien, Syrien, Britannien und Pannonien bekriegen, setzt sich
193–235 das **severische Herrscherhaus** durch. Sein Begründer ist der Statthalter von Pannonien,
193–211 Septimius Severus. Sein Sohn
211–217 Caracalla verleiht
212 das römische Bürgerrecht an alle Be-

wohner des Reichs. Am Hofe herrschen unter den Severern orientalische Sitten, einer von ihnen wird sogar Oberpriester des syrischen Sonnengottes. Caracalla wie auch seine Nachfolger Elagabal (218–222) und Severus Alexander (222–235) sterben keines natürlichen Todes. Dieses Schicksal trifft auch die meisten der folgenden Kaiser, die, zumeist vom Heer ausgerufen, auch unter dem Begriff der

235–284 Soldatenkaiser zusammengefaßt werden. Sie sind sämtlich Provinzialen, meist aus Thrakien oder Illyrien gebürtig, einer ist sogar Sohn eines arabischen Scheichs. Unter den drei Dutzend Kaisern, die in den 50 Jahren zwischen 235 und 284 regieren, sind besonders zu nennen:

249–251 Decius, der die erste allgemeine Christenverfolgung auslöst,

253–260 Valerian, der den ersten Sturm der Franken und Alemannen abzuwehren hat und sein Leben als Gefangener des Perserkönigs Schapur I. beschließt,

270–275 Aurelian, der die Alemannen bei Pavia schlägt, das Reich von Palmyra (in Syrien) unterwirft und gegen Versuche, in Gallien ein Sonderreich zu errichten, die Reichseinheit wiederherstellt. Er führt in Rom den Kult des Sonnengottes von Emesa ein, was dem allgemeinen Drang zum Monotheismus (von dem auch das Christentum profitiert), entgegenkommt.

Aus den Kämpfen um die Nachfolge des Aurelian geht

284–305 Diocletian hervor. Zwar auch von einem Heer ausgerufen, unterscheidet er sich aber durch lange Regierungszeit und Einleitung grundlegender Reformen von den Soldatenkaisern.

Die Lage des Römerreiches ist inzwischen prekär geworden. Von Norden her üben germanische Völker Druck aus, der um so stärker geworden ist, seit sie sich nach 200 zu Stämmen zusammengeschlossen haben. Von den Sachsen, die Britannien bedrohen, zieht sich über Franken, Alemannen, Markomannen und Wandalen ein bedrohlicher Ring bis hin zu den Goten, die auf Dakien und Kleinasien vorrücken – Wetterleuchten der großen Völkerwanderung, die im nächsten Jahrhundert beginnen wird.

Die Sklavenhalterwirtschaft kommt zu ihrem Ende, zumal auch durch Schrumpfen des Reiches der Zustrom neuer Sklaven ausbleibt. Die Bevölkerungszahl geht zurück, von ca. 70 auf ca. 50 Millionen im Reich, Rom verliert ein Fünftel seiner Einwohnerzahl. Dabei ändert sich jedoch nichts an der Wirtschaftsstruktur; nach wie vor lebt Italien, leben vor allem die Einwohner Roms auf Kosten der Provinzen. In der Keimzelle und im Kern des Reiches herrscht blankes Parasitentum, während Wirtschaftskraft, Technologie und Kultur – alles, was heute als römische Zivilisation und Urbanität bekannt ist – eher in den Randbezirken zu finden sind. Aber unerträgliche Steuerlasten ruinieren hier die Wirtschaft, der Staat zieht die Abgaben in vollwertiger Silberwährung ein, bestreitet seine Ausgaben aber mit einer Münze, die nur noch 1 Prozent Silbergehalt hat. Die Grundherren verschärfen den Druck auf die Pächter, aus dem freien Vertragsverhältnis wird eine Art Leibeigenschaft, der Pächter darf den Herrn nicht mehr wechseln und ist »an die Scholle gebunden«.

Die Reformen, die Diocletian einleitet, **sind im Grunde eine Verschärfung** der geschilderten Zustände. Der Kaiser wird zum absoluten Monarchen und Gott erhoben, neben ihm als dem Dominus – daher der Name **Dominat** für diese Epoche – gibt es nur noch servi, das heißt Sklaven. Der Senat spielt keine Rolle mehr. Fester als je wird der Einzelne an seinen Beruf gefesselt; die für ihn auf

Belagerung einer Stadt. Szene am Triumphbogen des Kaisers Septimius Severus in Rom

15 Jahre im voraus taxierte Steuer zwingt ihn, bei seiner Tätigkeit zu bleiben. Handwerker werden obendrein in Zwangskorporationen zusammengefaßt; die Söhne müssen jeweils das Handwerk des Vaters erben.

Die Münzverschlechterung beendet Diocletian mit einer Währungsreform, eine Höchstpreisverordnung soll den Wucher eindämmen; daraufhin entwickelt sich ein reger Schwarzhandel. Zur Überwachung seines Reformwerks wird eine weitverzweigte Bürokratie eingerichtet: **das römische Reich entwickelt sich zum Beamtenstaat.**

Von einschneidender Wirkung, eine echte Neuordnung, ist Diocletians Verwaltungsreform, die

293 erlassene **Reichsordnung**. Er überläßt seinem Mitregenten Maximian die Regierung im Westen (Hauptstadt Mailand) und übernimmt selbst den Osten (Hauptstadt Nikomedien in Kleinasien). Weitere Gehilfen residieren in Trier und Sermium (an der unteren Donau). Die Armee, inzwischen weitgehend umgestaltet zu einem beweglichen Reiterheer, wird den Regentschaften zugeordnet, während die eigentliche Verwaltung, 12 große Bezirke (»Diözesen«) unter je einem Statthalter, davon getrennt ist. Die Zahl der Legionen wird verdoppelt, und es gelingt, die Grenzen noch einmal zu sichern, wie auch im Innern des Reiches Ordnung zu schaffen, nachdem unter den Soldatenkaisern dort Räuberbanden, oft aus entlaufenen Sklaven oder Kleinpächtern bestehend, ihr Unwesen getrieben haben.

Diocletians Versuch, bei seiner Erneuerung des römischen Reichs auch die Kulte der alten Götter wiederzubeleben, bringt den Zusammenstoß mit den Christen, die sich weigern, den heidnischen Gottheiten zu opfern. Über sie bricht 303 eine Verfolgungswelle herein, die bis zur

305 Abdankung Diocletians dauert. Der Kaiser hat eine Thronfolgeordnung erdacht, um sein System der in vier

Die heilige Agnes. Katakombenmalerei in Rom

Bereiche aufgeteilten Herrschaft, der **Tetrarchie,** zu erhalten, das dennoch einen Kampf um die Nachfolge nicht verhindert. Unter den Konkurrenten setzt sich schließlich der Sohn eines Tetrarchen,

324–337 Konstantin der Große durch. In den Kämpfen um die Macht spielen zum ersten Mal religiöse Fragen eine große Rolle. Konstantin weiß sich die **Unterstützung der Christen** zu sichern. Diese zählen allen Verfolgungen zum Trotz, inzwischen nahezu 10 Millionen Mitglieder, rund ein Fünftel der Bevölkerung. Ihre Gemeinden sind über das ganze Reich verstreut. Ihre Lehre ist nur insofern staatsabträglich, als sie verbietet, fremden Göttern zu opfern, ansonsten fordert sie die Gläubigen zu Gehorsam gegen die Obrigkeit auf. Seit zwei Jahr-

hunderten hat sie in jeder Bevölkerungsschicht, auch in der Aristokratie, Anhänger gefunden, ist mit römischer Lebensart getränkt; die endliche Anerkennung des Christentums durch den Staat
313 im **Toleranzedikt von Mailand** (wie auch die spätere Erhebung zur Staatsreligion im Jahre 391) also keine Sensation, wenn auch die Legende dies Ereignis gewaltig verklärt: Vor der Schlacht an der Milvischen Brücke (bei Rom) 312, die Konstantin den Sieg über seinen Konkurrenten Maxentius bringt, soll ihm in der Nacht das Christus-Zeichen ☧ erschienen sein und eine Stimme gesagt haben: »In diesem Zeichen wirst du siegen«, worauf er das Zeichen seinen Fahnen anheften läßt. Der Kaiser läßt sich jedoch erst auf dem Sterbebette taufen. Er sieht auch das Christentum nüchtern als Hilfsmittel an und scheut sich nicht, in die Lehre einzugreifen, wo sie noch der Einheitlichkeit bedarf. So beruft er, ein Jahr nachdem er im ganzen Reich die Macht errungen hat (Schlacht von Adrianopel 324),

Konstantin der Große

325 eine **allgemeine Kirchenversammlung** nach **Nicäa** (in Kleinasien) ein. Im Christentum herrscht Streit zwischen der Lehre des **Arius** (Gottähnlichkeit Christi) und des **Athanasius** (Gottgleichheit Christi); Konstantin entscheidet zugunsten des Athanasius und läßt die Lehre des Arius von den Bischöfen verbannen – eine pragmatische Entscheidung, der Einheitlichkeit willen, die aber weitreichende Folgen (z.B. für die arianischen Goten) haben wird.
Unter Konstantin beginnt der **Bau einer neuen Hauptstadt, Konstantinopel,** die auf dem Boden des alten Byzanz am Bosporus, an der Grenze von Europa und Asien errichtet wird – auch dies eine folgenreiche Tat. Die Reichsreform des Diocletian wird weitergeführt, das Römerreich bleibt ein Zwangsstaat, in dem alle persönliche Initiative erlahmt, nicht einmal für die Bürokratie finden sich immer freiwillige Aspiranten. In das Heer treten mehr und mehr Germanen ein, deren Ansiedlung auf römischem Boden ebenso gefördert wird. Diese Politik wird von Konstantins Nachfolgern fortgesetzt, so siedeln sich unter Kaiser Valens im Jahre 376 die Westgoten, christianisiert inzwischen durch **Ulfilas** (um 310–380), an der unteren Donau als »Föderaten« an (Bundesgenossen, die gegen Zahlung von Jahrgeldern den Grenzschutz übernehmen). Bereits zwei Jahre später wird aus dem Freundschaftsverhältnis Feindschaft. Die Westgoten dringen über die Donau nach Süden und besiegen in der
378 Schlacht bei Adrianopel ein Heer von Römern; Kaiser Valens fällt im Kampf. Ursache für den Aufbruch der Westgoten ist eine Bevölkerungsverschiebung von Osten her, nachdem die Hunnen 375 das Ostgotenreich des Ermanarich in Südrußland vernichtet haben. Die
375–568 Völkerwanderung hat begonnen, die nunmehr das Schicksal des römischen Reiches bestimmt.

Völkerwanderung, Reichsteilung und Untergang Westroms

In der Völkerwanderungszeit gibt es eigentlich keine eigenständige Geschichte Roms mehr, nur noch eine Geschichte der Wanderungsbewegungen, der Reaktionen Roms darauf und der kurzfristigen germanischen Staatsgründungen auf römischem Boden, bis die Absetzung des Kaisers Romulus Augustulus im Jahre 476 wenigstens für den Westteil des Reiches ein Ende markiert.

Träger der Völkerwanderung sind die Germanen. Zur indogermanischen Sprachfamilie gehörend, entstehen sie am Ende der jüngeren Steinzeit aus den Bevölkerungsgruppen der Megalithkultur, der Trichterbecherund Schnurkeramik- bzw. Streitaxtkultur. Ihre Wohnsitze sind zunächst in Südskandinavien, Dänemark und Schweden, wo die **Nordgermanen** auch später verbleiben, während die **Ostgermanen** (Wandalen, Burgunder, Goten, Rugier) in das Gebiet östlich der Elbe wandern, die **Westgermanen** (Cherusker, Ubier, Bataver, Chatten, Franken, Chauken, Friesen, Sachsen, Sueben, Semnonen, Hermunduren, Langobarden, Markomannen, Quaden u.a.) sich an Rhein und Weser und an der Nordsee niederlassen. Gesiedelt wird in Einzelhöfen oder kleinen Dörfern. Die Germanen treiben Ackerbau und Viehzucht. Handel in größerem Stil, Wein- und Obstbau bringen erst die Römer. Der Gesellschaftsaufbau kennt drei Stände: **Adlige Geschlechter,** die ihre Herkunft von den Göttern herleiten; **Freie,** die die Masse der wehrfähigen Bevölkerung bilden und politische Rechte besitzen; **Minderfreie,** d.h. Freigelassene und unterworfene Mitglieder verwandter Stämme. Der Germane lebt in Sippen, die durch gemeinsame Abstammung verbunden, ihren Mitgliedern Frieden, Schutz und Recht gewähren. In den Stämmen, die das Germanentum im dritten nachchristlichen Jahrhundert bildet, ist **die Heeresversammlung oberstes Organ** (Thing) sowohl bei Entscheidung über Krieg und Frieden und Freilassungen als auch in gerichtlichen Fragen: Kultfrevel, Landesverrat, Kriegsverbrechen, Ehrlosigkeit. Bei den Ostgermanen entsteht ein **Königtum,** das an ein besonderes Geschlecht gebunden ist (gotisch kuni = Geschlecht) mit sakralen, militärischen und richterlichen Funktionen, bei den Westgermanen werden **Herzöge** lediglich für die Kriegführung gewählt.

Schon immer hat es Wanderungen der Germanen gegeben, teils veranlaßt durch Naturkatastrophen wie etwa bei den Kimbern und Teutonen, teils durch Bevölkerungszunahme und damit verbundene Landnot, teils auch durch Kriegs- und Abenteuerlust. Dabei haben sich die Stämme, auch durch Druck untereinander, immer weiter nach Westen, Süden und Osten vorgeschoben. Am Ende des dritten Jahrhunderts siedeln die Ostgoten am Schwarzen Meer, die Burgunder am unteren Main, die Franken in Belgien. Wo die Germanenzüge römische Provinzen berührt haben, sind sie abgewehrt worden, wobei jedoch ab 260 die Grenzen des Reiches schrittweise zurückverlegt bzw.Germanen als Siedler auf römischem Gebiet angenommen worden sind.

Mit dem Vordringen der Hunnen von Osten her wird die germanische Bevölkerungsbewegung gegen Ende des vierten Jahrhunderts beschleunigt.

Westgoten erkämpfen sich im Sieg von Adrianopel den Zugang zum Balkan. Kaiser **Theodosius I.** (379–395) gibt ihnen Siedlungsgebiete in Makedonien, den Ostgoten in Pannonien. Die von Theodosius

395 vorgenommene **Reichsteilung** erlaubt jedoch keine einheitliche Politik mehr gegenüber den Germanen. Die Reichsteile schlagen alsbald eigene Wege ein.

Im Osten (Regierungssitz Konstantinopel) gehen römisches Recht und Verwal-

Theodosius I., umgeben von seinen Prinzen und germanischen Leibgardisten. Römischer Silberteller

tung, griechische Traditionen und das Christentum eine dauerhafte Synthese ein, die noch ein Jahrtausend halten wird. Im Westen dagegen (Regierungssitz zunächst Rom, ab 404 auch Ravenna) treibt das Reich unter schwächlichen Kaisern seinem Untergang entgegen. Die großen Grundbesitzer, namentlich in Gallien, verweigern die Steuerzahlung, die Währung verfällt, die Naturalwirtschaft kehrt wieder. Räuberbanden streifen umher. Das Heer, nunmehr fast ganz von Barbaren gestellt, wird die letzte Stütze des Kaisertums, Armeebefehlshaber, »Heermeister«, gewinnen an Einfluß, so der Wandale **Stichilo,** der als Berater und Vormund für den im Jahre 395 bei der Reichsteilung erst elfjährigen Sohn des Theodosius und Regenten des Westreichs, Honorius, fungiert. Stichilo gelingt es in den Schlachten von Pollentia und Verona 402/03, die Westgoten aufzuhalten, desgleichen die Ostgoten 405 bei Faesulae (dem heutigen Fiesole bei Florenz) – allerdings um den Preis, daß die Wandalen, Quaden und Alanen 406 in das von allen Truppen entblößte Gallien einfallen. Der Rhein, jahrhundertelang die Grenze gegen die Germanen, ist kein Hindernis mehr. Thronwirren in den Jahren 407 bis

Umseitig: Pan und die Nymphen (links) und Europa auf dem Stier. Pompejische Wandgemälde

411 (dem Honorius wird vom Regenten Britanniens die Herrschaft streitig gemacht, Stichilo wird 408 hingerichtet) schwächen das Reich weiter; ein erneuter Vorstoß der Westgoten unter König Alarich findet kaum Widerstand.

410 wird Rom geplündert, die Westgoten ziehen weiter nach Süden, in der Absicht, nach Afrika, der Kornkammer des Reichs, überzusetzen. Ihr König Alarich stirbt jedoch 411 und wird im Busento (Süditalien) beigesetzt. Der Stamm macht kehrt, wandert durch Südgallien bis nach Spanien und bekommt schließlich, wieder als Bundesgenosse des Reichs aufgenommen, Wohnsitze zwischen der Loire und den Pyrenäen zugewiesen. Das

418–507 Gotenreich von Tolosa (Toulouse) reicht später bis Marseille und umfaßt auch Teile von Spanien (Katalonien). Es hält bis 507.

Die Wandalen ziehen durch Gallien und Spanien, siedeln zeitweilig in Andalusien und wagen schließlich 429 unter König **Geiserich** (428–477) den Übergang nach Afrika. Auf den Trümmern römischer Städte und Verwaltungen errichten sie das erste Germanenreich innerhalb römischen Staatsgebietes, das

429–534 Wandalenreich. (442 von Ostrom anerkannt). Die Getreidelieferungen aus der »Kornkammer«, von denen Italien jahrhundertelang gelebt hatte, sind damit zuende – ein Verlust, der das weströmische Kaiserreich empfindlich trifft. Die Wandalen entwickeln sich zur Seemacht, besetzen die Inseln des westlichen Mittelmeers und suchen die italienische Küste heim. Die

455 Plünderung Roms verknüpft den Namen ihres Stammes auf ewig mit Schändung und Zerstörung (Wandalismus).

Die Burgunder haben sich zunächst am Mittelrhein festgesetzt. Ihr Reich unter König Gundahar wird 436 von den nachdrängenden Hunnen vernichtet. Reste werden von den Römern an der oberen Rhone angesiedelt. Die Überlieferung dieses Ereignisses wird später mit Elementen des germanischen Sagenkreises zum Nibelungenlied verschmolzen. Der Hunnenkönig Attila, den das Lied Etzel nennt, ist zur Zeit des Untergangs der Burgunder noch nicht Alleinherrscher; er

Heermeister Stilicho. Elfenbeinschnitzerei

wird es erst nach Ermordung seines Bruders im Jahre 445. Unter ihm nimmt die hunnische Expansion ungeheure Formen an. Die Stämme der Gepiden, Ostgoten, Rugier, Skiren, Heruler, Quaden und Thüringer werden unterworfen und tribut- und kriegsdienstpflichtig. Zusammen mit diesen germanischen Hilfskontingenten rücken die Hunnen nach Gallien ein. Dort tritt ihnen

451 in der **Schlacht auf den Katalaunischen Feldern** bei Troyes ein ebenso vielfältig zusammengesetztes Aufgebot entgegen. Der Heermeister Galliens, **Aëtius**, »der letzte Römer«, (ermordet 452) verfügt neben seinen römischen Söldnertruppen auch über Heere der Alanen, Sarmaten, Burgunder, Franken und Westgoten. Die – vom Aufgebot her – gewaltigste Schlacht der Antike, von der Sage noch überhöht (die Geister der Gefallenen setzen im Himmel den Kampf fort), endet ohne Entscheidung. Attila befiehlt den Rückzug, aber schon dadurch erhält die Schlacht zentrale Bedeutung. Wie schon bei Salamis (480 v.Chr.), Actium (31 v.Chr.) oder später bei Tours und Poitiers (732) und Wien (1683) steht auch auf den Katalaunischen Feldern die Existenz jener Welt auf dem Spiel, die später Abendland genannt wird.

Im folgenden Jahr ziehen die Hunnen nach Italien, machen aber vor Rom kehrt, gezwungen wahrscheinlich durch eine Seuche im Heer, nach christlicher Legende hingegen durch das imponierende Auftreten des römischen Bischofs Leo I. Nach dem

453 Tod Attilas zerfällt das Hunnenreich. Die unterjochten germanischen Stämme gewinnen ihre Selbständigkeit zurück. Alemannen siedeln im Elsaß und dringen über die Alpen nach Italien, Franken nehmen die alten Römerstädte Colonia Agrippina (Köln), Augusta Treverorum (Trier) und Moguntiacum (Mainz) ein, die Thüringer überschreiten bei Regensburg die Donau, von Osten her dringen

Schwert und Helm. Beigaben eines alemannischen Fürstengrabes

die Rugier gegen die Alpen vor und Baiuwaren wandern in das Gebiet zwischen Lech und Enns ein. Angeln, Sachsen und Jüten überqueren die Nordsee und erobern ab 449 Britannien.

476 kommt das Ende des Weströmischen Reiches, als ein Heermeister seinen Sohn Romulus, von den Soldaten Augustulus (der kleine Augustus) genannt, zum Kaiser erhebt und die germanischen Söldnertruppen unter Führung des Skirenfürsten **Odoaker** dagegen meutern. **Romulus Augustulus wird abgesetzt** und Odoaker zum König ausgerufen. Ostrom erkennt ihn als Herrscher Italiens an. Damit ist West- und Mitteleuropa bis zu den Rückeroberungskriegen Justinians

(527–565) unter germanischer Herrschaft.

Entstehung des Papsttums
Rom, schon lange nicht mehr kaiserlicher Regierungssitz, sinkt, wie auch andere Großstädte des ehemaligen Reiches, zu einer unbedeutenden Siedlung herab, die Prachtbauten der Kaiser verfallen, die Einwohnerzahl geht immer weiter zurück. Dennoch hält sich gerade hier eine Macht, die in zäher Arbeit Rom zum Zentrum eines neuen Reiches, allerdings eines geistigen, erhebt: das Papsttum.
Die christlichen Gemeinschaften haben sich im Laufe des zweiten Jahrhunderts zu fest organisierten Gemeinden konsolidiert, mit einem Bischof an der Spitze als Träger der apostolischen Überlieferung. Rom nimmt dabei schon früh eine besondere Stellung ein, seine Bischöfe berufen sich auf den Apostel Petrus, der hier gekreuzigt worden ist und erster Bischof von Rom gewesen sein soll. Gegen Ende des zweiten Jahrhunderts ist das **Neue Testament** ungefähr in seinem heutigen Umfang festgelegt, die Glaubensregel formuliert und die **katholische Kirche** (katholos = griech. allumfassend) auf eine feste Grundlage gestellt. Der hellenistische Osten hat im Laufe des dritten Jahrhunderts das **Dogma** geformt. **Hieronymus** (etwa 345–420) hat die erste Bibelausgabe in lateinischer Sprache geschaffen (»Vulgata«), **Ambrosius** (etwa 340–397) nach dem Vorbild Ciceros eine christliche Pflichtenlehre; **Augustinus** (etwa 354–430) hat in seiner Schrift »de civitate Dei« (Vom Gottesstaat) ein christliches Geschichtsbild vom Kampf zwischen dem Reich Gottes und dem Reiche des Teufels, vom Kommen des »Antichrist« nach 1000 Jahren und dem darauf folgenden Endgericht entwickelt, das auf das Denken des Mittelalters großen Einfluß haben wird. Die Verfolgungen von seiten des Staates haben dem Christentum nichts anhaben können, möglicherweise hat sogar die Bedrohung von außen erst die Geschlossenheit der jungen Religion erzeugt, die sie dem altrömischen Götterglauben wie auch anderen aus dem Osten importierten Kulten überlegen machte.

Der gute Hirte. Mosaik aus Ravenna

Nach dem Toleranzedikt von Mailand 313 hat sich die Stellung des Christentums merklich gefestigt; der staatlich verordnete Rückfall ins Heidentum durch den Kaiser Julian Apostata (der Abtrünnige) 361–363 ist Episode geblieben. 381 hat das Konzil von Konstantinopel die Entscheidung der Kirchenversammlung von Nicäa (Verdammung der Lehre des Arius) bekräftigt.
391 ist das Christentum Staatsreligion im römischen Reich. Kaiser Theodosius erkennt den Bischof von Rom als Hüter des rechten Glaubens und oberste Autorität an.
Seit Konstantin ist die römische Kirche in den Besitz großer Landgüter gekommen, der Bischof hat die Titel »Pontifex Maximus« und »Papa« angenommen. In der Person **Leos I., des Großen** (440–461), des ersten eigentlichen Papstes, findet der **Primat der römischen Kirche** seinen Ausdruck. Neben die weltlichen Gewalten tritt das Papsttum, das als Stellvertretung Christi die Macht über die Seelen, auch die von Königen und Kaisern beansprucht. Bereits Ende des fünften Jahrhunderts formuliert Papst Gelasius I. (492–496) die **Lehre von den zwei Schwertern,** dem weltlichen und dem geistlichen, und betont die Verantwortlichkeit der Bischöfe vor Gott für die weltlichen Herrscher – eine Lehre, die im kommenden Mittelalter eine große Rolle spielen wird.

IHS
XPs

Mittelalter

Im Wandel von der antiken Welt zur mittelalterlichen läßt sich nicht ohne Willkür eine Zäsur setzen; denn während sichtbar das Neue beginnt, ist das Alte noch längst nicht abgelebt. Zwar kommt mit dem Hunneneinfall um 375 eine große Völkerbewegung in Gang, die die staatlichen Formationen des Mittelalters vorbereitet. Aber die Brandungswelle aus den Steppen Asiens und die schon vorher einsetzende Unruhe unter den germanischen Stämmen, den Alemannen vor allem, ändern nichts daran, daß die römische Kaiserherrschaft – das machtpolitische Rückgrat der Spätantike – fortbesteht.

So überlagert und überlappt sich das, was sichtbar ins Mittelalter hinein- und aus dem Altertum hinausführt, über Jahrhunderte hin. Da die Historiker aber dennoch Einteilungssysteme und Abgrenzungen benötigen, so haben sie sich mehrheitlich darauf geeinigt, das Jahr 476 als das relativ geeignetste Epochenjahr anzusehen: den Sturz des weströmischen Kaisers Romulus Augustulus durch den germanischen Heerführer Odoaker.

Drei Elemente prägen das europäische Mittelalter: die germanische Herrschaftsform und Rechtsauffassung, die christliche Kirche (vor allem in ihrer römisch-katholischen Ausprägung) und die Kulturtradition der Antike, die hauptsächlich von den christlichen Klöstern weitergegeben wird, aber später auch auf anderen Wegen – durch die jüdisch-arabischen Gelehrtenschulen in Spanien – zu uns gelangt.

Die Germanen kommen erobernd, aber nicht zerstörend. Im Süden sehen sie sich als Erben des Imperiums, werden allmählich entweder eingeschmolzen oder besiegt. Im Norden schaffen sie den fränkischen Staat – mit linksrheinischem Schwergewicht. Kennzeichen sind die Machtbalance zwischen König und Adel und die Lebensform der Grundherrschaft, die sich zum Lehnswesen weiterentwickelt. Die Katholisierung der Franken verklammert Altes und Neues folgenreich. Die konfessionelle Einheit ermöglicht der römischen Kirche, sich von Konstantinopel zu emanzipieren und im germanischen Norden neue Beschützer zu finden. Die fränkischen Herrscher wiederum erstreben Gleichberechtigung mit Ostrom und werden nominell zu Nachfolgern der (west)römischen Kaiser.

Aus der jahrhundertelangen Interesseneinheit zwischen Kaiser und Papst erwachsen folgerichtig die hochmittelalterlichen Machtkämpfe, nachdem die Kirche durch innere Reformen zu einem Unabhängigkeitsanspruch durchgedrungen ist. Die Auseinandersetzungen kulminieren im weltlichen Machtstreben und Vormacht-Ehrgeiz der Papstkirche. Über dem letztlich unentschiedenen Ringen zerbricht die abendländische Einheit. Die Pattsituation stärkt die Nationalstaaten – mit Ausnahme Deutschlands. Hier werden die Territorialfürsten zu Nutznießern des Machtverfalls von Kaiser und Reich.

Christusdarstellung aus der Zeit Karls des Großen

Frühzeit des Abendlandes

Die germanischen Staaten auf dem Boden des ehemaligen weströmischen Reiches

482–511 Chlodwig, fränkischer König aus dem Geschlecht der Merowinger, geboren 466, übernimmt von seinem Vater Childerich I. die Herrschaft über die salischen Franken um Tournai in Nordgallien. Er **einigt die Frankenstämme** durch brutale Beseitigung der Gaukönige. Der fränkische Siedlungsraum erstreckt sich etwa von der Rheinmündung im Norden, der Kanalküste im Westen bis nach Straßburg, beherrscht den ganzen Mittelrhein und das Maingebiet.

486 beseitigt er die Römerherrschaft in Nordgallien unter **Syagrius.** Die Galloromanen bis zur Loire geraten sprachlich, rechtlich und in ihrem Staatsgefühl unter fränkischen Einfluß. Nordfrankreich wird über Jahrhunderte ein zweisprachiges Land. Erst im 9. Jahrhundert sind die germanischen Einwanderer, da sie immer an Zahl schwächer waren, romanisiert.

Die antike Stadtkultur wird von der agrarischen Lebensweise der Franken überlagert. Die Römerstädte, besonders am Rhein, »überleben« bis zur Neubegründung der hochmittelalterlichen Stadtkultur mit geringer Siedlungsdichte, meist um einen Bischofssitz und eine Kirche konzentriert.

Um 496 erfolgt die Unterwerfung der Alemannen im schwäbischen Raum. Chlodwig, seit 493 mit einer katholischen Burgunderprinzessin verheiratet, tritt, angeblich unter dem Eindruck des Sieges, zum katholischen Christentum über.

Um 496 Taufe Chlodwigs in Reims durch Bischof **Remigius.** Durch diesen politisch hochbedeutenden Schritt verliert das arianische Christentum der Ostgermanen seine Zukunftschancen. Ostgermanen sind auch die jetzt im Westen siedelnden Westgoten (Spanien) und Burgunder (Schweizer Raum). Die Unterstützung

Taufe Chlodwigs. Gobelin aus dem 16. Jahrhundert

durch die Kirche erleichtert das Verhältnis der Eroberer zu den unterworfenen Romanen und führt den Frankenkönig auf den auch dem Christentum genehmen Weg weiteren Ausgreifens. Die Kirche wird zum politischen Rückhalt des Herrschaftssystems.

507 schlägt Chlodwig die Westgoten in Westgallien mit burgundischer Hilfe. Ganz Aquitanien (zwischen Loire und Garonne) fällt an Frankreich. Nur das Eingreifen des Ostgotenkönigs **Theode-**

rich verhindert, daß die Franken gleich bis zum Mittelmeer vordringen. Dennoch hat das Reich Chlodwigs jetzt eine **Ausdehnung von Thüringen bis zum Atlantischen Ozean** und ist damit innerhalb eines Vierteljahrhunderts zu einem Machtfaktor geworden, mit dem nun alle anderen abendländischen Kräftegruppen vorrangig zu rechnen haben.
Der inneren Festigung des Reiches dient die vom König befohlene Aufzeichnung des Gewohnheitsrechts:

Um 508 Lex Salica in lateinischer Sprache. Das älteste und bekannteste westgermanische Volksrecht zeigt noch die Grundlagen altgermanischer Verfassung und der bäuerlichen Kultur der Franken. Im Mittelpunkt der Rechtsordnung steht der Thunginus oder Centenarius, Richter einer Hundertschaft. Die **Hundertschaft** ist der kleinste Rechtsbezirk, dessen Mitglieder sich alle vierzig Nächte zum echten Thing versammeln. Dort wird die Hundertschaft zur Gerichtsgemeinde. In dringenden Fällen kann zwischendurch ein gebotenes Thing einberufen werden. Den Thunginus wählt das Volk.
Daneben gibt es den **Grafen,** einen zunächst militärischen Abteilungsführer, den der König ernennt. Mit der Zeit gewinnt der Graf, da er in seinem Befehlsbereich die gesamte Exekutivgewalt ausübt, auch richterliche Funktionen. Mehrere Hundertschaftsgerichte bilden zusammen das Grafschaftsgericht. Die **Grafschaft** wird so allmählich zur Verwaltungseinheit im ganzen Frankenreich. Doch es gelingt kein einheitlicher zentralistischer Aufbau. In den östlichen Regionen, die sich später zum Deutschen Reich vereinigen, bewahrt der Herzog neben dem königlichen Grafen konkurrierende Rechte.

511 Chlodwigs Tod in Paris, seiner Residenz. Das vorzeitige Ende der Herrschaft – der König ist erst Mitte der Vierzig – läßt es nicht mehr zu dem mit Sicherheit angestrebten Entscheidungskampf mit Theoderich kommen. Das Frankenreich ist zu dieser Zeit der mächtigste germanische Teilstaat, aber nur einer von vielen. Ganz Italien und den oberen Balkan beherrscht der Ostgotenkönig Theoderich. In Spanien siedeln die Westgoten, im heutigen Portugal die Sueben. Ein breiter Küstenstreifen Nordafrikas einschließlich der Mittelmeerinseln Sardinien und Korsika gehört den Wandalen. Das Burgunderreich trennt als Keil Gallien und Italien bis zu den Quellen von Rhein und Rhone. Im heutigen Niedersachsen und Dänemark sind die Sachsen ansässig. Zwischen oberem Main und mittlerer Elbe dehnt sich das Thüringerreich. Baiuwaren und Langobarden nördlich der Donau grenzen an das Gepidenreich im Karpathenraum. In Britannien schließlich haben sich die Angelsachsen etabliert.

Erste Seite der Lex Salica

Der Palast Theoderichs des Großen in Ravenna. Mosaik aus dem 6. Jahrhundert

493–526 Theoderich, König der Ostgoten, in der Sage Dietrich von Bern. Nicht mehr Rom ist Hauptstadt, sondern Ravenna (seit Odoakers Heerkönigtum). Theoderich hat **493 Odoaker ermordet** und seine Nachfolge angetreten, von Ostrom als Reichsverweser anerkannt. Herrscherklugheit überdeckt die bösen Anfänge. Mit Takt, Schonung und Autorität regiert er arianische Goten und katholische Italiker – bei strikter glaubensmäßiger Scheidung.

Letzte Blüte antiker Kultur in Italien, vor allem in der Person des Philosophen Boethius, der in Theoderichs Staatsdienst steht, aber aufgrund von Verleumdungen 524 hingerichtet wird. Im Kerker verfaßt er sein Hauptwerk: »Trost der Philosophie«. Unter Theoderich dient auch der Geschichtsschreiber Cassiodor, dessen zwölfbändige Geschichte der Goten nur in Auszügen durch Jordanes, einen Ostgoten, überliefert ist.

511 Teilung des Frankenreiches unter die vier Söhne Chlodwigs. Die Reichseinheit wird dabei nicht in Frage gestellt. Alle vier Residenzen liegen im Westen: Reims (wo Theoderich I. regiert), Orléans (Chlodomer), Paris (Childebert I.) und Soissons (Chlothar I.).

Eine gemeinsame Außenpolitik der Brüder kompensiert die Schwächung, die mit der Dezentralisation notwendig einhergeht. Angriffe auf Burgund mißlingen anfänglich, doch werden

531–534 Burgunder und Thüringer unterworfen. Da der Ostgotenkönig Witigis außerdem Septimanien in Südgallien abtritt, erreichen die Franken das Mittelmeer.

Witigis will mit dem Territorialopfer die Hilfe der Franken gegen Ostrom gewinnen. Denn nach Theoderichs Tod hatte

527–565 Kaiser Justinian energisch begonnen, die Reichs- und Glaubenseinheit wiederherzustellen. Die Merowinger-

Könige – vor allem Theoderichs Sohn Theudebert I. (534–548) – nehmen aber nicht eindeutig Partei, sondern wechseln je nach augenblicklicher Interessenlage die Front.
Ungefährdet befiehlt daher Justinian seinem Feldherrn Belisar
534 die **Vernichtung des Wandalenreiches**. Wenig später wird durch den Feldherrn Narses
552 das **Ostgotenreich zerstört**. Verzweiflungskampf der Goten am Vesuv unter ihrem letzten König **Teja.** Beide eroberten Gebiete werden wieder römische Provinzen. Doch geht **Italien** erneut
568 an die Langobarden verloren, die durch die letzte der germanischen Völkerwanderungen unter König Alboin ein Reich mit der Hauptstadt Pavia gründen. Es hat zweihundert Jahre Bestand. Die Vermischung der Eroberer mit den Einheimischen prägt bis heute den »helleren« Typus des Norditalieners.
Justinians kulturelle Hauptleistungen sind der **Bau der Hagia Sophia** in Konstantinopel (537 vollendet) und
die **Aufzeichnung des römischen Rechts** (533–542). Der Corpus iuris civilis, in den drei ersten Teilen lateinisch abgefaßt, im vierten griechisch, errang außerordentliche historische Nachwirkung. Seit dem 11. Jahrhundert erwuchs aus der Wiederentdeckung dieses Codex die europäische Rechtswissenschaft. Schrittweise unterwanderte das Römische Recht das ganze kontinentale Rechtsdenken – nicht das insulare britische – und beherrschte die deutsche Justiz seit dem 16. Jahrhundert vollkommen. Noch heute ist das deutsche Gerichtswesen stärker »römisch« geprägt, das angelsächsische germanisch.
Das oströmische Kaisertum (»byzantinisch« erst von den Humanisten genannt) verbindet den absolutistischen römischen Staatsgedanken mit griechischer Kultur und Sprache, den christlichen Glauben mit orientalisch-prunkvollem Hofzeremoniell. Hier dauert die Antike noch Jahrhunderte lang weiter. Konstantinopel liegt im Schnittpunkt des Handels zwischen Orient und Okzident.
558–561 erneute Vereinigung des Merowingerreiches unter dem am längsten lebenden Chlodwig-Sohn Chlothar I. Danach abermalige Teilung. In Machtkämpfen bilden sich drei Reichsteile heraus:
Neustrien: der romanische Westen bis zur Loire mit der Hauptstadt Paris;
Austrasien: von der Hauptstadt Reims nach Osten reichend bis zur Sachsen- und Slawengrenze. Die Baiuwaren befinden sich mittlerweile in loser Abhängigkeit, so daß die weiteste Ausbuchtung Austrasiens nach Osten etwa beim heutigen Salzburg liegt;

Mosaikportrait Kaiser Justinians

Burgund reicht von der Loire- bis zur Rhonemündung;
alle Teilstaaten haben außerdem Mitbesitz an **Aquitanien** im Südwesten.

Die Abgrenzung der Reichsteile richtet sich nach dynastischen Gesichtspunkten, nicht nach Volks- und Stammesausdehnung. Zwischen den rivalisierenden Königen gelangt der **Adel zu wachsender Macht,** weil die Herrscher ihn für ihre Machtkämpfe brauchen. Dabei handelt es sich mehr um neuen Dienstadel (vor allem im Westen) als um angestammten fränkischen Uradel, der schon früh beseitigt war. Große sittliche Verwilderung im Merowingerreich beherrscht die zweite Hälfte des 6. Jahrhunderts und zum größten Teil auch das 7. Jahrhundert.

Hauptquelle dafür ist die Frankengeschichte des Bischofs **Gregor von Tours** (gest. 594), aus gallorömischem Senatorenadel, Bischof seit 573. Bemerkenswert seine Überzeugung, der König habe absolute Macht. Das ist römische, nicht germanische Denktradition. Damit ist der König auch Herrscher über die Kirche. Das wird vorbehaltlos anerkannt.

Die **Verfassung des Frankenreiches** unter den Merowingern beruht außer auf dem Verwaltungsprinzip der **Grafschaft** vorwiegend auf drei Elementen:

Eigenkirche: Die Kirche ist Eigentum des Grundherrn, in dessen Hoheitsraum sie steht. Das gilt ebenso für Klöster. Die vollkommene Abhängigkeit der Kirche von den Regionalgewalten macht sie zur idealen Parteigängerin des königlichen Einheitswillens gegenüber den Sonderinteressen des Adels. So ist der Bischof gleichsam ein zweiter Königsbeamter neben dem Grafen (Comes). Aber der König setzt Bischöfe und Äbte ein und ab, die Synode ist sein klerikales Sprachrohr. Andererseits statten die Merowinger die papstunabhängige fränkische Landeskirche mit großen Landschenkungen aus, so daß sie zum größten Grundbesitzer nach dem König wird.

Heerbann: Dem »Bann« des Königs (Bann ist das Recht, zu gebieten und zu verbieten, unter Strafandrohung) haben alle zu folgen. Doch die Reichsausdehnung verändert das Prinzip der Heerfolge aller Wehrhaften. Nur noch gefährdete Provinzen werden aufgerufen. Auch dabei bleibt es auf die Dauer nicht. Eine bewegliche Truppe verlangt den Dauer-Krieger. Dazu ist der Bauer, der das Land bestellt, nicht imstande. So entsteht allmählich eine Reiter-Elite; das germanische Fußvolk wird bedeutungslos. Der Ritter erhält zum Unterhalt Grund und Boden, den der heimische Bauer bearbeitet. Umgekehrt bindet das vom König überlassene Land den Gefolgsmann zum Dienst. Aus dieser Wechselbeziehung entwickelt sich im Lauf der Zeit das Lehnswesen als das wirtschaftlich-gesellschaftliche Fundament des hohen Mittelalters.

Grundherrschaft: Die G. ist keine fränkische Erfindung, sondern wird vollausgebildet im gallo-römischen Eroberungsraum vorgefunden. (Die Germanen kannten nur die Dorfgemeinschaft freier Bauern). Fast aller Boden, jedenfalls im Westen, ist Großgrundbesitz, aufgeteilt in Kleinbetriebe, die von Bauern mit unterschiedlichem Rechtsstatus gegen Pacht oder Dienste bearbeitet werden. Bei abnehmendem Geldumlauf und auf Eigenversorgung ausgerichteter Lebensweise kommt die Grundherrschaft dem Zeitbedürfnis entgegen. Die fränkische Grundherrschaft ordnet bäuerliche Kleinbetriebe wie Satelliten um einen **Fronhof,** den der Herr oder Verwalter bewohnt. In der Grundherrschaft der Frühzeit liegt schon die Tendenz zu größeren agrarischen Einheiten (Latifundien) und zu wachsender Schichtung der Bevölkerung in Freie, Halbfreie, Unfreie sowie zu öffentlich-rechtlichen Befugnissen des Grundherrn **(Immunität)**.

Karolingische Reiter aus dem 9. Jahrhundert

ET SYRIAM SOBAL· ET CONUERTIT
IOAB· ET PERCUSSIT EDOM IN UAL
LE SALINARUM·XII MILIA·

Slawen und Araber

Außenpolitisch fordern slawische Staatsbildungen in diesem Zeitraum Aufmerksamkeit. Kennzeichnend für die Nachvölkerwanderung ist ein langsames **Vordringen der Slawen nach Westen**. Sie füllen entleerte germanische Siedlungsgebiete auf. Der südrussische Steppenweg ist das Haupteinfallstor nachrückender türkisch-mongolischer Nomadenvölker.

Seit 558 dringen die **Awaren zur Donau** vor, **vernichten 567 das Gepidenreich**, bedrohen jahrzehntelang Konstantinopel, werden dann in der Region Ungarn/Niederösterreich seßhaft. Sie beherrschen zum Teil die Westslawenstämme, die an Ostfranken und Sachsen grenzen.

Die Slawengrenze verläuft im 7.und 8. Jahrhundert etwa von der heutigen mecklenburgischen Küste nach Süden, dann elb- und saaleaufwärts, nach Südosten ausschwenkend bis zur Donau östlich Passau und weiter bis zur Ostalpengrenze. Westlichste Stämme sind die Obodriten, Liutizen, Sorben, Tschechen, Karantanen, Slowenen.

Koranhandschrift aus dem 10. Jahrhundert

Um 623 befreit der fränkische Kaufmann **Samo** Teile der Slawen von der Awarenherrschaft und **gründet ein Slawenreich** zwischen mittlerer Elbe und Donau.

631/32 schlägt er den Frankenkönig Dagobert I. in Böhmen, der ihn ursprünglich selber wohl zu den Slawen geschickt hatte, um sie gegen die Awaren aufzuwiegeln, und dem Samos Macht dann mißliebig wurde. Der Staat wird nach Samos Tod 656 aufgelöst.

Um 680 entsteht ein **Bulgarenreich** an der unteren Donau.

Soweit die Slawen, jetzt und später, von Ostrom aus missioniert werden, wird ihre Sprache und Schrift vom Griechischen her bestimmt (kyrillisch) – im Unterschied zu den Slawen, die vom lateinischen Christentum her bekehrt werden. Der Gegensatz zwischen Ost- und Westrom spaltet daher für die Zukunft das Slawentum Osteuropas in zwei große Gruppen.

Ins mittelmeerische Kräftespiel bringt der im 7. Jahrhundert vordringende **Islam** eine ungeheure politisch-militärische Brisanz, wovon der Norden zunächst unberührt bleibt. Stifter der neuen Religion, **um 610**, ist **Mohammed** (570–632), ein Kaufmann aus Mekka. Er predigt Allah als alleinigen Gott und sieht sich als seinen Propheten. Die Lehre ist religiös eigenständig, aber mit jüdischen und christlichen Elementen. Die Offenbarungen, zusammen mit kultischen Geboten (Gebet, Fasten, Wallfahrt), mit sozialen und wirtschaftlichen Regelungen werden wohl schon zu Lebzeiten aufgezeichnet und nach Mohammeds Tod im **Koran** zusammengefaßt.

Die Nachfolger des Religionsstifters, militärischen Führers und Staatsmannes – der die Stämme auf der arabischen Halbinsel geeint hat – verbreiten den Islam in atemberaubender Geschwindigkeit unter der grünen Fahne des Propheten.

Einfall der Araber in Spanien. Miniatur aus dem 13. Jahrhundert

Der Grund für die religiöse Durchschlagskraft des Islam ist: es handelt sich um eine eingängige, lebensregelnde Lehre, die einen absoluten Monotheismus predigt ohne Verständniserschwerungen wie christliche Dreieinigkeit oder zarathustrischer Dualismus. Die innere Spaltung in Sunniten (von Sunna, der Überlieferung von Lebensgewohnheiten und Aussprüchen des Propheten) und Schiiten (die die Sunna ablehnen) vermag dem keinen Abbruch zu tun. Binnen kürzester Zeit wird der muslimische Glaube im Raum damaliger Zivilisation zur **Weltreligion.**

635 wird **Syrien erobert,**
638 Jerusalem eingenommen,
642 Ägypten überrannt,
bis **651** das **Perserreich überwunden.**
Zweimal stehen die Araber vergeblich vor Konstantinopel: 674–678 und 717 bis 718. So wird Ostrom seit dem 7. Jahrhundert zum östlichen Schutzwall gegen das Vordringen des Islam, zuerst des arabischen, dann des türkischen.
711 wird **das Westgotenreich** in Spanien **besiegt**. Was den Arabern von Osten hier mißlingt, erreichen sie im Westen und bedrohen bald das Frankenreich.

Klosterkultur und christliche Mission

529 Gründung von Monte Cassino, der ersten Benediktinerabtei, Mutterkloster des abendländischen Mönchtums. Die Ordensgemeinschaft auf dem Monte Cassino, zwischen Neapel und Rom gelegen, sammelt sich um **Benedikt von Nursia** (um 480–547) und lebt nach der von ihm gegebenen Regel, die für das abendländische Mönchtum bis in das 12. Jahrhundert allein verbindlich bleibt: Armut, Keuschheit, Gehorsam, ferner Gebet und Arbeit (»ora et labora«), Seßhaftigkeit, Gemeinschaft, Selbsterhaltung, Fürsorge, Lesung (eine entscheidende Richtlinie für die europäische Kultur: die antiken Autoren werden bewahrt).

Die **Klosterkultur** wird zu einer der wertvollsten Tragkräfte des Abendlandes. Von den Benediktinern wird bald die Mission der heidnischen Teile Nord- und Mitteleuropas (auf dem Weg über Irland und Schottland) und später die karolingische Renaissance eingeleitet.

Die **lateinische Mission** erreicht zuerst Nord-, West- und Mitteleuropa, und zwar von den britischen Inseln aus. Dort hatte noch in spätrömischer Zeit das Christentum in **Irland** Eingang gefunden (Missionsbischof Patrick seit 432). Typisch irisch: die **Mönchskirche**. Bei den keltischen (gälischen) Stämmen der irischen Kleinkönigreiche entstanden Klöster mit Hunderten Bewohnern. Blüte irischer Gelehrsamkeit. Weltabgeschiedene Askese, Verkündigungseifer, der in Missionsreisen Entfaltung sucht. **Columban d. Ä.** geht **563 nach Schottland**. Da die Iren damals Scoti = Schotten hießen, wurde sein Missionsgebiet Nova Scotia genannt.

580 reist **Columban d.J.** auf das Festland, gründet das Kloster Luxeuil in den Vogesen. Zu seinen Schülern gehört der Ire **Gallus**, der die Urzelle von **St. Gallen** gründet (gest. 650). 689 wird sein Landsmann **Kilian** in Würzburg hingerichtet. In Bayern wirken der Franke **Emmeran** (gest. 715), **Rupert von Worms** (gest. um 718), und **Corbinian** aus Nordfrankreich (gest. 725).

Mit dem Schlüssel verleiht Petrus dem Papst die kirchliche, mit dem Schwert dem Kaiser die weltliche Gewalt. Mittelalterliche Miniatur

Weitere bedeutende Missionare sind **Wilfried** aus England, der wesentlich dazu beiträgt, daß sich das römische Christentum in Britannien durchsetzt (gest. 709); **Willibrord** aus England, Apostel der Friesen (gest. 739); **Pirmin**, ein Westgote, Gründer der Abtei Reichenau (gest. 723). Der bekannteste von allen ist **Bonifatius** aus England (um 672–754), »Apostel der Deutschen« (die es freilich noch gar nicht gibt). Er missioniert im päpstlichen Auftrag im Ostfrankenreich, vor allem in Hessen, Friesland und Thüringen. Er wird Bischof und Erzbischof, gründet Klöster (Lieblingskloster Fulda) und Bistümer: Salzburg, Freising, Regensburg, Passau, Eichstätt, Fritzlar, Erfurt, Würzburg. Noch als 80jähriger ist Bonifaz erneut bei den Friesen, **stirbt** dort als **Märtyrer**.

Bonifatius, der »Apostel der Deutschen«

Erst die Mission von Irland und England her festigt das noch recht oberflächliche Christentum im Frankenreich, schafft eine straffere Organisation, muß aber hinnehmen, daß das Christentum noch von vielen heidnischen Glaubensresten durchmischt ist. Die religiösen Vorstellungen sind auch im Christentum massiv: Wundergläubigkeit, Reliquiensucht herrschen weithin.

Im 7. Jahrhundert wird der religiöse Einfluß von Norden her auf Mitteleuropa durch

590–604 Papst Gregor d.Gr. und seine Schriften ergänzt. Gregor ist Benediktiner, der erste Mönchspapst. Er leitet die Bekehrung der Langobarden und Angelsachsen ein. Als Kirchenlehrer ist Gregor für den Weltklerus so bedeutend wie Benedikt für das Mönchtum.

Das Zeitalter Karls des Großen

Seit den letzten energischen Merowinger-Königen **Clothar II.** (bis 629) und seinem Sohn **Dagobert I.** (bis 639), die zeitweilig das Gesamtreich beherrschten, hatte das Geschlecht seine staatsbildende Kraft verloren. Die folgenden Merowinger-Herrscher sanken zu **Schattenkönigen neben** ihren erstarkten obersten Hofbeamten, **den Hausmeiern**, herab. Diese bekriegten sich ebenfalls untereinander. Doch erweist sich Chlodwigs Reichsgründung als so lebensfähig, daß aller Substanzverlust in den Kämpfen das Fundament nicht zerstören kann.

Unter den Hausmeiern im Frankenreich gelangt das Geschlecht der **Karolinger** zu wachsender Macht (der Name ist rückverlegt von Karl dem Großen her). Die fränkische Hochadelssippe **im Gebiet von Maas und Mosel** erringt unter dem Hausmeier (Majordomus)

687–714 Pippin II. die de-facto-Herrschaft über das Gesamtreich. Er regiert es von seinen Stammlanden aus. Damit verlagert sich der Schwerpunkt des Reiches nach Osten, wodurch die weitere Romanisierung zunächst auch im Westen stagniert, im Osten aber völlig unterbunden wird.

Pippin II. (der Mittlere) besiegt die Friesen und Alemannen, muß aber hinnehmen, daß Bayern, Thüringen und Aquitanien fast oder völlig unabhängig geworden sind.

714–741 Karl Martell (Hammer), Pippins unehelicher Sohn. Er zwingt Bayern in lose Abhängigkeit zurück und unterwirft Thüringen nach Erlöschen des dortigen Herzogtums der Grafschaftsverfassung. Karls bedeutendster Erfolg ist

732 die **Schlacht bei Tours und Poitiers** mit dem Sieg über die Araber unter ihrem spanischen Statthalter.

Wie ein legitimer Herrscher teilt Karl das Reich vor seinem Tode unter seine Söhne

Umseitig: Benedikt von Nursia gibt Anweisungen für den Bau eines Klosters

Karlmann (Ostfranken) und Pippin den Jüngeren (Westfranken). Karlmann geht aber schon 747 ins Kloster, so daß Pippin seither allein regiert.

751–768 König Pippin (I).
Zum König erhebt ihn eine Reichsversammlung in Soissons, nachdem Papst Zacharias der **Absetzung der Merowinger** zugestimmt hat (der letzte König **Childerich II.** muß ins Kloster). Das fehlende Geblütsrecht wird durch **Salbung** – von seiten des Bonifatius – ersetzt.

754 erbittet Papst Stephan II. persönlich **Hilfe gegen** den Langobardenkönig **Aistulf**. Nochmalige Salbung, Ehrentitel eines Patricius Romanorum; feierliches Schutzversprechen Pippins.

Damit ist eine folgenreiche geschichtliche Entwicklung eingeleitet. Karolinger und römische Kirche verbünden sich, König und Papst – die »Zwei Gewalten« im Sinne der mittelalterlichen Zweischwerter-Lehre – schaffen die Interessenverbindung, die das kommende Hochmittelalter bestimmen wird. Die fränkische, später deutsche Politik wird auf Jahrhunderte vorrangig in Nord-Süd-Richtung denken. Nebenbei sind jetzt Rom und die fränkische Landeskirche erstmals eng zusammengerückt.

754 und 756 Feldzüge gegen Aistulf.
Aistulf muß das Exarchat von Ravenna herausgeben. Pippin überträgt es, obwohl es rechtlich zu Ostrom gehört, samt der Pentapolis (Gebiet um Rimini) dem Papst (Pippinsche Schenkung; Urkunde verloren). Zusammen mit dem Dukat von Rom sind dies die Kerngebiete des **Kirchenstaates.**

760–768 Feldzüge gegen **Aquitanien**, wo das **Herzogtum beseitigt** wird. Dagegen löst sich Herzog Tassilo von Bayern trotz Vasalleneides 763 vom Reich.

768–814 Karl der Große, Sohn Pippins, geb. 742, zuerst Reichserbe mit seinem Bruder Karlmann, nach dessen Tod 771 Alleinherrscher.

In der vierten Generation gelangt das

Büste Karls des Großen. Reliquiar aus dem 14. Jahrhundert

Karolinger-Geschlecht mit ihm zu seiner weltgeschichtlichen Bedeutung. Karl, eine der größten Herrschergestalten des Mittelalters, vereinigt Staatskunst, Kriegshandwerk, gesetzgeberische Qualitäten und Kulturbedürfnis. »Groß« ist er im Sinne Burckhardts, der geschichtliche Größe nach den erzielten Veränderungen und Wirkungen bemißt und die überragende handelnde Persönlichkeit nicht unbedingt auf das »normale« Sittengesetz verpflichtet. Denn auch Züge von Grau-

samkeit fehlen nicht in Karls Persönlichkeitsumriß; die Sachsen hat er mit brutaler Härte, mit Massenhinrichtungen und Deportationen bezwungen – danach allerdings Versöhnungswillen bewiesen.
Äußerlich von reckenhafter Gestalt, in Jagd und Kampf geschult, ist er als Staatsmann zäh und energisch, mit dem Sinn für den richtigen Zeitpunkt. Ausgeprägtes Rechtsgefühl und Frömmigkeit verbinden sich mit beständigem Lerneifer, indem er auch auf Ratgeber hört und immer bereit ist zu neuern und zu verbessern.
Schon die Zeitgenossen feiern Karl als »den Großen«. Sein übergreifender Staatsbau bewirkte, daß sowohl Franzosen wie Deutsche sich als Erben fühlen. Aber das Verhältnis der Deutschen gegenüber dem »Germanen« Karl ist zwiespältiger als das der romanischen Franzosen. Denn dort mündete das Karolingerreich letztlich in den Nationalstaat, während bei uns die Reichsidee karolingischer Prägung den Nationalstaat gerade verhinderte.
772 Beginn der Sachsenkriege. Sie sind Karls längste und schwerste militärische Auseinandersetzung und überschatten einen Großteil seiner langen Regierungszeit. Die kritischste Phase der Auseinandersetzung ist
782 der Verlust eines fränkischen Heeres am Süntel und das **Strafgericht bei Verden** an der Aller mit der Hinrichtung von 4500 Sachsen an einem Tag. Die Kämpfe, in denen Herzog Widukind bis zu seiner Taufe 785 der Hauptgegner ist, dauern mit Unterbrechungen bis 804. Sie enden mit der vollen **Unterwerfung, Christianisierung und Eingliederung des Sachsenstammes** in das Frankenreich.
Karls übrige Außenpolitik in den Hauptzügen:
773–774 Eroberung des Langobardenreiches und Vereinigung mit dem fränkischen.
778 Zug nach Spanien. Die wenigen spanischen Eroberungen gehen durch die Niederlage des fränkischen Heeres bei Roncesvalles in den Pyrenäen durch die Basken verloren (Ursprung der Rolandsage).
788 Absetzung des Bayernherzogs Tassilo. Damit ist **das letzte Stammesherzogtum** im fränkischen Machtbereich **beseitigt.**
795 Gründung der Spanischen Mark im Pyrenäenraum, sie vergrößert sich bis hin zum Ebro.
795–796 Sieg über die Awaren zwischen Donau und Theiß durch Karls Sohn Pippin, König von Italien. Die Awaren verschwinden aus der Geschichte. Östlich von Linz entsteht die Baierische Ostmark.
Seit 797 unterhält das Karlsreich diplomatische Beziehungen zum Kalifen (dem Nachfolger des Propheten, religiösem und weltlichem Oberhaupt des Islam) **Harun al-Raschid** (786–809) in Bagdad. Er ist der bedeutendste Repräsentant des um 750 gegründeten Kalifenreiches im Zweistromland, iranisch geprägt. Harun macht Bagdad zum Mittelpunkt des Islam mit allem Glanz und Reichtum des Morgen-

Handelskarawane Harun al-Raschids

landes, wie er in »Tausendundeinernacht« weiterlebt. Der Kalif wird als gerecht und ritterlich gepriesen. Blütezeit arabisch-islamischer Kultur, vor allem der Philosophie, Literatur, Medizin – wobei der Hellenismus hier spürbar nachwirkt.

800 Kaiserkrönung Karls in Rom. Anlaß ist die Flucht des Papstes Leo III. – von einer Gegenpartei vertrieben – nach Paderborn. Karl zieht nach Rom. Eine Versammlung von Franken, Langobarden, Römern beschließt, Karl zum Kaiser zu erheben. Dessen Zustimmung liegt zwar vor, aber die Krönung in der Peterskirche am Weihnachtstag durch Leo überrascht und verstimmt ihn, weil das Zeremoniell ein optisches Abhängigkeitsverhältnis von der Kirche und den Römern darstellt. Außerdem betrachtet Ostrom die neue Würde als Anmaßung. Der Sache nach ist das Kaisertum Karls freilich nur eine weihevolle Bestätigung eines tatsächlichen Zustandes. Denn der Frankenkönig besitzt längst den erhöhten Rang eines Königs der Könige im westlichen Abendland. Dieser Rang verleiht ihm zwar keine Macht jenseits der Grenzen, aber Autorität, auctoritas. Karl sieht sich als Nachfolger Konstantins an der Spitze der Christenheit.

Für die erstrebte Gleichrangigkeit neben Ostrom ist die Kaiserkrönung wichtig. Doch dauert es zwölf Jahre bis zur Anerkennung

812 im **Vertrag von Aachen**. Der oströmische Kaiser läßt Karl – gegen den Verzicht auf Venedig – als Imperator und Basileus

Kaiserkrönung Karls des Großen durch Papst Leo III.

begrüßen, behält sich aber durch Erweiterung seines eigenen Titels einen Oberhoheitsanspruch vor.
Am Ende von Karls 46jähriger Regierungszeit verlaufen die Reichsgrenzen im Westen an der Bretagne (Bretonische Mark), im Südwesten in Nordspanien (Spanische Mark), im Süden in Unteritalien (Oberhoheit über das Herzogtum Benevent), im Südosten in Istrien (Mark Friaul) und in der ungarischen Tiefebene (Pannonische Marken), im Osten – abgesehen von der Bairischen Ostmark, dem Kern des späteren Österreich – längs der früheren Slawengrenze. Östlich Erfurt gibt es aber eine Sorbische Mark.
In den Grenzmarken sind mehrere Grafschaften unter einem **Markgrafen** vereinigt. Wichtig in dieser Zeit: die **Königsboten**, meist zugleich weltlich und geistlich, die die Grafen und Bischöfe beaufsichtigen.
Umfassende Gesetzgebung durch **Capitularia**, Aufzeichnung mehrerer **Volksrechte** (Lex Saxonum, Thuringorum). Eine Reichshauptstadt gibt es nicht und wird es über mehr als tausend Jahre nicht geben. Die altdeutschen Kaiser und Könige residieren umherziehend in **Pfalzen**. Paderborn, Ingelheim, Frankfurt, Worms, Speyer, Soissons und etliche andere sind karolingische Pfalzen; bevorzugt ist **Aachen**, das alte römische Aquae. Das von Karl erbaute Münster wird seine Grabstätte.
Kulturell hebt sich die Epoche Karls durch einen großen, aber kurzfristigen Aufschwung aus jahrhundertelangem, anhaltendem Kulturniedergang und Bildungsverlust heraus. Man spricht von der **Karolingischen Renaissance.** Karl, der selber lesen und schreiben lernt, Latein spricht, Griechisch versteht, errichtet Schulen an den Bischofssitzen, um die geistliche Bildung zu heben. Berühmte Gelehrte wirken am Hof:
Der Angelsachse Alkuin, bedeutendster Forscher und Lehrer der Zeit, Abt in Tours; der Langobarde Paulus Diaconus, Kommentator der Benediktinerregel, Geschichtsschreiber; Petrus von Pisa, Karls Grammatiklehrer; Paulinus von Aquileia, Theologe und Hymnendichter; der Westgote Theodulf, Dichter, kritischer Zeitbeobachter, Bischof von Orléans; der Mainfranke Einhard, der Karls Biograph wird mit einer an Sueton geschulten Charakterisierungskunst.
Die Schrift wird reformiert (Karolingische Minuskel); in der Kunst herrscht das Bemühen vor, das Erbe der Antike zu wahren, vor allem wird die Bauweise der konstantinischen Basilika maßgebend.
Als tragendes Verfassungselement entwickelt sich seit der Karolingerzeit das **Lehnswesen.** Die Wurzeln sind die Landleihe (Landübereignung) und die Gefolgschaft, das eine merowingisch, das andere noch germanisch. In der merowingischen Zeit flossen beide Rechtsformen zwar in Ablösung des alten Heerbannes allmählich zusammen, wurden aber noch nicht als einander ergänzende Institution, als Junktim, erkennbar. Das geschieht erst jetzt. Aus dinglicher Übereignung und persönlichem Treueverhältnis entsteht das Lehnrecht. Beim symbolischen Akt der Belehnung – Treueid, Handreichung, Übereignung der Reiterrüstung und des Beneficium (Lehen) – spielt die Erinnerung an römische »Kommendation« zusätzlich mit: **Eintritt in den Dienst eines Herrn gegen dessen Schutz.** Das römische Denken hatte aber die Kommendation einseitig zur Abhängigkeit des Vasallen entarten lassen; der Schutzgedanke trat zurück. Das germanische Rechtsempfinden gebietet Gegenseitigkeit: »Treue um Treue«.
Sind die Frühformen des Lehenswesens noch auf den Umkreis des Herrschers und seiner unmittelbar Dienenden begrenzt, so belehnen bald die Vasallen ihrerseits (Aftervasallität), so daß das Lehnrecht sich staffelt (Lehnsketten). Zentralisierungsbemühungen werden dadurch zu-

nichte gemacht. Erblichkeit und Immunität wirken sich zusätzlich machthemmend aus. Nur bei Treulosigkeit (Felonie) wird der Lehnsvertrag nichtig.
Als Beneficium gilt anfänglich nur Land. Im Zuge der lehnrechtlichen Durchstrukturierung des ganzen Verfassungslebens fallen auch Nutzungsrechte darunter: Ämter, Zoll, Münze, Markt. In der Karolingerzeit muß die Kirche große Ländereien – leihweise – wieder hergeben, weil der königliche Grund und Boden für Benefizien nicht mehr ausreicht.
814–840 Ludwig der Fromme ist alleinüberlebender Sohn Karls d.Gr. In der fünften Generation wird bereits deutlich, daß das Karolingergeschlecht erschöpft ist.
816 nochmalige **Krönung**, jetzt **durch den Papst** (nachdem Karl seinen Sohn 813 durch Selbstkrönung zum Nachfolger designiert hatte). Damit wird die Kaiserwürde sichtbar zum päpstlichen Weiheakt.
817 wird Lothar, der älteste Sohn, **Mitkaiser,** seine Brüder werden Könige.
826 Taufe des Dänenkönigs Harald. Beginn der Mission der nordischen Länder durch **Ansgar**, mit nur zeitweiligem Erfolg. Ansgar wird Erzbischof von Hamburg.
830 und **833 Empörung der Söhne** gegen den Vater, dessen Heer ihn verläßt. Ludwig d.Fr. wird abgesetzt, regiert aber wieder seit 834, da die Brüder untereinander zerstritten sind.

Verfall der Karolingerherrschaft und Entstehung des Deutschen Reiches

Nach Ludwigs Tod entspinnt sich Bruderkrieg zwischen Ludwig dem Deutschen und Karl dem Kahlen gegen Lothar. Das Bündnis wird 842 mit den Straßburger Eiden der Brüder Ludwig und Karl vor ihren Heeren besiegelt, althochdeutsch und altfranzösisch.
843 Vertrag von Verdun, Reichsteilung. Ludwig der Deutsche (843–876) bekommt Ostfranken, Karl der Kahle (843–877) Westfranken. Italien und ein Landstreifen bis nach Friesland (Lotharingien) fallen an Lothar, gest. 851.
843–911 deutsche Karolinger, 843–987 französische Karolinger.
Lothars Reichsteil, der volksmäßig die meisten Gegensätze aufweist, hat nicht lange Bestand. Schon
870 im **Vertrag von Mersen** wird der Landstreifen Lotharingien zwischen West und Ost aufgeteilt. Lothars Sohn Ludwig II. (gest. 875) regiert nur noch das Königreich Italien. Der Vertrag von Mersen nimmt auf die **Sprachgrenze** keine Rücksicht. Vollends
880 im **Vertrag von Ribemont**, dem dritten Reichsteilungsabkommen, wird die Grenze für die französisch sprechende Bewohnerschaft sehr nachteilig gezogen. Indem das westliche Lotharingien auch noch an Ostfranken fällt, gehören nun viele Westfranken (»Franzosen«) zum zukünftigen deutschen Reich. Denn die Reichsgrenze verläuft noch westlich von Städten wie Cambrai, Verdun, Toul. Diese Grenzziehung bleibt während des ganzen Mittelalters weithin bestehen.
In der späten Karolingerzeit beginnen das West- und Ostfrankenreich sich ihrer jeweiligen Eigenart, Kultur und Sprache zunehmend bewußt zu werden. Schon 843 erscheint der Volksname Teutisci. **Seit 876** wird der Begriff **theutonicus = deutsch** gebräuchlich.
Das volkmäßige Zusammengehörigkeitsgefühl ist aber auf beiden Seiten noch ungefestigt und wird Erbfolgeerwägungen untergeordnet: Als im Westen nicht nur Karl der Kahle und seine Söhne, sondern auch bereits zwei Enkel gestorben sind –, übertragen die Westfranken die Herrschaft ihres Landes dem Ostfrankenkönig.
Karl III. (»der Dicke«). Dieser wird **885–887** (dann abgesetzt) **noch einmal Herrscher des Gesamtreiches** (seit 879 Regent Italiens).

KAROLINGER

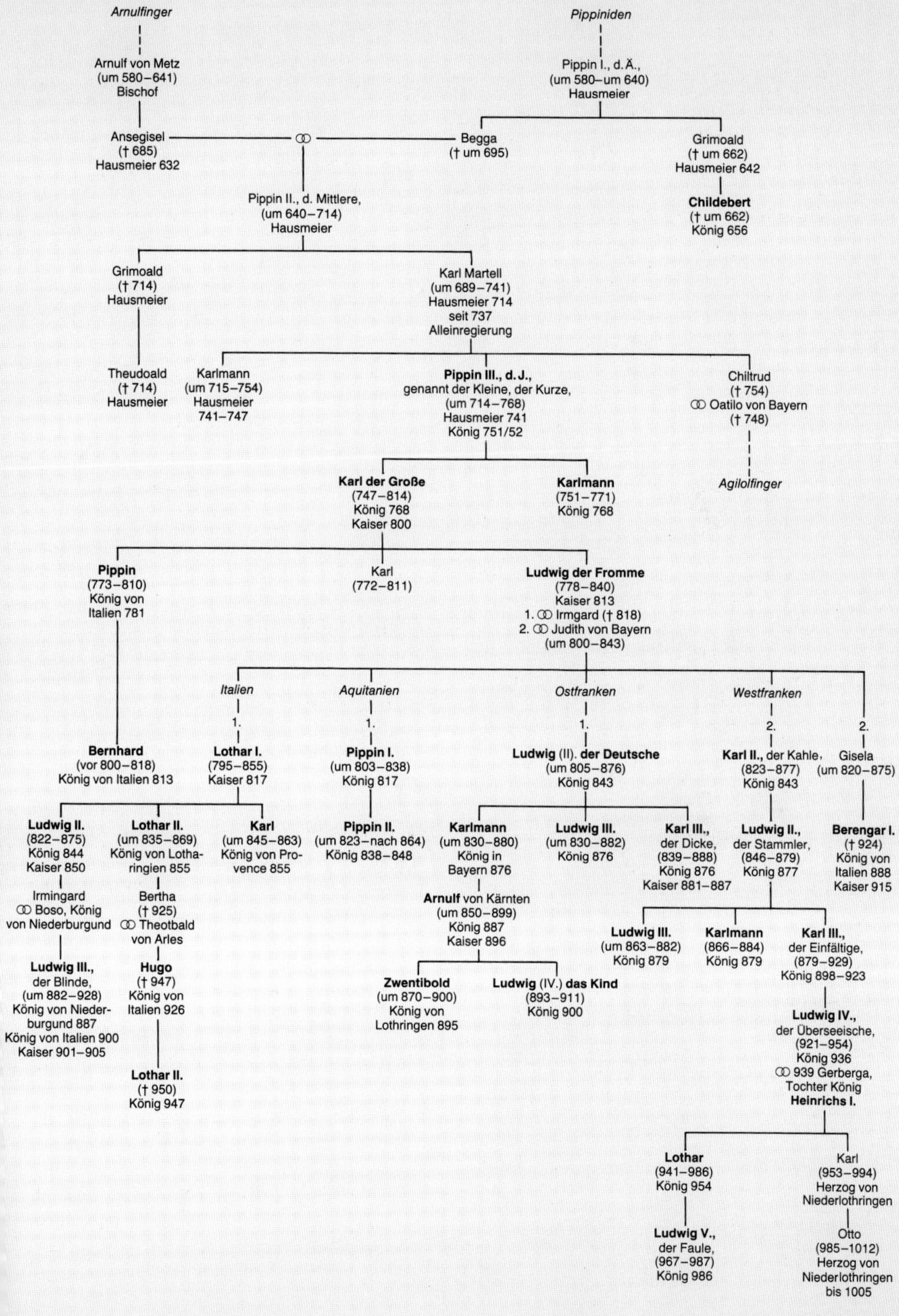

Halbfett sind die Namen der Könige und Kaiser

Abgesehen von der kurzzeitigen Rückkehr zum Gedanken des christlichen Gesamtreiches sind die Tendenzen zur Eigenentwicklung jetzt viel stärker als bei älteren Reichsteilungen. Aus den beiden Erbfolgelinien werden zunehmend zwei Völker. In Ostfranken kann als Richtwert die Zeit **um 900** für die **Entstehung des deutschen Reiches** gelten. Drei Faktoren mußten zusammentreffen:

1. die geschichtlich gewordene Einheit germanischer Stämme im gemeinsamen Siedlungsraum. Erst mit der Eingemeindung der Sachsen (804) ist das künftige deutsche Volk stammesmäßig »komplett« (spätere Erweiterungen im Osten entstehen durch Kolonisation).
2. Es mußte sich unter den Stämmen ein Konsensus bilden, mehr Gemeinsames untereinander als mit Fremden, Umwohnenden zu haben. Um 900 ist diese Bewußtseinsbildung unter Franken, Schwaben, Sachsen und Bayern offenbar weit genug entwickelt, trotz der Eigeninteressen unter den neu entstandenen Stammesherzogtümern.
3. Die Besinnung auf ein bodenständiges Herrscherhaus, jedenfalls einen Primus inter pares aus den eigenen Reihen, mußte stärker sein als der Wille zur alten Dynastie. Dieser Zeitpunkt tritt ein, als die Karolinger in Deutschland aussterben. Die letzten sind:

Bug eines Wikingerschiffes

887–899 Arnulf von Kärnten, Enkel Ludwigs des Deutschen (unehelich).
900–911 Ludwig das Kind, Sohn Arnulfs, unter geistlicher Vormundschaft stehend. Zu dieser Zeit gibt es in Ostfranken schon keine königliche Herrschaft mehr. Aber vorher bereits hatte sich die Königsmacht in West und Ost jahrzehntelang als so schwach erwiesen, daß es immer häufiger zu Raubzügen fremder Eroberer kam, denen der Nordalpenraum fast hilflos ausgeliefert war. **Normannische Einfälle** von Nordwesten und **ungarische Einfälle** von Osten kennzeichnen die politische Ohnmacht des Reiches in der **2. Hälfte des 9. Jahrhunderts.**

Die Plünderungszüge der Normannen (»Nordmannen« = Norweger und Dänen, wechselweise auch Wikinger genannt) setzen am Ende des 8. Jahrhunderts ein, treffen zunächst nur England. Dort hatten sich seit der Einwanderung von Jüten, Angeln und Sachsen um 450 über Jahrhunderte angelsächsische Kleinkönigreiche erhalten, die in der Spätzeit Karls des Großen unter König Egbert von Wessex vereinigt wurden. Seit 850 kommt es zu Ansiedlungen von dänischen Normannen.

König Alfred der Große (871–899) und seine Nachfolger können nicht verhindern, daß halb England dänisch bevölkert und beherrscht wird. Auf dem Festland erscheinen die Normannen erstmals 834 (Loiregebiet, Friesland), 845 wird Ham-

Berittener Wikinger. Wandteppich aus dem 12. Jahrhundert

burg zerstört, 880 wird ein sächsisches Heer besiegt.
»Vor dem Zorn der Normannen verschone uns, Herr«, lautet das Bittgebet der damaligen Zeit in den Kirchen Westeuropas. Schon die Namen der Normannenführer – Erik Blutaxt, Harald Blauzahn, Ivar der Knochenlose – sind bezeichnend. (Auch das Wort »Berserker« für den wütend rasenden Kämpfer, entstammt der nordischen Sage.)
In ihren ungefähr zwanzig Meter langen, leicht gebauten Schiffen (dreißig Ruderer, ein großes Segel) haben rund hundert bewaffnete Krieger Platz. Ihr geringer Tiefgang ermöglicht es, auf Flüssen weit ins Landesinnere vorzustoßen. Mit ihnen überqueren die Wikinger sogar den Atlantik. Um das Jahr 1000 erreichen sie die Küste Amerikas.

Das westliche Frankenreich steht den Einfällen von der Rheinmündung bis zur Gironde offen. Karl III. muß Tribute bewilligen. Seine Absetzung erfolgt, weil er das Reich nicht schützen kann.
896 Besetzung eines Küstenterritoriums nördlich der Bretagne durch die Normannen **(»Normandie«)**. Von dort aus erfolgt später die Eroberung Englands.
891 Sieg Arnulfs von Kärnten westlich der Maas. **Seither verschonen die Normannen Ostfranken.**
Dafür wiegen jetzt die **Ungarneinfälle** schwer. Die Steppennomaden siedeln in der pannonischen Tiefebene, zerstören das Mährische Reich und unternehmen verheerende Raubzüge nach Westen bis Burgund. Wirksame Gegenwehr fehlt. Der mangelnde Schutz von seiten des Königs seit Jahrzehnten führt zur Wiederbelebung der im Karolingerreich beseitigten Stammesherzogtümer. Aus ihrer Mitte wird ein Nachfolger für den letzten »deutschen« Karolinger gewählt:
911–918 Konrad von Franken, vorgeschlagen wahrscheinlich von Herzog Otto von Sachsen. Zugleich aber wehren sich die selbstbewußten Stämme, dem neuen König untertan zu sein. Konrad, gewählt in Forchheim/Franken – was symbolisch ist für das fortwirkende Ansehen des fränkischen Gründerstammes –, kann sich nicht durchsetzen. Seine ganze Regierungszeit steht im Zeichen innerdeutscher Stammeskämpfe. Außerdem fällt Lothringen wegen Feindschaft zu den Konradinern ab und schließt sich – zeitweilig – dem Westen an.
Trotz dynastischer Heirat und trotz bischöflicher Hilfe kämpft Konrad vergeblich gegen Schwaben und Sachsen. 917 läßt er sogar seine schwäbischen Schwager hinrichten. Im Kampf gegen Herzog Arnulf von Bayern wird **Konrad 918 schwer verwundet**.
Sterbend designiert Konrad seinen vorherigen Gegner **Heinrich von Sachsen**, Sohn Ottos, zum Nachfolger.

REX
SALOMON

Das Deutsche Reich im hohen und späten Mittelalter

Die Ottonen

919–936 Heinrich I., mit dem die Herrschaft des sächsischen oder ottonischen Hauses in Deutschland beginnt, wird zunächst nur von den Sachsen und Franken, später von Schwaben und 921, nach der Unterwerfung des von ihnen zum Gegenkönig erhobenen Herzogs Arnulf, schließlich auch von den Bayern anerkannt.

Das Zusammenwachsen der deutschen Stämme zu einer Einheit im 10. Jahrhundert dokumentiert sich in der erstmals in der Zeit Heinrichs I. für den ostfränkischen Reichsteil belegten Bezeichnung als **Regnum Teutonicorum**, als Reich der Deutschen.

921 wird die politische Trennung Deutschlands von Frankreich durch den **Vertrag bei Bonn** zwischen Heinrich I. und dem westfränkischen König Karl (dem Einfältigen) besiegelt, in dem beide Teile ihren Besitzstand anerkennen.

Anlaß dazu war der Konflikt zwischen beiden um die Oberherrschaft über **Lothringen**, das **925 dem Deutschen Reich angegliedert wird**.

Für den ostfränkischen Reichsteil sind die **Ungarn** seit dem 9. Jahrhundert zur existenzbedrohenden Gefahr geworden. 926 kann Heinrich I. einen neunjährigen Waffenstillstand erkaufen, den er zur Organisation einer Grenzverteidigung, insbesondere durch Burgenbau an der Ostgrenze und durch Neuorganisation des Heerwesens (Verstärkung und Ausbildung der Reiterei), benutzt. Der Erfolg dieser Maßnahmen zeigt sich **933** im **Sieg an der Unstrut** über die Ungarn.

Hatte Heinrich I. Krönung und Salbung durch die Kirche abgelehnt, um seine Herrschaft weniger auf das Episkopat zu stützen, als auf die Einigung mit den Stammesherzögen zu gründen, wendet er sich gegen Ende seiner Regentschaft stärker der Kirche als Verbündeten gegen die wachsende Macht der Stammesherzöge zu; ein geplanter Romzug zum Erwerb der Kaiserkrone und zur Unterbindung der eigenmächtigen Italienpolitik der süddeutschen Herzöge kommt aber nicht mehr zustande. Hieran knüpft die Politik seines Sohnes an.

936–973 Otto I., der Große. Das Streben nach einer Stärkung der Königsgewalt ruft den Widerstand der Stammesherzöge hervor, die zum Teil auch von Mitgliedern des Königshauses unterstützt werden. Nach langwierigen Kämpfen kann Otto I. sein Ziel, die **Neuregelung des Verhältnisses von Königtum und Stammesherzogtum**, erreichen: das Herzogtum wird zu einem königlichen Amt, das Angehörigen der königlichen Familie vorbehalten bleibt. 939 wird **Franken mit der Krone vereinigt** und direkt der königlichen Verwaltung unterstellt.

Ausschlaggebend für die Machtstellung des Königtums wird die Begründung des **geistlichen Reichsbeamtentums**, auf das sich der König zunehmend gegen die nach Unabhängigkeit und Erblichkeit strebenden Laiengewalten, insbesondere die Herzöge, stützt. Durch Ausbau der kirchlichen Immunität und durch Verleihung von Grundbesitz und Hoheitsrechten werden kirchliche Herrschaften gebildet, die zu umfangreichen finanziellen und militärischen Leistungen herangezogen werden können. Da diese Lehen wegen der Ehelosigkeit des hohen Klerus der Erblichkeit entzogen sind, können sie aufgrund des königlichen Rechtes der Ernennung und Einsetzung der Bischöfe (Investitur) jeweils mit ergebenen Gefolgsleuten besetzt werden.

955 besiegt Otto I. entscheidend die Ungarn auf dem Lechfeld und befreit damit Mitteleuropa endgültig von der Ungarngefahr. Die Ungarn werden seit-

Krone des Heiligen Römischen Reiches aus dem 10. Jahrhundert

dem seßhaft, nehmen um die Jahrtausendwende den christlichen Glauben an und integrieren sich damit in die abendländische Völkergemeinschaft.
Im selben Jahr wird die **bayerische Ostmark** (an der ungarischen Grenze) erneuert, nachdem bereits **936/937** unter Hermann Billung und Gero **zwei Marken gegen die Slawen** errichtet worden sind: die Slawen werden bis zur Oder unterworfen und zinspflichtig gemacht. Gleichzeitig setzt die Christianisierung der slawischen Völker ein; Zentrum der **Slawenmission** wird das 968 gegründete Erzbistum Magdeburg.
Dem **Italienzug** von **951**, der die Wiederherstellung der Oberhoheit des Reiches in Oberitalien zum Ergebnis hatte, folgt **961/962** ein zweiter, diesmal aufgrund eines Hilferufs des Papstes Johannes XII. gegen äußere und stadtrömische Feinde, der **962** zur **Kaiserkrönung Ottos I.** führt. Damit wird eine Politik eingeleitet, die für Jahrhunderte die deutsche Geschichte eng mit der des Papsttums und Italiens verknüpft. Stärkte diese Erneuerung der karolingischen Kaiserwürde zunächst die Autorität der deutschen Krone und bringt die Italienpolitik dem Reich bis in die Zeit der Salier hinein in erster Linie Vorteile, so verändert der geistige und politische Umschwung in der Zeit Gregors VII. die Situation grundlegend. Einerseits führt die deutsche Herrschaft in Italien zur Verschärfung des Konflikts mit dem Papsttum und dieser wiederum zur Abhängigkeit des Königtums von den Fürsten, auf deren militärische Unterstützung es angewiesen ist, um sich in Italien zu behaupten; andererseits aber sieht sich das deutsche Königtum, vor allem in der Zeit der Staufer, gezwungen, gerade an der Herrschaft in Italien festzuhalten, da die Machtbasis in Deutschland infolge des Investiturstreits zu gering geworden ist. Dennoch muß die Entscheidung Ottos I., das Bündnis mit der Kirche zu suchen, für gerade diese Zeit als durchaus folgerichtig angesehen werden. Die Vormachtstellung in Europa, die das Deutsche Reich unter Otto I. erreichte, kann von seinem Sohn
973–983 Otto II. und seinem Enkel
983–1002 Otto III. nicht gehalten werden.
Otto II. versucht, Unteritalien von der byzantinischen Herrschaft und von den mittlerweile auch dort ansässigen Sarazenen zu befreien und mit dem Reich zu vereinen, wird jedoch
982 bei Cotrone vernichtend von den Sarazenen geschlagen.
Der **Slawenaufstand** 983 im Osten des Reiches führt zum Verlust der ostelbischen Gebiete. Boleslaw Chrobry errichtet ein großpolnisches Reich. Otto III. gründet 1000 das polnische Erzbistum Gnesen und verzichtet auf die Wiederherstellung der deutschen Oberhoheit in Polen, gliedert es jedoch – gleichberechtigt den übrigen Teilen des Reiches – dem Imperium ein. Ebenso wird das Königreich Ungarn 1001 unter Stephan I., dem Heiligen, dem Kaisertum unterstellt.
Kernpunkt der Politik Ottos III. ist die **renovatio imperii Romanorum**, die Erneuerung des Römischen Reiches, in Anknüpfung sowohl an die römische Kaiserzeit wie an die karolingische Tradition. Deutschland und Italien als Kern des Imperiums sollen von Rom aus regiert werden, das Imperium als höhere Einheit und geistliche Klammer des Abendlandes soll die einzelnen europäischen Königreiche unmittelbar oder mittelbar umfassen. Otto III. selbst versteht sich als der weltliche Vertreter der Apostelfürsten (wie der Papst deren geistlicher Vertreter ist). Dementsprechend beansprucht er auch das oberste Verfügungsrecht über den gesamten Besitz der römischen Kirche.
1002–1024 Heinrich II. Er betreibt zur Festigung seiner Königsmacht mit Nachdruck den weiteren **Ausbau des Reichskirchensystems**. In den Kriegen mit Polen 1003–1018 kann er 1004 das zuvor von

Kaiser Otto III. Evangeliar aus dem Bamberger Domschatz

Boleslaw Chrobry eroberte Böhmen zurückgewinnen, das unter deutscher Hoheit selbständig bleibt. Ansonsten verlaufen die Polenfeldzüge Heinrichs II. ergebnislos, doch kann zumindest eine weitere Ausdehnung des polnischen Reichs nach Westen verhindert werden.
In **Italien** kann Heinrich II. 1006 die mit dem Tod Ottos III. zusammengebrochene deutsche Herrschaft wiederherstellen und wird
1014 zum Kaiser gekrönt. Angesichts der Auseinandersetzungen zwischen den Byzantinern in Unteritalien und den erstmals in diesem Gebiet auftretenden Normannen, setzt Heinrich II., vom Papst zu Hilfe gerufen, 1021/22 auch in Süditalien die Oberhoheit des Reiches durch.

Das salische Herrscherhaus

Mit dem Tod Heinrichs II. endet die Herschaft des sächsischen Hauses. Das fränkische Geschlecht der Salier tritt im Reich die Nachfolge an.

1024–1038 Konrad II. Er bricht den nach dem Tod Heinrichs II. in Italien abermals aufflammenden Widerstand gegen die deutsche Herrschaft und wird 1026 zum König der Langobarden und 1027 zum Kaiser gekrönt.

1033 wird nach dem Tod Rudolfs III. von Burgund auf dem Wege der Erbschaft das **Königreich Burgund mit dem Deutschen Reich vereinigt**, so daß das Imperium fortan aus drei Teilen, Deutschland, Italien und Burgund, besteht.

Mit der **Constitutio de feudis 1037** stellt Konrad II. die **lehnsrechtlichen Verhältnisse** im Reich auf eine **neue gesetzliche Grundlage**. Danach darf kein Lehnsherr seinem Vasallen das Lehen ohne gerichtlichen Schuldbeweis oder ohne Urteil durch seine Standesgenossen entziehen, ferner wird das Recht auf Wiederverleihung an die Erben verankert. Durch die Berücksichtigung von Erbansprüchen vor allem bei der Vergabe von Herzogs- und Grafenlehen stärkt Konrad II. den hohen Adel, gleichzeitig schafft er sich mit Erblichkeit der Afterlehen (= der von dem hohen Adel vergebenen Lehen) in den Untervasallen einen ergebenen Kriegerstand. Zu einer weiteren Stütze des Thrones werden die als Verwalter der königlichen Güter eingesetzten unfreien Dienstmannen (= Ministerialen), aus denen sich rasch ein neuer gehobener Stand entwickelt.

1039–1056 Heinrich III., der schon zu Lebzeiten seines Vaters Konrad II. 1028 zum deutschen König gekrönt wurde, wird, ohne seine Herrschaftsansprüche erst durchsetzen zu müssen, in Deutschland, Italien und Burgund anerkannt.

Im **Osten** unterwirft Heinrich III. 1041 den böhmischen Herzog Bretislaw I., der zuvor Polen erobert hat. Durch sein Eingreifen in die ungarischen Thronstreitigkeiten 1045 kann er auch Ungarn für kurze Zeit zum deutschen Lehnsbereich machen.

Im **Westen** dagegen erwächst Heinrich III. ein gefährlicher Gegner in **Gottfried II. von Lothringen**, den er nach der Teilung des Herzogtums 1044 nur mit Niederlothringen belehnt, wogegen dieser sich empört. Zwar wird Gottfried II. 1049 unterworfen, bleibt dem Kaiser jedoch feindlich gesonnen. Gewicht kommt dieser Gegnerschaft dadurch zu, daß Gottfried II. durch die Heirat mit der Markgräfin Beatrix von Tuszien umfangreiche Territorien in Italien gewinnt.

Die Herrschaft Heinrichs III. ist geprägt von den Ideen der **kluniazensischen Reformbewegung**. Ausgehend von dem 910 gegründeten Kloster Cluny an der Saône beginnt die Ausdehnung der Bewegung im 10. Jahrhundert und erreicht ihren Höhepunkt im 11. Jahrhundert mit der Gründung von Tochterklöstern in Deutschland, Italien, Spanien und England. Asketisch und weltabgewandt nach einer verschärften Benediktinerregel lebend, sind die Mönche von Cluny von jeglicher weltlicher und bischöflicher Oberhoheit befreit und allein dem päpstlichen Schutz unterstellt. Nur dem Abt gegenüber, der das Recht hat, seinen Nachfolger selbst zu bestimmen, sind sie zum Gehorsam verpflichtet. Ziel der von Cluny ausgehenden Reformbewegung ist die Wiederherstellung kirchlicher Zucht und Frömmigkeit; um zu gewährleisten, daß kirchliche Ämter allein nach Würdigkeit besetzt werden, fordert man das **Verbot der Laieninvestitur** (= der Übertragung eines kirchlichen Amtes durch einen weltlichen Herrn) und verurteilt jegliche **Simonie** (= Vergabe kirchlicher Ämter gegen Geld). Die weltlichen Streitigkeiten, vor allem aufgrund des zunehmenden Fehdewesens, versuchen die Reformer durch **Verkündung des Gottesfriedens** (Treuga Dei) für hohe Fest- und

Papst Gregor VII.

bestimmte Wochentage einzudämmen.
Heinrich III., durchdrungen von diesen kirchlichen Reformgedanken, setzt seine weltliche Autorität zur Wahrung eines **allgemeinen Landfriedens** ein. Der gleiche geistige Hintergrund bestimmt ihn auch, in die Auseinandersetzungen um den Papstthron, der zum Spielball der weltlichen Parteien in Rom geworden ist, einzugreifen; auf den **Synoden von Sutri und Rom 1046** setzt er die drei um das Pontifikat streitenden Päpste ab und erhebt den Bischof Suitger von Bamberg als Klemens II. (1046/47) zum Papst.
Die Förderung dieser geistlichen Erneuerungsbewegung läßt Heinrich III. jedoch deren Sprengkraft verkennen: Die von den Reformern geforderte Freiheit der Kirche (libertas ecclesiae) von jeglichem weltlichen Einfluß bedeutet eine große Gefahr für das bestehende Reichskirchensystem mit seiner Ämtervergabe gegen Dienst für Adel und Krone. Obwohl zunächst die überweltlichen Aufgaben betonend, begründet das Reformdenken gleichzeitig den kirchlichen Anspruch, der weltlichen Obrigkeit Anweisungen zu geben, wie sie ihren irdischen Ordnungsauftrag gemäß den Geboten Gottes auszuführen habe.
Zum Tragen kommen diese revolutionären Ideen nach dem Tod Heinrichs III., in einer Zeit der Schwäche der weltlichen Reichsgewalt, denn der Thronfolger (geboren 1050) ist noch minderjährig.
1056–1106 Heinrich IV. In der Zeit der Vormundschaft (bis 1065) vollziehen sich tiefgreifende Änderungen.
Das **Papstwahldekret 1059** verbietet grundsätzlich die Laieninvestitur und entzieht die Papstwahl dem Einfluß des römischen Adels und des Kaisers, indem es sie zu einer Entscheidung der Kardinäle bestimmt.
Im selben Jahr belehnt Papst Nikolaus II., unter Nichtachtung der Rechte des Reiches, die Normannen in Süditalien mit den von ihnen eroberten Gebieten und schafft sich damit – neben der mächtigen Markgräfin Mathilde von Tuszien – eine weitere weltliche Stütze.
Bei dem Versuch Heinrichs IV., die zerrüttete Reichsgewalt zunächst in Deutschland wiederherzustellen, kommt es
1073 zum **Aufstand des sächsischen Adels**, der mit Hilfe der süddeutschen Fürsten **1075 niedergeschlagen** wird.

Heinrich IV. bittet den Abt von Cluny und die Markgräfin von Tuszien um Fürsprache beim Papst

Zur gleichen Zeit besteigt in Rom **Gregor VII.** (1073–1085) den Papststuhl, erfüllt von dem Streben, das Gottesreich auf Erden zu verwirklichen. Die Leitsätze seiner Kirchenpolitik legt er **1075** in dem sogenannten **Dictatus Papae** nieder. Ausgehend vom Primat des Papsttums sowie von dessen Vorrangstellung gegenüber der weltlichen Gewalt fordert er die Unterordnung der Kaiser und Könige unter seine geistliche Herrschaft. Neben dem Verbot der Priesterehe (Vorschrift des Zölibats) und der Simonie tritt verstärkt der Kampf gegen die Laieninvestitur in den Vordergrund, da der Papst als Stellvertreter Christi auf Erden das alleinige Recht auf Ein- und Absetzung der Bischöfe beansprucht.

Der unausweichliche Konflikt zwischen weltlicher und geistlicher Gewalt, zwischen Kaisertum und Papsttum, der sogenannte **Investiturstreit**, entzündet sich an der Besetzung des Erzbistums Mailand. Noch stehen die deutschen Bischöfe, von den umstürzenden Forderungen aus Rom verschreckt, auf der Seite des Kaisers. Sie erklären auf dem **Reichstag** und der **Synode von Worms 1076** Gregor VII. wegen ungültiger Wahl für abgesetzt. Der Papst antwortet mit dem **Bannspruch über Heinrich IV.**, worauf die oppositionellen Reichsfürsten auf einem **Fürstentag in Tribur** die Absetzung Heinrichs IV. beschließen, falls er sich nicht binnen Jahresfrist vom Bann lösen kann. Mit dem Gang nach

1077 Canossa – Heinrich IV. erscheint hier auf der Burg der Markgräfin von Tuszien als Büßer vor dem Papst – kann der Kaiser die Lösung vom Bann erreichen.

Dieser Bußgang Heinrichs IV. verhindert jedoch nicht, daß die deutschen Fürsten **1077–1080 Rudolf von Schwaben** zum **Gegenkönig** wählen. Eine Wahl, der auch insofern Bedeutung zukommt, als hier erstmals den Fürsten das Zugeständnis der freien Wahl gemacht wird (im Gegensatz zum dynastischen Erbrecht der Krone). Während Heinrich IV. Rudolf von Schwaben und ebenso dessen Nachfolger **Hermann von Salm** 1081 bis 1088 erfolgreich bekämpft, trifft ihn 1080 erneut der Bannfluch Gregors VII. Heinrich IV. läßt daraufhin durch eine deutsch-italienische Synode den Erzbischof von Ravenna zum Gegenpapst wählen (Klemens III. 1080–1100), der ihn nach der Vertreibung Gregors VII. aus Rom 1084 zum Kaiser krönt.

Die folgenden letzten Regierungsjahre Heinrichs IV. sind überschattet von den **Auseinandersetzungen mit seinen Söhnen**, die sich mit den oppositionellen Fürsten verbunden haben; sein ältester Sohn **Konrad** versperrt ihm den Rückweg vom 2. Italienzug (1090–1097) nach Deutschland und wird 1098 geächtet (1101 gestorben). 1104 erhebt sich sein Bruder, der spätere **Heinrich V.**, bereits 1099 zum König gekrönt, und zwingt auf dem Fürstentag in Ingelheim **1105** Heinrich IV. zur **Abdankung**. Bevor es zu einer endgültigen Entscheidung kommt, stirbt 1106 Heinrich IV.

1106–1125 Heinrich V. Obwohl ihm der Anschluß an die päpstliche Reformpartei zur Anerkennung verholfen hatte, lehnt er nun – wie sein Vater – den Verzicht auf die Investitur der Bischöfe und Äbte ab. Zwar kommt es bei seinem ersten **Italienzug 1110/1111 in Sutri** zu einem **Vertragsentwurf** mit dem Papsttum, wonach der König auf seinen Einfluß bei der Bischofswahl und Investitur verzichtet, die Besitzungen und Regalien der Bischöfe jedoch an das Königtum zurückfallen sollen. Diese Abmachungen scheitern am Widerstand der Bischöfe, die ihre Stellung als Reichsfürsten gefährdet sehen, wenn Regalien und Besitzungen nicht mehr Zubehör des Amtes, sondern ihre Vergabe in das Belieben des Königs gestellt sind. Darüber hinaus würde der Rückfall der Besitzungen und Regalien einen ungeheuren Machtzuwachs für das Königtum bedeuten, den die Reichsfürsten (weltliche wie geistliche) nicht befürworten können.

Nach dem Scheitern dieser Vereinbarungen nimmt Heinrich V. den Papst gefangen und erzwingt von ihm die Bestätigung des Rechts der Investitur.

1111 wird **Heinrich V. zum Kaiser gekrönt**.

Die in Deutschland zur Stärkung der Machtstellung des Königtums von Heinrich V. eingeleitete Territorialpolitik führt zum Aufstand der sächsischen und thüringischen Fürsten. Die **Niederlage Heinrichs V. 1115 am Welfesholz** entscheidet den Kampf zwischen Königtum und Fürsten zugunsten der letzteren.

Die jahrelangen Verhandlungen mit dem Papsttum, das seinen Widerstand gegen das Investiturrecht des Königs weiterhin aufrechterhält, führen

1122 zum **Wormser Konkordat**, das den Investiturstreit beendet. Der König verzichtet zwar auf die Investitur der Bischöfe, in Deutschland jedoch bleibt ihm insofern ein gewisses Maß an Einfluß auf die Bestimmung der Amtsträger erhalten,

abhominat' dn̄s pondus 7 pondus
dolosa non ē bona
DILIGITE IUSTICIĀ QUI IUDICATIS TERRAM

als die Wahl eines Bischofs in Gegenwart des Königs oder seines Abgesandten vollzogen wird. Bei Dissens fällt ihm die endgültige Entscheidung zu; die königliche Belehnung mit den Regalien erfolgt vor, in Italien und Burgund dagegen erst nach der Weihe. Hier jedoch ist die Anwesenheit des Königs bei der Bischofswahl nicht erforderlich, er kann also einen unerwünschten Kandidaten nicht ausschließen; diese Bestimmungen führen zu einer Schwächung des Königtums in Italien und Burgund. Mit dem Wormser Konkordat wandelt sich die Stellung der Bischöfe: ihre Abhängigkeit vom Königtum ist gelockert, aus Reichsbeamten sind sie zu Reichsvasallen geworden, die mit den weltlichen Lehnsfürsten nun das gleiche Interesse verbindet, die eigene Machtstellung zu stärken und auszuweiten.

Wirtschaftliche und soziale Entwicklungen in Deutschland nach der Jahrtausendwende

In der Endphase des salischen Herrscherhauses, das mit dem Tod Heinrichs V. 1125 ausstirbt, werden die **Veränderungen** deutlich, die sich seit der Jahrtausendwende **im sozialen und wirtschaftlichen Gefüge des Reiches** vollziehen. Ein einschneidender Faktor ist das Vordringen der **Geldwirtschaft**: Die Entdeckung von Silbervorkommen im Harz und im alpenländischen Raum sowie der Geldzufluß aus dem wirtschaftlich weiter fortgeschrittenen Reichsitalien ermöglichen den Wandel von der Naturalwirtschaft zur Geldwirtschaft, die ihrerseits eine Intensivierung des Handels bedingt. Entsprechend der Ablösung von Sach- durch Geldleistungen lösen sich im 12. Jahrhundert zunehmend die Großgrundherrschaften und ihre Villikationen (Fronhofsverband) auf und tritt an die Stelle der Eigenwirtschaft die Vergabe von Land als Zinsgut. Diese Entwicklung verändert die persönliche **Rechtstellung der Bauern**, deren ehemals feste Bindung an den Grund und Boden einer relativen Freizügigkeit weicht.

Veränderungen vollziehen sich jedoch auch innerhalb der **adligen Oberschicht**. Neben den aus der alten Reichsaristokratie (= Stammesherzöge) hervorgegangenen Reichsfürstenstand treten zunehmend die aus der Unfreiheit kommenden, für Verwaltungsaufgaben qualifizierten und besonders vom König, aber auch von der Kirche und den großen Fürstenhäusern eingesetzten **Ministerialen**, die zur Hauptstütze des salischen und staufischen Königtums bei der Erfassung und Verwaltung des Reichsguts werden. Die Ministerialen gelten ebenfalls als lehnsfähig, wodurch die Distanz zwischen dem Adel freier und dem Adel unfreier Herkunft überbrückt wird; ein weiteres verbindendes Element wird das **Ritterethos**, wie es sich literarisch im Minnesang und im höfischen Epos ausdrückt. Entscheidenden Anteil an der Ausbildung der ritterlichen Ethik hat wiederum die kluniazensische Reform, die sich neben der Erneuerung des kirchlich-klösterlichen Lebens auch die Humanisierung und Verchristlichung des Adels zur Aufgabe gestellt hat. So wird der Schutz der Kirche und der Schwachen zu einer der vornehmsten Pflichten des Rittertums. Aus der Verbindung dieses ethischen Ideals mit dem Kreuzzugsgedanken entstehen im 12. Jahrhundert die geistlichen Ritterorden (Templer, Johanniter).

Neben diese Veränderungen tritt als ein drittes Moment die im 10./11. Jahrhundert einsetzende **Entwicklung des Städtewesens**, das im 12. Jahrhundert eine erste Blütezeit erlebt. Als Handels- und Gewerbezentrum wird die Stadt zum

Der König, eingerahmt von seinen Schutzbefohlenen. Von oben nach unten: Bischof, Fürst, Ritter, Kleriker, Frau und Jude. Mittelalterliche Miniatur

Bäuerliche Ernte und Zinszahlung. Darstellung aus dem Sachsenspiegel (13. Jh.)

natürlichen Mittelpunkt ihres Umlandes, stellt jedoch einen von diesem abgehobenen Raum besonderen Rechts (= Stadtrecht) dar. Betrachtet der Stadtherr (= König oder ein weltlicher oder geistlicher Fürst) die Einwohner zunächst als seine Hörigen, so werden – um die Zuwanderung zu beleben – im 11. Jahrhundert nach und nach alle Dienste und Auflagen aufgehoben. Mit dem im 12. Jahrhundert durch die aufkommende Geldwirtschaft bedingten Aufschwung von Handel und Gewerbe streben die Städte zunehmend aus der Abhängigkeit von dem Stadtherrn, nach Selbstverwaltung durch einen von den Bürgern gewählten Rat und nach der Übernahme der ursprünglich stadtherrlichen Hoheitsrechte wie des Gerichts-, Steuer- und Münzwesens. So befreien sich die auf Reichsgut gelegenen, dem König als Landesherrn direkt unterstellten Städte von der durch die königlichen Beamten ausgeübten Stadtherrschaft und werden zu Reichsstädten, die im 13. Jahrhundert auch zu Einfluß auf den Reichstagen gelangen. Ebenso erreichen zahlreiche ehemalige Bischofs- und Fürstenstädte ihre Unabhängigkeit, während die unter der Hoheit eines Landesherrn verbleibenden Städte zumindest eine eigene Ratsverfassung sowie umfangreiche Handels- und Gewerbeprivilegien durchsetzen können.

Die Kreuzzüge

Die Kreuzzüge, aus der Idee des »Heiligen Krieges« geboren und von der römisch-katholischen Kirche angeregt und gefördert zur Befreiung des Heiligen Landes von der islamischen Herrschaft, sind der wohl überzeugendste Ausdruck der Einheit des christlichen Abendlandes, der universitas christiana.

Den Hilferuf des byzantinischen Kaisers gegen den türkischen Stamm der Seldschuken, die bereits den größten Teil Kleinasiens erobert haben, beantwortet Papst Urban II. **1095** auf der **Synode von Clermont** mit dem Aufruf zum Kreuzzug, von dem er nicht nur eine Befreiung des Ostens vom Islam, sondern auch eine Wiedervereinigung der beiden christlichen Kirchen unter dem römischen Primat erhofft.

1096–1099 1. Kreuzzug: An der Spitze der Kreuzzugsheere stehen die Lehnsfürsten aus Frankreich und aus den westlichen Reichsteilen (Lothringen und Burgund) sowie die süditalienischen Normannen. Am 15. Juli 1099 wird Jerusa-

Friedrich I. Barbarossa als Kreuzfahrer

lem eingenommen und – wie bereits das Fürstentum Antiochia und die Grafschaften Edessa und Tripolis – als Lehnsstaat eingerichtet. Gottfried von Bouillon, Graf von Niederlothringen, wird zum »Beschützer des heiligen Grabes« gewählt. Nach seinem Tod 1100 tritt sein Bruder Balduin an seine Stelle und nimmt erstmals den Titel »König von Jerusalem« an.

Die durch Streitigkeiten der Fürsten untereinander bedingte Schwäche der sogenannten Kreuzfahrerstaaten ermöglichen 1144/45 die Rückeroberung von Edessa, die den Anstoß für den Aufruf Bernhards von Clairvaux zum

1147–1149 2. Kreuzzug gibt, an dem sich der Staufer Konrad III., Ludwig VII. von Frankreich und Roger II. von Sizilien beteiligen. Der 2. Kreuzzug endet bereits auf dem Weg durch Kleinasien in katastrophalen Niederlagen, die den Glauben an das Papsttum als Verkünder des göttlichen Willens nachhaltig erschüttern.

Die Einnahme Jerusalems durch Saladin 1187 führt zum

1189–1192 3. Kreuzzug unter Führung Kaiser Friedrichs I. Barbarossa und unter Beteiligung von Philipp II. August von Frankreich und Richard I. Löwenherz von England. Einziges konkretes Ergebnis dieses Zuges, auf dem Friedrich I. 1190 den Tod findet, ist die Eroberung Akkons. Der

1202–1204 4. Kreuzzug endet – entgegen den Intentionen des Papstes Innozenz III. – mit der Eroberung Konstantinopels und mit der Zerschlagung des Byzantinischen Reiches. An seiner Stelle entsteht das Lateinische Kaiserreich (1204–1261) unter venezianisch-französischer Führung.

Der von Kaiser Friedrich II. unternommene

1128–1129 5. Kreuzzug verläuft ohne kriegerische Auseinandersetzung. Friedrich II. schließt mit dem Sultan einen zehnjährigen Friedensvertrag und erhält von ihm Bethlehem, Nazareth und Jerusalem, wo der Kaiser sich selbst zum König von Jerusalem krönt. Bereits 1244 geht Jerusalem wieder und diesmal endgültig verloren.

Die beiden letzten Kreuzzüge 1248 bis 1254 und 1270 unter Ludwig IX. (dem Heiligen) von Frankreich bleiben ergebnislos.

Mit der Eroberung Akkons 1291 durch die Mamelucken endet die Geschichte der Kreuzfahrerstaaten. Obwohl den Kreuzzügen letztlich keine anhaltenden politischen Erfolge beschieden sind, erweisen sie sich dennoch nicht als wirkungslos. Vor allem die italienischen Seestädte Pisa, Genua und Venedig erleben durch das Aufblühen des Orienthandels einen ungeheuren Aufschwung. Darüber hinaus wird durch die Berührung mit der byzantinisch-orientalischen Gedankenwelt und Wissenschaft auch das geistige Leben Europas nachhaltig beeinflußt.

WELFEN I

- **Welf** († um 820) Graf in Schwaben und Bayern
  - Judith (um 800–843) ⚭ 819 Kaiser Ludwig der Fromme (778–840)
  - Konrad I. († 863) Graf im Argen- und Linzgau
    - Konrad II. († vor 876) Graf von Auxerre
      - Rudolf I. († 912) König von Hochburgund 888
        - *Rudolfinger 1032 erloschen*
    - Welf I. († vor 876) Graf im Argen- und Linzgau
      - ⋮ Welf II. († 1030) Graf im Lechrain ⚭ um 1015 Irmtrud von Lützelburg († nach 1057)
        - Welf III. († 1055) Herzog von Kärnten 1047
        - Kunigunde (1020–vor 1055) — um 1035 ⚭ — Alberto Azzo II. († 1097) Markgraf von Este
          - *Welf-Este*
          - **Welf IV.** (1030/40–1101) Herzog von Bayern 1070; 1. ⚭? ⚮ 1070 Ethelinde, Tochter des bayrischen Herzogs Otto von Northeim; 2. ⚭ 1071 Judith von Flandern († 1094)
            - 2. **Welf V.** (1073–1120) Herzog von Bayern 1101 ⚭ 1089 ⚮ 1095 Mathilde, Markgräfin von Tuszien († 1115)
            - 2. **Heinrich IX.**, der Schwarze, (um 1074–1126) Herzog von Bayern 1120 ⚭ Wulfhild (Billung) von Sachsen († 1126)
              - **Heinrich X.**, der Stolze, (um 1108–1139) Herzog von Bayern 1126 Herzog von Sachsen 1136 ⚭ 1127 Gertrud von Supplinburg († 1143), Tochter Kaiser Lothars III.
                - **Heinrich** der Löwe (1129–1195) Herzog von Sachsen 1142–1180 Herzog von Bayern 1156–1180 2. ⚭ 1168 Mathilde († 1189), Tochter König Heinrichs II. von England
                  - Heinrich I. (um 1173–1227) Pfalzgraf bei Rhein ⚭ 1193/94 Agnes von Staufen († 1204)
                    - Heinrich II. (um 1195–1214) Pfalzgraf bei Rhein ⚭ Mathilde von Brabant († 1267)
                    - Agnes († 1267/69) ⚭ 1225 Otto II., der Erlauchte, Herzog von Bayern (1206–1253)
                  - Otto IV. (1175/82–1218) dt. König 1198–1215 Kaiser 1209 ⚭ 1212 Beatrix († 1212), Tochter des dt. Königs Philipp von Schwaben
                  - Wilhelm (1184–1213) ⚭ 1202 Helena († 1233), Tochter König Waldemars I. von Dänemark
                    - Otto I., das Kind, (1204–1252) Herzog von Braunschweig-Lüneburg 1235 ⚭ 1228 Mathilde († 1261), Tochter Markgraf Albrechts II. von Brandenburg
                      - Albrecht I., der Große, (1236–1279) erhält 1267 das Herzogtum Braunschweig
                        - ⋮ *Braunschweig-Göttingen*
                          - ⋮ Magnus II. (1328–1373)
                            - ⋮ *Braunschweig-Lüneburg*
                              - ⋮ *(Welfen II)*
                      - Johann I. († 1277) erhält 1267 das Herzogtum Lüneburg
                        - ⋮ *ältere Lüneburger Linie 1369 erloschen*
              - Judith († 1130) ⚭ um 1120 Friedrich II., der Einäugige, (1090–1147), Herzog von Schwaben
              - Welf VI. (1115–1191) Herzog von Spoleto 1152
                - Welf VII. († 1167)
    - Hugo († 886) 864–66 Erzbischof von Köln
  - Emma († 876) ⚭ 827 Ludwig der Deutsche (805–876)

Halbfett sind die Namen der Herzöge von Sachsen und Bayern

WELFEN II

- Magnus II. (1328–1373)
  - *Braunschweig-Lüneburg*
    - Ernst der Bekenner (1497–1546) Herzog 1521 ⚭ 1528 Sophie von Mecklenburg (1508–1541)
      - Franz Otto (1530–1559) Herzog 1546
      - Heinrich (1533–1598) Herzog 1546–1569 erhält 1569 Dannenberg ⚭ 1569 Ursula von Sachsen-Lauenburg (1545–1620)
        - Julius Ernst (1571–1636) erhält 1598 Dannenberg
        - August d. J. (1579–1666) Herzog 1635 erhält 1635 Wolfenbüttel und 1636 Dannenberg
          - *Jüngere Braunschweiger Linie, 1884 erloschen*
        - Georg (1582–1641) erhält 1636 Calenberg ⚭ 1617 Anna Eleonore von Hessen-Darmstadt (1601–1659)
          - *Braunschweig-Lüneburg-Hannover-Celle*
            - Christian Ludwig (1622–1665) Herzog 1648
            - Georg Wilhelm (1624–1705) Herzog 1665 Herzog von Sachsen-Lauenburg 1689 ⚭ 1676 Eleonore Desmier d'Olbreuse (1639–1722)
              - Sophie Dorothea (1666–1726) »Prinzessin von Ahlden« — 1682 ⚭ 1694 ⚮ — **Georg I.** Ludwig
            - Johann Friedrich (1625–1679)
            - Ernst August I. (1629–1698) Kurfürst von Hannover 1692 ⚭ 1658 Sophie (1630–1714), Tochter Kurfürst Friedrichs V. von der Pfalz und der Elisabeth Stuart
              - **Georg I.** Ludwig (1660–1727) Kurfürst von Hannover 1698 König von Großbritannien 1714
                - **Georg II.** August (1683–1760) Kurfürst von Hannover und König von Großbritannien 1727 ⚭ 1705 Karoline, Markgräfin von Brandenburg, (1683–1737)
                  - Friedrich Ludwig (1707–1751) Prince of Wales ⚭ 1736 Augusta, Herzogin zu Sachsen, (1719–1772)
                    - **Georg III.** Wilhelm Friedrich (1738–1820) Kurfürst bzw. König von Hannover 1760–1806 und seit 1813, König von Großbritannien 1760 ⚭ 1761 Charlotte, Herzogin zu Mecklenburg, (1744–1818)
                      - **Georg IV.** August Friedrich (1762–1830) König von Großbritannien und Hannover 1820 ⚭ 1795 Karoline Amalia Elisabeth von Braunschweig (1768–1821)
                        - Charlotte (1796–1817) ⚭ 1816 Leopold I. von Belgien (1790–1865)
                      - **Wilhelm IV.** (1765–1837) König von Großbritannien und Hannover 1830 ⚭ 1818 Adelheid von Sachsen-Meiningen (1792–1849)
                      - Eduard August (1767–1820) Herzog von Kent ⚭ 1818 Viktoria, Herzogin von Sachsen-Coburg, (1786–1861)
                        - **Viktoria** (1819–1901) Königin von Großbritannien 1837, Kaiserin von Indien 1877 ⚭ 1840 Albert, Prinz von Sachsen-Coburg-Gotha, (1819–1861)
                      - Ernst August (1771–1851) Herzog von Cumberland, König von Hannover 1837 ⚭ 1815 Friederike, Herzogin zu Mecklenburg, (1778–1841)
                        - Georg V. (1819–1878) letzter König von Hannover 1851–66
                - Sophie Dorothea (1687–1757) ⚭ 1706 Friedrich Wilhelm I. von Preußen (1688–1740), genannt der »Soldatenkönig«
      - Wilhelm (1535–1592) Herzog 1546
  - *Mittlere Braunschweiger Linie, 1634 erloschen*

Halbfett sind die Namen der britischen Könige aus welfischem Geschlecht

Der Übergang des Königtums von den Saliern auf die Staufer

Nach dem Aussterben des salischen Herrscherhaues mit dem Tod Heinrichs V. 1125 wird – in Übergehung der staufischen Erb- und Thronansprüche – unter Leitung des Erzbischofs Adalbert von Mainz nach dem Prinzip der freien Wahl

1125–1137 Lothar III. von Supplinburg, Herzog von Sachsen, zum König gewählt. Als erster deutscher König erbittet er vom Papst die Bestätigung seiner Wahl.

Unter der Herrschaft Lothars III. tritt die **deutsche Ostsiedlung** in ihre Hauptphase: neben der Missionierung der Slawen soll vor allem Lebensraum für Siedler aus den überbevölkerten Reichsteilen geschaffen werden. Drei Fürstenhäuser wirken führend bei der Ostsiedlung: die **Schauenburger**, denen bereits 1110 die Grafschaft Holstein übertragen wird, die **Wettiner**, die die Mark Meißen (1123) und Lausitz (1136) erhalten und die **Askanier**, die mit der Nordmark belehnt werden, ihre Herrschaft aber rasch über die Prignitz hinaus auf die Havellande ausdehnen und ab 1150 den Titel »Markgraf von Brandenburg« annehmen. Sozialrechtliche Bedeutung kommt der Ostsiedlung insofern zu, als den Siedlern, unter denen nahezu alle nordwest- und mitteldeutschen Stämme vertreten sind, ein hohes Maß an persönlicher Freiheit zugestanden wird. Zum größten Teil werden die Wohngebiete der Slawen friedlich durchdrungen, die kriegerische Eroberung und Missionierung der Slawen setzt erst im 13. Jahrhundert ein, als Herzog Konrad von Masowien nach vergeblichen Versuchen, die Pruzzen (= Preußen) zu unterwerfen und zu missionieren, 1225 den Deutschen Orden zu Hilfe ruft und ihm das Culmer Land zu Besitz gibt.

Im Reich ruft die Wahl Lothars III. vor allem den Widerstand der Staufer hervor (Gegenkönigtum Konrads III. 1127 bis 1135). Bei der Durchsetzung seiner Herrschaftsansprüche stützt sich Lothar III. auf seinen Schwiegersohn, den **Welfen** Herzog **Heinrich, den Stolzen, von Bayern**, den er durch die Übergabe der Reichskleinodien (Zepter, Krone, Reichsapfel und Schwert) zu seinem Nachfolger designiert. Mit Sachsen und Bayern, vereinigt in der Hand des Welfen, würde dem deutschen Königtum eine starke territoriale Machtbasis zuwachsen, die den Widerstand der um ihren Einfluß bangenden Reichsfürsten hervorrufen muß. So wählen sie gegen den Welfen Heinrich den

1138–1152 Staufer Konrad III. zum König.

Der bereits unter Lothar III. begründete **staufisch-welfische Gegensatz** bricht, bedingt durch die zwangsläufig antiwelfisch bestimmte Politik Konrads III., offen aus. Die Welfen müssen 1142 auf das Herzogtum Bayern verzichten, das auf das fränkische Geschlecht der Babenberger übergeht. In der Hoffnung auf einen Ausgleich des staufisch-welfischen Gegensatzes, der das Reich während der gesamten Regierungszeit Konrads III. erschüttert, wählen die Fürsten 1152 Friedrich I. Barbarossa, Herzog von Schwaben, Neffe Konrads II. und sowohl welfischer (mütterlicherseits) wie staufischer Abstammung, zum König.

1152–1190 Friedrich I. Barbarossa. (geb. 1122). Tatsächlich erreicht er vorübergehend den Ausgleich mit den Welfen. 1156 belehnt er Heinrich den Löwen, zusätzlich zu dessen Herzogtum Sachsen, noch mit dem Herzogtum Bayern, auf das der Babenberger verzichtet gegen die Erhebung seiner Markgrafschaft Österreich zum Herzogtum und gegen eine Reihe von Vorrechten (Privilegium minus).

Aufbruch zum Kreuzzug Ludwig des Heiligen, 1239. Miniatur aus dem 15. Jahrhundert

Umseitig: Abschied eines Ritters vor der Kriegsfahrt. Englische Buchmalerei aus dem 14. Jahrhundert

Ziel der Politik Friedrichs I. ist die Wiederherstellung der Größe des Reiches, ein Ziel, das die Beherrschung Italiens miteinschließt. Der **Konstanzer Vertrag 1153** mit Papst Eugen III., dem er Schutz gegen die kommunale Bewegung in Rom (unter Arnold von Brescia) und gegen die Normannen verspricht, führt zum ersten
1154–1155 Italienzug und zur
1155 Kaiserkrönung durch Hadrian IV. Der versprochene Kriegszug gegen den Normannen Wilhelm I. von Sizilien unterbleibt, woraufhin Hadrian IV. mit dem **Frieden von Benevent 1156** die Wendung vollzieht und Wilhelm I. mit Sizilien, Apulien und Capua belehnt.
Gestützt auf diesen Rückhalt läßt der Papst
1157 auf dem **Reichstag von Besançon** ein Schreiben verlesen, in dem er das Kaisertum als päpstliches Lehen (beneficium) bezeichnet, eine Formulierung, der Friedrich I. die Anerkennung verweigert und die zu einem ersten Konflikt zwischen Kaiser und Papst führt.
Ein weiterer Konfliktpunkt wird die päpstliche Unterstützung der lombardischen Städte, die die kaiserlichen Regalien (Einsetzung der Magistrate, Gerichtsbarkeit, Steuer, Heerbann, Wegerechte) an sich gezogen haben und sich durch eigene Konsuln selbst regieren. Die folgenden Italienzüge Friedrichs I. dienen daher in erster Linie der Wiederherstellung der kaiserlichen Rechte in Oberitalien. Der zweite
1158–1162 Italienzug beginnt zunächst erfolgversprechend: Die lombardischen Städte unterwerfen sich; auf dem **Ronkalischen Reichstag 1158** läßt Friedrich I. die Rechte des Reiches gegenüber den einzelnen Kommunen feststellen und unterstellt sie der Verwaltung durch kaiserliche Beamte. Mailand empört sich dagegen, wird jedoch nach fast einjähriger Belagerung 1162 erobert und zerstört. Auf dem dritten
1166–1168 Italienzug kann Friedrich I. zunächst ganz Norditalien und Rom erobern; eine Seuche fordert jedoch große Verluste und zwingt den Kaiser zur überstürzten Rückkehr nach Deutschland. Erneut erwacht der Widerstand der lombardischen Städte. Wiederum in Italien (1174–1178) erleidet Friedrich I. – nicht zuletzt bedingt durch die von Heinrich dem Löwen in Chiavenna verweigerte Heerfolge –
1176 bei **Legnano** eine **empfindliche Niederlage** durch das lombardische Städteheer.
Mit dem **Frieden von Venedig 1177**, in dem der Kaiser die Unabhängigkeit des Papstes und seines Landbesitzes anerkennt, gelingt Friedrich I. zunächst eine Trennung von Papsttum und den im Lombardenbund zusammengeschlossenen Städten, mit denen eine Einigung erst **1183** im **Frieden von Konstanz** zustande kommt: Friedrich I. verzichtet auf die meisten der Regalien und gestattet den Städten, ihre Beamten selbst zu wählen, die jedoch der kaiserlichen Bestätigung bedürfen. Damit erkennen die Städte formal die kaiserliche Oberhoheit an und verpflichten sich darüber hinaus zu umfangreichen finanziellen Leistungen.
In Deutschland erweitert **Heinrich der Löwe** (um 1130–1195) seinen Einflußbereich erheblich (Unterwerfung Wagriens, Lauenburgs und Schwerins, Lehnshoheit über Mecklenburg und Pommern) und strebt vor allem den Ausbau seiner herzoglichen Gewalt in Sachsen an. Zeigt bereits die Verweigerung der Heerfolge durch Heinrich den Löwen, daß der welfisch-staufische Ausgleich nicht mehr aufrechtzuerhalten ist, so geben die Klagen der sächsischen Fürsten 1179 dem Kaiser den Anlaß zu einem land- und lehnsrechtlichen Verfahren gegen Heinrich den Löwen. Als dieser mehreren La-

Heinrich VI. Miniatur aus der Manessischen Liederhandschrift

dungen zu Reichstagen nicht Folge leistet, wird er geächtet und aller seiner Besitzungen für verlustig erklärt; nach dem Reichskrieg gegen ihn, der mit seiner Unterwerfung 1181 endet, muß Heinrich der Löwe in die Verbannung nach England gehen.
Mit der Aufteilung Sachsens und Bayerns werden
1180 die **letzten** beiden **Stammesherzogtümer aufgelöst**. An die Stelle der alten Stammesländer sind Herrschaftsgebiete, die **Territorien**, getreten, deren Inhaber den von nun an nach unten abgeschlossenen **Reichsfürstenstand** bilden. Den Grafen und freien Herren, die Vasallen weltlicher Fürsten sind, ist von nun an der Aufstieg in den Reichsfürstenstand versagt; in ihn erhoben werden können nur solche, die ausschließlich Lehen vom König oder von der Reichskirche erhalten. In der Lehnsordnung, der sogenannten Heerschildordnung, folgen die Reichsfürsten unmittelbar dem König; ihnen allein steht die Mitwirkung bei der politischen Führung des Reiches zu. Der übrige Adel reiht sich entsprechend seinem höheren oder niederen Rang in den Aufbau des Heerschilds ein. Unter
1190–1197 Heinrich VI. erreicht das staufische Reich seine größte territoriale Ausdehnung, als das Königreich Sizilien an die Gattin Heinrichs VI., an Konstanze, Tochter Rogers II. und Erbin des letzten Normannenkönigs, Wilhelms II., fällt. Die Verbindung mit dem Normannenreich steigert zwar die Macht des Kaisertums, verschärft aber auch den Konflikt mit dem in seiner Unabhängigkeit bedrohten Papsttum und führt – vor allem unter Friedrich II. – zur Vernachlässigung der königlichen Machtstellung in Deutschland.
Das Mißlingen des von Heinrich VI. entworfenen Erbreichsplans, wonach die Erblichkeit der deutschen Königswürde durch Reichsgesetz festgelegt werden soll und sein früher Tod 1197 stürzen das

Papst Innozenz III.

Reich zunächst in Wirren. Die **Doppelwahl 1198** läßt erneut den staufisch-welfischen Gegensatz aufbrechen: von jeweils nur einem Teil der Reichsfürsten werden **Otto IV. von Braunschweig** (1198 bis 1215), Sohn Heinrichs des Löwen, und **Philipp von Schwaben** (1198–1208), jüngster Sohn Friedrichs I., zum König gewählt.
Ebenfalls **1198** besteigt in Rom **Innozenz III.** den Stuhl Petri; er zieht umfangreiche Teile des Reichsguts in Mittelitalien an sich (Teile Tusziens, das Herzogtum Spoleto, die Mark Ancona), übernimmt die Regentschaft in Sizilien und übt für den noch unmündigen Sohn Heinrichs VI., den späteren Friedrich II., die Vormundschaft aus. In dem deutschen Thronstreit zwischen dem von England unterstützten Otto IV. und dem mit Frankreich verbündeten Philipp von Schwaben behält sich der Papst das letztinstanzliche Entscheidungsrecht vor.

1201 trifft Innozenz III. die Entscheidung zugunsten des Welfen, der sein Königtum jedoch erst nach dem Tod Philipps von Schwaben 1208 durchsetzen kann.
1209 wird **Otto IV. zum Kaiser gekrönt**, nachdem er die umfangreichen Gebietserwerbungen (Rekuperationen) des Papstes in Italien anerkannt hat.
Als Otto IV. jedoch versucht, an die staufische und daher notwendig antipäpstliche Machtpolitik anzuknüpfen und in Italien die Reichshoheit wiederherzustellen, wenden sich Papst und Fürsten Friedrich II. zu und erheben ihn 1212 zum Gegenkönig. Zu einer endgültigen Entscheidung in dem deutschen Thronstreit kommt es mit der
1214 Schlacht von Bouvines, in der Otto IV. in Koalition mit England Philipp II. August von Frankreich unterliegt und durch die zugleich das Ende des Angevinischen Reiches besiegelt wird.
1212–1250 Friedrich II. In der **Goldbulle von Eger 1213** erneuert er die bereits 1209 von Otto IV. in Speyer gemachten Zugeständnisse an die Kirche: Verzicht auf das Regalien- und Spolienrecht (Spolien = das bewegliche Eigentum der Reichsbischöfe) sowie auf die Einwirkung auf die Bischofswahlen, einschließlich des Entscheidungsrechts bei strittigen Wahlen; dadurch verliert das Königtum in Deutschland fortan jeden Einfluß auf die Besetzung der Reichskirchenämter.
Bedingung für die päpstliche Unterstützung war das Versprechen Friedrichs II., die Personalunion zwischen Sizilien und dem Reich aufzuheben (unio regni ad imperium); Sizilien sollte Friedrich II. seinem noch unmündigen Sohn Heinrich überlassen, die Insel hätte dann weiter unter päpstlicher Vormundschaftsregierung gestanden. Nach dem Tod Innozenz' III. 1216 weicht Friedrich II. von diesem Versprechen ab; stattdessen läßt er **Heinrich (VII.)** zum deutschen König (1220–1235) wählen und behält selbst die Herrschaft über Sizilien. Der Preis für

Friedrich II. als Falkner

die Zustimmung der geistlichen Fürsten zu dieser Wahl ist das erste der sogenannten Fürstenprivilegien, die
1220 Confoederatio cum principibus ecclesiasticis, durch die Friedrich II. den geistlichen Fürsten weitgehende landesherrliche Rechte zugesteht und damit den Weg zu einer künftigen Entwicklung ebnet, in der die Bischöfe und Reichsäbte zu geistlichen Territorialherren werden.
Die Reichspolitik Heinrichs (VII.), der sich vor allem auf die Reichsministerialen stützt und die Städte gegen die fürstlichen Stadtherren begünstigt, führt zum Konflikt sowohl mit seinem Vater wie auch

mit den Reichsfürsten, die ihn zum Erlaß des zweiten Fürstenprivilegs, des **1231 Statutum in favorem principum** zwingen. 1232 von Friedrich II. bestätigt, werden damit den weltlichen Fürsten dieselben landesherrlichen Rechte verbrieft wie 1220 den geistlichen Fürsten. Beide Gesetze werden zur Grundlage für die Ausbildung der Landeshoheiten in Deutschland. Das Königtum ist seit dieser Zeit angewiesen auf die eigene Hausmacht und auf die Reste des Reichsguts, insbesondere die Reichsstädte.
1235 empört sich Heinrich (VII.) gegen den Vater, muß sich jedoch unterwerfen. Auf dem Reichstag zu Mainz wird er des Hochverrats für schuldig erklärt, abgesetzt und beendet sein Leben 1242 als Gefangener seines Vaters in Apulien. Der Interpretation Friedrichs II.
1235 im **Mainzer Reichslandfriedensgesetz**, wonach die in den Fürstenprivilegien 1220 und 1231 aufgegebenen Reichsrechte den Fürsten nur zur Ausübung überlassen, ihrer Substanz nach jedoch dem Reich verblieben seien, kommt rückblickend keine Wirkung zu; der Versuch, auf diese Weise ein Reichsgrundgesetz zu schaffen, scheitert.
Dagegen gelingt es Friedrich II., auf der Grundlage der **Assisen** (= Hoftagsbeschlüsse) **von Capua 1220** und der **Konstitutionen von Melfi 1231** in dem auch Unteritalien umfassenden Königreich Sizilien die von den normannischen Baronen und Städten usurpierten Rechte und Einkünfte wieder an die Krone zu binden und einen straff organisierten Beamtenstaat, den in seiner Zeit modernsten Staat des Abendlandes, aufzubauen. Der Versuch, die Reichshoheit auch in **Oberitalien** wieder durchzusetzen, scheitert trotz des zunächst glänzenden Sieges Friedrichs II. **1237** bei **Cortenuova**, am Widerstand der lombardischen Städte und verschärft gleichzeitig den Konflikt mit dem Papsttum.
Ist **Friedrich II. 1220** von Papst Honorius III. **zum Kaiser gekrönt** worden nur unter dem Versprechen, bereits im folgenden Jahr den Kreuzzug anzutreten, so wird die Erfüllung dieses Versprechens immer wieder verschoben, bis Friedrich II. sich 1225 bei Strafe des Banns erneut verpflichtet, 1227 zum Kreuzzug aufzubrechen. Im Jahr des geplanten Kreuzzugs wird **Gregor IX.** (1227–1241) zum Papst gewählt, dessen erklärtes Ziel die Vernichtung der Vormachtstellung Friedrichs II. in Italien ist. Ein erster Versuch ist die Bannung des Kaisers, als dieser den bereits angetretenen Kreuzzug wegen einer im Heer grassierenden Seuche zunächst abbrechen muß. Trotzdem zieht Friedrich II. 1228/29 ins Heilige Land (5. Kreuzzug) und gewinnt die Krone des Königreichs Jerusalem. Auf Vermittlung Hermanns von Salza kommt es danach 1230 nochmals zum Ausgleich zwischen Papst und Kaiser, doch bricht der Konflikt erneut und in verschärfter Form nach dem Vorgehen Friedrichs II. gegen die lombardischen Städte aus. 1239 wird der Kaiser abermals gebannt und **1245** auf dem **Konzil von Lyon** von Innozenz IV. (1243–1254) für abgesetzt und zum Ketzer erklärt. Die antikaiserliche Politik des Papstes wird in Deutschland weitergetragen:
1246 wählen die geistlichen Reichsfürsten **Heinrich Raspe, Landgraf von Thüringen**, und nach dessen Tod 1247
1247–1256 Wilhelm von Holland zum Gegenkönig.
Mit dem **Tod Friedrichs II. 1250** endet die Herrschaft der Staufer in Deutschland. Sein bereits 1237 zum König erhobener Sohn Konrad IV. verläßt Deutschland, wo er sich seit 1245 nur mühsam behaupten kann, um das väterliche Erbe in Italien anzutreten. Nach seinem Tod 1254 beansprucht das Papsttum das Recht, in Italien einen päpstlichen Reichsvikar einzusetzen, zu dem 1263 **Karl von Anjou** ernannt wird. Nach der **Schlacht von Benevent 1266**, in der Manfred,

STAUFER

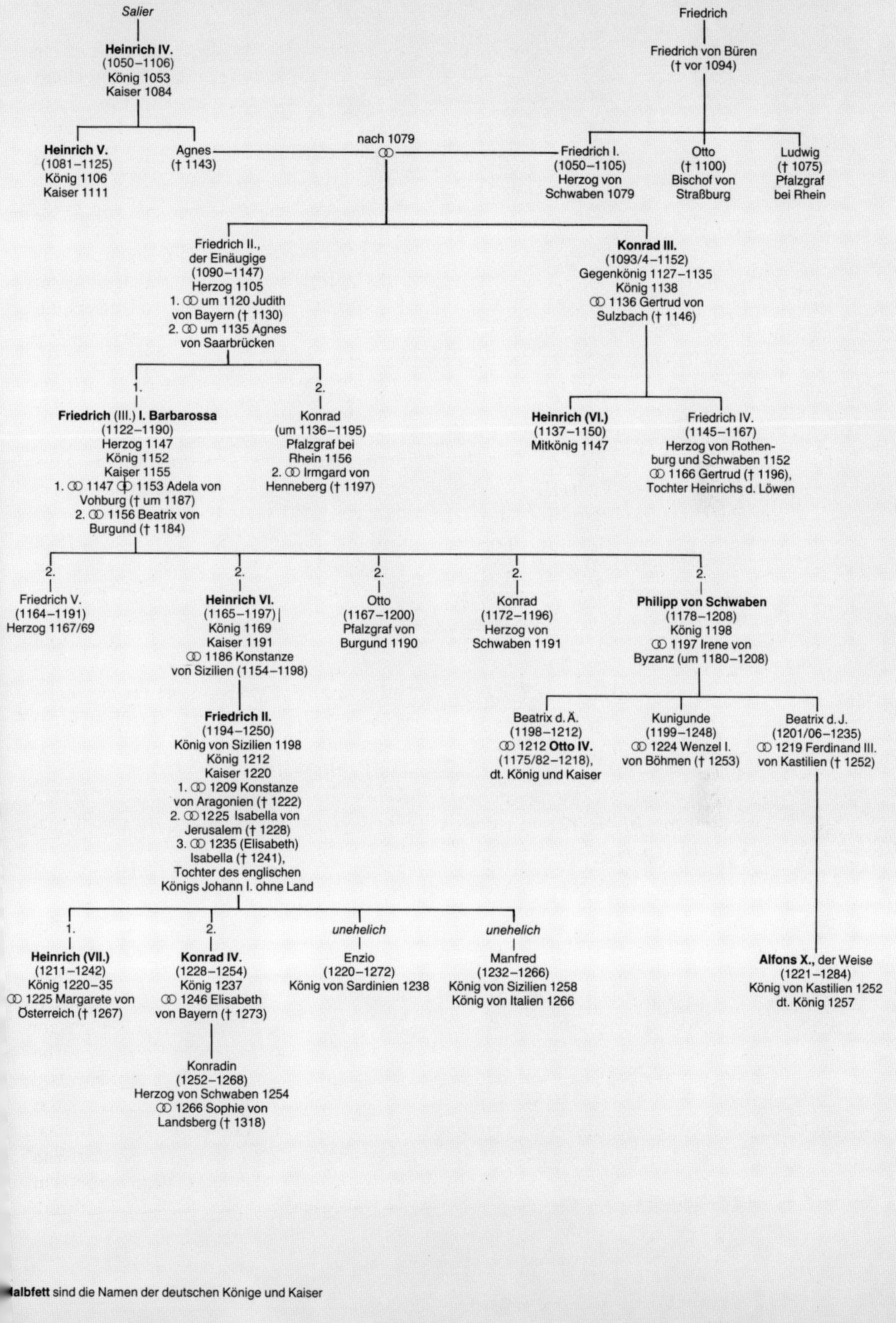

Halbfett sind die Namen der deutschen Könige und Kaiser

Halbbruder Konrads IV. und Verweser der staufischen Besitztümer in Unteritalien für den in Deutschland zurückgebliebenen Sohn Konrads IV., Konradin, im Kampf gegen Karl von Anjou fällt und nach der Gefangennahme und Hinrichtung Konradins **1268 endet** auch die **staufische Herrschaft über** das Königreich **Sizilien**, mit dem der Papst das Haus Anjou belehnt.
Vielfältig und großartig ist die Kultur der Stauferzeit, im Reich wie im übrigen Europa. Die romanische Baukunst (Spätwerke: Maria Laach, Mainzer, Wormser Dom) geht über in die gotische (Frühwerke: Chartres, Paris, Laon). Die höfische Ritterkultur erlebt ihre Blüte in Minnesang und Epos: Walther von der Vogelweide, Wolfram von Eschenbach (Parzival), Hartmann von Aue, Gottfried von Straßburg (Tristan), französische Troubadoure. Die ersten Universitäten wurden gegründet (Paris, Bologna), scholastische Philosophie wird ausgebaut (Thomas von Aquin), Rechtsbücher (u.a. der Sachsenspiegel des Eike von Repgow) entstehen. In der deutschen Geschichtsschreibung ist am bedeutendsten der Bischof Otto von Freising (»Weltchronik« vor 1150). Neue Orden werden gegründet: Franziskaner durch Franz von Assisi (1182–1226), den Prediger der Armut und der Liebe zur Kreatur; Dominikaner durch Dominikus. Es treten aber auch religiöse Sonderbewegungen auf (Katharer, Albigenser, Waldenser in Südfrankreich und Norditalien), die zur kirchlichen Abwehrhaltung der Inquisition führen. Diese »Glaubenspolizei« hat in ihrer hochmittelalterlichen Herausbildung mehrere Stichdaten (1215 Einführung der bischöflichen Inquisition, 1231 Inquisitionsauftrag an den Dominikaner-Orden, Todesstrafe für Ketzer) und wird zu einer über Jahrhunderte wirkenden Macht der Kirche über die Seelen.

Der große Scholastiker Thomas von Aquin als Lehrmeister. Fresko aus der Kirche Santa Maria Novella in Florenz

Die deutsche Königswahl im Mittelalter
Seit der Karolingerzeit herrscht in Deutschland ein **Wahlkönigtum**, wenn auch zunächst **unter Beachtung des Geblütsrechts**, das in der Regel die Erbfolge der königlichen Familie sichert. Deutlich wird das Geblütsrecht in dem Fall, wenn ein regierender König einen seiner Söhne designiert und zum Mitregenten erhebt. Diese Designation stellt einen bindenden Wahlvorschlag dar, doch bedarf es auch in diesem Fall nach dem Tod des Vaters der bestätigenden Wahl.
Die Wahl selbst verläuft in der Frühzeit des deutschen Königtums **ohne fest geregeltes Wahlverfahren**. Das aktive Wahlrecht übt de facto der Stammesadel der vier Hauptstämme aus. Auch die geistlichen Fürsten wählen zunächst als Angehörige ihrer Stämme; erst im 11. Jahrhundert sondern sie sich ab und bilden einen eigenen Wahlkörper. Trotz des Mangels an Satzungen zum Wahlverfahren lassen sich schon früh in den Quellen Wahl und Kur unterscheiden: Als **Wahl** (im engeren Sinn) gilt die Auswahl unter mehreren möglichen Kandidaten, die Verhandlungen der Wähler über die Thronbewerber und die Einigung auf einen Kandidaten. Die **Kur** dagegen bezeichnet das öffentliche Bekenntnis der Wähler zu einem bestimmten Kandidaten; sie setzt voraus, daß der Gewählte sich zur Annahme bereit erklärt, so daß der Kur Verhandlungen vorausgehen, bei denen Wähler und zu Wählender ihre Bedingungen stellen können.
Eine Wende im Thronfolgerecht tritt 1198 mit der Doppelwahl Philipps von Schwaben und Ottos IV. von Braunschweig ein. Eine Entscheidung, wer von beiden gültig gewählt sei, ist nicht möglich. Philipp von Schwaben hat die Mehrheit der Fürsten auf seiner Seite und

ist im Besitz der echten Reichsinsignien, ihm fehlen jedoch die Krönung in Aachen und die Stimmen **der drei rheinischen Erzbischöfe (Mainz, Köln, Trier)** und des **Pfalzgrafen bei Rhein**. Die Stimmen dieser vier als führend geltenden Reichsfürsten hat Otto IV. von Braunschweig für sich, der auch in Aachen gekrönt ist, jedoch nicht mit den echten Reichsinsignien. In diesem Streit übernimmt Papst Innozenz III. die Rolle des Schiedsrichters und stellt erstmals Rechtsgrundsätze für die Königswahl auf, in denen er zum einen das freie Wahlrecht betont, zum andern jene vier rheinischen Fürsten als für die Wahl unentbehrlich bezeichnet. Der Anfang des 13. Jahrhunderts entstandene **Sachsenspiegel**, der das Wahlrecht noch allen Fürsten zuerkennt, spricht bereits von sechs Fürsten, den vier rheinischen, dem **Herzog von Sachsen** und dem **Markgrafen von Brandenburg**, die jedoch bei der Kur gesondert hervortreten. In das Reichsrecht eingegangen ist die Kurfürstenliste letztlich in der Siebenzahl: der im Sachsenspiegel noch ausgeschlossene **König von Böhmen** tritt hinzu. Da die Fürsten immer weniger Interesse an der Königswahl zeigen, verengt sich der Kreis der Wähler letztlich auf diese sieben Kurfürsten, so daß Wahl und Kur zusammenfallen (bereits die Königswahlen 1257 werden von den Kurfürsten allein vollzogen). Aus dem alleinigen Wahlrecht der Kurfürsten wird fernerhin auch deren Recht zur Absetzung des Königs abgeleitet.

Während in England und Frankreich die Krone innerhalb einer Dynastie erblich wird, ist in Deutschland durch das Prinzip der freien Wahl die Erbfolge rechtlich ausgeschlossen. Darüber hinaus wird das Königtum weiter geschwächt, denn die Kurfürsten machen ihren Einfluß auch

Drei Erzbischöfe deuten bei der Königswahl auf den Gekorenen

bei der Regierung des Reiches geltend. Das **Nürnberger Reichsweistum von 1281** stellt fest, daß Verfügungen des Königs über Reichsgut der Zustimmung der Kurfürsten bedürfen, die ihre Erklärungen zunächst einzeln in sogenannten **»Willebriefen«** abgeben, da bislang ein korporativ organisiertes Kurkolleg noch nicht existiert. Erstmals im

1338 Kurverein von Rhense treten die Kurfürsten als organisierte Körperschaft auf. Eine endgültige Regelung durch Reichsgesetz erfährt die deutsche Königswahl mit der

1356 Goldenen Bulle, die gleichsam einen Schlußpunkt der Entwicklung setzt: Das **alleinige Wahlrecht der sieben Kurfürsten**, die zum Kurkolleg zusammengeschlossen sind, wird bestätigt; die Wahl wird nach dem **Prinzip des Mehrheitsbeschlusses** entschieden, so daß ein Thronkandidat ein »Querum« von vier Stimmen auf sich vereinigen muß. Bei strittiger Wahl liegt die Entscheidung beim Erzbischof von Mainz, der als letzter seine Stimme abgibt. Der Mehrheitsbeschluß ist für alle Kurfürsten bindend.

Zugleich wird die päpstliche Bestätigung der Wahl zu einer leeren Form, zumal der Gewählte auch »imperator electus«, **gewählter Kaiser** ist; entsprechend wird die Kaiserkrönung in Rom verzichtbar. Auch der Anspruch des Papstes auf das **Reichsvikariat** bei Nichtbesetzung des Throns wird abgelehnt, stattdessen der Pfalzgraf bei Rhein zum Reichsvikar für das Rheingebiet, Schwaben und das fränkische Reichsgebiet, der Herzog von Sachsen für das sächsische Reichsgebiet bestellt. Offen dagegen bleibt eine Regelung für die außerdeutschen Reichsteile Italien und Burgund. Um künftig eine Doppelwahl auszuschließen, darf jede Kurstimme nur einmal vertreten sein, woraus die Bestimmung folgt, daß die **Kurlande unteilbar** sein und mit der Kurwürde nur nach dem Recht der Erstgeburt vererbt werden sollen.

Das Papsttum im Spätmittelalter

Der das Hochmittelalter beherrschende Kampf zwischen Papsttum und Kaisertum hat letztlich zu einer Schwächung beider universaler Gewalten geführt. Doch zunächst wiegt sich das Papsttum nach der letzten großen Auseinandersetzung mit dem Staufer Friedrich II. im Glauben seines Sieges über die weltlichen Gewalten und seiner allumfassenden Machtfülle.

Deutlichster Ausdruck dafür ist die Politik des Papstes

1294–1303 Bonifatius VIII., der in der Bulle **Unam Sanctam 1302** den Anspruch der päpstlichen Gewalt auch über alle weltlichen Mächte erhebt und den unbedingten Gehorsam gegenüber dem Papst als für jeden Menschen heilsnotwendig erklärt. Der Widerstand dagegen geht nun nicht mehr vom Kaisertum aus, sondern vom Königtum der erstarkten Einzelstaaten, allen voran Frankreich, dem bereits das (in der Bulle »Clercis laicos«) 1296 ausgesprochene päpstliche Verbot, den Klerus ohne Erlaubnis des Heiligen Stuhls zu besteuern, Anlaß zum Konflikt mit dem Papsttum bot. Die Niederlage, die das Papsttum durch den französischen König erleidet, wird in ihrer umfassenden Form deutlich nach dem Tod Bonifatius' VIII. 1303, als Philipp IV. von Frankreich die Wahl eines Franzosen zum Papst erzwingt, der dann 1309 nach Avignon übersiedelt. Diese Übersiedlung ist der Beginn des

1309–1377 Avignonesischen Papsttums, der »babylonischen Gefangenschaft der Kirche«, die in völlige Abhängigkeit von Frankreich gerät. Der nochmalige Versuch des Papsttums 1323, gegenüber Kaiser Ludwig IV., dem Bayern, seine übersteigerten Machtansprüche durchzusetzen, scheitert (unter anderem auch am Widerstand der Reichsbischöfe) und beweist erneut den Verfall der päpstlichen Autorität.

In der Zeit des Avignonesischen Exils

WITTELSBACHER I

- **Otto I.** (um 1120–1183) Herzog von Bayern 1180
  - **Ludwig II.** (1229–1294) Herzog 1253 erhält 1255 Oberbayern und die Pfalz
    - Rudolf I. (1274–1319) Pfalzgraf bei Rhein 1294
      - *Pfälzische Linien (vgl. Wittelsbacher II)*
    - **Ludwig IV.**, der Bayer, (um 1283–1347) Herzog 1294 dt. König 1314 Kaiser 1328 1. ⚭ 1308 Beatrix von Schlesien-Glogau († 1322) 2. ⚭ 1324 Margarete von Holland († 1356)
      - *Bayerische Linien*
      - 1. **Ludwig** d. Ältere (1315–1361) Herzog 1347 Markgraf von Brandenburg 1323–1351 ⚭ 1342 Margarete Maultasch, Erbin Tirols (1318–1369)
        - Meinhard (1344–1363) Herzog von Oberbayern, Graf von Tirol
      - 1. **Stephan II.** (1319–1375) 1. ⚭ 1328 Elisabeth von Sizilien († 1349) 2. ⚭ 1359 Margarete von Nürnberg († 1377)
        - 1. **Stephan III.** (um 1337–1413) Herzog 1375
          - *Bayern-Ingolstadt 1447 erloschen*
        - 1. **Friedrich** (um 1339–1393) Herzog 1375
          - *Bayern-Landshut 1503 erloschen*
        - 1. **Johann II.** (um 1341–1397) Herzog 1375
          - *Bayern-München*
            - **Albrecht V.** (1528–1579) Herzog von ganz Bayern 1550 ⚭ 1546 Anna (1528–1590), Tochter Kaiser **Ferdinands I.**
              - **Wilhelm V.** (1548–1626) Herzog 1579–1597 ⚭ 1568 Renate von Lothringen (1544–1602)
                - **Maximilian I.** (1573–1651) Herzog 1597 Kurfürst 1623 1. ⚭ 1595 Elisabeth von Lothringen (1574–1635) 2. ⚭ 1635 Maria Anna (1610–1665)
                  - **Ferdinand Maria** (1636–1679) Kurfürst 1651 ⚭ 1650 Adelheid von Savoyen (1636–1676)
                    - Maria Anna (1660–1690) ⚭ 1680 Ludwig (1661–1711) Kronprinz von Frankreich
                    - **Maximilian II.** Emanuel (1662–1726) Kurfürst 1679 1. ⚭ 1685 Maria Antonia (1669–1692), Tochter Kaiser **Leopolds I.** 2. ⚭ 1695 Theresia Kunigunde (1667–1730), Tochter König Johanns III. von Polen
                      - 1. Joseph Ferdinand (1692–1699)
                      - 2. **Karl VII.** Albrecht (1697–1745) Kurfürst 1726 Kaiser 1742 ⚭ 1722 Amalia Maria (1701–1756), Tochter Kaiser **Josephs I.**
                        - **Maximilian III.** Joseph (1727–1777) Kurfürst 1745 ⚭ 1747 Maria Anna von Sachsen (1728–1797)
                        - Maria Josepha (1739–1767) ⚭ 1765 Kaiser **Joseph II.** (1741–1790)
                      - 2. Philipp Moritz (1698–1719) Bischof von Paderborn und Münster
                      - 2. Ferdinand Maria (1699–1738) ⚭ 1719 Maria Anna von Pfalz-Neuburg (1693–1751)
                        - Klemens Franz (1722–1770) ⚭ 1742 Maria Anna von Pfalz-Sulzbach (1722–1790)
                      - 2. Klemens August (1700–1761) Erzbischof und Kurfürst von Köln 1723
                      - 2. Theodor Johan (1703–1763) Kardinal
                    - Joseph Klemens (1671–1723) Erzbischof und Kurfürst von Köln 1688
                    - Violanta Beatrix (1673–1731) ⚭ 1689 Ferdinand III. von Medici (1663–1713)
                  - Maximilian Philipp (1638–1705) Landgraf von Leuchtenberg
                - Maria Anna (1574–1616) ⚭ 1600 Kaiser **Ferdinand II.** (1578–1637)
                  - Maria Anna (1610–1665)
                - Philipp (1576–1598) Kardinal 1596
                - Ferdinand (1577–1650) Erzbischof u. Kurfürst von Köln 1612
                - Albrecht (1584–1666) Landgraf von Leuchtenberg ⚭ 1612 Mechthilde von Leuchtenberg (1588–1634)
                  - Maximilian Heinrich (1621–1688) Erzbischof und Kurfürst von Köln 1650
                  - Albrecht Sigmund (1623–1685) Bischof von Freising und Regensburg
              - Ferdinand (1550–1608) ⚭ 1588 Maria von Pettenberg (1573–1619)
                - *Grafen von Wartenberg 1736 erloschen*
              - Ernst (1554–1612) Erzbischof und Kurfürst von Köln 1583
      - 2. **Ludwig** d. Römer (1330–1365) Herzog 1347–1351 Markgraf von Brandenburg 1351
      - 2. **Wilhelm I.** (1333–1389) Herzog 1347 Graf von Holland
      - 2. **Albrecht I.** (1336–1404) Herzog 1347 Herzog von Straubing 1353 Graf von Holland 1. ⚭ 1353 Margarete von Schlesien-Brieg († 1386) 2. ⚭ 1394 Margarete von Kleve († 1412)
        - 1. *Straubing-Holland 1436 erloschen*
      - 2. Otto d. Faule (1341–1379) Kurfürst von Brandenburg 1351–1373

Halbfett sind die Namen der deutschen Kaiser und Könige sowie der Herzöge und Kurfürsten von Bayern

WITTELSBACHER II

(vgl. Wittelsbacher I)

Rudolf I.
(1274–1319)
Pfalzgraf b. Rhein 1294
⚭ 1294 Mechthild (1280–1323),
Tochter König **Adolfs von Nassau**

Alte Kurlinie

Ruprecht (III.)
(1352–1410)
Kurfürst von d. Pfalz 1398
dt. König 1400

Ludwig III.
(1378–1436)
Kurfürst 1410

1559 erloschen

Johann
(1383–1443)
Pfalzgraf von Neumarkt
⚭ 1407 Katharina († 1426),
Schwester König Erichs VII.
von Dänemark, Norwegen
und Schweden

Christoph III.
(1418–1448)
König von Dänemark,
Norwegen u. Schweden
Pfalzgraf von Neumarkt

Stephan
(1385–1459)
Pfalzgraf von Simmern-Zweibrücken

Mittlere Kurlinie

Friedrich III.
(1515–1576)
Pfalzgraf von Simmern
Kurfürst von der Pfalz 1559

Wolfgang
(1526–1569)
Pfalzgraf von Zweibrücken
u. Neuburg

Ludwig VI.
(1539–1589)
Kurfürst v.d. Pfalz 1576

Johann Kasimir
(1543–1592)
Pfalzgraf v. Lautern

Philipp Ludwig
(1547–1616)
Pfalzgraf v. Neuburg

Johann I.
(1550–1604)
Pfalzgraf von Zweibrücken

Karl
(1560–1600)
Pfalzgraf von Birkenfeld

Wolfgang Wilhelm
(1578–1653)
Pfalzgraf v. Neuburg

Neue Kurlinie

Philipp Wilhelm
(1615–1690)
Pfalzgraf v. Neuburg
Kurfürst v.d. Pfalz 1685

August
(1582–1632)
Pfalzgraf v. Sulzbach

Johann II.
(1584–1635)
Pfalzgraf von Zweibrücken

1661 erloschen

Johann Kasimir
(1589–1652)
Pfalzgraf von Kleeburg
⚭ 1615 Katharina
(† 1638),
Tochter König Karls IX.
von Schweden

Friedrich V.
(1596–1632)
Kurfürst von der Pfalz 1610–23
König von Böhmen 1619–21

Karl II.
(1651–1685)
Kurfürst v.d. Pfalz 1680

Johann Wilhelm
(Jan Wellem)
(1658–1716)
Kurfürst von der
Pfalz 1690

Karl III. Philipp
(1661–1742)
Kurfürst von der
Pfalz 1716

Karl X. Gustav
(1622–1660)
Pfalzgraf von Kleeburg
König von Schweden 1654

Karl XI.
(1655–1697)
Pfalzgraf von Zweibrücken
u. Landsberg
König von Schweden 1660

Karl XII.
(1682–1718)
Pfalzgraf v. Zweibrücken
König v. Schweden 1697

Karl IV. Theodor
(1724–1799)
Pfalzgraf von Sulzbach
Kurfürst von der Pfalz 1742
Kurfürst von Bayern 1777

Friedrich Michael
(1724–1767)
Pfalzgraf von Zweibrücken
⚭ 1746 Maria Franziska v.
Sulzbach (1724–1794)

Karl II. August
(1746–1795)
Herzog von Zweibrücken

Maria Amalia
(1752–1828)
⚭ 1769 König Friedrich
August I. von Sachsen
(1750–1827)

Maximilian IV. (I.) Joseph
(1756–1825)
Pfalzgraf von Zweibrücken-Birkenfeld
Kurfürst von Bayern 1799
König von Bayern 1806
1. ⚭ 1785 Wilhelmine von
Hessen-Darmstadt (1765–1796)
2. ⚭ 1797 Karoline von
Baden (1776–1841)

1. **Ludwig I.**
(1786–1868)
König v. Bayern 1825–48
⚭ 1810 Therese von
Sachsen-Hildburghausen
(1792–1854)

1. Karolina
(1792–1873)
1. ⚭ 1808 König Wilhelm I.
von Württemberg (1781–1864)
2. ⚭ 1816 Kaiser Franz I.
von Österreich (1768–1835)

1. Karl Theodor
(1795–1875)

2. Elisabeth
(1801–1873)
⚭ 1823 König Friedrich
Wilhelm IV. von
Preußen (1795–1861)

2. Amalie
(1801–1877)
⚭ 1822 König Johann
von Sachsen (1801–1873)

2. Marie
(1805–1877)
⚭ 1833 König Friedrich
August II. von Sachsen
(1797–1854)

2. Ludowika
(1808–1892)
⚭ 1828 Maximilian
(1808–1888)
Herzog in Bayern

Maximilian II. Joseph
(1811–1864)
König 1848
⚭ 1842 Marie Friederike von
Preußen (1825–1889)

Otto
(1815–1867)
König v. Griechenland 1832–1862

Luitpold
(1821–1912)
Prinzregent v. Bayern 1886
⚭ 1844 Auguste von
Toskana (1825–1864)

Adalbert
(1828–1875)

Ludwig II.
(1845–1886)
König v. Bayern 1864

Otto I.
(1848–1916)
König v. Bayern 1886–1913

Ludwig III.
(1845–1921)
König v. Bayern 1913–1918
⚭ 1868 Therese von
Habsburg-Lothringen-Este
(1849–1919)

Rupprecht
(1869–1955)
1. ⚭ 1900 Marie Gabriele
(1878–1912)
Herzogin in Bayern
2. ⚭ 1921 Antonie
v. Luxemburg
(1899–1954)

Albrecht
(*1905–)

Adelgunde
(1879–1958)
⚭ 1915 Wilhelm
von Hohenzollern-Sigmaringen
(1864–1927)

Halbfett sind die Namen der deutschen Könige, der Kurfürsten von der Pfalz und von Bayern sowie der bayrischen Könige

Hofhaltung des Papstes in Avignon

setzt auch die grundsätzliche Kritik am Papsttum ein (Marsilius von Padua, Wilhelm von Ockham), verbunden mit dem Gedanken einer politisch-sozialen Neuordnung des Abendlandes.

Den Tiefpunkt der Entwicklung des Papsttums markiert das große

1378–1418 Abendländische Schisma. Der stadtrömische Adel erzwingt 1378 die Wahl eines Italieners, Urban VI. (1378–1389), zum Papst, der jedoch bald in Konflikt mit dem überwiegend von Franzosen besetzten Kardinalskollegium gerät, das daraufhin den Franzosen Klemens VII. (1378–1394) zum Gegenpapst erhebt. Das Schisma, das auch nach dem Tod dieser beiden Päpste anhält, spaltet die abendländische Christenheit in zwei Parteigänger (Obedienzen), die »universitas christiana«, die Einheit der abendländischen Kirche, zerfällt.

Das Schisma fördert nachhaltig die **Entwicklung konziliarer Theorien**, die der Gemeinschaft der Gläubigen das Recht zugestehen, in einem Konzil über den Papst zu richten.

Das Schisma wird beendet durch das auf Initiative des deutschen Königs Sigismund einberufene

1414– 1418 Konstanzer Konzil, das den Grundsatz der Superiorität eines allgemeinen Konzils über den Papst bestätigt. Drei Aufgaben hat sich das Konzil zur Lösung gestellt: 1. die Aufhebung der Kirchenspaltung, 2. eine Reform der innerkirchlichen Zustände und 3. die Beseitigung der Ketzerei. Mit Hilfe der Deutschen und Engländer kann Sigis-

mund durchsetzen, daß nicht nach Köpfen abgestimmt wird, sondern nach Nationen. So wird das Übergewicht der italienischen Prälaten, das auf der Menge kleiner Bistümer beruht, aufgehoben.
Die Einheit der Kirche vermag das Konzil wiederherzustellen mit der Absetzung der inzwischen drei streitenden Päpste um den Stuhl Petri und mit der Wahl Martins V. (1417–1431).
Der dritte Punkt, die Beseitigung der Ketzerei, richtet sich gegen die von Jan **Hus** (1370–1415) aufgestellte, in der Tradition des englischen Theologen John Wyclif (um 1330–1384) stehende reformatorische Lehre. Hus stellt sich, abgesichert durch ein Geleitversprechen König Sigismunds, dem Konstanzer Konzil, das seine Lehre jedoch als ketzerisch verwirft. Nach seiner Weigerung, zu widerrufen, wird er **1415** in Konstanz **als Ketzer verbrannt.** Eine Lösung des drängenden Problems einer umfassenden inneren Reform der Kirche unterbleibt. In diesem Punkt ebenfalls ergebnislos verläuft das
1431–1449 Basler Konzil, das von Beginn an durch den Gegensatz zwischen dem Anspruch der Oberhoheit des Konzils über den Papst und der von der Kurie eingenommenen Gegenposition, dem päpstlichen Primat, geprägt ist. Dieser Gegensatz führt zur Aufspaltung des Konzils, das Papst Eugen IV. gegen den Willen der Mehrheit 1438 zunächst nach Ferrara, 1439 nach Florenz verlegt. Die in Basel verbliebene Mehrheit erklärt daraufhin 1439 Eugen IV. für abgesetzt; der von ihr gewählte Felix V. jedoch findet keine allgemeine Anerkennung und dankt 1449 ab. Damit erringt das Papsttum den entscheidenden Erfolg gegen den Konziliarismus, dessen These, daß das Konzil über dem Papst stehe, 1459 von Pius II. für ketzerisch erklärt wird. Damit wird der Einfluß der Laien auf die Entscheidung kirchlicher Fragen unmöglich gemacht.

Habsburger, Wittelsbacher und Luxemburger

In Deutschland beginnt nach dem Tod Wilhelms von Holland 1256 das sogenannte
1256–1273 Interregnum, »die kaiserlose, die schreckliche Zeit«, eine insofern mißverständliche Bezeichnung, als der deutsche Thron auch in dieser Zeit nicht vakant war. 1257 werden Richard von Cornwall und Alfons X. von Kastilien und León zum König erhoben. Erstmals treten bei dieser Doppelwahl die sieben Kurfürsten als alleinige Wähler in Erscheinung. Die beiden Gewählten betreten allerdings nie deutschen Boden. Das Interregnum stärkt erneut die Position der Reichsfürsten, allen voran der Kurfürsten, die nach und nach Reichsgut und politische Rechte an sich ziehen. Der größte Nutznießer dieser Entwicklung ist **Ottokar II. von Böhmen**, der nach dem Aussterben der Babenberger in männlicher Linie 1251 das Herzogtum Österreich, 1260/61 das ebenfalls ursprünglich babenbergische Herzogtum Steiermark und 1269 Kärnten und Krain übernimmt und damit zum mächtigsten Territorialherrn des Reiches wird.
Die Auseinandersetzungen mit ihm bestimmen demzufolge die ersten Regierungsjahre des ersten Habsburgers auf dem deutschen Thron.
1273–1291 Rudolf I. von Habsburg wird in Frankfurt am Main von den Kurfürsten, mit Ausnahme des Herzogs von Böhmen, an dessen Stelle der Herzog von Niederbayern tritt, einstimmig gewählt. Er, den Ottokar II. von Böhmen geringschätzig den »armen, kleinen Grafen« nennt, ist mit Besitzungen im Aar- und Zürichgau sowie im Elsaß und im Breisgau der vermögendste Territorialherr im deutschen Südwesten.
Voraussetzung für ein regierungsfähiges Königtum in Deutschland ist zunächst die **Wiederherstellung der Rechte am Reichsgut**. So verkündet Rudolf I. bereits 1273

Rudolf I. von Habsburg. Detail aus einem Fenster im Wiener Stephansdom

und 1274 auf den Hoftagen in Speyer und Nürnberg die Rückforderung (Revindikation) des seit 1245 entfremdeten Reichsguts. Diese Revindikationen gelingen in größerem Umfang nur in Schwaben, im Elsaß und in Franken. Doch richtet sich die Forderung vor allem gegen Ottokar II. von Böhmen, der sich sowohl weigert, die Wahl Rudolfs I. anzuerkennen und ihm zu huldigen als auch, seine Erwerbungen einer rechtlichen Klärung zu unterziehen.

1275 wird Ottokar II. geächtet. Aufgrund innerböhmischer Schwierigkeiten muß er sich 1276 kampflos unterwerfen und sich bereiterklären, auf Österreich, Kärnten, die Steiermark und Krain zu verzichten.

Die erneute Auflehnung des böhmischen Königs endet **1278** mit dem **Sieg Rudolfs I. auf dem Marchfeld**. Ottokar II. wird erschlagen. Sein Sohn Wenzel II. (Schwiegersohn Rudolfs I.) darf Böhmen und Mähren behalten, mit **Österreich** und der **Steiermark** werden 1282 die Söhne Rudolfs I., Albrecht I. und Rudolf belehnt; beide Länder bilden fortan die **Grundlage der habsburgischen Hausmacht**, die Rudolf I. auch an Neckar und Donau sowie in der Schweiz ausdehnen kann.

Seine weitere Politik gilt der straffen Verwaltung des Reichsguts durch Einsetzung von Reichslandvögten sowie der Wahrung des Landfriedens. Gegenüber Frankreich vermag er noch einmal die Reichshoheit über die Freigrafschaft Burgund (Franche Comté) zu behaupten. Dagegen scheitert der immer wieder hinausgezögerte Romzug zum Erwerb der Kaiserkrone am Tod Rudolfs I. von Habsburg 1291.

Das Jahr 1291 wird auch zum Gründungsjahr der **Schweizer Eidgenossenschaft**. Die drei Waldorte Schwyz, Uri und Unterwalden schließen sich **1291** zu einem **ewigen Bund** zusammen; daneben treten Bünde der Städte Bern und Freiburg, von Zürich und anderen Städten am Bodensee. Diese Bünde richten sich gegen die territorialstaatlichen Absichten der Habsburger, die sie **1315 bei Morgarten** und entscheidend **1386 bei Sempach** schlagen können. Die Befreiungssage um Wilhelm Tell, die zum allgemeinen Mythos der Entstehungsgeschichte der Schweiz geworden ist, ist historisch nicht zu belegen. Sie taucht erstmals im 15. Jahrhundert auf, als die Entwicklung der einzelnen Bünde zu einem festen Staatssystem, der Schweizer Eidgenossenschaft, bereits zu einem ersten Abschluß gekommen ist.

1292–1298 Adolf von Nassau, gegen den Sohn Rudolfs I., Albrecht von Habsburg, gewählt, da dieser den Kurfürsten zu mächtig scheint. Auch Adolf von Nassau versucht, seine nur schmale mittelrheinische Machtbasis im Osten durch Einbe-

Kaiser Heinrich VII. im Kampf gegen die Mailänder, 1311. Miniatur aus dem 14. Jahrhundert

ziehung von Meißen und Thüringen zu einer tragfähigen Hausmacht zu erweitern, gerät dadurch jedoch in Konflikt mit den Kurfürsten, die ihn (unrechtmäßig) 1298 absetzen und Albrecht I. von Habsburg zum König wählen; in der Schlacht bei Göllheim fällt Adolf von Nassau.

1298–1308 Albrecht I. von Habsburg vermag zwar 1301/1302 die Macht der rheinischen Kurfürsten, der Hauptgegner eines starken Königtums, zu brechen, scheitert jedoch an dem Versuch, Böhmen 1306 dem habsburgischen Hausgut anzugliedern. Nach der Ermordung Albrechts I. durch seinen Neffen Johann Parricida wird

1308–1313 Heinrich VII. von Luxemburg auf Betreiben seines Bruders, der Trierer Kurfürsten und Erzbischofs Balduin, gewählt. Als Gegenleistung für seine Wahl gibt Heinrich VII. die von Albrecht I. den rheinischen Kurfürsten entzogenen Besitzungen und Einkünfte zurück. Mit dem Erwerb Böhmens 1310, mit dem er seinen Sohn Johann belehnt, schafft er die Grundlage für eine breite Hausmacht der Luxemburger.

Der Italienzug 1310–1313, von Dante und den Ghibellinen, der kaisertreuen Partei in Italien, begeistert begrüßt, bringt ihm zwar die Kaiserkrone, die Reichshoheit über Italien läßt sich jedoch nicht wiederherstellen.

In einer Doppelwahl werden

1314–1347 Ludwig IV., der Bayer, und **1314–1330 Friedrich der Schöne von**

Österreich gewählt. Nach jahrelangem beiderseitigem Werben um die Fürsten und Städte im Reich fällt die Entscheidung 1322 in der Schlacht bei Mühldorf am Inn zugunsten Ludwigs IV.; Friedrich wird gefangengenommen, 1325 gegen seinen Verzicht auf den Thron jedoch wieder freigelassen. Die trotzdem vereinbarte gemeinsame Regierung beider Könige bleibt faktisch ergebnislos.

Das Ausgreifen Ludwigs IV. nach Italien führt den letzten großen **Konflikt zwischen Papsttum und Kaisertum** herbei. Auslösendes Moment ist 1323 die Entsendung eines Reichsvikars nach Italien, ein Amt, das zu besetzen das Papsttum für sich beansprucht. In Avignon eröffnet Johannes XXII. (1316–1334) den Prozeß gegen Ludwig IV. wegen widerrechtlichen Königtums und wegen Unterstützung der Ketzer, 1324 wird Ludwig IV. gebannt. Die **Sachsenhäuser Appellation** des Königs an ein künftiges Konzil beantwortet der Papst mit der Absetzung Ludwigs IV. und mit der Verhängung von Bann und Interdikt über seine Gefolgsleute.

Der Konflikt verschärft sich durch den **1327–1330 Italienzug** Ludwigs IV., auf dem er 1328 in Rom, von den republikanischen Machtträgern der Stadt die Kaiserkrone entgegennimmt.

Das Ringen zwischen dem Papst und dem Kaiser führt für keine der beiden Seiten zum Erfolg. Da Ludwig IV. jedoch in Deutschland den Abfall der Kurfürsten fürchten muß, ist seine Politik fortan von dem vergeblichen Bemühen um einen Ausgleich mit der Kurie bestimmt. Zunächst jedoch finden sich die Kurfürsten, die angesichts des päpstlichen Anspruchs auf Bestätigung der deutschen Königswahl um ihre Rechte fürchten müssen, zur Unterstützung des Kaisers gegen den Papst bereit. Der

1338 Kurverein von Rhense erklärt, daß der von ihnen oder ihrer Mehrheit gewählte König rechtmäßig und ohne

Votivbild Karls IV. von Luxemburg

päpstliche Bestätigung der Wahl herrschen könne; lediglich die Kaiserkrönung sei dem Papst vorbehalten.

Mit dem Erwerb der Grafschaft Tirol 1347 durch die Ehe seines Sohnes mit der Erbtochter Margarete (Maultasch), die jedoch bereits mit Johann Heinrich, einem Sohn König Johanns von Böhmen (= Luxemburger), verheiratet ist, macht Ludwig IV. sich die Luxemburger zu Feinden. Balduin von Trier versöhnt sich mit dem Papst, mit dessen Unterstützung er 1346 die Thronkandidatur des Luxemburgers Karl, ebenfalls ein Sohn Johanns von Böhmen, betreibt, der sich jedoch erst 1347 nach dem Tod Ludwig IV. durchsetzen kann.

1346–1378 Karl IV. von Luxemburg. Nach dem Ausgleich mit den Habsburgern und Wittelsbachern, die gemeinsam mit den Luxemburgern sich als die drei königsfähigen Dynastien des Spätmittelalters herauskristallisiert haben, strebt

Karl IV. nach Erweiterung seiner Hausmacht: von Böhmen aus, das er zum Kernland des Reiches macht (Gründung der Universität in Prag 1348, Hofkanzlei), zieht er Schlesien, die Lausitz und Brandenburg an sich, ebenso dehnt er die böhmische Herrschaft in Meißen, im Vogtland, in der Oberpfalz und in Franken aus.
Die ersten Regierungsjahre Karls IV. sind überschattet von der

1348–1352 Pest, die in fast ganz Europa wütet und in Deutschland schätzungsweise ein Drittel der Bevölkerung dahinrafft. Längerfristige soziale und wirtschaftliche Folgen sind die Schrumpfung der landwirtschaftlich genutzten Fläche und eine Verringerung der Zahl der Siedlungen auf ungünstigen Böden. Parallel dazu verändert sich das Preis- und Lohngefüge: die Agrarpreise sinken, während andererseits die Preise für gewerbliche Produkte und die Löhne stark ansteigen. Von der Stagnation im landwirtschaftlichen Bereich betroffen sind vor allem die Bauern, aber auch weite Teile des niederen Adels, der sein Einkommen fast ausschließlich in Form von Grundrenten bezieht. Dagegen dauert der Aufstieg der Städte fast unvermindert an; der durch die Pest verursachte massive Bevölkerungsrückgang kann aufgrund der wirtschaftlichen Anziehungskraft der Städte durch Zuwanderungen vom Land rasch wieder aufgefüllt werden.

1355 wird **Karl IV. zum Kaiser gekrönt**, ohne sich jedoch in die inneritalienischen Angelegenheiten hineinziehen zu lassen. Die wachsende Wirtschaftskraft im 13./14. Jahrhundert läßt bei den Städten zunehmend auch ein eigenes Selbstbewußtsein entstehen. Wie sich die Freien Städte von ihren bischöflichen Stadtherren befreien und die königlichen Städte der Stauferzeit sich zu Reichsstädten entwikkelt haben, so versuchen auch die landesherrlichen Städte ihre Unabhängigkeit zu gewinnen. Der Zusammenschluß zu **Städtebünden** dient ihrer Stärkung im Kampf gegen die fürstliche Territorialpolitik. Die notwendig entstehenden Spannungen entladen sich

Geißelbrüder. Darstellung aus einer Chronik des 14. Jahrhunderts

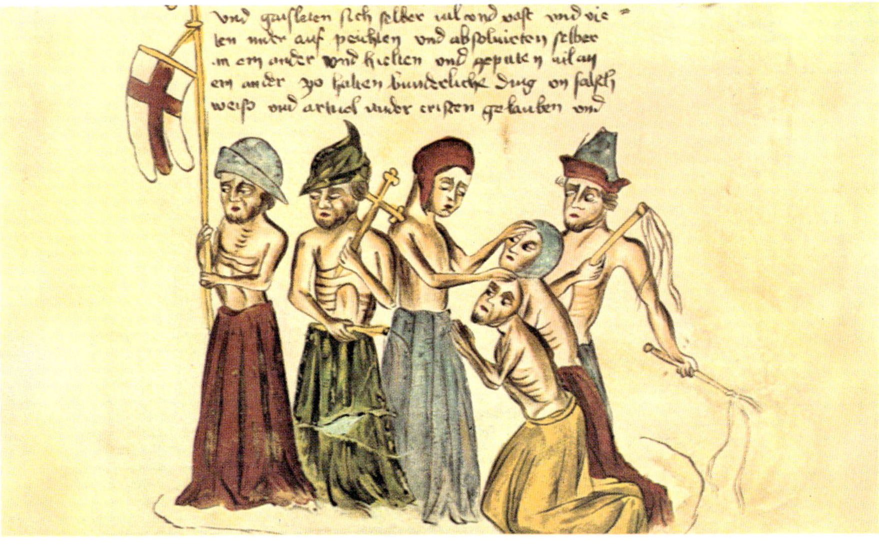

1388/1389 in einem **ersten Städtekrieg**, nach dem sich bereits der Umschwung zuungunsten der Städte abzeichnet; das Ende der Städtebünde besiegelt der zweite Städtekrieg 1449/50; mit Ausnahme einiger großer Städte, die ihre Selbständigkeit behaupten können, werden die meisten kleineren endgültig den Territorien eingegliedert.
Ein Städtebund eigener Art, nämlich auf wirtschaftlicher Grundlage, entsteht im Norden: die **Hanse**. Bereits im Hochmittelalter ist die Stadt Visby auf Gotland Mittelpunkt des Ostseehandels. Hier schließen sich die aus verschiedenen deutschen Städten vorübergehend tätigen Kaufleute zu einer Gemeinschaft, einer Hanse, zusammen. Ende des 13. Jahrhunderts löst Lübeck die Vorherrschaft Gotlands im Ostseehandel ab. Da die nach und nach errungenen Handelsprivilegien der deutschen Kaufleute im Ausland nicht unangefochten bleiben, schließen sich die Städte, zu deren Wohlstand die florierenden Handelshäuser nicht unwesentlich beitragen, zusammen; obwohl diese Vereinigung faktisch bereits früher besteht, sind die »Städte der Deutschen Hanse« urkundlich erstmals 1358 belegt; sie umfassen neben den Städten mit Zugang zum Meer auch solche des Binnenlandes und halten den gesamten Warenverkehr zwischen der Ostsee und dem europäischen Hauptmarkt Brügge unter ihrer Kontrolle. Der Versuch des Dänenkönigs, in zwei Kriegen 1361–62 und 1367–70 gegen das Bündnis der Hansestädte seine Vorherrschaft im Ostseeraum wiederherzustellen, scheitert. Mit dem
1370 Frieden von Stralsund sichert sich die Hanse für mehr als hundert Jahre ihre handelspolitische Vormachtstellung im niederdeutsch-nordeuropäischen Raum.

Hansehafen Hamburg

Der Niedergang der Hanse seit dem späten 15. Jahrhundert ist bedingt durch das Erstarken der nordischen Staaten, durch widerstreitende Interessen einzelner Städtegruppen innerhalb des Bundes und durch die Verschiebung des Schwergewichts des Handels von Nord- und Ostsee zum Atlantik.
1378–1400 Wenzel, bereits 1376 noch zu Lebzeiten seines Vaters Karl IV. von den Kurfürsten gewählt, vermag, in Böhmen gebunden durch die bereits von Karl IV. nur mühsam im Zaum gehaltene Rebellion des nach Territorialherrschaft strebenden Hochadels gegen das böhmische Königtum, weder in dem 1378 ausbrechenden großen Abendländischen Schisma den Anspruch der Schutzherrschaft des römischen Königs gegenüber der Kirche zu erfüllen, noch gelingt es ihm, das Gegeneinander von Städten und Fürsten im Reich zu befrieden. Im **Reichslandfrieden von Eger 1389**, der den ersten Städtekrieg beendet, opfert er zwar den Fürsten die Städte, die auf ihre Bündnisse verzichten müssen, erreicht jedoch keine nachhaltige innere Befriedung des Reiches, dessen Lenkung vom königlichen Hof gänzlich auf die in Abwesenheit Wenzels abgehaltenen Reichstage übergeht.
1400 setzen die vier rheinischen Kurfürsten Wenzel unter der Anklage der Verletzung der Reichspflichten ab und wählen den Wittelsbacher
1400–1410 Ruprecht von der Pfalz zum König. Trotz erfolgreicher Territorialpolitik erweist sich seine Machtgrundlage im Verhältnis zur luxemburgischen Hausmacht als zu schmal, um seinem Königtum im Reich Geltung zu verschaffen. Nach dem Mißerfolg des Italienzugs 1401/02 und nach dem Scheitern des Versuchs, dem wachsenden Konziliarismus durch Überwindung des Schismas entgegenzutreten, wird seine unhaltbar gewordene Situation im Reich durch seinen Tod 1410 beendet.

Marienburg in Westpreußen, Residenz des Hochmeisters des Deutschen Ordens

Das Jahr 1410 markiert ebenfalls einen Wendepunkt in der Geschichte des **Deutschen Ordensstaates**. Von Konrad von Masowien zum Kampf gegen die heidnischen Pruzzen ins Culmer Land geholt, bestätigt Friedrich II. dem Deutschen Orden diesen Besitz wie auch das Recht auf die noch zu erwerbenden Gebiete in der **Goldbulle von Rimini 1226**. 1230 bis 1283 unterwirft der Orden die Pruzzen und siedelt zwischen ihnen bäuerliche Kolonisten aus Deutschland an. Durch die Vereinigung mit dem Schwertbrüderorden 1237 weitet der Deutsche Orden seinen Machtbereich auch auf das Baltikum aus. Zwischen den preußischen und livländischen Besitzungen steht jedoch wie ein trennender Keil das heidnische Litauen. Die Personalunion 1386 zwischen dem zum Christentum übertretenden Litauen und Polen läßt den Deutschen Ordensstaat zunehmend in Gegnerschaft zu Polen geraten. Gleichzeitig wächst im Innern des Ordensstaates die Opposition der Bürgerschaft der großen Handelsstädte und des landsässigen Adels, die entsprechend der allgemeinen Entwicklung der Zeit auf die Teilnahme der Stände am Regiment drängen; einer solchen Beteiligung »weltlicher Leute« an der Herrschaft steht jedoch die innere Struktur des Ordens entgegen. Dieser innerstaatliche Konflikt trägt nicht zuletzt zu der vernichtenden Niederlage des Deutschen Ordens gegen Polen

1410 in der **Schlacht bei Tannenberg** bei. Im **Ersten Thorner Frieden 1411** muß sich der Deutsche Orden zu umfangreichen Zahlungen an Polen verpflichten; die daraus resultierenden steuerlichen Belastungen wie auch die erneuten Kämpfe mit Polen verschärfen die Auseinandersetzung mit den Ständen, die sich 1440 zum Preußischen Bund zusammenschließen und in offenem Abfall sich 1454 Polen unterstellen. Der daraufhin ausbrechende Ständekrieg 1454–1466 endet mit dem **Zweiten Thorner Frieden**; das

Ordensterritorium wird auf den östlichen Teil Preußens beschränkt und der Oberhoheit des polnischen Königs unterstellt. Der Versuch, sich durch Anlehnung an das Reich aus dieser Situation zu befreien, bleibt erfolglos. Zu Beginn des 16. Jahrhunderts hat sich der preußische Ordensstaat zu einem weltlichen Herzogtum gewandelt.

Nach dem Tod Ruprechts von der Pfalz wählen die Kurfürsten erneut einen Luxemburger, den Sohn Karls IV. und Bruder Wenzels,

1410–1437 Sigismund. In den ersten Regierungsjahren in seinem Königreich Ungarn durch die Abwehr der Türken gefesselt, wendet er sich 1414 seinen Reichspflichten zu, kann sich jedoch, nur mit der Hoffnung auf das Erbe Böhmens, nicht auf eine eigentliche Hausmacht im Reich stützen und versucht daher, durch eine universale Kaiserpolitik seine Königsgewalt zu stärken.

Das auf seine Initiative einberufene

1414–1418 Konstanzer Konzil und die auch durch seinen persönlichen Einsatz gelungene **Überwindung des Schismas** führen ebensowenig zu dem angestrebten Erfolg wie die Kaiserkrönung 1433. Vielmehr ergibt sich aus der Entscheidung des Konstanzer Konzils gegen den der Ketzerei beklagten Jan Hus eine schwere Belastung des Königtums Sigismunds, die

1419–1436 Hussitenkriege. Die Verurteilung und Verbrennung Hus' löst den Zorn der Böhmen aus, die die Ausübung ihrer vom Konzil verworfenen Lehre mit Gewalt durchzusetzen versuchen. Mit der religiösen Frage verbindet sich gleichzeitig die nationale Ablehnung des deutschen Elements in Böhmen. Vermochte Wenzel als König von Böhmen noch zu vermitteln, so bricht nach seinem Tod der Aufstand aus angesichts der Nachfolge Sigismunds, der, da er Hus freies Geleit zum Konstanzer Konzil zugesichert hatte, als der eigentliche »Mörder« gilt. Der Konflikt führt in Böhmen zu einer Schwächung des Königtums und bricht die Machtstellung der römischen Kirche; Nutznießer dagegen ist der böhmische Adel, der sich auch massiv am Kirchen- und Klostergut bereichert.

Die Hilfe des Reiches, insbesondere die Unterstützung der Kurfürsten, die Sigismund für die Hussitenkriege benötigt, erkauft er mit der Preisgabe von Reichsbefugnissen, so daß das Kurkolleg faktisch die Mitregierung übernimmt, entschlossen, diesen Machtgewinn auch in Zukunft für sich zu erhalten. So wird auf den Reichstagen 1434, 1435 und 1737 erstmals der Gedanke einer **Reichsreform** angesprochen, wobei zunächst im Vordergrund ein oligarchisches Konzept steht, durch das die von den Kurfürsten errungene Machtstellung reichsrechtlich verankert werden soll. Die um die Mitte des 15. Jahrhunderts erneut einsetzenden Kämpfe der Stände und die territorialen Auseinandersetzungen der Fürsten lassen verstärkt die Notwendigkeit einer Reichsreform deutlich werden, schieben jedoch zunehmend die Interessen der Reichsfürsten in den Vordergrund. Während

1438/39 Albrecht II. von Österreich aufgrund seiner nur kurzen Regierungszeit nicht in die Reichsverhältnisse einzugreifen vermag, kommt es unter seinem Nachfolger

1440–1493 Friedrich III., zu einer weiteren Schwächung des Reiches. Das Fehdewesen treibt Blüten; mangelnder Rechtsschutz führt zur Ausbildung von Femegerichten.

In die Regierungszeit Friedrichs III. fällt **um 1455** die **Erfindung des Buchdrucks** mit beweglichen Lettern durch den Mainzer Johann Gensfleisch oder **Gutenberg** (um 1400–1467).

Umseitig: Die Weinlese. Burgundischer Wandteppich, Ende des 15. Jahrhunderts

England

Nach dem Rückzug der Römer Anfang des 4. Jahrhunderts rücken vom europäischen Festland her **Angeln, Sachsen und Jüten in England** ein. Diese Landnahme erfolgt gegen den heftigen Widerstand der keltisch-britischen Bevölkerung und mündet in die Herausbildung von sieben angelsächsischen Kleinkönigreichen ein: **Kent** (Jüten), **Sussex, Essex, Wessex** (Sachsen), **Ostanglien, Mercia und Northumbrien** (Angeln). Dieser Pozeß der Entstehung des angelsächsischen Volkes wird gefördert durch die Annahme des Christentums in seiner römischen Form, das zuerst in Kent unter König Ethelbert Fuß faßt (601 Weihe des Missionars Augustinus zum Erzbischof von Canterbury, das seither das kirchliche Zentrum Englands ist). Der weitere Verlauf der angelsächsischen Geschichte ist gekennzeichnet durch Vereinigungsbestrebungen, zunächst in der Suprematie eines Teilkönigreichs über die anderen, wobei im 8. Jahrhundert die Führung auf das zentral gelegene Mercia unter König
757–796 Offa übergeht. Die gegenüber den keltischen Randbereichen konsolidierte angelsächsische Herrschaft wird im 9. Jahrhundert durch die **Züge der heidnischen Wikinger** schwer erschüttert. Sie fassen in Nord-Schottland und Teilen Irlands festen Fuß, in England zielen ihre Einfälle besonders auf den Norden und Osten. Hier entstehen auch die ersten dänischen Siedlungen. König **Alfred von Wessex** (871–899) gelingt es, weitere Einfälle der Dänen abzuwehren, sie 878 zum Frieden zu zwingen und ihr Siedlungsgebiet (Danelagh) vertraglich zu umgrenzen. Die Annahme des Christentums durch die Dänen leitet die vollständige Eingliederung des Danelagh in die angelsächsische Herrschaft ein, so daß König
924–939 Ethelstan von Wessex im wesentlichen das ganze heutige England beherrscht. Mit seiner Verwaltungsgliederung in Grafschaften nach dem Vorbild von Wessex legt er die Grundlage für ein nationales Königtum, das seit dem Fall des dänischen Königreichs mit der Wahl und Krönung gesamtenglischer Könige seit 955 verwirklicht wird.

König Edward. Ausschnitt aus dem Teppich von Bayeux

Das englische Königtum im Hochmittelalter

Die mächtige Stellung, die das Königtum im Laufe des 10. Jahrhunderts erlangt, wird mit fortschreitender Zeit durch Konflikte mit dem Adel, der durch Besitzkonzentration und latente Feudalisierungstendenzen verstärkt an Bedeutung gewinnt, sowie durch die neu einsetzenden Däneneinfälle ausgehöhlt. Nach einer kurzen dänischen Zwischenperiode unter Sven Gabelbart und Knut I. kommt mit
1042–1066 Edward dem Bekenner wieder ein nationales Königtum zum Zuge. Earl Harold Godwinson als Repräsentant eines einheimischen Königtums unterliegt jedoch am 28.9.
1066 in der **Schlacht bei Hastings** einem normannischen Invasionsheer unter Herzog Wilhelm von der Normandie, der

Überfahrt der Normannen unter Wilhelm dem Eroberer nach England, 1066. Ausschnitt aus dem Teppich von Bayeux

Erbansprüche auf den englischen Königsthron geltend macht. Mit der normannischen Eroberung endet die angelsächsische Periode der englischen Geschichte.
Bei seiner Krönung in Westminster erkennt König
1066–1087 Wilhelm I. ausdrücklich die Verfassungseinrichtungen der Zeit König Edwards an. Den Platz der bisherigen angelsächsischen Oberschicht, die weitgehend ihres Besitzes entkleidet sowie zur Besetzung der wichtigsten Staats- und Kirchenämter nicht mehr herangezogen wird, nimmt nunmehr eine bereits völlig feudalisierte Adelsgesellschaft normannisch-französischer Herkunft ein. Zumeist besitzt sie auch in den kontinentalen Gebieten der Herrschaft Wilhelms ausgedehnten Landbesitz, wodurch eine starke Verklammerung der Gebiete beiderseits des Kanals entsteht und England kontinentalen Einflüssen geöffnet wird; der normannisch-französische Kultureinfluß überlagert für die nächsten Jahrhunderte die angelsächsisch-skandinavischen Elemente.
Das **Lehnswesen wird zum beherrschenden Verfassungselement**. An die Spitze der Lehnspyramide, in der Adelshierarchie und Hochklerus die Stellung des

Ritterheeres als Gegenleistung für den Landbesitz übernehmen, tritt der König, der gleichzeitig größter Grundbesitzer ist. In der Verbindung des Lehnswesens mit den rechtlichen und administrativen Traditionen der angelsächsischen Zeit, die durch die Gesetzgebung

1100–1135 Heinrichs I. besonders in der Charta libertatum von 1100 sanktioniert wird, liegt die besondere Stärke des mittelalterlichen englischen Königtums begründet. Auch der parallel zum Investiturstreit entstandene kurzfristige Konflikt der Krone mit Erzbischof Anselm von Canterbury und die Einsetzung der Bischöfe (beigelegt 1107) kann sie nicht gefährden.

Gottfried V. Plantagenet, Graf von Anjou und Maine

Nach dem Aussterben der normannischen Dynastie im Mannesstamm 1135 entsteht aus den verschiedenen Erbansprüchen ein Bürgerkrieg, bis die Krone an Heinrich Plantagenet, Sohn Gottfrieds V., Erbe von Anjou, Maine, Tourraine, der Normandie und Aquitaniens, als König

1154–1189 Heinrich II. fällt. Heinrich II. ist damit der mächtigste Kronvasall des französischen Königs und schafft so die Grundlage für die dauernde Präsenz der englischen Krone auf französischem Boden. Auf den britischen Inseln erweitert er die englische Herrschaft

1171/72 durch die **Eroberung Irlands** und Anerkennung seiner Oberlehnsherrlichkeit über Schottland und Wales. Im Innern schafft seine ausgedehnte Gesetzgebung das Prinzip der allgemeinen Zuständigkeit der königlichen Gerichte und damit die Grundlinien des englischen Common Law, ebenso nimmt er eine Neuabgrenzung des Verhältnisses von Kirche und Staat vor (Konstitutionen von Clarendon 1164). Die in ihnen enthaltene Beschränkung der geistlichen Gewalt führt zum Konflikt mit Erzbischof Thomas Becket und zu dessen Ermordung im Jahre 1170. Nach Heinrichs II. Tod zeigen sich unter der Regierung seiner Söhne

1189–1199 Richard I. Löwenherz und

1199–1216 Johann I. ohne Land, die Schwächen des sehr weit gespannten Reiches. Sie treten zu Tage im Konflikt mit der Feudalaristokratie (Umwandlung der Feudalabgaben in feste Steuern) sowie in den Auseinandersetzungen mit dem französischen König, der seinerseits seine Rechte als Lehnsherr über die kontinentalen Besitzungen Englands zur Geltung bringen will. 1202 erklärt Philipp II. August von Frankreich alle englischen Besitzungen in Frankreich für konfisziert. 1204–1206 verliert Johann I. die Normandie, Anjou, Maine und einen Teil Poitous; es bleibt ihm nur noch der Rest Poitous, Aquitanien und die Gascogne. Ein Konflikt mit der Kurie endet in der

Ermordung Thomas Beckets

Lehensauftragung Englands an den Papst (1213), ein neuer Krieg mit Frankreich zieht
1214 nach der **Niederlage von Bouvines** den Verlust der übrigen französischen Besitzungen mit Ausnahme des Südwestens nach sich. Diese Mißerfolge stärken die Stellung der oppositionellen Barone im Innern, die von Johann I. die Bestätigung ihrer Rechte in der
1215 Magna Charta libertatum erzielen. Einige Klauseln dieses Dokuments, besonders das Mitspracherecht der Barone bei Steuererhebungen und Regierungsakten, machen es in Verbindung mit der Gesamtentwicklung im 13. Jahrhundert zur Grundlage der englischen Verfassungsordnung, besonders für die Entstehung des Parlaments.

Die Regierungszeit
1216–1272 Heinrichs III. wird bestimmt von anhaltenden bürgerkriegsähnlichen Auseinandersetzungen zwischen Krone und Baronen. Parallel gehen einher die Stärkung der Stellung des niederen Klerus und das Aufkommen der Bettelorden, was wiederum Rückwirkungen auf das geistige Leben hat (Aufschwung der Universitäten Oxford und Cambridge). Sein Anschluß an das Papsttum und dessen antistaufische Politik verwickelt ihn in Unternehmungen auf dem Kontinent. Dagegen erhebt sich die Opposition der Barone unter Simon de Montfort in mehrfachen Aufständen, in deren Verlauf Heinrich bei Lewes 1264 gefangengenommen, jedoch durch seinen Sohn Eduard (I.) bei Evesham 1265 unter Niederschlagung der Rebellion wieder befreit werden kann. Der Aufstand führt zur **Einberufung eines Parlaments,** in dem erstmals neben den Baronen Vertreter der einzelnen Grafschaften sowie der Städte sitzen (1265). Die Regierung
1272–1307 Eduards I. ist gekennzeichnet durch intensive Gesetzgebung und Weiterentwicklung der Parlamente sowie durch Förderung von Handel und Gewerbe. Er erobert Wales (Titel »Prince of Wales« für den englischen Thronfolger) und geht gegen Schottland und Frankreich vor. 1303 schließt er Frieden mit Frankreich, wobei er durch die Heirat seines Sohnes Eduard II. mit Isabella, Tochter Philipps IV., die Ansprüche Englands auf die Thronfolge in Frankreich begründet (Hundertjähriger Krieg). Die Mißwirtschaft
1307–1327 Eduards II. und außenpolitische Mißerfolge bewirken eine Schwächung des Königtums durch die Adelsopposition, wobei in den Parlamenten auch die Commoners zum politischen Faktor werden. Die Bemühungen seiner Frau Isabella und ihres Liebhabers Mortimer führen 1327 zu seiner Absetzung und schließlich zur Ermordung.

Krisen, Hundertjähriger Krieg und Adelskämpfe

Das 14. Jahrhundert ist in England, wie in ganz Europa, durch tiefe Krisenerscheinungen bestimmt. Die **Pestepidemien von 1348/50, 1361** und ihre Nachzügler bringen einen Bevölkerungsrückgang von 30%, der nachhaltige Auswirkungen unter anderem auf dem Agrarsektor zeigt, während die Expansion von Gewerbe und Handel nicht wesentlich berührt werden. Der Arbeitskräftemangel fördert die Umwandlung von feudalen Abhängigkeiten in vertragliche Vereinbarungen, doch häufen die Bemühungen, die neu errungenen Vorteile der Bauern durch Arbeitsgesetze, Lohn- und Preisfestsetzungen, die Einführung der Kopfsteuer 1381 wieder einzuschränken, den Konfliktstoff an, der sich im **Bauernaufstand von 1381** entlädt. Unter dem Preisverfall der Agrarprodukte leidet besonders der landbesitzende Kleinadel (Gentry), der vielfach Anlehnung in klientelartigen Bindungen an die Magnaten suchen muß.

Die krisenartige Zuspitzung spiegelt sich auch im religiösen Bereich in der Lehre von John Wyclif (erste englische Bibelübersetzung 1380) und seines Schülers, des Volkspredigers J. Ball wider, die sich gegen die Besitzkirche richtet und ein Leben nach dem Evangelium fordert.

Diese krisenhafte Entwicklung wird auch

Eduard III. huldigt dem französischen König Philipp IV.

durch die Tatsache verschärft, daß **1327–1377 Eduard III.** die kontinentale Politik wieder aufgreift und als Enkel König Philipps IV., des Schönen, von Frankreich nach dem Aussterben der Kapetinger (1328) Ansprüche an die französische Krone erhebt, die vom Haus Valois mit Berufung auf das salische Gesetz bestritten werden. Aus diesem Konflikt entsteht der

1339–1453 Hundertjährige Krieg um die Durchsetzung dieser Ansprüche und um die Beherrschung der flandrischen Tuchindustrie. Er beginnt mit Erfolgen Englands, das sich im **Vertrag von Brétigny von 1360** den lehenfreien Besitz von Südwest-Frankreich und Calais sichert. Der Krieg lebt 1369 wieder auf, wird aber unterbrochen, als während der Regierung des letzten Plantagenet,

1377–1399 Richards II. die inneren Schwächen Englands offenbar werden. Die erstarkten Magnaten setzen den König ab und heben mit

1399–1413 Heinrich IV. das Haus Lancaster (1399–1461) auf den Thron.

1413–1422 Heinrich V. gelingt es, alle Kräfte für den Krieg in Frankreich zusammenzufassen und dem Gegner bei Azincourt 1415 eine Niederlage beizubringen. Im **Vertrag von Troyes 1420** wird er als Regent und Erbe in Frankreich anerkannt. Sein früher Tod stärkt jedoch gegen seinen Sohn

1422–1462 Heinrich VI. den französischen Widerstand, der sich besonders in der Person **Jeanne d'Arcs** verkörpert und England zwingt,

1428 nach der **Niederlage von Orléans** das Land bis auf Calais zu räumen; der Krieg endet 1453 ohne Vertrag.

Noch während der Regierungszeit Heinrichs VI. kommt es zu Auseinandersetzungen um Thronansprüche der beiden Nebenlinien des Hauses Plantagenet, **Lancaster** (als Wappen die rote Rose) und **York** (weiße Rose) in den sogenannten

1455–1485 Rosenkriegen. Es kann sich das Haus York mit

1461–1483 Eduard IV. durchsetzen. Er schlägt 1471 die Lancaster bei Tewkesbury vernichtend und läßt Heinrich VI. ermorden. Der finanzielle Gewinn aus dem **Frieden von Picquigny 1475**, der eine Invasion in Frankreich abschließt sowie aus den Konfiskationen des Besitzes der Lancaster macht Eduard vom Parlament unabhängig.

1452–1485 Richard III., König seit 1483, Sohn des Herzogs Richard von York, bringt nach dem Tode seines Bruders Eduard IV. im April 1483 dessen Sohn, Eduard V. in seine Gewalt und läßt ihn und dessen Bruder Richard im August 1483 ermorden. Er setzt seine Erhebung zum König durch und behauptet seine Stellung durch Kerkerhaft und Hinrichtung seiner Gegner. Richard III., der letzte König aus dem Hause York, fällt 1485 in der Schlacht bei Bosworth im Kampf gegen den späteren Heinrich VII. den ersten König aus dem Hause **Tudor**, womit die Rosenkriege ihr Ende finden.

Richard III. von England

CAPETINGER

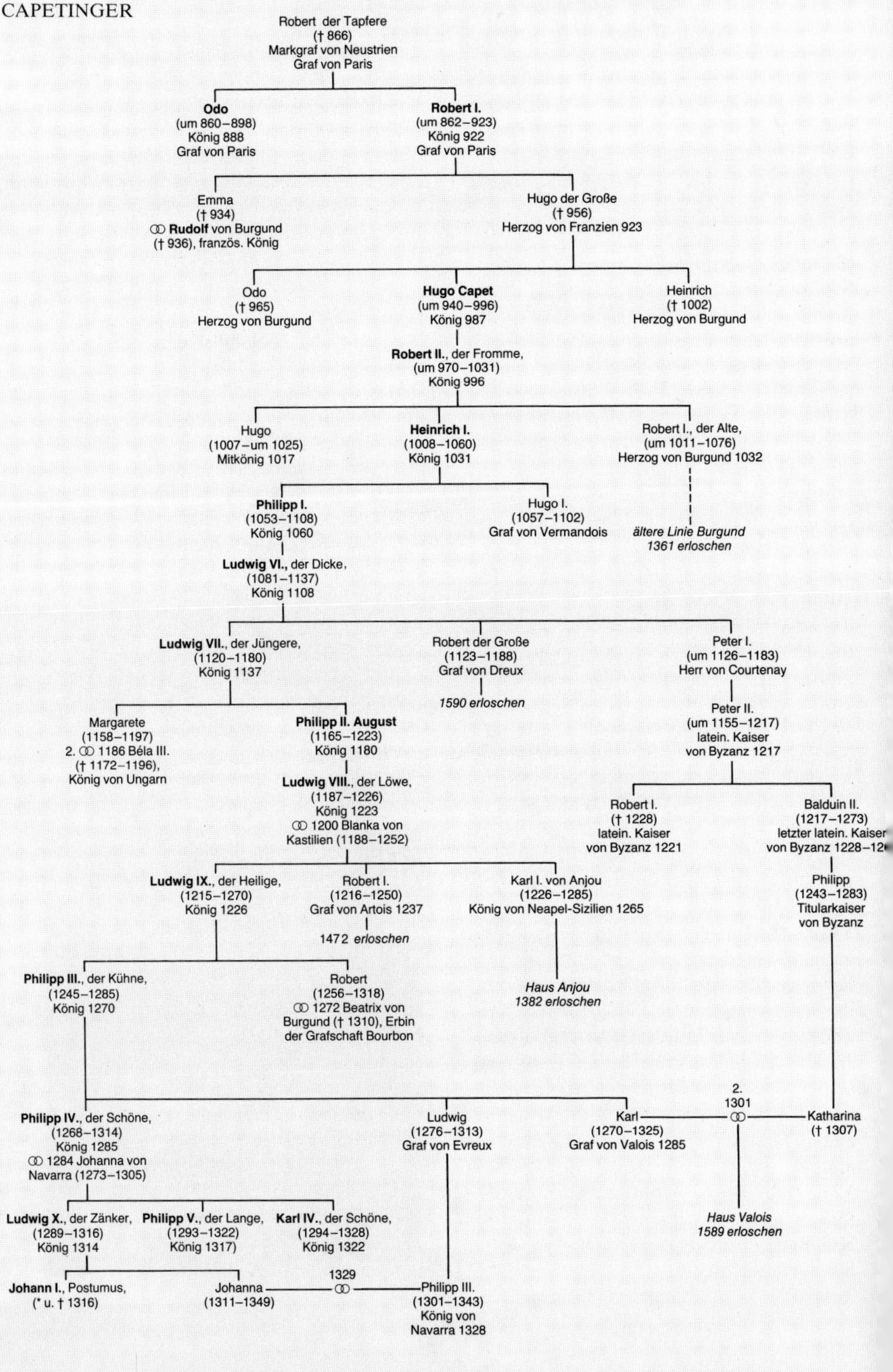

Halbfett sind die Namen der französischen Könige

Frankreich

Die Capetinger

Begründer der Capetinger-Dynastie ist **987–996 Hugo Capet** (von Cappa: Mäntelchen). Er wird im Westfrankenreich zum König gewählt und gekrönt. Seine Nachfolger tragen den Titel »Rex Francorum«, sind aber mehr oder weniger Schattenkönige.

Im 12. Jahrhundert können zunächst die großen Lehnsfürsten eine erhebliche Machtstellung gegenüber dem Königtum gewinnen. Sie sind auch die wichtigsten Träger der Kreuzzüge. Heinrich II. von England, Herzog der Normandie, verfügt als mächtigster Kronvasall nach seiner Heirat mit Eleonore von Aquitanien mit dem Angevinischen Reich über den größten Herrschaftsbereich in Frankreich. Aber schon unter

1060–1108 Philipp I. und

1108–1137 Ludwig VI., dem Dicken, gelingt dem Königtum, unter anderem begünstigt durch lange Regierungszeiten sowie Ausweitung der Krondomäne, eine Festigung seiner Stellung.

Kreuzzüge und militärische Erfolge gegen England lassen ein französisches Nationalgefühl entstehen, das in der Oriflamme, dem goldenen Königsbanner sein erstes Symbol findet.

In Fortsetzung der traditionellen capetingischen Politik vergrößert

1180–1223 Philipp II. August, gestützt auf ein Bündnis mit den Staufern, die Krondomäne auf Kosten der Vasallen durch Erfolge vor allem gegen Flandern und das Haus Plantagenet. Als er König Johann I. ohne Land wegen Verletzung seiner Vasallenpflichten durch das Hofgericht 1202 die französischen Lehen entziehen läßt, kann er den größten Teil des angevinischen Festlandbesitzes erobern.

1214 erringt er bei **Bouvines** den endgültigen Sieg über die englisch-welfische Koalition (vor allem mit angeworbenen Söldnerheeren).

1209–1229 Albigenserkriege verdunkeln den Glanz der Krone. In Südfrankreich haben sich Sekten der Katharer verbreitet, unter denen die Albigenser (von der Stadt Albi) die bedeutendste Gruppe darstellen. In ihnen ist die religiöse Forderung nach einer Armutskirche verbunden mit städtischem Selbstverwaltungsstreben sowie dem Regionalismus der Grafen von Toulouse. Der gegen sie ausgerufene Kreuzzug wird daher auch im Interesse des feudalistischen Nordens und der französischen Zentralgewalt geführt. An seinem Ende stehen ein verwüstetes Land, eine ausgelöschte Stadtkultur und Hekatomben von Opfern.

1226–1270 Ludwig IX., der Heilige, bemüht sich vor allem um innere Einheit und Friedenswahrung. Die Unterdrükkung mehrerer Adelsrevolten ebnet ihm den Weg zur Ausdehnung der Krondomäne und zum **Ausbau der Zentralverwaltung** wie der Kontrolle der königlichen Amtsträger, Teilung der Curia regis in königlichen Rat, Parlament und Rechnungshof. Zur **Förderung des Rechtswesens** trägt neben der Entstehung des obersten Gerichtshofs ein Verbot des Gottesurteils und der Fehde bei. Seine Kreuzzüge (1248–1254; 1270) verlaufen unglücklich.

Während die staufische Kaisermacht zusammenbricht, erfolgt die Begründung der französischen Machtstellung in Europa unter

1285–1314 Philipp IV., dem Schönen. Seine Heirat mit Johanna I. von Navarra, Erbin der Champagne, bereitet die Vereinigung des Königreichs mit der französischen Krone und den Anfall der Grafschaft an die Krondomäne vor. Am Problem der Besteuerung des Klerus entzündet sich der Konflikt mit dem Papsttum, in dem Philipp IV. sich gegen Bonifatius VIII. durchsetzt. Der 1305 unter Philipps Einfluß erhobene **Papst Klemens V.** residiert seit **1309 in Avignon** (avignonesisches Exil des Papsttums) und

Schlacht von Formigny

stimmt unter königlichem Druck **1312** der **Aufhebung des finanzstarken Templerordens** zu. Diese Maßnahme fördert den Ausbau der zentralistischen Monarchie.

Die Entstehung des Nationalstaates

Die capetingische Dynastie stirbt mit den drei Söhnen Philipps IV. in männlicher Linie aus. Nach Salischem Gesetz fällt die Krone 1328 an

1328–1350 Philipp VI. aus dem Hause Valois. Dagegen erhebt Eduard III. von England Einspruch, der als Sohn Isabellas, der Tochter Philipps IV., des Schönen, den französischen Thron beansprucht. Er eröffnet 1339 den Krieg gegen Frankreich **(Hundertjähriger Krieg**, in dem es England auch um seine von der französischen Schutzzollpolitik bedrohten flandrischen Absatzmärkte geht. In der ersten Phase des Krieges muß Frankreich empfindliche Niederlagen zur See bei **Sluys 1340** und zu Lande bei **Crécy 1346** hinnehmen.

Die Schlacht von Crécy ist das Muster eines Zusammenpralls von Vergangenheit und Zukunft. Das französische Ritterheer, eine undisziplinierte Vereinigung

von adeligen Einzelkämpfern, noch ganz mittelalterlich, unterliegt dem englischen Volksheer, dessen Kerntruppe aus präzis geführten, bäuerlichen Bogenschützen besteht.
Gleichzeitig wird das Land von ständischen Erhebungen und sozialen Aufständen heimgesucht: Die Rebellion der Pariser Stadtbevölkerung unter Etienne Marcel 1358, und im selben Jahr die Revolte der sog. Jacquerie (von Jacques Bonhomme = guter Jakob) im Norden des Landes, die sich zu einem regelrechten Bauernkrieg auswächst.
Nach der Gefangennahme
1350–1364 Johanns II., des Guten, durch die Engländer muß
1364–1380 Karl V., der Weise durch die Verträge von **Brétigny** (1360) und **Brügge** (1375) große Gebiete im Südwesten Frankreichs und Calais abtreten.
In den nun folgenden französischen Bürgerkrieg, in dem sich feste Parteien bilden (die aristokratischen Armagnacs unter der Führung des Herzogs von Orléans sowie die Bourguignons unter Führung Burgunds), greift 1415 der englische König **Heinrich V.** (1413–1422) ein, der das französische Heer
1415 bei **Azincourt** schlägt. Er verbündet sich mit der burgundischen Partei. Nach Heirat Heinrichs V. mit Katharina, der Tochter Karls VI., wird der Engländer **1420** im **Vertrag von Troyes** als Erbe der französischen Krone und Regent von Frankreich anerkannt. Der Herzog von Bedford erobert (für den minderjährigen Sohn Heinrich VI.) ganz Frankreich nördlich der Loire. Die nun einsetzenden Kämpfe zwischen Engländern und Franzosen, beginnend mit der erfolgreichen Befreiung des von den Engländern belagerten Orléans (8. Mai 1429) unter Führung der französischen Nationalheldin **Jeanne d'Arc** (1410/12–1431) folgen militärische Erfolge und zahlreiche Waffenstillstände, bis 1450 die Engländer bei Formigny eine letzte Niederlage

Jeanne d'Arc, die Jungfrau von Orleans

erleiden und 1453 fast alle von ihnen besetzten Gebiete Frankreichs räumen.
1461–1483 Ludwig XI., der Grausame, erreicht durch Zahlung hoher Summen an die Engländer im Jahre 1475 eine endgültige Friedensregelung und deren Abzug vom Festland (mit Ausnahme von Calais). Als Dauphin konspiriert Ludwig mit dem Hochadel gegen seinen Vater Karl VII. Seine despotische Herrschaft als König fordert die Lehnsfürsten unter Karl dem Kühnen von Burgund zur Vereinigung in der »Ligue du bien public« heraus. Den Burgunderherzog schaltet der König durch politisches Geschick aus. Allerdings kann er im **Vertrag von Arras** im Dezember **1482** gegen den späteren Kaiser Maximilian I. der französischen Krone nur das Artois und die Franche-Comté sichern. Dagegen kann er sich bis 1475 die Cerdagne und das Roussillon, 1481 Anjou, Maine und die Provence aneignen. Er stärkt die monarchische Staatsgewalt durch Schwächung des Pariser Parlaments und die wirtschaftliche Förderung des Bürgertums.

Die Iberische Halbinsel

Das Westgotenreich

Nach der Zerschlagung des Tolosanischen Reiches beschränkt sich die westgotische Herrschaft auf Spanien. Kämpfe zwischen König und Adel schwächen das Reich und fördern die Durchsetzung des Wahlprinzips in der Thronfolge (rechtlich verankert seit 633). Thronwirren sind auch der Anlaß dafür, daß

551 die Byzantiner ins Land gerufen werden, die den Süden der Iberischen Halbinsel und Córdoba besetzen. Unter

568–586 Leowigild und unter seinem Sohn Rekkared I. erlebt das Westgotenreich dank eines relativ machtvollen Königtums eine Zeit innerer Stabilität. Leowigild stellt erstmals die politische Einheit der Pyrenäenhalbinsel her (Verdrängung der Byzantiner aus Córdoba und 585 die Angliederung des bis dahin selbständigen Reichs der Sueben); Toledo wird Zentrum des Reiches. Der äußeren Einheit entspricht das Bemühen um innerstaatliche Vereinheitlichung: unter dem König

Westgotische Krone aus dem 7. Jahrhundert

586–601 Rekkared I. wird die religiöse Spaltung zwischen arianischen Westgoten und der römisch-katholischen hispanoromanischen Bevölkerung aufgehoben durch den

587 Übertritt der Westgoten zum katholischen Glauben. Folge ist ein enges Bündnis zwischen der Kirche und dem Königtum sowie die weitere Assimilierung der beiden Bevölkerungsteile, die **um 654** mit der **Lex Visigothorum** auch rechtlich einander gleichgestellt werden. Der fortschreitende Verfall der königlichen Macht und Thronwirren leiten das Ende der westgotischen Herrschaft in Spanien ein. Die von einer der um den Thron streitenden Parteien zu Hilfe gerufenen nordafrikanischen Muslime schlagen

711 bei **Jerez de la Frontera** vernichtend den letzten Westgotenkönig Roderich. Innerhalb weniger Jahre unterwerfen die Mauren fast ganz Spanien ihrer Herrschaft; lediglich im Norden, im asturischen Bergland, vermögen sich christliche Kleinreiche gegen die Araber zu behaupten.

Das muslimische Spanien

Mit der Errichtung des politisch selbstständigen

756–1031 Omaijadischen Emirats (Kalifats) von Córdoba beginnt die Zeit der arabischen Zivilisation in Spanien. Unter

912–961 Abd Ar-Rahman III. erreicht das 929 zum Kalifat erhobene andalusische Omaijadenreich eine glanzvolle Machtstellung, die es jedoch nur kurze Zeit zu halten vermag. Dynastische Wirren führen zum

1031 Sturz der Omaijaden, das Reich zerfällt in eine Reihe von Teilfürstentümern, sogenannte Taifas, die im 11. Jahrhundert unter den Almoraviden und im 12. Jahrhundert unter den Almohaden (Berberstämme) als Teil ihres nordafrikanischen

Muslimische Eroberer beim Schachspielen

Reiches noch einmal vorübergehend zusammengefaßt werden können, in der Folgezeit nacheinander jedoch der Reconquista zum Opfer fallen, so daß gegen Ende des 13. Jahrhunderts nur noch das Königreich Granada maurisch beherrscht ist. Mit der Eroberung Granadas durch die katholischen Könige

1492 endet die muslimische Herrschaft in Spanien, die dem Land eine Zeit wirtschaftlicher und kultureller Blüte gebracht hat.

Die Reconquista

Lokale Aufstands- und Widerstandsbewegungen gegen die Araber noch im 8. Jahrhundert schaffen die Voraussetzung für die selbständigen Herrschaftsbildungen der christlichen Randstaaten in Nordspanien.

Das größte christliche Herrschaftszentrum seit dem Untergang des Westgotenreiches bildet sich im Nordwesten, das Königreich

Asturien, das bis zum 10. Jahrhundert

auch Galicien, Altkastilien und León umfaßt. Seine Herrscher, die seitdem den Titel des Königs von León führen, verstehen sich als die legitimen Nachfolger der Westgoten, haben von diesen als Vermächtnis aber auch die unaufhörlichen Auseinandersetzungen zwischen Königtum und Aristokratie übernommen, die das Reich zusätzlich zu den Niederlagen gegen die Araber Ende des 10. Jahrhunderts schwächen. Der

961 Verselbständigung der Grenzgrafschaft Kastilien folgen nach der Jahrtausendwende die Eingliederung Asturiens unter die Herrschaft des Königreichs Navarra und

1037 die **Eroberung des Königreichs León durch Ferdinand I. von Kastilien.**

Im Gegensatz zu Asturien-León stehen die christlichen Staaten des Pyrenäenraums stark unter fränkischem Einfluß, so vor allem die **Grafschaft Barcelona**, die Teil der 795 errichteten Spanischen Mark des Fränkischen Reiches ist, wie auch das **Königreich Navarra**, das unter Sancho III. (1000–1035) auch die Grafschaft Aragón, Asturien und Teile Leóns sowie Kastilien umfaßt, durch Erbteilung nach seinem Tod jedoch in Kastilien und Aragón zerfällt; Navarra selbst wird zum Zankapfel zwischen Kastilien und Frankreich.

Kastilien

Das seit 1035 selbständige Königreich nimmt bereits unter seinem ersten König

1035–1065 Ferdinand I. (der Große) einen raschen Aufstieg. Nach der

1037 Eroberung Leóns mit Asturien und Galicien nimmt er den Kampf gegen die nach dem Zerfall des Kalifats von Córdoba entstandenen muslimischen Teilstaaten auf.

1065–1109 Alfons VI. setzt die Rückeroberungspolitik fort, gewinnt 1085 Toledo und macht eine Reihe muslimischer Taifas tributpflichtig. Sein später als

Schlacht von Granada

Nationalheld verehrter Vasall Rodrigo Diaz de Vivar (1043–1099), genannt **El Cid** (arabisch: Herr) erobert 1094 das Maurenreich Valencia. Der muslimische Gegenschlag unter den Almoraviden und Almohaden setzt dem weiteren Vordringen zunächst ein Ende. Auch wird Kastilien durch innere Auseinandersetzungen geschwächt: die 1109 eingerichtete Grafschaft Portugal erhebt sich 1139 zum Königreich und fällt von Kastilien ab, ebenso verselbständigt sich das Königreich León 1065–1072 und erneut durch Erbteilung 1157–1230. Erst unter

1158–1214 Alfons VIII. wird die Reconquista wieder aufgenommen. Das christliche Heer der Könige von Kastilien, Ara-

gón und Navarra kann
1212 in der **Schlacht von Navas de Tolosa** die Almohaden schlagen.
1217–1252 Ferdinand III., der Heilige, der **1230 endgültig Kastilien und León vereinigt,** führt die Eroberung gegen das sich in Auflösung befindende Almohadenreich fort: 1236 wird Córdoba, 1268 Sevilla und 1262 Cádiz erobert. Als letztes muslimisches Reich kann sich Granada behaupten, das erst 1492, mehr als zweihundert Jahre später, erobert wird. Hervorgerufen wird diese lange Pause in der Reconquista durch den Niedergang der königlichen Gewalt und durch das Übergewicht der Aristokratie in Kastilien wie auch in den übrigen christlichen Staaten Spaniens. Erst gegen Ende des 15. Jahrhunderts beginnt ein neuer Aufstieg des Königtums und wird die von Kastilien bereits unter Alfons VII. (1167–1157) angestrebte staatliche Einheit Spaniens durch die Vereinigung der beiden Königreiche Kastilien und Aragón verwirklicht.

Aragón
Ebenfalls seit 1035 selbständiges Königreich, vollzieht sich der Prozeß der äußeren Staatsbildung in Aragón wesentlich langsamer als in Kastilien.
1104–1134 Alfons I. erobert mit französischer Unterstützung das muslimische Zaragoza und dehnt seinen Herrschaftsbereich bis zum Ebro aus. Nach dem
1137 Zusammenschluß von Aragón und Katalonien (= der ehemaligen Grafschaft Barcelona) kommen zunächst die katalanischen, auf Südfrankreich gerichteten außenpolitischen Zielsetzungen zum Tragen: In der zweiten Hälfte des 12. Jahrhunderts unterstehen weite Teile des Languedoc und der Provence katalanischer Herrschaft, der jedoch die Albigenserkriege (1209–1229) ein Ende setzen. Entsprechend richten sich die außenpolitischen Bestrebungen der Krone Aragóns auf den Mittelmeerraum.

Taufe muslimischer Frauen

1213–1276 Jakob I. erobert 1229–1235 die Balearen, die neben Aragón und Katalonien den dritten Bestandteil des Reiches bilden, um 1238 Valencia. Da die Eroberung von Murcia durch Kastilien 1241 den Weg nach Süden blockiert, ist Aragón-Katalonien von der weiteren Reconquista ausgeschaltet. Das Ausgreifen nach Italien durch den
1282 Erwerb Siziliens durch Peter III. sowie Sardiniens (1323–1326) verdeutlicht das Ziel, die See- und Handelsherrschaft im westlichen Mittelmeer zu gewinnen.
1416–1458 Alfons V. vereinigt Sizilien mit dem Königreich Neapel (1442). Ihm folgt Johann II. (1458–1479) der zugleich auch König von Navarra (seit 1425) ist; unter seinem Sohn Ferdinand II. vollzieht sich auf der Grundlage seiner Ehe mit Isabella I. der Zusammenschluß Aragóns und Kastiliens.
Das Paar erhält von Papst Alexander VI. den Titel »Katholische Könige«.

Die nordischen Staaten

Die Staatsbildung im skandinavischen Norden geht bedeutend langsamer vor sich als in West- und Mitteleuropa. Die großen Substanzverluste durch die Abwanderung der ostgermanischen Stämme und die Bildung südgermanischer Staatengruppen unter fränkischer Führung zwingen die Völker des Nordens bald zur Beschränkung auf ihren Siedlungsraum und zur Ausbildung einer eigenständigen Kultur. Schon im Verlaufe der Wikingerzeit beginnt sich die Gestalt der drei heute noch bestehenden nordischen Staaten Dänemark, Schweden und Norwegen abzuzeichnen. In ihnen beginnt um das Jahr 900 eine Zeit großer staatlicher Konsolidation, die ihren Höhepunkt in Herrscherpersönlichkeiten wie **Harald I. Schönhaar** (863–933) in Norwegen, **Harald Blauzahn** (950–986) in Dänemark und **Olaf III. Schoßkönig** (995–1022) in Schweden erreicht. Das Vorgehen des Königtums gegen Adel und Großbauernschaft steht in ursächlichem Zusammenhang mit der Umwandlung der Wikingerzüge in Volkssiedlungen und den Staatsgründungen auf den Inseln nördlich von England, in Irland, England selbst und der Normandie sowie auf russischem Boden. Der Entstehung des Großkönigtums folgt die Christianisierung der nordischen Reiche. Die
1016 Eroberung Englands durch den dänischen König Knut den Großen sowie die normannische Reichsgründung in England beenden diese Periode der nordischen Geschichte und verweisen die Herrscher auf die Aufgaben des inneren Staatsaufbaus. Die drei Reiche sind durch die Ähnlichkeit ihrer sozialen Struktur sowie durch zahlreiche Verwandtschaftsbeziehungen eng miteinander verbunden. Nach vergeblichen Versuchen zur Bildung eines nordischen Großreiches durch Dänemark bzw. Norwegen erkennen die drei Reiche gegenseitig ihre Selbständigkeit und Souveränität am Tag von Konungshalla 1101 an, dem ersten völkerrechtlichen Kongreß ihrer Herrscher; erst im 14. Jahrhundert kommt es wieder zu Unionen.

Norwegen
Dem Königtum glückt hier die vollständige Beseitigung des Kleinkönigtums. Es vermag sich über die Stufe des Wahlkönigtums hinaus zu erheben. In Schweden und Dänemark bleibt es auf dieser stehen. Der Klerus Norwegens wie der der übrigen skandinavischen Reiche ist durchaus national und beteiligt sich im Bunde mit dem Königtum lebhaft am politischen Leben. Die Abhängigkeit von der deutschen Kirche endet mit der **Errichtung des Erzbistums Lund 1103** für ganz Skandinavien. Durch die Erhebung des Bistums **Nidaros** (Drontheim) zum **Erzbistum 1152/53** für Norwegen, Irland, Grönland und mehrere Inselgruppen wird die norwegische Kirchenorganisation weiter gestärkt. Obgleich der Erzbischof 1163 nach jahrzehntelangen Thronwirren an dem minderjährigen
1163–1184 Magnus V. Erlingsson die erste kirchliche Krönung eines norwegischen Königs vornimmt und damit dem Königtum eine neue Legitimationsgrundlage gibt, kommt es in Norwegen nicht zu einem dominierenden Einfluß der Kirche auf das Königtum. Im Gegenteil kann dieses, vor allem während der Regierungszeit
1184–1202 Sverre Sigurdssons und
1217–1263 Hakons IV. Hakonsson seine Autorität und das Prinzip der Erbmonarchie festigen. Auf einem dynastischen Zufall beruht der Umstand, daß Norwegen nach dem Erlöschen des Königtums im Mannesstamm im Jahre 1319 bis 1905 (mit wenigen Unterbrechungen) kein selbständiges und von 1380/87 an überhaupt kein von eigenen Herrschern regier-

Holzgeschnitzter Wikingerkopf des 9. Jahrhunderts. Aus dem Osebergfund

tes Land gewesen ist. 1387–1814 trugen dänische, 1814–1905 schwedische Könige die Krone Norwegens.

Margarete II. (1353–1412), regierende Königin von Dänemark, Norwegen und Schweden seit 1387/89, macht solche thronfolgerechtlichen Möglichkeiten einer Union zum erklärten Ziel ihrer Politik. Sie ist Tochter Waldemars IV. Atterdag von Dänemark und heiratet 1363 König Hakon VI. Magnusson von Norwegen und Schweden. Nach dem Tod ihres Vaters 1375 führt sie für ihren Sohn Olaf die Regentschaft in Dänemark, nach dem Tod Hakons 1380 auch in Norwegen. Als Olaf **1387** stirbt, wird Margarete **in beiden Ländern zur Herrscherin gewählt** und kann sich 1389 auch in Schweden mit Unterstützung des Adels gegen König Albrecht von Mecklenburg durchsetzen. Obgleich sie ihren unmündigen Großneffen Erich (Erich VII. von Dänemark) 1389/96 zum König der drei Reiche erheben läßt, übt sie weiterhin die Herrschaft aus und strebt in der Tradition ihrer Vorgänger nach dauernder Vereinigung der skandinavischen Königreiche, die ihr

1397 mit dem Abschluß der **Kalmarer Union** (Vereinigung der drei skandinavischen Reiche samt Nebenländern von Grönland bis Finnland, 1397 auf einer Ständeversammlung in Kalmar bestätigt) gelingt. Aus der Kalmarer Union bricht Schweden jedoch seit Mitte des 15. Jahrhundert mehrmals aus, endgültig 1523 mit der Thronbesteigung Gustavs I. Der norwegische Reichsrat behält zwar nach Abschluß der Union innenpolitische Entscheidungsbefugnisse, wird aber mehr und mehr mit Dänen besetzt. Einziger Sprecher norwegischer Selbständigkeit bleibt die Kirche. Dadurch hat die Reformation, die in den beiden Nachbarstaaten Schweden und Dänemark das Staatsoberhaupt in seiner Stellung sichert und zum Beispiel dem schwedischen König Gustav I. Wasa Wege nationalstaatlicher Entwicklung eröffnet, für Norwegen eine verhängnisvolle Auswirkung: Der Erzbischof von Drontheim muß fliehen und Norwegen, das seit der **Union von Bergen 1450** enger mit Dänemark verbunden ist als Schweden, wird 1536 ein Teil Dänemarks; der norwegische Reichsrat wird aufgelöst.

Dänemark

804–810 steht König **Göttrik** (Godfred) an der Spitze des ersten größeren dänischen Reiches. Nach Kämpfen mit den Herrschern des Fränkischen Reiches, den Obodriten und den Schweden erneuert Gorm der Alte (um 860–um 940), König seit 920, das dänische Reich und erobert Haithabu (Handelsplatz an der Schlei). Er verliert jedoch das Gebiet zwischen Eider und Schlei an Heinrich I. Unter ihm beginnt ein neuer Ansatz zur Missionierung Dänemarks. Aber erst unter seinem Sohn **Harald Blatand** (Blauzahn, vor 940–986), König seit etwa 945, der Dänemark

Nordischer Runenstein

und Norwegen vereint, findet das Christentum endgültig Eingang; er läßt sich um 960 taufen. Von Kaiser Otto II., der 974 das Danewerk (Befestigungsanlage, die die Jütländische Halbinsel an der Schleswiger Landenge zwischen Treene und Schlei nach Süden abriegelt) überschreitet, wird er besiegt und zum Frieden gezwungen. Sein Sohn **Svend I. Gabelbart** (um 955–1014), König von Dänemark seit 986 und England seit 1013, erlangt als Anführer zahlreicher Wikingerzüge um 1000 die Oberherrschaft über Norwegen und erobert 1013 mit seinem Sohn Knut II., dem Großen, England und legt so den Grundstein für das Großreich seines Sohnes.

1018–1035 Knut II., der Große, König seit 1018, übernimmt in Fortsetzung der Politik seines Vaters 1017 die Alleinherrschaft in England, ist seit 1028 König von Norwegen und seit 1031 von Schottland. 1035 sichert er sich durch Bündnispolitik mit Kaiser Konrad II. gegen Polen die Mark Schleswig. Unter seinen Nachfolgern zerfällt das Reich wieder. Erst

1157–1182 Waldemar I., der Große, vermag sich als Alleinherrscher durchzusetzen; er sowie seine Söhne

1182–1202 Knut VI. und

1202–1241 Waldemar II., der Sieger, verfolgen eine ausgedehnte Eroberungspolitik im Ostseeraum (Rügen, Estland und Pommern). Eine Koalition norddeutscher Feudalherren bricht mit dem Sieg bei Bornhöved 1227 über Waldemar II. jedoch die Vorherrschaft Dänemarks im Ostseeraum, das außer Rügen und Estland alle Eroberungen an der südlichen Ostseeküste verliert. Die nun folgenden Jahre bis 1340 sind eine Zeit des wirtschaftlichen Niederganges und eines schwächeren Königtums. Nach einem Interregnum 1332–1340 gelingt

1340–1375 Waldemar IV. Atterdag die Einigung des Landes und die Wiederaufnahme der Eroberungspolitik (Visby). Im Konflikt mit der Hanse muß er deren Vorherrschaft in der Ostsee im **Frieden von Stralsund 1370** anerkennen.

Nach dem Tode König Waldemars wird der unmündige Olaf, der Sohn des norwegischen Königs Hakon VI., der mit Waldemars Tochter Margarete verheiratet ist, dänischer König. Damit beginnt die politische Rolle Margaretes I., die an Einfluß gewinnt, als ihr Sohn

1375–1387 Olaf im Jahre 1380 nach dem Tod des Vaters auch norwegischer König wird. Nach dem Tode Olafs im Jahre 1387 wird seine Mutter auch offiziell Regentin beider Königreiche. 1389 besiegt Margarete I. König Albert von Schweden und bemächtigt sich Schwedens bis auf Stockholm, das längere Zeit Widerstand leisten kann. **1397** führt Margarete I. die **Union von Kalmar** herbei. Ihr Großneffe Erich von Pommern wird zum König für alle drei Königreiche bestimmt, die künftig vereint bleiben sollen (Schweden bis 1523, Norwegen 1814). Nach dem Tode Margaretes 1412 übernimmt

1412–1439 Erich VII. bis zu seiner Absetzung die Regierung der drei Königreiche; er sucht die Stellung des Königtums gegen den Feudaladel zu stärken und die Vorrechte der Hanse einzuschränken (insbesondere mit Hilfe der von ihm begünstigten Holländer).

Christoph III. (1418–1448), Pfalzgraf bei Rhein, König seit 1440, durch seine Mutter Katharina von Pommern mit dem dänischen Königsgeschlecht verwandt, wird 1439 nach Absetzung seines Oheims Erich von Pommern vom Reichsrat zum Reichsvorstand und 1440 zum König gewählt (1441 König in Schweden, 1442 in Norwegen). Er spielt die Hansestädte gegen die Niederländer aus, denen er wichtige Handelsprivilegien einräumt. 1442 bestätigt er eine neue Fassung des schwedischen Landrechts und erneuert die Kalmarer Union.

Begründer des Oldenburgischen Königshauses in Dänemark wird **Christian I.** (1426–1481), König seit 1448, in Nor-

I
DE

wegen seit 1450 und in Schweden seit 1457. Er führt **1450** die Vereinigung Dänemarks mit Norwegen durch den **Unionsvertrag von Bergen** herbei und begründet 1460 die Personalunion Schleswigs und Holsteins mit Dänemark. In der **Schlacht am Brunkeberg 1471** verliert er die schwedische Königskrone. 1477–1479 werden die Universitäten Uppsala und Kopenhagen gegründet.

Schweden

Vom 6. bis 9. Jahrhundert schaffen die Svear um den Mälarsee bei Uppsala die Grundlagen für den schwedischen Staat. Könige aus dem Geschlecht der Ynglingar herrschen im 9. Jahrhundert im Vestfold. Der erste historisch gesicherte König ist **Erich VII. Segersäll** (der Siegreiche, gest. 994), der nach Missionsversuchen Ansgars in Schweden (ab 829) die Taufe empfängt. Er siegt am Fyriswall über ein Wikingerheer und kämpft im Bündnis mit Slawen gegen Dänemark. Gleichzeitig erschließen »Waräger« (Kriegerkaufleute) die östlichen Ostseeküsten sowie Gebiete an Wolga und Dnjepr und treiben Handel mit Byzanz. Unter **Olaf III. Skötkonung** (Schoßkönig, 995–1022) beginnt die Christianisierung, die im 12. Jahrhundert abgeschlossen wird. Er führt in Schweden die Bischofsverfassung sowie mitteleuropäische staatliche Verwaltungsformen ein.

Die kriegerischen Auseinandersetzungen zwischen christlichen Gauten und heidnischen Svear enden erst in der Zeit der **Gründung des Erzbistums Uppsala** im Jahre **1164**. 1155 beginnen die Kreuzzüge in Finnland, das nach seiner Eroberung bis 1809 unter schwedischer Herrschaft bleibt. 1240 verhindert der Nowgoroder Fürst Alexander in der Schlacht an der Newa ein weiteres Vordringen nach Rußland von Finnland aus.

Normannen im Kampf. Aus dem Wandteppich von Bayeux

Die Könige aus dem Geschlecht der **1250–1363 Folkunger** bringen Schweden zu politischer und wirtschaftlicher Blüte. Der Begründer der Dynastie,

1250–1266 Birger Jarl, der Vormund seines bereits zum König gewählten Sohnes **Waldemar** (1250–1275), sichert durch einen Kreuzzug die Herrschaft in Finnland und unterhält zu Norwegen und Dänemark friedliche Beziehungen; er gilt als Gründer Stockholms. Waldemar wird von seinem Bruder

1275–1290 Magnus I. Birgersson gestürzt. Seine Herrschaft bedeutet eine weitere Stärkung der königlichen Gewalt.

1319–1363 Magnus II. Eriksson vereinigt Schweden und Norwegen unter seiner Herrschaft (bis 1343, als er Norwegen seinem zweiten Sohn überläßt und dadurch eine erneute Trennung einleitet). Im Jahre **1346** gründet die Heilige Birgitta (gest. 1373 in Rom) den Orden des Heiligen Erlösers **(Birgittenorden)**. In ihren Offenbarungen ruft sie zur Reform der Kirche auf. 1360/61 gehen Schonen und Gotland mit Visby an Dänemark verloren, was zu einer stärkeren Anlehnung Schwedens an Norddeutschland und 1364 zur Wahl des Herzogs

1364–1389 Albrecht III. von Mecklenburg zum König führt. Der bisherige König Magnus II. wird abgesetzt.

1389 wird Albrecht von einem dänischen Heer besiegt und gefangennommen; ganz Schweden kommt unter Margarete I. an Dänemark. Sie führt **1397 die Kalmarer Union** (Vereinigung der drei skandinavischen Reiche) herbei, doch versucht Schweden bereits unter ihrem Nachfolger Erich XIII. von Pommern insbesondere während des Bauernaufstandes unter Führung des Bergmanns **Engelbrekt Engelbrektsson 1434** aus der Union auszubrechen. Dieses Ziel verfolgen auch die Könige und die Reichsverweser aus dem Hause **1470–1520 Sture**, zuletzt mit Erfolg Gustav I. Eriksson (1523–1560) aus dem Hause der Wasa (1523–1654).

Polen

Als Begründer des polnischen Staates gilt der dem Geschlecht der

960–1138 Piasten entsprungene **Mieszko I.**, Herzog seit 960, von dem man vermutet, daß er nordischer Abkunft ist. Er wird 963 für die Gebiete zwischen Warthe und Oder Kaiser Otto I. tributpflichtig. Nach seiner Heirat mit der böhmischen Prinzessin Dubravka nimmt er 966 das lateinische Christentum an und errichtet **968** das **Bistum Posen**. Er kann seine Herrschaft über Pommern und Schlesien ausdehnen, verliert jedoch östliche Grenzgebiete an das Kiewer Reich. Schon sein Nachfolger

992–1025 Boleslaw I. Chrobry, König ab 1024, versucht Polen insbesondere durch Einverleibung Böhmens zu einem großslawischen Reich auszugestalten; er scheitert aber am Widerstand Heinrichs II. Die geistigen Beziehungen zum Deutschen Reich sind eng; Otto III. gründet selbst für Polen **1000** das **Erzbistum Gnesen**. Die bisher bestehende Tributpflicht Polens wird in ein Lehnsverhältnis verwandelt. Es folgt eine Zeit innerer Wirren, der Volksaufstände und ausländischen Interventionen sowie die Verlegung des Sitzes der polnischen Monarchie von Gnesen nach Krakau. In der

1138–1320 Zeit der Teilfürstentümer führen die Dezentralisierungstendenzen zur Vertiefung der Teilung des Landes in Teilherzogtümer, Pommern und Schlesien sondern sich ab, die Tataren verwüsten 1241 Klein- und Zentral-Polen. Der Kampf des Fürstentums gegen die fest organisierten **adligen Sippen (»Slachta«)** ist vergeblich. Der Adelsherrschaft fällt auch der Versuch zum Opfer, eine auf fürstliche Kastelle gestützte öffentliche Lokalverwaltung einzuführen. Auch in der königlichen Dynastie überwiegt das Familieninteresse, so daß es immer wieder zu Landesteilungen kommt. Auf die Dauer gelingt es keinem der Teilfürsten, eine

Oberherrschaft über die Teilreiche zu erlangen. Nur die Einheit der Kirche und das Bewußtsein völkischer Zusammengehörigkeit verhindern die völlige Auflösung des polnischen Staates. Im **12. bis 14. Jahrhundert** setzt eine **Kolonisierung** aus dem Gebiet des Deutschen Reiches ein. Die (deutschen) Neusiedler prägen vor allem das Bild der Städte, vornehmlich in Schlesien und in den westlichen Teilen Groß- und Kleinpolens.

Die Raubüberfälle der Pruzzen (Preußen) und Litauer im Norden und Osten des Landes veranlassen Herzog Konrad I. von Masowien **1225**, den **Deutschen Orden nach Polen** zu rufen. Er siedelt ihn in der Provinz Culm an. Die Ritter unterwerfen die Pruzzen bis 1283 und dehnen ihre Herrschaft auch auf Pomerellen aus. Die nun folgenden Auseinandersetzungen mit dem Deutschen Orden halten bis ins 15. Jahrhundert an.

Dem Herzog von Kujawien, **Wladislaw I. Lokietek** (1260–1333) gelingt es, nach dem Aussterben der Przemysliden Klein- und Großpolen zu vereinigen und sich 1320 zum König krönen zu lassen. Sein Sohn

1333–1370 Kasimir III., der Große, überläßt Böhmen für dessen Verzicht auf alle polnischen Kronansprüche 1335 Schlesien, erwirbt die ostgalizischen bzw. rotreußischen Fürstentümer Halitsch-Wladimir und gliedert Masowien und Chelm Polen als Lehnsfürstentümer an. Die innere Entwicklung fördert Kasimir durch Neugründung von Städten, durch Vereinheitlichungen im Münz- und Rechtswesen, die Errichtung der **Universität Krakau 1364** und durch Aufsplitterung der großpolnischen Adelsopposition. Mit ihm stirbt das Königshaus der Piasten im Mannesstamm aus.

Ludwig I., der Große (1326–1382), der Neffe Kasimirs und Sohn Karls I. Robert von Anjou, König von Ungarn seit 1342 und von Polen seit 1370, erkauft sich die Zustimmung von Schlachta und Geistlichkeit zur Nachfolge durch Privilegienerteilung und Gewährung von Steuerfreiheit. Großfürst Jagello von Litauen vereinigt als **Wladislaw II.** (um 1351–1434) nach erfolgter Taufe

1386 Polen und Litauen in Personalunion. Dadurch verliert der Deutsche Orden seine Existenzberechtigung und gerät in zunehmende Feindschaft zu Polen. Am 15.7. **1410** wird das Ordensheer von den Polen und Litauern bei **Tannenberg** vernichtend geschlagen. Im 1. Thorner Frieden 1411 muß der Deutsche Orden auf Dobrzyń und Samaiten verzichten und hohe Lösegeldzahlungen für seine Gefangenen aufbringen. Der 2. Thorner Frieden 1466 beschränkt das Ordensterritorium auf den östlichen Teil Preußens und verlangt vom Hochmeister des Deutschen Ordens Treueid und Heerfolge gegenüber dem polnischen König. Das Doppelreich Polen–Litauen steigt zur politischen und militärischen Führungsmacht in Osteuropa auf.

Marter und Tod des heiligen Stanislaus. Schlesischer Altar

Rußland

Der russische Staat entsteht aus der Verbindung ostslawischer Stämme mit den schwedischen Normannen, den Warägern (»Schwurbrüder«), die von den Finnen »rus« genannt werden. Die Herkunft des Namens »rus«, mit dem die warägisch-schwedischen Herren der slawischen Stämme bezeichnet werden, ist umstritten. Die Deutung mit dem größten Wahrscheinlichkeitsgehalt leitet ihn von dem finnischen Wort »ruosti«, Ruderer, ab, womit auf die schwedische Herkunft der Rus hingewiesen wird. Stammvater der Rus soll **Rurik** sein, den die Nowgoroder Slawen im Jahre **862** angeblich zu ihrem Fürsten berufen. Aus Schweden stammende Krieger und Kaufleute hatten jedoch schon spätestens seit dem 8. Jahrhundert die den großen Wasserwegen folgenden Handelsstraßen – zuerst den Wolgaweg, später den Dnjeprweg – benutzt, um ans Schwarze Meer und nach Konstantinopel zu kommen; byzantinische Quellen berichten von einem Angriff der Flotte der »Rhos« auf Konstantinopel am 18.6.860. Die Waräger hatten entlang dieser Wasserstraßen Stützpunkte gegründet oder sich in schon bestehenden slawischen Siedlungen niedergelassen und dort die Herrschaft errungen.

Das Reich von Kiew

882 gelingt dem aus Nowgorod stammenden Waräger **Oleg** die Eroberung und Vereinigung der Herrschaften am Dnjeprweg; er wählt Kiew als Hauptstadt seines Reiches. Von der Nord-Süd-Achse Nowgorod–Kiew aus unterwirft die **Kiewer Rus** die östlich und westlich davon siedelnden Stämme; teilweise löst sie sie aus der Abhängigkeit von den Chasaren und den Wolgabulgaren. Dies gelingt dem Großfürsten

964–972 Swjatoslaw, dem ersten Fürsten, der einen slawischen Namen trägt; denn die Verschmelzung der Waräger mit den Slawen durch Heiraten setzt naturgemäß dann ein, als sich die Waräger feste Sitze zu errichten beginnen. Unter den heidnischen Warägern und Slawen, aus denen sich das Volk der Russen bildet, findet das Christentum zunächst keinen Eingang: neben Versuchen der römischen Kirche scheitern auch solche der griechischen Kirche. Erst unter Fürst

978–1015 Wladimir I. wird das Christentum Staatsreligion, als Wladimir I. den Kaiser Basileios II. von Byzanz militärisch unterstützt und dafür dessen Schwester zur Frau erhält, sich jedoch verpflichtet, in seinem Reich das Christentum einzuführen. Mit ausschlaggebend für diese Entscheidung Wladimirs I. ist wohl auch, daß der russische Fürst nicht mehr fürchten muß, durch die Annahme des Christentums in politische Abhängigkeit von Byzanz zu geraten. Wladimirs Entscheidung bringt Rußland jedoch in die **religiöse und kulturelle Abhängigkeit von Byzanz**, die Rußland vom übrigen Europa isoliert und dadurch eben doch große politische Bedeutung gewinnt.

Unter Wladimir I. und dessen Sohn

1019–1054 Jaroslaw Mudry erreicht die Macht des Kiewer Reiches ihren Höhepunkt. Die Westgrenze kann im Süden durch die Eroberung Wolyniens und Galiziens (1031) bis zu den Karpaten vorgeschoben werden, im Norden kommen Teile der Lettgaller, Letten, Liven und Esten unter die Herrschaft Kiews; im Süden beseitigt der Sieg über die Petschenegen (1037) die latente Bedrohung von Kiew (große Angriffe in den Jahren 992, 996 und 997), läßt jedoch auch ein Machtvakuum entstehen, in das von Osten die Polowzer und Kumanen eindringen, nomadische Steppenvölker, die nicht durch Angriffs- und Eroberungskriege abgewehrt werden können. Die Stadt Kiew wächst im 10. und 11. Jahrhundert zu einem Handels- und Kulturzentrum; Kirchen und Klöster bestimmen

Der heilige Demetrius, Russisches Mosaik aus dem 11. Jahrhundert

ihr äußeres Bild, und das von Klerikern getragene Geistesleben legt die Grundlagen der russisch-orthodoxen Kultur, die sich, wenn auch zunächst in starker Abhängigkeit vom griechischen Vorbild, in kirchlichen Schriften, Annalen und Rechtskodifikationen die ersten Denkmäler setzt. Unter Jaroslaw Mudrys Söhnen führen auf der Thronfolgeordnung beruhende Streitigkeiten rasch zum Niedergang des Kiewer Reiches.

1113–1125 Wladimir II. Monomach kann das Reich zum letzten Mal in seiner Hand vereinen; nach seinem Tod setzen sich die zentrifugalen Kräfte durch.

Unter den Ursachen des Verfalls des Kiewer Reiches ist an erster Stelle dessen **wirtschaftlicher Niedergang** zu nennen, der die Sperrung des Dnjeprweges nach Byzanz durch die nicht mehr zu bewältigenden Polowzer zur Folge hat; die **Eroberung von Byzanz durch die** lateinischen **Kreuzfahrer 1204** läßt den Byzanzhandel ganz versiegen. Der wirtschaftlichen Schwächung folgt ein allgemeiner **Prestigeverlust der Fürsten**; die Wetschen, die Versammlungen der Stadtbevölkerung, gewinnen zunehmend an Bedeutung; ihnen sind jedoch lokale Interessen vorrangig.

Im Kampf um die Großfürstenwürde verliert Kiew seine Vormachtstellung: Fürst **Andrei Bogoljubski von Wladimir**, der Kiew 1169 erobert und plündern läßt – von diesem Schlag können Stadt und Fürstentum sich nicht mehr erholen –, verlegt die großfürstliche Residenz in den Nordosten nach Wladimir; dort, im Land zwischen Oka und oberer Wolga, einem erst vor kurzer Zeit von Russen besiedelten kolonialen Gebiet, entwickelt sich eines der neuen Machtzentren. Der koloniale Charakter dieses Fürstentums konzentriert die Macht in der Hand des Fürsten. Die Städte sind relativ schwach entwickelt, der Bojarenadel stark vom Fürsten abhängig. Im Südwesten wird das **Fürstentum Galitsch-Wolynien** führend. In ständigem Kampf, aber auch in enger Nachbarschaft mit Polen und Ungarn, entwickelt dieses Fürstentum nach dem Beispiel der benachbarten Reiche eine Gesellschaftsform, in der der Bojarenadel schließlich die Macht des Fürsten entscheidend beschränken kann. Das dritte Zentrum bildet im Nordwesten das **Fürstentum Groß-Nowgorod**. Dieses erste Gebiet der Waräger hat schon im Kiewer Reich eine Sonderstellung eingenommen. Seine Handelsbeziehungen bringen es in enge Berührung mit Mittel- und Westeuropa. Im Zentrum des Fürstentums, der Stadt Nowgorod, erlangt die aus Kaufleuten und Bojaren gebildete Wetsche im 12. Jahrhundert die Vormacht: Sie wählt die Nowgoroder Fürsten und Erzbischöfe nach Belieben. Der Stadtstaat gewinnt durch Handel und Kolonisation ein riesiges Territorium, das praktisch das gesamte Nord-Rußland von Karelien bis zum Ural umfaßt. Die Verteidigung dieses Besitzes bedeutet jedoch eine ständige Belastung und schließlich die Schwächung des Staates.

Der Mongolensturm

Die drei großen Zentren Rußlands verzehren sich im ständigen Kampf untereinander, mit kleineren russischen Fürstentümern und mit den Nachbarvölkern.

Dem entschlossen vorgetragenen **Stoß der Mongolen** kann daher kein wirksamer Widerstand entgegengesetzt werden. Schon der erste, noch von Dschingis-Khan geführte Angriff, ein Erkundungsvorstoß nach dem erfolgreichen Feldzug in Zentralasien, dem Iran und dem Kaukasusgebiet (ab 1221), führt

1223 zur **Vernichtung der vereinigten Heere** von Polowzer-Kumanen und Kiew an der Kalka nördlich des Asowschen Meeres. Auf dem Heimweg erobert Dschingis-Khan noch Bulgar, die Hauptstadt der Kama- oder Wolgabulgaren.

Der zweite Zug der Mongolen unter Batu ist ein wohlgeplanter Eroberungszug ins mittlere Rußland. 1236 ist das Reich der Wolgabulgaren sein erstes Opfer.

Bis 1238 unterwerfen die **Mongolen** die russischen Fürstentümer Rjasan, Wladimir/Susdal und Rostow (Jaroslawl). Außer den jeweiligen Hauptstädten wird auch **Moskau zerstört**. Kurz vor Nowgorod drehen die Mongolen nach Südosten ab, nachdem sie das Nowgoroder Heer geschlagen haben.

Auf dem dritten Zug, der die Eroberung Mittel- und wohl auch Westeuropas zum Ziel hat, zerstören die **Mongolen** zunächst im Jahre **1240 Kiew** und Tschernigow – Kiew ist damit als Machtzentrum für Jahrhunderte ausgeschaltet –, wenden sich dann Wladimir-Wolynski und Galitsch zu und **vernichten 1241 bei Liegnitz ein Ritterheer** der schlesischen Piasten (Herrschergeschlecht). Anschließend besetzen sie Ungarn (Schlacht von Mohi 1241). Der Tod des Großkhans zwingt die Mongolen zwar, den Eroberungszug abzubrechen; **Rußland** bleibt jedoch eine **mongolische Provinz** (Ulus) mit innerer Autonomie, die dem mongolischen Teilreich der Goldenen Horde (Hauptstadt Sarai) an der unteren Wolga untersteht.

Versuche, Widerstand gegen die Mongolen zu leisten, unternimmt nur Fürst Daniel von Galitsch-Wolynien unter Anlehnung an den Westen. 1258 muß Daniel jedoch die Oberhoheit der Mongolen anerkennen.

Am günstigsten ist die Lage von Nowgorod, das zunächst nicht unter mongolischer Oberhoheit steht. Fürst **Alexander Newski** kann sogar Angriffe der Schweden (1240 Schlacht an der Newa – daher Alexanders Beiname Newski) und des Deutschen Ordens

1242 in der **Schlacht auf dem Eis des Peipussees** siegreich abwehren: als er jedoch **1246 Großfürst von Wladimir** wird, bleibt ihm kein anderer Weg als der einer gehorsamen Erfüllungspolitik gegenüber den Mongolen, um dem verwüsteten Land eine allmähliche Erholung zu ermöglichen. Die Jahrzehnte nach Alexander Newskis Tod im Jahre 1263 sind die dunkelsten in der russischen Geschichte. Die letzten Reste der politischen Einheit gehen verloren, Wirtschaft und Kultur erreichen den tiefsten Stand, die letzten Kontakte zum Westen reißen ab. Als letztes einigendes Band bleibt neben der gemeinsamen Sprache die Kirche.

Der heilige Georg. Ikone der Nowgoroder Schule aus dem 14. Jahrhundert

Der Aufstieg Moskaus vom Fürstentum zum Staat

1263 erhält Daniel, der jüngste Sohn Alexander Newskis, das kleine Teilfürstentum **Moskau als Erbteil**. Die Stadt Moskau besteht damals seit etwa 100 Jahren. Sie liegt zwar verkehrsgünstig in einem relativ dicht besiedelten Gebiet, bietet sonst aber keinerlei Voraussetzungen für ihren späteren Aufstieg. Dem Fürsten gelingt der **Erwerb von Kolomna und Perejaslawl**. Fürst

1328–1341 Iwan I. Kalita kann Twer besiegen und durch geschicktes Taktieren vom Khan der Goldenen Horde die Bestätigung als Großfürst erlangen. Schon 1327 wählt der Metropolit, das Oberhaupt der russischen Kirche, der 1299 das verödetete Kiew verlassen und sich nach Wladimir begeben hat, Moskau zu seinem endgültigen Sitz. Damit verfügt Moskau über Autorität, die ihm die Durchsetzung seines Führungsanspruches erleichtert. Dieser Anspruch ist schon anerkannt, als Großfürst

1363–1389 Dmitri Donskoi als erster russischer Fürst das aus dem Mongolenreich hervorgegangene Tatarenkhanat der Goldenen Horde im Jahre 1380 erstmals schlagen kann. Dieser Versuch, die Tatarenherrschaft abzuschütteln, schlägt zwar fehl –

1382 zerstören die Tataren Moskau und zwingen Dmitri Donskoi wieder unter ihre Oberhoheit – er gibt dem jungen Großfürsten jedoch das Ansehen eines Nationalhelden und Moskau die Rolle eines Vorkämpfers gegen die verhaßten heidnischen Unterdrücker.

Parallel mit dem **Aufstieg** Moskaus verläuft jedoch der **des Großfürstentums Litauen**. Im 14. Jahrhundert beginnt es eine beachtliche Expansion nach Südosten, die zu Lasten Rußlands und der Goldenen Horde geht. Bis 1380 bringt es die russischen Fürstentümer mit Ausnahme Nowgorods und Moskaus unter seine Herrschaft, seine Ostgrenze ver-

Mongolische Reiter Timur-Lengs. Ausschnitt aus einer persischen Miniatur

läuft südlich von Moskau bis zum Knie des unteren Dnjepr. Dieses große Gebiet russischen Landes nimmt Litauen der Goldenen Horde ab, deren Macht seit etwa 1350 infolge ständiger Rivalenkämpfe sinkt. Auch die kurzfristige Wiederherstellung der Einheit des Tatarenkhanats durch den Eroberer Timur-Leng zu Ende des 14. Jahrhunderts kann den weiteren Verfall der Goldenen Horde nicht aufhalten. Das seit 1386 mit Polen vereinigte Litauen scheint sich anzuschicken, die letzten russischen Fürstentümer unter seine Herrschaft zu zwingen. Vor allem, nachdem es seit dem **1410 Sieg über den Deutschen Orden bei Tannenberg** im Westen seinen Hauptgegner ausgeschaltet hat.

Die Macht des polnisch-litauischen Großreiches schwächt sich jedoch ab, als dieses ab 1430 eine Periode inneren Zwistes erlebt. So kann Moskau eine gleichzeitige innere Krise ohne größere Einbußen überwinden. Als wichtige Klammer erweist sich **die Kirche**; sie **unterstützt den Moskauer Führungsanspruch** nachhaltig, zumal Litauen mit der Übernahme des westlichen, von Rom abhängigen Christentums ab 1386 die Chance vergibt, als Vorkämpfer der Orthodoxie aufzutreten. Dabei schickt sich die russisch-orthodoxe Kirche an, die Führung innerhalb der Orthodoxie zu beanspruchen. Nach dem **Unionskonzil von Florenz** im Jahre **1439** verweigert Großfürst Wassili II. für die russische Kirche die Anerkennung der Union, und in Moskau wird ein von Konstantinopel nicht bestätigter Metropolit gewählt. Damit trennt sich die russische von der griechischen Kirche. Als dann Konstantinopel von den Türken im Jahre 1453 erobert wird, fällt der Moskauer Kirche als größter innerhalb der Orthodoxie die Führung zu. Die kirchliche Entwicklung isoliert jedoch Moskau kulturell: Nach der Trennung von den Griechen schließt Rußland sich vom Westen ab. Unter Großfürst

1462–1505 Iwan III. kommt die Einigung Nordost-Rußlands weiter voran. Die wichtigste Eroberung gelingt ihm mit der

1471–1478 Unterwerfung Nowgorods. Weit weniger Mühe kostet die Einverleibung von Jaroslawl im Jahre 1485. Iwans Nachfolger

1505–1533 Wassili III. kann Pleskau (1510) und Rjasan (1516) ohne Schwierigkeiten dem Moskauer Staat eingliedern. Der Expansionsdrang Moskaus beschränkt sich jedoch nicht mehr nur auf die russischen Fürstentümer. Iwan III. beginnt den Angriff gegen Litauen, wenn ihm auch Erfolge versagt bleiben; Wassili III. kann den westlichen Nachbarn schon Smolensk abgewinnen (1514).

Eine wesentliche Voraussetzung für diese Politik ist, daß Moskau sich vor den bisher stärksten Feinden und Unterdrükkern, den Tataren, in jener Zeit sicher fühlen kann. 1480 wehrt Iwan III. den letzten Angriff der Goldenen Horde siegreich ab und entzieht sich damit deren Oberhoheit.

1485 zerfällt das Großkhanat endgültig in die Khanate Kasan, Astrachan und Krim. Gegen Ende des 15. Jahrhunderts beginnt sich Moskau, seinem gewachsenen Ansehen und Territorium entsprechend, in die mittel- und westeuropäische Politik einzuschalten und sucht diplomatische Verbindungen mit Dänemark, dem Kaiser des Deutschen Reiches und anderen nicht unmittelbar benachbarten Mächten herzustellen. Dabei nennt sich Iwan III. selbst Herrscher von ganz Rußland, womit er an Gepflogenheiten der byzantinischen Kaiser, die den Titel Autokrator führen, anknüpft. Im Verkehr mit minderen Mächten legt er sich sogar schon den **Titel Zar, Kaiser** zu. Moskau übernimmt die byzantinische Weltreichs- und Kaiseridee und erhebt den Anspruch, das **Dritte Rom** zu sein. Träger und Propagandist dieser Idee, die den universalen Weltherrschaftsanspruch einschließt, ist die Moskauer Kirche.

Umseitig: Auferstehung Christi. Byzantinisches Kirchenfresko

ΙΣΙΣ
ΧΣ

Byzanz

Die Kaiserkrönung Karls des Großen am 25.12.800 durch Papst Leo III. in Rom in der Regierungszeit **Irenes** (797–802) bedeutet für Byzanz, das sich als legitimer Erbe des antiken römischen Weltreiches betrachtet, eine ungeheure Herausforderung. Karl versucht das Byzantinische Reich dadurch zu beseitigen, daß er Irene heiraten will. Sie wird jedoch durch eine Palastrevolution gestürzt und nach Lesbos verbannt. Obgleich Karls Kaisertum 812 durch
811–813 Michael I. akzeptiert wird, bestimmt der politische Gegensatz zwischen den beiden Kaiserreichen über Jahrhunderte die weitere Entwicklung auch der europäischen Geschichte.
Eine schwere Belastung für das Byzantinische Reich bedeutet seit Ende des 7. Jahrhunderts auch der ständige Konflikt mit dem Bulgarenreich.
820–829 Michael II., der Begründer der amorischen Dynastie (bis 867), verliert 826 Kreta und 827 Sizilien an die Araber, sein Sohn **Theophilos** (829–842) muß 838 auf das wichtige kleinasiatische Amorion verzichten.
Eine politische und kulturelle Blüte des Reiches sowie eine kirchenpolitische Machtprobe mit dem Papsttum kennzeichnet die Regierungszeit **Michaels III.** (842–867). Nach Absetzung des Ignatios wird **Photios** (820 bis etwa 891) als Laie zum Patriarchen von Konstantinopel erhoben. Dieser Verstoß gegen das Kirchenrecht ist Papst Nikolaus I. Anlaß zur Erneuerung des päpstlichen Führungsanspruchs auch in der Ostkirche. Der Papst erklärt Photios durch eine römische Synode für abgesetzt. Dieser faßt 867 in einer zum
879/880 Konzil in Konstantinopel einladenden Enzyklika die dogmatischen Streitpunkte mit dem Papsttum zusammen (Priesterzölibat, Zusatz des Filioque zum Glaubensbekenntnis – Trinitätsdogma) und exkommuniziert Nikolaus I. Auf diese Weise versucht Photios, der bedeutendste orthodoxe Kirchenpolitiker des Mittelalters, die Unabhängigkeit Konstantinopels von der Jurisdiktion des päpstlichen Stuhles durchzusetzen.

Byzantinischer Reichsadler aus dem 10. Jahrhundert

867–866 Basileios I. Makedon gelangt durch die Ermordung Michaels III. auf den Thron und ist Begründer der makedonischen Dynastie (bis 1056). Er kann die Araber im Küstengebiet der Adria zurückschlagen, die Oberherrschaft über Dalmatien festigen, in Unteritalien den Reichsbesitz ausdehnen, an der Ostgrenze das Reichsgebiet erweitern und Einfluß auf Armenien gewinnen. Kirchenpolitisch versucht er sich zunächst mit der römischen Kurie zu verständigen und läßt

deshalb Patriarch Photios fallen. Nach dem Streit um die kirchliche Zugehörigkeit des Bulgarenreiches, das sich dem Patriarchat von Konstantinopel unterstellt, kehrt Photios wieder zurück.
Romanos I. Lekapenos (Mitkaiser 920–944) gelingt die Rückeroberung weiter Teile Mesopotamiens von den Arabern, 961 kann ihnen Kreta entrissen werden und **Johannes I. Tsimiskes** (969–976) gelingt die Rückeroberung von Damaskus, Palästina sowie die Eroberung des Bulgarischen Reiches im Jahre 971. Unter
976–1025 Basileios II. Bulgaroktonos wird der Höhepunkt der politischen Macht in der Geschichte der mittel- und spätbyzantinischen Zeit erreicht. Bis 918 bringt er die gesamte Balkanhalbinsel in byzantinischen Besitz und im Osten erobert er weite Gebiete Syriens. Durch die Heirat seiner Schwester Anna mit Großfürst Wladimir I. von Kiew 989 hat er entscheidenden Anteil an der **Christianisierung Rußlands**, ein Vorgang von großer kirchengeschichtlicher und kultureller Bedeutung.
Nach dem Tode des Kaisers ist unter seinen Nachfolgern ein innerer und äußerer Niedergang des Reiches zu verzeichnen. Im Kampf gegen die Seldschuken in Kleinasien und die Petschenegen an der Donau muß das Reich schmerzliche Niederlagen hinnehmen, die das Ende seiner Großmachtstellung bedeuten, bis zur Restitution des Reiches unter
1259–1282 Michael VIII. Die Reste der byzantinischen Herrschaft im Westen

Kaiser Basileios II. Miniatur aus dem 11. Jahrhundert

werden bis 1071 durch die Normannen beseitigt.
Obgleich die Kreuzzüge ursprünglich auf Hilfeersuchen der byzantinischen Kaiser mit ausgelöst werden und im Verlauf des ersten Kreuzzuges (1096–1099) Kleinasien und Kilikien zurückgewonnen werden, kann der venezianische Doge Enrico Dandolo auf Initiative des deutschen Königs Philipp von Schwaben das Kreuzfahrerheer zum vierten Kreuzzug **1203 und 1204** für die **Eroberung Konstantinopels** gewinnen. Mit diesem Ereignis endet für sechs Jahrzehnte die Geschichte des Byzantinischen Reiches. Erst
1259–1282 Michael VIII. Palaiologos gelingt neben der Rückeroberung großer westgriechischer Landstriche die Wiedereroberung Konstantinopels am 25. Juli 1261. Er ist der Begründer der Dynastie der Paläologen. Unter seinen Nachfolgern **Andronikos II.** (1282–1328) und **Andronikos III.** (1328–1341) sinkt das Reich in Bedeutungslosigkeit zurück. Um die Wende zum 14. Jahrhundert besetzen die Osmanen die noch verbliebenen Teile Kleinasiens und unter **Johannes V.** (1341–1391) fast die gesamte Balkanhalbinsel. Kaiser **Manuel** (1391–1425) sucht vergeblich in Westeuropa Unterstützung für das bedrohte Konstantinopel. Nach zehnjähriger Belagerung durch die Osmanen wird die Hauptstadt überraschend entlastet durch den Einbruch der Mongolen unter Timur-Leng, die 1402 bei Ankara die Truppen des Sultans Bajasid II. schlagen. Trotz eines Versuchs der Aussöhnung mit der römischen Kirche unter **Johannes VIII.** (1425–1448) und trotz heldenhafter Gegenwehr unter Kaiser **Konstantin XI.** (1448–1453) gelingt den Türken unter Sultan Muhammad II.
1453 die Eroberung Konstantinopels. Das Byzantinische Reich hört auf zu bestehen.

Belagerung Konstantinopels 1453. Türkische Miniatur

Indien

Nach Jahrhunderten der inneren Zersplitterung und der Vorherrschaft fremder Völker erlebt Indien unter der Gupta-Dynastie eine neue Blütezeut.
Um 320–535 Gupta-Reich.
Chandragupta I. (315–328) erobert in Nordindien die Macht, die sein Nachfolger Samudragupta (328–376) gewaltig ausdehnt. Zunächst wird das Ganges-Tal überrannt. Zahlreiche Kleinkönige werden vernichtet oder als Vasallen dem Reich eingegliedert. Danach marschiert Samudragupta nach Süden durch das östliche Zentralindien. Ein weiterer Feldzug nach Osten schließt sich an. Schwer mit Beute und Tributgeldern beladen, kehrt der erfolgreiche Eroberer nach Magadha, der Hauptstadt des Gupta-Reiches, zurück. Das Prestige Samudraguptas ist so groß, daß zahlreiche Staaten mit ihm Schutzverhältnisse eingehen. Selbst vom mächtigen Ceylon wird der Gupta-Herrscher mit kostbaren Geschenken überhäuft. Sein Nachfolger
378–441 Chandragupta II. erbt ein geordnetes Reich, dessen Macht und Einfluß er noch beträchtlich zu steigern vermag. Als der angesehenste aller Gupta-Kaiser wird Chandragupta II. noch heute im indischen Volksmund wegen seiner Tapferkeit, Klugheit und seines Edelmutes verehrt. Nach zahlreichen Feldzügen, auch gegen widerspenstige Satrapen, verbunden mit einer klugen Heiratspolitik, reicht der Gupta-Einfluß schließlich über ganz Südindien, zu den Kadambas im westlichen Dekhan, den Gangas in Maisur und den Pallavas an der Südostküste.
Samudragupta, Chandragupta II. sowie dessen Nachfolger Kumaragupta, alle große Förderer der Kunst und der Literatur, repräsentieren das **»Klassische Zeitalter«** der indischen Kultur.
In Anlehnung an syrisch-römische Formen entwickelt die Architektur neben

großen Stadtanlagen den klassischen indischen Tempelbau. Die herrschenden Schichten stellen große Ansprüche an Luxus und Bildung. Kostbare Gewänder und wertvoller Schmuck, Perücken für die Männer, blumendurchsetzte Frisuren für die Frauen gehören zu einer entwickelten Etikette ebenso wie umfassende Kenntnisse über Küche, Parfüms, Musik, Kunst, Poesie und Wissenschaft. Tanz und Theater werden zu raffinierten Kunstwerken. Die Literatur pflegt die erotische wie asketische Lyrik, das Drama und den Roman (größter indischer Dichter **Kalidasa**). Die Mathematik erfindet die Null und das Dezimalsystem (Grundlage späterer Entwicklung).

Hindugott Schiwa

Auch der religiöse Bereich wird intensiviert. Der Buddhismus wendet sich dem absoluten Idealismus zu; Buddha selbst ist zum dreieinigen (Trikaya) Gott geworden, umgeben von den Scharen von Bodhisattvas, d.h. Heiligen und Göttinnen.

Um 445, mit dem Einfall mongolischer Druggu-Nomaden, wird das goldene Zeitalter jäh erschüttert. Mordend und plündernd ziehen die urwüchsigen Horden durchs Land, gefolgt von einer noch größeren Gefahr, den **»Weißen Hunnen«.** Dem Ansturm dieses iranisch-türkischen Mischvolkes ist das bereits innerlich morsch gewordene Gupta-Reich nicht gewachsen.

Ab 700 wird der schon zuvor von verschiedenen Volksreligionen überlagerte **Buddhismus** durch den **Hinduismus** verdrängt. Im Gegensatz zum Buddhismus ist der Hinduismus keine gestiftete, sondern eine historisch gewordene Religion. Anknüpfend an die Tradition des Brahmanismus, bekennt sich auch der Hinduismus zum Kastenwesen, zur Seelenwanderung und zur Erlösungssehnsucht. Unter den Göttern des Hinduismus gilt Brahma als der Schöpfer, Vischnu als Erhalter und Schiwa als Zerstörer. Neben dieser Dreiheit kennt der Hinduismus zahlreiche weitere Götter. Vielfältig wie diese Götterwelt ist auch der hinduistische Erlösungsweg, der die verschiedensten Formen umschließt. Fetischismus, Tierkult (Heilighaltung der Kuh), Polytheismus, Pantheismus, Henotheismus existieren nebeneinander und überlagern sich. Zentralbegriff des Hinduismus ist die Vorstellung einer den Kosmos beherrschenden Weltordnung, die mit ihrer strengen Vergeltungskausalität (Karma) jedem Lebewesen seinen Platz auf Grund seiner guten und bösen Handlungen in einer vorausgegangenen Existenz zuweist (Rechtfertigung des Kastenwesens). Ziel allen religiösen Strebens ist letztlich die Erlösung, die Beendigung der Seelen-

Harem am Hofe Kaiser Akbars

wanderung in einem unverlierbaren Zustand der Seligkeit.
Seit 711 fallen die Araber erobernd ins Land. Die **Islamisierung Indiens** beginnt. Mit wechselnden Erfolgen kämpfen nun über dreihundert Jahre Hindus gegen Moslems, bis es **1206** zur Vorherrschaft des **Sultanats von Delhi** kommt (endgültige Verdrängung des Buddhismus auf dem vorderindischen Festland). 1221 dringen die Mongolen Dschingis-Khans bis zum Indus vor. 1398/99 fallen die Türkenhorden des Welteroberers Timur mordend und plündernd über Nordindien her. 1526 gündet **Kaiser Babur** (1526–1530), ein Nachkomme Dschingis-Khans und Timurs, das indische
1526–1658 Reich der Großmogule.
Hat Babur mit seinen glänzenden Siegen über rivalisierende Moslem- und Hindustaaten die Voraussetzung für die Herrschaft der Großmogule geschaffen, macht sein Enkel, **Kaiser Akbar** (1556–1605), nach Hinzugewinnung weiterer Gebiete den ersten ernsthaften Versuch, den ewigen (noch das heutige Indien belastenden) Konflikt zwischen Hindus und Moslems zu überwinden. Radschputen-Fürsten unterworfener Hindustaaten werden gezwungen, ihre Töchter in den kaiserlichen Harem zu schicken. Nachfolgende Prinzen (blutsverwandschaftliche Beziehungen gelten den Radschputen als heilig) werden somit getreue Gefolgsleute der Großmogule. Rechtlich und religiös werden Hindus und Moslems gleichgestellt, die verhaßten Kopfsteuern für Nichtmohammedaner (Jizya) aufgehoben, der radschputischen Ritterschaft hohe Regierungsämter geöffnet. An die Stelle der bisherigen persisch-türkischen Hofkunst tritt eine **hindu-mohammedanische Mischkultur** (Bauten der Kaiserstadt Agra). Ziel Akbars ist es, ein dauerhaftes, alle Völker und Religionen integrierendes Großindien zu schaffen.
Seine Nachfolger jedoch zeigen sich dieser Aufgabe nicht gewachsen. Sie kehren zu einer Politik religiöser Intoleranz zurück, die Kopfsteuer wird wieder eingeführt, zahlreiche Hindutempel fallen der Zerstörung zum Opfer. An den Höfen der Großmogule herrschen Laster, Trunksucht und Palastintrigen, während das Volk durch korrupte Steuerverwalter rücksichtslos ausgebeutet wird. Innerlich zerrissen, von äußeren Feinden bedroht, hat das verfallende Reich der Großmogule, dem europäischen Eindringen (bereits 1498 hat der Portugiese Vasco da Gama den Seeweg nach Indien entdeckt) nichts entgegenzusetzen.

China

Erst dreieinhalb Jahrhunderte nach dem Zerfall des Han-Reiches gelingt es 589 Yang Chien, dem Begründer der Sui-Dynastie, die Einheit Chinas wiederherzustellen.

589–618 Sui-Dynastie. Durch Reorganisation des Beamtentums, Landverteilung, Neuregelung des Abgaben- und Steuerwesens, Instandsetzung der Grenzbefestigungen und anderer öffentlicher Bauten konsolidiert Yang Chiens Nachfolger, Kaiser **Sui-Yang** (605–618), das Reich. Wirtschaftlich und militärisch erstarkt, führen erfolgreiche Feldzüge zur Unterwerfung zahlreicher zentralasiatischer Kleinreiche, bis verlustreiche See- und Landkriege gegen Korea (612–614) China an den Rand des wirtschaftlichen Ruins treiben. Aufstände der durch die hohen Kriegslasten besonders hart betroffenen Bauern, angeführt von ehrgeizigen Gouverneuren und Generälen, erschüttern das Land. Sie führen 618 zur Ermordung Kaiser Sui-Yangs und durch den mächtigsten der rebellierenden Generale, Li Yuan, zur Gründung der

618–907 Tang-Dynastie. Die Bauernunruhen werden von den Tang-Herrschern mit aller Härte niedergeschlagen, die separatistischen Kräfte rücksichtslos gebrochen. Der Befriedung des Landes folgt eine weitere Agrarreform, die auch der bislang benachteiligten Landbevölkerung neben Fremdland des Staates eigenes Erbland zur Verfügung stellt.

Mit der Herrschaft des Kaisers **Tai-tsung** (627–649) erreicht die Tang-Dynastie den Höhepunkt ihrer Macht. Unter ihm und seinem Nachfolger **Kao-tsung** (650 bis 683) wird **China zum mächtigsten Staat in Asien.** Chang-an, die Hauptstadt, und weitere Städte des Reiches werden zu internationalen Handelszentren, ganze Stadtviertel nur von ausländischen Kaufleuten bewohnt. Handwerk, Handel und Geldwirtschaft erreichen einen bisher

Tang-Kaiser Tai-tsung

nicht gekannten Aufschwung. Besonders eng sind die Handelsverbindungen zu Japan, das von China den Buddhismus und die Staatsverfassung übernimmt. Mit den Händlern aus dem Westen gelangen Islam, Manichäismus und das nestorianische Christentum nach China. Die indische bildende Kunst und zentralasiatische Musik nehmen großen Einfluß auf das chinesische Kulturleben.

630 werden die osttürkischen Völker, die schon zur Zeit der Sui-Dynastie das

Reich bedroht haben, von Tang-Truppen entscheidend zurückgeworfen; 641 durch Heirat einer Tang-Prinzessin mit dem Herrscher von Lhasa Tibet vorübergehend der chinesischen Oberhoheit unterstellt. 657 sichern erfolgreiche Feldzüge nach Zentralasien die Beherrschung des Tarimbeckens.
Zusammen mit dieser Steigerung und Festigung der äußeren Macht entsteht eine prachtvolle Entfaltung der Kultur. Tao-tse (700–760) gilt als Chinas größter Maler (buddhistische Fresken, Figuren und Landschaften). Holz- und Einlegearbeiten, Spiegel, Webereien und Keramiken, Silber- und Goldgeräte sowie zahlreiche Skulpturen und Grabfiguren zeugen vom hohen Stand des Kunsthandwerks. Als Dichter treten besonders Li Tai-po (701–762) und Tu Fu (712 bis 770) hervor. Während in der Lyrik Li Tai-pos Natur und Wein im Vordergrund stehen, findet sich unter den Gedichten Tu Fus auch eine Reihe von Liedern, die von der Not des Volkes und den Leiden des Krieges künden.

Keramikvase der Tang-Zeit

Dieser Not, verbunden mit zahlreichen Militärerhebungen und Palastintrigen, fällt schließlich auch die Tang-Dynastie zum Opfer. Die **874** ausbrechenden **Bauernkriege**, die sich zunächst gegen das korrupte Beamtentum und die unerträgliche Steuerlast richten, lassen die Tang-Herrschaft zusammenbrechen und das Reich in einzelne Mächtegruppen auseinanderfallen.
Die der Tang-Herrschaft **907–960** folgende Periode der **Fünf Dynastien** (Nordchina) und der Zehn Reiche (Südchina) wird überwunden durch die
960–1279 Sung-Dynastie. Das bis 970 abermals geeinigte China erhält durch die Einteilung des Landes in 26 Provinzen, die nun von Zivilgouverneuren geleitet werden, sowie durch die starke Zentralisierung des Heerwesens eine neue Verwaltung. Ebenfalls neu geordnet wird das staatliche Prüfungswesen, das seine Form im wesentlichen bis 1911 bewahrt.
Den permanent drohenden und periodisch ausbrechenden Bauernrevolten will **Wang An-shih** (1021–1086) Kanzler des Kaisers Shen-tsung (1068–1085) entgegenwirken. Staatlicher Ankauf von Getreide, Gewährung von Staatskrediten an Bauern, Regulierung der Marktpreise, Abschaffung der Pflichtarbeiten, Neuordnung des Steuersystems auf der Grundlage der tatsächlichen Besitzverhältnisse und Verringerung der Militärabgaben sind die wesentlichen Punkte des vorgesehenen Reformprogrammes, das sich, von Großgrundbesitzern und reichen Kaufleuten sabotiert, jedoch nicht durchsetzen läßt.

Umseitig: Truppen auf dem Kriegszug. Chinesisches Gemälde aus dem 12. Jahrhundert

So bleibt trotz einer beachtlichen Entwicklung von Landwirtschaft, Handwerk und Handel auch die Herrschaft der Sung-Dynastie durch die nie ausreichend gelöste Agrarfrage latent gefährdet. Des weiteren unterhöhlen Luxus und Verschwendungssucht der städtischen Oberschicht den Staat, der in der Folgezeit den vordringenden Mongolen auch militärisch nichts entgegenzusetzen hat.
Kulturell hingegen wird die Entwicklung nicht unterbrochen. Die Erfindung des Typendrucks (1041) hat eine rasche Entfaltung des Buchwesens zur Folge (Buchdruck als Holzplattendruck ist in China schon seit Ende der Tang-Zeit bekannt). Weitere Erfindungen sind das Pulver, die Raketen und die Kunst der **Porzellanherstellung.**
1215 erobern die Mongolen Dschingis-Khans Peking. 1280 nimmt der Großkhan **Kublai-Khan** die chinesische Kaiserwürde an und gründet die
1280–1368 Mongolische Yüan-Dynastie. Durch eine die Chinesen diskriminierende Gesetzgebung bleiben alle Regierungsämter den Mongolen vorbehalten. Zahlreiche chinesische Werkstätten haben den Bedarf des mongolischen Adels an Eisengeräten, Waffen, Schmuck, Glas und Lederwaren zu decken, während der Handel vorwiegend in den Händen steuerfreier mittelasiatischer Kaufleute liegt. Nicht zuletzt durch die Übernahme des Buddhismus (Klöster werden mit großen Ländereien beschenkt) assimilieren sich die Sieger allmählich mit der chinesischen Kultur.
Nach einem längeren Aufenthalt in China, wo er die Gunst des Großkhans gewinnt, kehrt **1295** der venezianische Kaufmannssohn **Marco Polo** nach Europa zurück. Seinen Schilderungen verdankt das Abendland erste Kenntnisse von der prunkvollen Hofhaltung des Mongolenherrschers im Fernen Osten.
Mit der weiteren Ausdehnung ihrer Herrschaft nach Süden wächst auch der chinesische Widerstand gegen die mongolische Fremdherschaft. 1351 beginnt mit der Rebellion der »Roten Kopftücher« eine Aufstandsbewegung, die unter Führung des buddhistischen Mönches **T'ai-tsu** (1328–1398) zur Eroberung Pekings und zur Vertreibung der Mongolen aus China führt. T'ai-tsu selbst erklärt sich zum Kaiser der nationalchinesischen
1368–1644 Ming-Dynastie. In ihre Zeit fällt der **Ausbau der Großen Mauer** zur heutigen Gestalt. Trotz weiterer großer kultureller Leistungen wird die nicht gelöste Agrarfrage auch zum Schicksal der Ming-Dynastie. Während sich die Hofeunuchen schamlos bereichern, darbt das von Hungersnöten und Seuchen heimgesuchte Volk. Als 1628 erneute Aufstände der verarmten Bauern ausbrechen, ist die Herrschaft der Mings bereits so stark unterhöhlt, daß sie sich nur noch durch die Herbeirufung der benachbarten Mandschus glauben behaupten zu können. Tatsächlich dringen daraufhin die Mandschus in China ein, nicht aber, um die Ming-Dynastie zu retten, sondern sie durch die eigene zu ersetzen.
1644–1911 Mandschu-Dynastie. Wie zuvor schon die Mongolen nehmen nun auch die Mandschus die chinesische Kultur an. Als Zeichen ihrer Unterwerfung allerdings wird den Chinesen bei Androhung der Todestrafe befohlen, den mandschurischen Zopf zu tragen.
Trotz der vielen fremden Einflüsse und der zahlreichen inneren Erschütterungen ist die politische und soziale Grundordnung Chinas über 2000 Jahre hinweg im wesentlichen unverändert geblieben. Die Kontinuität des Reiches bleibt so lange gesichert, bis sich die westlichen Ideen in Verbindung mit den Fortschritten in Wissenschaft und Technik im 19. und 20. Jahrhundert als stärker erweisen.

Schriftliche Prüfung chinesischer Beamtenanwärter unter Aufsicht des Kaisers

Neuzeit

Mit der Landung des Kolumbus in Mittelamerika (1492) beginnt die globale Ausweitung des europäischen Horizontes, die moderne »Weltpolitik«; mit Luthers Reformation (1517) zerbricht nach tausend Jahren die zentraleuropäische Glaubenseinheit. Die beiden berühmten Zahlen repräsentieren Ereignisse von äußersten Folgen und zeigen relativ am genauesten die Wende der Zeit.
Die folgende Neuzeit vollzieht sich in zeittypischen Wachablösungen von jeweils vorherrschenden Mächten. Im 16. Jahrhundert erreicht das deutsche Kaiserhaus Habsburg durch vorteilhafte Heiraten und glückliche Erbfälle innerhalb weniger Jahrzehnte eine bis dahin beispiellose Besitz- und Machtausweitung. Mit dem territorialen Gewicht auf dem burgundisch-spanischen Raum entsteht durch die Einverleibung der amerikanischen Eroberungen ein Reich, »in dem die Sonne nicht untergeht«.
Imponierend und beherrschend – nicht nur politisch – steht im 17. Jahrhundert Frankreich da: Die Königsmacht zentralisiert und steigert sich zum Absolutismus, und der Hof von Versailles wird für Europa zum Maßstab gesitteter Lebensart. Kultur und Sprache Frankreichs werden insbesondere für Deutschland im Barockzeitalter – aber auch weit darüber hinaus – vorbildhaft.
Im 18. Jahrhundert beginnt England die Kolonialmächte Spanien und Portugal und erst recht Frankreich von den vorderen Plätzen zu verdrängen. In Europa selber dringen neue Mächte nach vorn. Rußland wird gewaltsam »europäisiert« und sucht Anschluß an die westliche Zivilisation; Preußen entwickelt sich aus einem Bindegewebe verstreuter Besitztümer zu einem ernst zu nehmenden Militärstaat, der in Deutschland mit Österreich konkurriert. Fern am Horizont entstehen aus den amerikanischen Kolonien Englands durch Revolution die Vereinigten Staaten.
Während um die Wende zum 19. Jahrhundert nochmals eindeutig Frankreich zum europäischen Richtmaß wird – erst durch eine schockierende Revolution, dann durch eine Kette imponierend-bedrückender Eroberungen –, gerät im Verlauf des 19. Jahrhunderts die deutsche Szene entscheidend in Bewegung. Sowohl durch Bismarcks Reichseinigung und außenpolitische Staatskunst wie auch durch die Industrierevolution wird Deutschland zur dominierenden Kontinentalmacht – während »draußen« Großbritannien durch sein erdumspannendes Kolonialreich die erste wirkliche »Weltmacht« der Geschichte ist.
Bevor Kolumbus ins Blickfeld rückt, gilt Aufmerksamkeit jenem Zeitalter, das weder dem Mittelalter noch der Neuzeit allein gehört, sondern übergreifend beiden: dem Humanismus und der Renaissance. Neuzeitlich in der Lebensauffassung, ist die doppelgesichtige Kulturepoche doch in ihren zeitlichen Anfängen weit zurück im Spätmittelalter verankert. Ihre Wiege ist die italienische Stadtkultur, ihr Ausdehnungsfeld das ganze Abendland.

Die Zeitenwende

Humanismus und Renaissance

Den geistigen Anstoß für die Entstehung des **»Humanismus«** liefert ein Verlusterlebnis: das Zerbrechen der universalen Mächte Kaiser und Papst. In ihrer beider Einheit hatte der Gedanke des Imperium Romanum fortgelebt, eine Fiktion zwar, aber doch eine wirkmächtige Idee, besonders in Italien, dem territorialen Erben Roms.

So wird verständlich, daß **Dante Alighieri** (1265–1321), Italiens größter Dichter, auf Heinrich VII. (vergeblich) hofft, er möge die alte Kaiserherrlichkeit erneuern; daß **Petrarca** (1304–1374) die gleiche Rolle, ebenfalls vergeblich, Karl IV. zuweist. In dieser Enttäuschung wandelt sich der Romgedanke vom politischen Vorstellungsgehalt ins Geistige, wird zum **Bildungserlebnis:** ein vom deutschen Kaisertum »verwaistes« Italien besinnt sich auf seine Eigenart und sucht ideellen Rückhalt im antiken Rom. Das ist der gedankliche Ausgangspunkt für den Humanismus, an dessen Anfang Petrarca steht. Einleuchtend handelt es sich hierbei um eine Kulturbewegung der städtischen Oberschicht, das Volk bleibt unberührt.

Zum zentralen Bildungselement werden die sprachliche und rhetorische Schulung, erneuert am Vorbild von **Cicero**. Man sammelt die antiken Schriften, soweit sie erhalten sind, entdeckt die Philosophie neu, vor allem die Stoa, und erhebt das klassische Menschenbild zum Maßstab humanistischen Menschseins.

Schrittweise erfaßt die Bewegung alle Lebensbereiche im Sinne einer

Renaissance (ital. rinascita) = Wiedergeburt. Die Begriffe entstammen aber erst dem 19. bzw. 16. Jahrhundert. Zeitgenössische Ausdrücke sind statt dessen »regeneratio«, »restauratio«, »restitutio«. Die Renaissance bildet einen Typus des prächtigen, genußfreudigen, kunstfördernden, kunstverständigen, aber auch gewalttätigen Republikaners heraus, einen Typus, der sich mit den Namen großer Familien leitmotivisch verbindet: Die **Medici** in Florenz, die **Sforza** in Mailand, die **Este** in Ferrara, die nicht bodenständigen **Borgia** (Borja) aus Valencia in Spanien. Mehrere Päpste entstammen den Medici und Borgia und leben im gleichen Stil.

Das staatspolitische Denken gestaltet programmatisch Niccolò **Machiavelli** (1469–1527) in seiner höchst einflußreichen Schrift »Der Fürst« (Il Principe); daraus abgeleitet die – vereinfachte – Vorstellung vom **»Machiavellismus«** als Ausdruck rücksichtsloser Macht- und Interessenpolitik.

Der Wohlstand der italienischen Renaissance-Fürstenhäuser in den Stadtrepubliken (Venedig, Mailand, Genua, Modena, Ferrara, Bologna, Florenz, Siena) gründet sich nicht zuletzt auf moderne Geschäftsmethoden. Das **Bankwesen** gewinnt in Italien die für die Neuzeit maßgebliche Form. Daher die bis heute im Bankfach vorherrschende italienische Terminologie (brutto, netto, Diskont, Giro, Konto, Saldo, Skonto).

Was die Renaissance am eindrucksvollsten fortwirken läßt, ist ihre bildende Kunst. In der **Baukunst, Plastik** und **Malerei** wird die Spätgotik überwunden: statt dem vertikalen Strebesystem und der Spitzbogentechnik entsteht eine breitflächig ausgelegte Bauweise mit klarer horizontaler Linienführung- statt mystischer Entkörperlichung die lebendige plastische Darstellung des menschlichen Körpers mit Porträtkunst und der Entdeckung der Perspektive. Das Diesseits verdrängt Mystik und Weltflucht – ohne Verlust christlicher und alttestamentlicher Motive.

Die bildende Kunst – vom Süden her auf den Norden übergreifend – weist eine Fülle großer Namen auf: Bramante, Leonardo, Raffael, Michelangelo, Tizian, Tintoretto, Grünewald (der beide Epo-

chen verkörpert), Dürer, Holbein d.J. Cranach d.Ä., Breughel d.Ä.
Der Humanismus, der ebenfalls nur langsam den Nordalpenraum erreicht, findet seinen größten Repräsentanten in **Erasmus von Rotterdam** (1466–1536), der Antike und Christentum in einem Humanitätsideal zu vereinen sucht. Bedeutend ferner die Deutschen Hutten, Melanchthon, Reuchlin. Charakteristisch für das veränderte Weltgefühl der Renaissance ist die Neuorientierung in der Naturwissenschaft, voran der Himmelskunde, deren Ergebnisse einstweilen noch nicht beweisbar sind.
Nikolaus **Kopernikus** (1473–1543) lehrt, daß die Erde sich um die Sonne dreht, statt umgekehrt, und löst damit das Ptolemäische Weltsystem der Antike auf. Sein Anhänger Galileo **Galilei** (1564–1642) scheitert darin, die Lehren des Kopernikus durchzusetzen; Johannes **Kepler** (1571–1630) vervollständigt das kopernikanische System, das erst langsam den Widerstand der Kirche überwindet.

Entdeckungen
Für die Frührenaissance zunächst »handgreiflicher« sind die Verbesserungen der geographischen und navigatorischen Kenntnisse durch das seefahrende **Portugal** und dessen sich immer weiter ausdehnende maritime Erkundungen. Ein wesentlicher Antrieb für die **Entdeckungsreisen** der Portugiesen, dann der Spanier und Italiener ist der immer schwieriger werdende Orienthandel seit dem Fall von Konstantinopel (1453). Man versucht auf anderem Wege an die kostbaren **indischen Gewürze** zu kommen, die die sonst

Renaissancefürst Lorenzo de Medici (Mitte) aus Florenz

Umseitig: »Die Erschaffung Adams«. Gemälde von Michelangelo

kärgliche europäische Küche seit den Kreuzzügen verfeinert haben und jetzt nahezu unerschwinglich teuer geworden sind.

Christoph Kolumbus (1451–1506), aus Genua, landet im Dienst der spanischen Krone **1492** auf der Bahama-Insel Guanahani und erreicht damit als erster Europäer seit den Vorstößen der Normannen um 1000 **Amerika**. In weiteren Reisen entdeckt er das Orinoco-Gebiet. Lebenslang glaubt er, Indien auf dem Westweg angesteuert zu haben (weil über den Erdumfang mangelhafte Vorstellungen bestehen) und nennt die Einwohner Amerikas daher **Indianer**. Sein eigener Name ist nur in dem späteren Staat Kolumbien erhalten; namengebend für den Gesamtkontinent wird der florentinische Seefahrer **Amerigo Vespucci** (1451–1512).

1497 segelt der Portugiese **Vasco da Gama** um das Kap der Guten Hoffnung und erreicht **1498 Vorderindien.**

1500 nimmt der Portugiese Cabral Brasilien für Portugal in Besitz. Vorausgegangen war eine folgenreiche **Weltteilung** durch Papst **Alexander VI.** (Borgia) im **Vertrag von Tordesillas 1494:** Linienziehung etwa auf dem 40. Grad westlicher Länge. Das gleiche geschieht später beim 130. Grad östlicher Länge. Alle kolonialen Erwerbungen zwischen beiden Linien sollen Portugal gehören, die übrigen Spanien. So kommt es, daß Portugal in Brasilien, Afrika und Indien Kolonialherr wird, Spanien im übrigen Amerika und im Pazifik.

1519–1522 gelingt dem Portugiesen **Magalhães** (Magellan) und seiner Mannschaft (er selber wird 1521 auf den Philippinen getötet) die erste **Erdumsegelung.**

1519–1521 erobert der Spanier Hernán **Cortez** (1485–1547) das mexikanische **Aztekenreich.** Die hohe Kultur des Indiovolkes zeigt sich im Bau von Tempelpyramiden, Astronomie und Kunsthandwerk; doch sie ist verbunden mit grausigen Menschenopfern von seiten einer beherrschenden Priesterkaste. Der letzte König Montezuma II. wird bei der Eroberung getötet.

Cortez mit seinen Truppen in Mexiko

1531–1534 dringt der Spanier Francisco **Pizarro** (um 1478–1541) nach Peru vor und **zerstört** die gleichfalls in Blüte stehende, dabei menschlichere **Inka-Kultur**. Das Anden-Reich ist ein Sozialstaat mit straffer Zentralisation um die Hauptstadt Cuzco. Grund und Boden sind Gemein-

debesitz, die Dorfgemeinschaft sorgt für Alte und Kranke. Die Konquistadoren finden ein gut ausgebautes Straßennetz vor und transportieren darauf die unerhörten Schätze an Gold und Silber ab.
Die Unterworfenen beider Reiche geraten unter ein hartes, ausbeuterisches und grausames Kolonialregime, das von der katholischen Kirche missionierend unterstützt wird. Erst als ein Gesetz 1542 die Zwangsarbeit für Indios verbietet, werden die Lebensbedingungen etwas besser. Dafür entwickelt sich in immer zunehmendem Umfang die Zufuhr von Negersklaven aus Afrika. Sie endet erst im 19. Jahrhundert, als von England her – dessen Kaufmannschaft im Sklavenhandel führend gewesen – ein Gesinnungswandel einsetzt.

Das Habsburgerreich

Die erobernde Zentralmacht, die hinter den Konquistadoren steht, ist das Haus Habsburg in seiner spanischen Ausprägung. Innerhalb von drei Generationen ist aus einem deutschstämmigen Herrschergeschlecht eine internationale Dynastie mit transozeanischer Machtausdehnung geworden:

Inkakrieger. Altperuanische Plastik

1493–1519 Maximilian I., Sohn Friedrichs III., heiratet 1477 **Maria von Burgund** im Todesjahr ihres Vaters Karls des Kühnen. **Burgund** ist in den letzten hundert Jahren zu einem teils kompakten, teils zersplitterten Territorium vom Genfer See und der oberen Loire bis Westfriesland gewachsen. Hier entfaltet das Spätmittelalter seine glänzendste Hof- und Lebenshaltung. Der »Herbst des Mittelalters« (Huizinga) gibt sich nirgends so farbenprächtig wie in Burgund, der Landbrücke zwischen Deutschland und Frankreich, potentielles Beuteobjekt beider Länder mit ihren vorherrschenden Dynastien Habsburg und Valois/Orléans. Bei Marias Tod (1482) gehen das westliche Burgund (Herzogtum) und die Picardie an Frankreich verloren. Anderes gewinnt Maximilian in Kämpfen zurück. Jahrhundertelange Auseinandersetzungen zwischen Deutschland und Frankreich folgen aus der burgundischen Heirat. Maximilians und Marias Sohn **Philipp der Schöne** (gest. 1506) heiratet **Johanna,** genannt **die Wahnsinnige** (1479–1555), Alleinerbin der spanischen Königreiche Aragón und Kastilien. Gesamterbe des abermals enorm erweiterten habsburgischen Besitzstandes ist **Karl V.** (1500 bis 1558), Sohn Philipps und Johannas, der damit ein Reich von Wien bis zum Pazifik quasi in die Wiege gelegt bekommt; anderes kommt hinzu.
Maximilians deutsche Politik: Der inneren Reichszerrüttung (Fehdeunwesen, Raubrittertum), den Folgen der fünfzigjährigen schwachen Herrschaft Friedrichs III., sollen Reformen begegnen. Die Stände, die Maximilian für seine auswärtige Politik braucht, nötigen ihm auf dem Reichstag zu Worms

1495 den **»Ewigen Landfrieden«** ab (Abschaffung der Fehde als Mittel privater Rechtssuche), der sich aber nicht durchsetzen läßt. Zugleich wird das **Reichskammergericht** als oberstes Gericht des Reiches konstituiert; es ist als Nachfolge-Institution des königlichen Kammergerichts vom Monarchen unabhängig. Das Reichskammergericht besteht bis 1806. Es hat seinen Sitz zuerst in Nürnberg, dann in Esslingen, Speyer und Wetzlar.
Die Reichskammergerichtsordnung von 1495 reserviert den Rechtsgelehrten bei der Urteilsfindung die Hälfte der Sitze, die andere Hälfte dem Adel. Schon 1521 wird dieses Verteilungssystem zugunsten der geschulten Juristen revidiert. Damit verdrängt das **Römische Recht,** wie es auf den Universitäten gelehrt wird, im Zuge der Rechtsvereinheitlichung im Reich und in den Territorien zunehmend das laienhafte, aber vertraute Gewohnheitsrecht.
1512 auf dem Reichstag zu Köln wird das Reich in **zehn Landfriedenskreise,** mit Ausschluß von Böhmen und der Schweiz, eingeteilt.
Weitere Reformversuche wie eine allgemeine Reichssteuer – der Gemeine Pfennig – oder die jährliche Einberufung des Reichstages bleiben stecken. Seit 1489 gliedert sich der Reichstag in drei Kollegien, die getrennt beraten und beschließen: Kurfürstenkollegium, Reichsfürstenrat, Reichsstädte. Ein Reichsgesetz bedarf der übereinstimmenden Beschlüsse aller drei Kollegien und der Zustimmung des Kaisers.
Außenpolitisch kämpft Maximilian unglücklich gegen die Eidgenossen, was die praktische **Loslösung der Schweiz 1499** zur Folge hat. Wechselnde Bündnisse sollen ihm die verlorenen Teile Burgunds zurückgewinnen helfen, doch gibt es nur begrenzte Erfolge.
1508 Kaisertitel in Trient mit Zustimmung des Papstes, aber **ohne Krönung** (als erster deutscher Herrscher).

Reformation und Glaubensspaltung

Maximilian ist ein Fürst der Zeitenwende: in ritterlichen Künsten geschult (»der letzte Ritter«), dem Humanismus begeistert anhängend, vielseitig gebildet, finanziell aber, da meistens bankrott, stark abhängig von der aufsteigenden Finanzdynastie der **Fugger**. Das entscheidende Ereignis seiner Regierungszeit ist
1517 der **Beginn der Reformation durch Martin Luther** (1483–1546). Luthers Thesenanschlag an der Schloßkirche zu Wittenberg ist zweifelhaft, sicher dagegen ist der Inhalt der Thesen, mit denen er sich gegen kirchliche Mißstände wendet, voran den **Ablaßhandel,** den Freikauf von Sünden mit Geld. Diese Geschäfte mit dem Seelenheil (führend: der Dominikaner Johannes Tetzel) erbittern ihn, weil er in zurückgezogenen Lern-, Lehr- und Leidensjahren zu einem Glauben durchgedrungen ist, der sich radikal und rückhaltlos von Gottes Gnade abhängig weiß.

Martin Luther
Der Bergmannssohn, Augustinermönch in Erfurt seit 1505, Professor der Theologie in Wittenberg seit 1511, gelangte zwischen 1513 und 1516 (Zeitpunkt umstritten) zur religiösen Schlüsselerkenntnis (»Turmerlebnis«): Der Mensch wird **gerecht** nicht durch Werke, sondern **allein durch den Glauben,** indem Gott ihn gnädig annimmt. Maßgeblich hierfür ist Römerbrief 1,17 des Apostels Paulus: »Der Gerechte wird seines Glaubens leben«.
Luther versendet 1517 einen Katalog kirchlich-religiöser Klagen, eben jene Thesen, an den Erzbischof Albrecht von Brandenburg. Erst nachdem er ohne Antwort bleibt, gibt er seine Beschwerden an Freunde weiter, die sie drucken lassen. Und nun bricht der Sturm los.
Binnen kürzester Zeit weiß ganz Deutschland von den Thesen, Luther ist der berühmteste Mann. Ein schon lange

HABSBURG

Rudolf I.
(1218–1291)
König 1273
1. ⚭ 1245 Gertrud von Hohenberg (1225–1281)
2. ⚭ 1284 Agnes von Burgund (1270–1323)

1.
Albrecht I.
(1248–1308)
⚭ 1274 Elisabeth von Görz-Tirol (1263–1313)

1.
Rudolf II.
(1271–1290)
Herzog von Österreich
⚭ 1289 Agnes von Böhmen († 1296)

Johann Parricida
(1290–1313)

Rudolf III.
(1280–1307)
König von Böhmen 1306

Friedrich der Schöne
(1289–1330)
König 1314

Albrecht II.
(1298–1358)
Herzog von Österreich
⚭ 1324 Johanna von Pfirt (1300–1351)

Albertiner

Albrecht II. (V.)
(1397–1439)
Kaiser 1438
⚭ 1421 Elisabeth (1409–1442),
Tochter Kaiser Sigismunds

Elisabeth
(1437–1505)
⚭ 1454 Kasimir IV.
(1427–1492)
König von Polen

Ladislaus V. Postumus
(1440–1457)
König von Ungarn

Leopoldiner

Friedrich III. (V.)
(1415–1493)
König 1440, Kaiser 1452
⚭ 1452 Eleonore von
Portugal (1436–1467)

Maximilian I.
(1459–1519)
König 1486, Kaiser 1508
1. ⚭ 1477 Maria von Burgund (1457–1482)
2. ⚭ 1494 Maria Bianca Sforza (1472–1510)

1.
Philipp I., der Schöne
(1478–1506)
König von Kastilien
⚭ 1496 Johanna die Wahnsinnige
von Kastilien (1479–1555)

1.
Margarete von Österreich
(1480–1530)
Statthalterin der
Niederlande 1507

Karl V.
(1500–1558)
König 1519, Kaiser 1530
König von Spanien 1516
⚭ 1526 Isabella von
Portugal (1503–1539)

Ferdinand I.
(1503–1564)
König 1531, Kaiser 1556
⚭ 1521 Anna von Böhmen
und Ungarn (1503–1547)

Philipp II.
(1527–1598)
König von Spanien
1. ⚭ 1543 Maria von
Portugal (1527–1545)
2. ⚭ 1554 Maria I. (1516–1558),
Königin von England
3. ⚭ 1559 Isabella von
Valois (1545–1568)
4. ⚭ 1570 — Anna

Maria
(1528–1603)
— 1548 ⚭ —
Maximilian II.
(1527–1576)
Kaiser 1564

Ferdinand (II.)
(1529–1595)
Erzherzog

Karl
(1540–1590)
⚭ 1571 Maria
Anna von Bayern
(1551–1608)

Anna
(1549–1580)

Rudolf II.
(1552–1612)
Kaiser 1576

Matthias
(1557–1619)
Kaiser 1612

Jüngere Tiroler Linie

1.
Don Carlos
(1545–1568)

4.
Philipp III.
(1578–1621)
König von Spanien
— 1599 ⚭ —
Margarete
(1584–1611)

Ferdinand II.
(1578–1637)
Kaiser 1619
1. ⚭ 1600 Maria von
Bayern (1574–1616)
2. ⚭ 1622 Eleonora
Gonzaga (1598–1655)

Leopold V.
(1586–1632)
⚭ 1626 Claudia von
Medici (1599–1648)

Philipp IV.
(1605–1665)
König von Spanien
1. ⚭ 1621 Isabella von
Frankreich (1602–1644)
2. ⚭ 1649

Maria Anna
(1606–1646)
— 1. 1631 ⚭ —
1.
Ferdinand III.
(1608–1657)
Kaiser 1637
3. ⚭ 1651 Eleonora
Gonzaga (1630–1687)
— 2. 1648 ⚭ —
Maria Leopoldine
(1632–1649)

Ferdinand Karl
(1628–1662)
⚭ 1646 Anna von Medici
(1616–1676)

Maria Anna
(1634–1696)

2.
Margarete Theresia
(1651–1673)
— 1. 1666 ⚭ —
Leopold I.
(1640–1705)
Kaiser 1658
3. ⚭ 1676 Eleonore von
der Pfalz (1655–1720)
— 2. 1673 ⚭ —
Claudia Felicitas
(1653–1676)

Joseph I.
(1678–1711)
Kaiser 1705
⚭ 1699 Amalia Wilhelmine
von Braunschweig-Lüneburg
(1673–1743)

Maria Josepha
(1699–1757)

Maria Amalie
(1701–1756)

Karl VI.
(1685–1740)
Kaiser 1711
⚭ 1708 Elisabeth Christina von
Braunschweig-Wolfenbüttel (1691–1750)

Maria Theresia
(1717–1780)
Erzherzogin von Österreich, Königin von Böhmen u. Ungarn
⚭ 1736 **Franz I.** Stefan (1708–1765) Herzog von Lothringen (1729–1736)
Kaiser 1745

Habsburg-Lothringen
(vgl. S. 279)

Halbfett sind die Namen der deutschen Könige und Kaiser

Martin Luther. Gemälde von Lucas Cranach

gärender Verdruß über die Verweltlichung und Verschwendungssucht der römischen Kirche verbindet sich mit einer frühnationalen Volksstimmung. Der Buchdruck wird der wichtigste Wegbereiter der Reformation.

Dabei denkt Luther vorerst gar nicht an eine neue Lehre; er will die alte reinigen. Erst der Widerstand der attackierten Obrigkeiten, Ketzerprozeß und Widerrufsaufforderung führen ihn schrittweise zur Loslösung von Rom. **Papst Leo X.** (1513–1521), der erste Medici-Papst, pompös, genußfreudig, kunstliebend, ist unfähig, die Tragweite von Luthers Schritt und dessen Echo einzuschätzen. 1518 lehnt der sächsische Kurfürst Friedrich der Weise eine Auslieferung Luthers ab.

1520 ergeht der Kirchenbann gegen Luther.

1521 auf dem **Reichstag zu Worms** kann der junge Kaiser Karl V. nicht anders, als Luther zu verurteilen, nachdem der Mönch – aufgrund freien Geleits nach Worms gelangt – bei zweimaligem Auftreten vor Kaiser und Reich zu widerrufen sich geweigert hat.

Das Wormser Edikt verhängt die **Reichsacht** über Luther – jeder darf ihn nach Ablauf des freien Rückgeleits töten – und **verbietet seine Lehre.** Auf der Heimreise läßt Friedrich der Weise (gest. 1525) **Luther auf die Wartburg** entführen, wo er in Sicherheit ist.

1521–1522 übersetzt Luther das Neue Testament ins Deutsche. Luther, der sich in Rede und Schrift an der sächsischen Kanzlei orientiert, geht in seiner eigenen sprachschöpferischen Genialität weit über alle Anregungen hinaus und schafft mit der Bibelübersetzung die eigentliche **Grundlage des Neuhochdeutschen.** Luthers reformatorische Hauptschriften waren im Vorjahr erschienen.

Das Reich unter Karl V.

1519, nach dem Tod Maximilians, **Wahl Karls V.** zum Kaiser mit massiver Geldhilfe durch das Haus Fugger. Der vom Papst favorisierte Rivale, König Franz I. von Frankreich, unterliegt.

1519–1556 Karl V., niederländischer Burgunder von Erziehung und Lebensgefühl, ist schon allein durch seine Erbschaft und durch seine Wahl der erste Fürst des Abendlandes. Er sieht sich in der Nachfolge Karls des Großen in der Doppelaufgabe als Friedenswahrer und Verteidiger des Glaubens. Weltliches und geistliches Amt sind ihm gleichermaßen heilige Verpflichtung. Die Leitidee des mittelalterlichen Kaisertums vertritt er, obwohl sie anachronistisch geworden ist, ohne jede innere Anfechtung. Dieser Anspruch gibt Karl die staatsmännische Würde, läßt ihn aber verständnislos auf die religiösen Erschütterungen in Deutschland reagieren. Das Reich bleibt ihm ohnehin fremd; deutsch spricht er nur gebrochen.

Kaiser Karls Hauptgegner ist Franz I. Die

Aufständischer Bauer mit Freiheitsfahne

Auseinandersetzung mit Frankreich beherrscht außenpolitisch seine Regierungszeit. Karl führt vier Kriege gegen Franz I., in denen er jeweils die Oberhand behält.

1521–1526 erster Krieg mit Frankreich, wobei Oberitalien Hauptkriegsschauplatz ist.

1525 in der **Schlacht von Pavia,** der größten des Jahrhunderts, wird der französische König besiegt und gefangengenommen. Er verzichtet auf Mailand, Genua, Neapel und das Herzogtum Burgund (Bourgogne).

1522–1523 Papst Hadrian VI. aus Utrecht, der letzte Ausländer auf dem Stuhl Petri (bis zu Johannes Paul II. 1978), Lehrer des Erasmus, Erzieher Karls V. Hadrian bekämpft Luther, bekennt aber zugleich die Schuld der katholischen Kirche an der Kirchenspaltung: der erste Schritt zur inneren Erneuerung, die dann unter dem Begriff **Gegenreformation** mit der Abwehr gegen den Protestantismus einhergehen wird.

1525 deutscher Bauernkrieg mit Zentrum in Franken und Schwaben, mit heftigen Auswirkungen aber auch in Thüringen, wo **Thomas Münzer** (1489?–1525) die führende Rolle spielt. Bauernführer im Süden: Florian Geyer, Götz von Berlichingen (zeitweilig), Wendel Hipler. Die Hauptleute entstammen zum Teil dem Ritterstand, worin die soziale Mehrschichtigkeit des Aufruhrs sichtbar wird. Teils streiten die Bauern für soziale Besserstellung; als waffentragendes Fußvolk sind sie selbstbewußter geworden und wollen drückende, rückständige Bindungen abwerfen. Teils handelt es sich auch um einen Zusammenstoß bäuerlicher Klassen untereinander: großgewordene Besitzbauern gegen landlose, die Anteil am wachsenden Wohlstand haben wollen.

Als Zündstoff wirkt das neue Evangelium, das sich bereits weite Teile Süddeutschlands erobert hat. Luthers »Freiheit eines Christenmenschen« wird gesellschaftlich ausgelegt. Die **Zwölf Artikel** der schwäbischen Bauern enthalten auch ausgesprochen religiöse Forderungen: die »reine Predigt des Evangelismus«, freie Pfarrerwahl.

Luther agitiert in massivster Form **gegen den Aufruhr.** Als fanatischer Gewissensmensch, der völlig unpolitisch denkt, ist es ihm allein um den Glauben und die reine Lehre zu tun. Lieber opfert er einen Teil seiner Anhängerschaft, als einen Verstoß gegen das Bibelwort in Römer 13 (»Jedermann sei untertan der Obrigkeit, die Gewalt über ihn hat«) zu dulden.

Die **brutale Niederschlagung** des Aufruhrs schwächt den Bauernstand derart, daß er für Jahrhunderte aus dem deutschen öffentlichen Leben verschwindet.

Luthers Kompromißlosigkeit ist ein herber Rückschlag für seine Lehre. Ihre deutlichen Ansätze, ein »nationales« Gemeinschaftserlebnis zu werden, sind damit erstickt.

1525 wird der **Hochmeister des Deutschen Ordens,** Albrecht von Hohenzollern (fränkische Linie), weltlicher **Herzog von Preußen.** Das Ordensgebiet in »Ostpreußen« war seit 1466 geistliches Lehen des polnischen Königs. Die Lehnsabhängigkeit bleibt durch die Säkularisation bestehen, doch entsteht allmählich – begünstigt durch Albrechts kluge Reformtätigkeit – ein quasi selbständiges hohenzollernsches Fürstentum. Knapp hundert Jahre später – 1618 – wird Brandenburg-Hohenzollern die Nachfolge im Herzogtum antreten (nominell immer noch unter polnischer Oberhoheit) und eine neue folgenreiche Entwicklung einleiten.

1526 Reichstag zu Speyer. Die anhaltenden auswärtigen Verpflichtungen des Kaisers – Frankreich und Papst, neuerdings die Türken – zwingen zum Stillhalten in der Glaubensfrage. Beschluß in Speyer: In Sachen des Wormser Edikts soll jeder Reichsstand vorerst verfahren, »wie ein jeder solches gegen Gott und kaiserliche Majestät hoffe und vertraue zu verantworten«. Diese »Atempause« für die lutherische Lehre gibt ihr Zeit, sich innerlich zu festigen. In diesen Jahren entsteht in den lutherischen Territorien (vor allem Kursachsen, Hessen, Ansbach, Preußen) **das evangelische Landeskirchentum.** Die »drei Pfeiler« (Joachimsen) sind: die **landesfürstliche Gewalt** (die mit der Einziehung von katholischem Kloster- und Kirchengut das Luthertum materiell ausstattet), die **Pfarrgeistlichkeit** (mit Schul- und Kirchenvisitation), die **Universität** (wobei Marburg die erste evangelische Universität nach Wittenberg wird).

1526–1529 zweiter Krieg Karls V. gegen Franz I., mit dem Papst Klemens VII. (Medici) verbündet ist. Deutsche Landsknechte und spanische Söldner erstürmen Rom. Es kommt zu schlimmsten Gewaltszenen (»Sacco di Roma« – Plünderung Roms). Franz I. gibt italienische Ansprüche auf. 1530 krönt der Papst Karl V. in Bologna – letzte Kaiserkrönung in Italien, 730 Jahre nach Karl dem Großen.

1526 vernichtende **Niederlage des ungarischen Heeres gegen die Türken bei Mohács.** König Ludwig II. von Ungarn und Böhmen fällt. Da 1491 die **habsburgische Erbfolge für Ungarn und Böhmen** zugesichert worden war, tritt Habsburg gleichsam auf dem Schlachtfeld, obwohl nicht am Kampf beteiligt, in die Herrschaft ein. In Ungarn endet der Einfluß dort, wo die Türken herrschen. Die Erbfolge verstrickt Habsburg für die nächsten zwei Jahrhunderte unlösbar mit der türkischen Machtausdehnung.

1529 erscheinen die Türken vor Wien. Die Belagerung scheitert.

1529 zweiter Reichstag zu Speyer. Hier erweist sich, daß aus der religiösen Spaltung inzwischen eine politische geworden ist. Das Luthertum hat Rückhalt in mindestens fünf Landesfürstentümern und 14 Reichsstädten und ist nicht mehr unmittelbar existenzbedroht.

Die im Namen des Kaisers vom Reichstag verfügte Aufhebung des ersten Speyrer Reichstagsabschieds wird mit einer Protestation der evangelischen Reichsstände beantwortet; seither heißen die Lutherischen **»Protestanten«.**

1529 Marburger Religionsgespräch zwischen Luther und dem Schweizer Reformator Huldreich **Zwingli** (1484–1531). In der Frage des Abendmahls kommt keine Einigung zustande.

1530 Reichstag zu Augsburg. Karl V., erstmals wieder beteiligt, will religionspolitisch an 1521 und 1529 anknüpfen, doch sieht er sich jetzt nicht mehr nur einem einsamen Mönch, sondern einer

Karl V. Gemälde von Tizian

MDXLVIII

(Teil-)Front evangelischer Reichsstände gegenüber.
Die Protestanten legen ihre Glaubensgrundsätze vor in Form der von **Melanchthon** verfaßten Confessio Augustana. Diplomatisch ausgewogen, verbal entgegenkommend, Gemeinsamkeiten betonend, ist die **Augsburgische Konfession** in der Sache fest, im Kerngehalt lutherisch. Luther billigt sie von der Veste Coburg aus, wo er vor allem brieflich Einfluß auf die evangelische Politik in Augsburg nimmt (die Reichsacht verbietet ihm zu kommen).
Die Confessio ist das politische Grunddokument des lutherischen Protestantismus. Der Reichstag bestätigt ohne Rücksicht auf die de-facto-Glaubensspaltung im Lande das Wormser Edikt.
1531 Schmalkaldischer Bund (Verteidigungsbündnis der protestantischen Stände). Wieder muß der Kaiser, hauptsächlich wegen der Türkengefahr, Rücksicht nehmen. Die Außenpolitik hemmt die innenpolitische Exekutive. Daher gewährt
1532 der **Reichstag zu Nürnberg** den Protestanten **vorläufig freie Religionsausrübung.** Dafür unterstützen diese ihn gegen die Türken.
1534 erste Gesamtausgabe der Lutherbibel, Altes und Neues Testament. In diesen Jahren festigen sich die evangelischen Landeskirchen. Die Reformation greift weiter aus: Pommern 1534, Württemberg 1536, Kurbrandenburg 1539, Schleswig-Holstein und Dänemark 1542. Schweden war seit 1527 lutherisch.
1536–1544 dritter und vierter Krieg Karls V. gegen Franz I., der keine Wendung zugunsten Frankreichs bringt. Der Frieden von Crépy beendet die 23jährigen Auseinandersetzungen, in denen Frankreich trotz seiner glaubenswidrigen Verbindung mit den Türken am Ende leer dasteht.
1541 Reformation in Genf durch Johannes Calvin (1509–1564). Der gebürtige Franzose aus der Picardie nutzt einen Ruf nach Genf, um hier seine protestantische Lehre zu verwirklichen, deren Zentralbegriff die **Prädestination** ist: Erlösung oder Verdammnis sind vorausbestimmt, aber durch Arbeitsamkeit und Erfolg läßt sich auf wahrscheinliche Erlösung schließen. Die Lehre gewinnt Teile der Schweiz, Deutschlands, Frankreichs, die Niederlande, faßt in England und Schottland Fuß, von wo aus sie später in Nordamerika wirksam wird. Max Weber zufolge ist der Calvinismus der Hauptantrieb für den Aufschwung des Kapitalismus geworden, weil er Erfolg und Seelenheil miteinander verbindet. Die calvinistische Werkgerechtigkeit ist Luthers Gnadenlehre radikal entgegengesetzt.

Religiöse Gegenbewegungen
1545–1563 Konzil zu Trient, unter dem Pontifikat von fünf Päpsten. Das Tridentinum zerfällt in drei weit auseinanderliegende Tagungsperioden (1545–1547, 1551–1552, 1562–1563) und versucht, die katholische Lehre neu zu formulieren, in dem doppelten Denkansatz der Abwehr gegen die Protestanten und der inneren Reform. Die weltgeschichtliche Herausforderung Luthers und dann Calvins bewirkt kritische Selbstschau, festigt das im Ansehen geschädigte Papsttum und erneuert in gründlicher, von humanistischer Bildung geprägter Arbeit die katholische Frömmigkeit.
Der Ausdruck **Gegenreformation** für die hier eingeleitete Periode entstammt aber erst dem 19. Jahrhundert. Im Sinne dieses Begriffs kommt entscheidender Einfluß den **Jesuiten** zu.
1540 wird der **Orden Societas Jesu** (SJ) vom Papst **anerkannt.** Gegründet ist er 1534 von dem spanischen Soldaten und (später) Theologen **Ignatius von Loyola** (1491–1556) in Paris. Die Gesellschaft Jesu, die im straffen Aufbau und der unbedingten Gehorsamspflicht seiner Mitglieder die militärische Herkunft ihres

Konzil von Trient

Gründers spiegelt, wird zum größten katholischen Orden. Jesuiten gewinnen besonders in der Frühzeit starken politischen Einfluß (zum Beispiel als Erzieher und als Beichtväter an Fürstenhöfen).
Ein Instrument der Gegenreformation ist **die Inquisition zur Ketzerverfolgung.** Im Hochmittelalter war sie als kirchlich-weltliches Kampfmittel gegen Unglauben aus älteren Anfängen verschärft worden. Seit 1478 wird sie in großem Umfang in Spanien gegen Juden angewendet, mit einem **Großinquisitor** als königlich-päpstlicher Zentralinstanz.

1542 errichtet Papst Paul III. **das Heilige Offizium** in Rom zur Bekämpfung der Häresie. Es bleibt bis 1859 bestehen.
1546 stirbt Luther in seinem Geburtsort Eisleben, bis zuletzt in Wort und Schrift tätig. Luther ist eine säkulare Erscheinung größter innerer Gegensätze: unbeugsam im Glauben, völlig furchtlos, von tiefer Frömmigkeit, die auch der Katholizismus unserer Zeit nach jahrhundertelanger Verketzerung anerkennt; aber seiner Gottesliebe kann sich leidenschaftlicher Haß zugesellen gegen alle, die vermeintlich irren. Da wird die Macht seines Wortes furchtbar. Versöhnlich wiederum seine hausväterliche Seite. Als theologischer Denker, religiöser Kämpfer und Propagandist, kirchlicher Organisator und Künstler (Sprache, Dichtung, Musik) gleichermaßen bedeutend, bleibt Luther eine der prägendsten Gestalten der Geschichte.

Endgültige Trennung und Festigung der Konfessionen

1546–1547 Schmalkaldischer Krieg. Karl V. besiegt die protestantische Fürstenliga in der **Schlacht bei Mühlberg**/Elbe. Die sächsische Kurwürde geht von der ernestinischen (thüringischen) »zum Lohn« auf die albertinische (obersächsische) Linie über, da sich der protestantische Herzog Moritz von Sachsen (der »Judas von Meißen«) mit dem Kaiser gegen seine Glaubensgenossen verbündet hatte.
Der Kaiser kann seinen Sieg in Deutschland wegen neuer auswärtiger Schwierigkeiten nicht nutzen. Es bleibt beim Interim in der Religionsfrage. Sie wird nicht mehr im Sinne Karls V. gelöst. Statt dessen muß er, nach einem erneuten Frontwechsel Moritz' von Sachsen (der sich mit Frankreich gegen Karl verbündet und den Franzosen Metz, Toul und Verdun überläßt) die deutsche Glaubensspaltung endgültig anerkennen. Das geschieht
1555 im **Augsburger Religionsfrieden.** Der Reichstagsabschied stellt die lutherischen Protestanten – nicht die Reformierten – reichsrechtlich den Katholiken gleich. Die bisherige Praxis – die Obrigkeiten handeln in ihren Territorien in Glaubensdingen nach Ermessen – wird Gesetz. Daraus abgeleitet ist der (nicht urkundliche) Rechtssatz der Glaubensuntertänigkeit: »Cuius regio, eius religio«. Andersgläubige dürfen das Land verlassen. In konfessionell gemischten Reichsstädten soll Gleichberechtigung herrschen.
Damit kehrt in Deutschland Religionsfriede ein, der im großen und ganzen bis zum Dreißigjährigen Krieg anhält. Noch einmal wird dann, mit weit größerer Kraftanstrengung und unsäglichen Opfern, versucht werden, den Geschichtsverlauf rückgängig zu machen.
1556 dankt Karl V. ab. Der größere Teil seiner Erblande und Eroberungen geht an seinen Sohn **Philipp II.** (1527–1598): Spanien mit seinen Kolonien, Burgund, Niederlande, Neapel, Mailand. Karls Bruder **Ferdinand I.** (1503–1564) erhält die **Kaiserwürde.** Die habsburgischen Erblande in Deutschland waren Ferdinand bereits 1521 übereignet worden. Ungarn (soweit nicht türkisch besetzt) und Böhmen kamen 1526 dazu.
Karl V. zieht sich in den letzten eineinhalb Jahren seines Lebens in das Kloster Yuste in Westspanien zurück.
1558 Tod Karls V. Er ist der überragende Staatsmann der ersten Jahrhunderthälfte, dessen Persönlichkeitsumriß seinem Anspruch standhält. Seine konservative Herrschaftsauffassung bricht sich aber an den Zeitströmungen, so daß er glücklos bleibt und schließlich resignierend aufgibt. Insbesondere in der die deutschen Verhältnisse beherrschenden Glaubensfrage scheitert er. Sein starres Traditionsdenken kann die Religionsspaltung nicht verstehen, seine auswärtige Dauerverstrickung kann sie nicht aufhalten.

Aburteilung von Ketzern durch ein Inquisitionsgericht

1556–1564 Ferdinand I. Kaiser in Deutschland. Er hatte dem Augsburger Reichstag präsidiert und den Religionsfrieden führend ausgehandelt. Damit ist unter seiner Herrschaft gewährleistet, daß die religiöse Frage ruht. Nachdem Deutschland jahrzehntelang das europäische Bewegungszentrum gewesen war, tritt es in eine ruhige Phase landesherrschaftlichen Machtausbaues ein, währenddessen der Kaiser nur mehr ein nomineller Oberherr ist – freilich mit einer allen überlegenen eigenen Hausmacht. Während Ferdinand I. um konfessionellen Ausgleich bemüht war, selber aber fest im alten Glauben stand, zeigt sein Sohn
1564–1576 Maximilian II., Sympathien zum Luthertum. Der evangelische Glaube wird sogar in den Donauländern beim Herren- und Ritterstand ausdrücklich toleriert. Doch zeigen sich erste Erfolge der Gegenreformation:
Fürstabt Balthasar in Fulda zwingt die evangelische Ritterschaft seines Stifts 1573 zur Rückkehr in die katholische Kirche, obwohl dies gegen die Deklaration Ferdinands von 1555 in Augsburg verstößt. (Nach der Declaratio Ferdinandea steht den Landständen in geistlichen Territorien die Religionsausübung frei.)
1576–1612 Rudolf II. erneuert die Declaratio nicht mehr. In den habsburgischen Ländern wird die **Gegenreformation stärker.** Rudolf, in Spanien erzogen, zieht Jesuiten in seine Umgebung. Während die lutherische Orthodoxie sich in Lehrkämpfen zerstreitet und dogmatisch verkrustet, gibt es insbesondere in den Rheinlanden folgenreiche Weichenstellungen. Als der Kölner Kurfürst Gebhard Truchseß von Waldburg 1582 zum Calvinismus übertritt, wird er von spanischen Truppen aus den Niederlanden im
1582–1584 Kölner Krieg vertrieben. Das Erzstift bleibt katholisch. Das ist der bisher gewaltsamste Eingriff, läßt sich aber mit dem »Geistlichen Vorbehalt« von 1555 rechtfertigen: Geistliche Reichsstände, die zum Protestantismus übertreten, sollen Amt, Gebiet und Einkünfte verlieren.

Spanien
Die Gegenreformation ist hier nicht nur religiös am aktivsten, sie besitzt in

1556–1598 Philipp II. auch ihren stärksten Machtrückhalt. Philipp »erbt« in Spanien die von seinem Vater Karl V. begründete **unumschränkte Königsgewalt.** Die Stände-Volksvertretung (Cortes) verliert ihre Bedeutung. Spanien wird zur katholischen Vormacht. Das geht bis ins Zeremoniell. Der Stil des spanischen Hofes, von Burgund übernommen, erobert sich die europäischen Höfe. Die Gegenreformation findet in Spanien ihre »erfahrenste« Führungsmacht. Jahrhundertelang war Spanien schrittweise dem katholischen Glauben zurückgewonnen, nachdem die Araber (Mauren) hinausgedrängt worden waren (Reconquista). Nach dem Fall der letzten maurischen Bastion, Granada 1492, waren die Juden vertrieben worden, womit die große spanisch-arabisch-jüdische Kultursynthese gewaltsam endete.
Jetzt wendet sich der Glaubenskampf vor allem gegen den Calvinismus in den Niederlanden, die das heutige Belgien noch mit umfassen.
1567–1581 erste Periode der gewaltsamen **Rekatholisierung** und des **Freiheitskampfes** der Niederlande. Philipp will die 17 Provinzen, entgegen deren Autonomiebestrebungen, seinem Reich fest eingliedern.
Herzog Alba (1507–1582) zieht mit seinem Heer nach Norden, wird **Statthalter** der Niederlande und übt Blutjustiz:
1568 Hinrichtung der Grafen Egmont und Hoorn, die zusammen mit **Wilhelm von Oranien** (1533–1584) die Adelsopposition im Lande anführen. Wilhelm wird zur tragenden Gestalt des Freiheitskampfes. 1579 Union der nördlichen Sieben Provinzen (Geldern, Holland, Seeland, Utrecht, Friesland, Overijsel, Groningen) in Utrecht. Die Union überträgt nach der
1581 Lossagung von Spanien die Statthalterschaft an Wilhelm. Dieser wird von Philipp in die Acht getan und fällt einem Attentat zum Opfer. Er gilt als der Gründer der freien Niederlande. Die Unabhängigkeit der nördlichen Provinzen, der heutigen Niederlande, wird erst 1648 anerkannt.

Prinz Wilhelm von Oranien

1571 Seeschlacht von Lepanto, in der Spanien, vereint mit Venedig und dem Papst, die Türken besiegt.
1580 wird Portugal nach dem Aussterben des Königshauses Aviz **mit Spanien vereinigt.** Höhepunkt der spanischen Macht. Sie geht bereits acht Jahre später deutlich zurück, als der Versuch scheitert, Britannien mit einer gewaltigen Seestreitmacht in die Knie zu zwingen. 30 Jahre vorher waren beide Mächte noch verbündet infolge der (zweiten) Ehe Philipps mit Maria der Katholischen. Jetzt im Jahre
1588 besiegen die Engländer die spanische Armada im Kanal. Der Rest der Flotte geht in Stürmen unter.
Künstlerisch erlebt Spanien eine **Blütezeit** durch die Dichter Cervantes (1547 bis 1616), Lope de Vega (1562–1635), Cal-

derón (1600–1681) und die Maler El Greco (1541–1613) und Velasquez (1599–1660).

Frankreich

Seit Maximilians Heiratspolitik sieht Frankreich sich »eingekreist«. Zur Umklammerungsfurcht kommen beiderseitige Ansprüche (spanisch-habsburgische und französisch-angevinische) auf Neapel. Daher spielen sich die Kämpfe der ersten Jahrhunderthälfte zum Teil auf italienischem Boden ab.

1515–1547 Franz I. regiert beinahe absolutistisch, bevor Jean **Bodin** (1530 bis 1596) durch seine Lehre (Kerngedanke: die Souveränität) den monarchischen Zentralismus für Jahrhunderte theoretisch abstützt. Doch ist Bodins königlicher Absolutismus keineswegs schrankenlos gedacht, sondern an göttliches und natürliches Recht gebunden.

Während Frankreich glänzende Renaissance-Hofhaltung (Loire-Schlösser) zelebriert, gerät es zugleich in die jahrzehntelangen

1562–1598 Hugenottenkriege. Calvinistischer Glaube verbindet sich mit ständischer Opposition gegen das königliche Vormachtstreben. Dieses wird lange führend von

1559–1589 Katharina von Medici verteidigt. Als Witwe Heinrichs II. (1547 bis 1559) regiert sie für ihre unmündigen Söhne Franz II. (1559–1560) und Karl IX. (1560–1574), beziehungsweise mit ihnen.

Katharina ist Anstifterin der

1572 Bartholomäusnacht, in der mindestens 20000 Hugenotten in Paris und den Provinzen ermordet werden. Das Gemetzel zieht sich über Tage hin. Anlaß ist die Vermählung von Katharinas Tochter Margarete von Valois mit König Heinrich von Navarra, einem Calvinisten. Die gesamte hugenottische Elite war hierbei in Paris versammelt. Ihr Anführer **Admiral Coligny** (1519–1572) stirbt ebenfalls.

Seeschlacht von Lepanto. Venezianische Schule

Die blutigen Bürgerkriege bringen aber außer sittlicher und wirtschaftlicher Zerrüttung keine Entscheidung.
1589–1792 herrscht das **Haus Bourbon.** Der letzte Sohn Katharinas, Heinrich III. (1574–1589), wird ermordet. Seine einzig staatsmännische Tat ist, daß er in der Todesstunde den Schwager Heinrich von Navarra, einen Bourbonen, zum Nachfolger designiert, nachdem er zuvor bereits mit ihm gegen die – ihm glaubensmäßig verbundene – katholische Liga vereinigt gewesen war.
1589–1610 Heinrich IV. (von Navarra). Unter seinem toleranten Regime kommen die Religionskämpfe zur Ruhe. Doch setzt er seine Anerkennung im Lande erst durch, als er selber 1593 zum Katholizismus übertritt (»Paris ist eine Messe wert«).
1598 Edikt von Nantes. Bürgerliche Gleichbereichtigung für die Hugenotten, Gewährleistung ihrer Religion. Heinrich treibt allerdings eine mehr »katholische« Politik; zu echter Gleichsetzung beider Konfessionen kommt es nicht.
Wirtschaftlich und moralisch erholt Frankreich sich in den zwei Jahrzehnten. Heinrich saniert die Staatsfinanzen und sorgt unerbittlich für Ordnung. Die Legende verklärt den staatsklugen, vitalen, amourösen und populären ersten Bourbonenherrscher, der 1610 von einem katholischen Fanatiker ermordet wird.

England
1485–1603 Haus Tudor. Wie Frankreich vom Haus Valois in dessen Spätzeit nahezu ruiniert wurde, war hundert Jahre zuvor in England durch den gegenseitigen

Bartholomäusnacht in Paris

Ausrottungskrieg der Häuser York und Lancaster ähnliches geschehen.

1485–1509 Heinrich VII. Er festigt Macht und Ansehen der Krone erneut. Eine der kraftvollsten Erscheinungen des Jahrhunderts ist

1509–1547 Heinrich VIII. Autoritär, gewalttätig, kunstliebend, ist er ein praller Renaissancetyp, berühmt-berüchtigt durch seine sechs Ehen; zwei seiner Frauen läßt er hinrichten. Eheprobleme sind auch der Anlaß für Heinrichs

1534 Bruch mit der katholischen Kirche: Der Papst weigert sich, Heinrichs Scheidung von Katharina von Aragon zugunsten von Anna Boleyn zuzustimmen. So entsteht in England die dritte bedeutende protestantische Konfession, die **Anglikanische Kirche** – im Ritus mehr katholisch, im Wesensgehalt calvinistisch. Opfer von Heinrichs brutaler Kirchenpolitik ist der Humanist Thomas More, genannt **Morus** (1478–1535).

Nach der kurzen katholischen Restauration unter Heinrichs Tochter

1553–1558 Maria der Katholischen und dem englisch-spanischen Bündnis durch ihre Ehe mit Philipp II. steht die zweite Jahrhunderthälfte in England ganz im Zeichen der

1558–1603 Königin Elisabeth I. Sie ist die Tochter Heinrichs VIII. und der Anna Boleyn. Wie die spanische Seemacht mit der Vernichtung der Armada 1588 ihren demonstrativen Abstieg erlebt, steigt die britische im gleichen Maße auf.

1584 gründet Walter Raleigh die **erste** britische **Kolonie in Nordamerika, Virginia** (zu Ehren der »jungfräulichen« Königin). Francis Drake gelingt eine Weltumsegelung.

1600 Gründung der Ostindischen Kompanie, einer privilegierten Handelsgesellschaft, deren Aktivität die Kolonialmacht England mitbegründen hilft.

1587 Hinrichtung Maria Stuarts nach 19jähriger Haft. Die Königin von Schottland, wegen ihrer umstrittenen Heirat mit Bothwell, dem Mörder ihres Gatten in Rebellionen der schottischen Lords verstrickt und nach England geflohen, galt den englischen Katholiken als legitime Thronerbin (Urenkelin Heinrichs VII.). Deshalb sowohl wie als weibliche Rivalin Elisabeths war sie der Herrscherin gefährlich.

Heinrich VIII. von England

Innenpolitisch gelangen Kleinadel und Bürgertum durch den Merkantilismus zu Wohlstand, werden parlamentarisch führend (Gentry) zu Lasten des Hochadels.

Im katholischen **Irland** siedelt Elisabeth wie schon ihr Vater Protestanten an, um das Gewicht der Krone zu stärken. Diese Politik setzt ihr Nachfolger Jakob I. (Sohn Maria Stuarts) verstärkt fort. Es ist der Ausgangspunkt des heutigen Konfessionskampfes in Nordirland.

Das **»elisabethanische Zeitalter«** gipfelt kulturell in den Bühnenwerken von William **Shakespeare** (1564–1616), des größten Dramatikers der Weltliteratur.

Der Dreißigjährige Krieg

Deutschland bleibt infolge des 1555 geschlossenen Augsburger Religionsfriedens lange Zeit von blutigen Kämpfen verschont und tritt aus der Weltpolitik völlig zurück. Um 1600 aber verschärfen sich die konfessionellen Spannungen erneut. Die Spaltung der Protestanten mit scharfen Gegensätzen zwischen Calvinisten und der lutherischen Orthodoxie fördert eine von den glaubenseifrigen, streng organisierten Jesuiten getragene katholische Restauration (Gegenreformation), der es mit ihrem Einfluß auf einige Fürsten gelingt, viele Gebiete zum alten Glauben zurückzuführen. Der wachsende katholische Einfluß in verschiedenen Reichsbehörden, der Reichsorgane zunehmend handlungsunfähig werden läßt, und der Bruch des Religionsfriedens (Rekatholisierung Donauwörths) lassen die einstmalige Kompromißbereitschaft beider Glaubensparteien in Kampfbereitschaft und Haß umschlagen und führen zur Organisation von Schutzbünden:

1608 protestantische Union,
1609 katholische Liga.

Allegorische Darstellung des Prager Fenstersturzes

Initiatoren sind auf protestantischer Seite Kurfürst Friedrich V. von der Pfalz, auf katholischer Seite Herzog Maximilian I. von Bayern.

Zum Ausbruch der aufgestauten Feindseligkeiten kommt es in Böhmen. Dort werden die von Kaiser **Rudolf II.** (1576 bis 1612) den böhmischen Ständen (Vertretung von Adel, Kirche und Bürgertum) gewährte Religionsfreiheit und verbrieften Privilegien (»Majestätsbrief«) verletzt, als der streng jesuitisch erzogene Erzherzog **Ferdinand II.** 1617 gegen den Widerstand der Stände böhmischer König (1619–1637 deutscher Kaiser) wird und antiprotestantischen Aktionen wie der Niederreißung einer Kirche keinen Einhalt gebietet. Daraufhin am 23.5. **1618 Prager Fenstersturz.** Aufgebrachte Demonstranten dringen in das Prager Schloß ein und werfen nach hussitischem Brauch zwei kaiserliche Statthalter aus dem Fenster. Diese Ereignisse führen zum **1618–1648 Dreißigjährigen Krieg**, der als Religionskampf beginnt und mit zunehmender Dauer den Charakter einer machtpolitischen Auseinandersetzung europäischer Kräfte auf deutschem Boden annimmt. Vier Kriegsperioden bestimmen die Hauptphasen dieses Mächteringens:

1618–1623 Böhmisch-pfälzischer Krieg. Die böhmischen Stände erwehren sich des Machtanspruchs Ferdinands II. und dessen Rekatholisierungsbestrebungen mit Entschiedenheit. Sie verbieten den Jesuitenorden und drängen katholische Adelige und Kirchenfürsten aus dem Land. Ferdinand II. versagen sie die Anerkennung und erheben Kurfürst Friedrich V. von der Pfalz, den Führer der Union und Schwiegersohn Jacobs I. von England, zum böhmischen König.

Die Hoffnungen, mit ihm einen kampf-

Christian Herzog von Brandenburg

starken Verteidiger böhmischer Selbständigkeit gefunden zu haben, erfüllen sich aber nicht. Denn beim Gegenangriff Ferdinands II., gestärkt durch ein Bündnis mit der Liga, durch Hilfe von Spanien, dem Papst und, wodurch die scharfen Gegensätze im protestantischen Lager deutlich erkennbar sind, vom lutherischen Kursachsen, werden die Böhmen, die weder bei der Union, noch beim englischen König Unterstützung finden, **1620** am **Weißen Berg** von dem herausragenden Feldherrn der Liga, Tilly, geschlagen. Friedrich V., als »Winterkönig« verspottet, flüchtet, da seine Stammlande besetzt sind, nach Holland. Er verliert die pfälzische Kurwürde an den Bundesgenossen Ferdinands II., Maximilian I. von Bayern. Die Union löst sich auf.

Den aufständischen Adel in Böhmen trifft ein hartes Strafgericht: Ihre Anführer läßt Ferdinand II., soweit sie nicht ins Ausland geflohen sind, hinrichten. 150000 Protestanten verlassen beim Einsetzen der gewaltsam durchgeführten katholischen Restauration das Land. Die Aufhebung der alten Ständeverfassung durch die »Verneuerte Landesordnung« (1627) unterwirft Böhmen dem absolutistischen Regiment Ferdinands II. und macht es zu einem habsburgischen Erbland.

1625–1629 Dänisch-niedersächsischer Krieg.

Da der Krieg keine rein innerdeutsche Auseinandersetzung bleibt, findet er kein Ende. Frankreich und Holland zeigen sich über die Erfolge des habsburgischen Hauses und die im engen Bündnis zwischen Wien und Madrid geförderte Stärkung Spaniens in Mitteleuropa besorgt. Und als protestantische Söldnertruppen unter Ernst von Mansfeld und Christian von Halberstadt nach der mißglückten Befreiung des pfälzischen Besitzes Friedrichs V. nach Norddeutschland ausweichen und Tilly ihnen folgt, da fühlt sich auch König **Christian IV.** von Dänemark (1596–1648), als Herzog von Holstein deutscher Reichsfürst und Oberster des niedersächsischen Reichskreises, bedroht. Er stellt sich an die Spitze der protestantischen Fürsten, die sich nicht nur um ihren Glauben, sondern auch um die von katholischen Streitkräften gefährdeten geistlichen Besitzungen sorgen, und erhält Unterstützung von England und Frankreich. Christian selbst hofft, für die Verteidigungsbereitschaft des protestantischen Glaubens sein bis ins mittlere Norddeutschland reichendes Territorium um die Bistümer Osnabrück, Bremen und Halberstadt – Verden ist bereits in seinem Besitz – erweitern zu können.

Doch bevor es zum Krieg kommt, erhält Ferdinand II. unerwartet Hilfe:

1625 macht **Albrecht von Wallenstein** (1583–1634), ein böhmischer Edelmann, das Angebot, ein Heer von bisher nicht bekannter Größenordnung auf eigene Kosten aufzustellen. Da Ferdinand wegen anhaltender Unruhen in Ungarn und Siebenbürgen eine eigene Truppe benötigt und Kurfürst Maximilian I. von Bayern ständig zur Entlastung Tillys und des Ligaheeres mahnt, nimmt er das Angebot an. Mit Wallenstein, so urteilt Leopold von Ranke, tritt die »außerordentlichste Gestalt« des Dreißigjährigen Krieges ins Rampenlicht. Einer protestantischen Adelsfamilie entstammend konvertiert er 1606 und kämpft im böhmisch-pfälzischen Krieg auf der Seite des Kaisers. Durch eine günstige Heirat wird Wallenstein Großgrundbesitzer, und es gelingt ihm, durch Ankauf konfiszierter böhmischer Güter zu Spottpreisen, sich mehrmals zu bereichern. Für die Finanzierung seines Heeres, in dem Abenteurer aller Nationalitäten und Konfessionen Aufnahme finden, bedient sich der »Kriegsunternehmer« Wallenstein neuer Methoden. Zwar bezahlt er die Söldnerwerbung aus eigener Kasse, aber er läßt nach dem Grundsatz, daß der Krieg den Krieg ernähren müsse, das Land, ob verbündet oder feindlich, ohne Gegenleistung für Sold, Quartier und Verpflegung aufkommen. Wollen Städte von Einquartierungen verschont bleiben, müssen sie Abstandszahlungen leisten.

Für den Kaiser wird Wallenstein so zum wichtigsten Verbündeten, zumal er auch das Kriegshandwerk beherrscht.

In dem inzwischen ausgebrochenen Kampf erweisen sich Christian IV. und seine norddeutschen Bündnispartner der so erstarkten kaiserlichen Macht nicht gewachsen. Gemeinsam von Tilly und Wallenstein werden sie mehrmals geschlagen, entscheidend

1626 in der **Schlacht bei Lutter** am Barenberge, und verlieren die norddeutschen Gebiete.

Außerdem wird die protestantische Position durch den Tod aller drei Heerführer neben dem dänischen König, Ernst von Mansfeld, Christian von Halberstadt und Johann Ernst von Weimar, im Jahre 1626 erheblich geschwächt. 1627 besetzt das kaiserliche Heer Jütland, 1628 Mecklenburg und Pommern. Lediglich Stralsund, das von See her versorgt wird, kann der Belagerung trotzen. Daß Dänemark nicht vollständig besiegt werden kann, liegt im Fehlen einer Flotte begründet. Für die Ausdehnung habsburgischer Macht bis an die Ostsee belehnt Ferdinand II. den ehrgeizigen Wallenstein mit dem Herzogtum Mecklenburg, wodurch dieser in den Reichsfürstenstand erhoben wird, und dekoriert ihn mit dem Titel eines »Generals des Baltischen und Ozeanischen Meeres«. Diese Auszeichnung, die als Auftrag zu verstehen ist, dokumentiert den festen Glauben Ferdinands an die unbegrenzten Möglichkeiten seines Heerführers.

Aus Furcht, Schweden könne sich durch die habsburgische Präsenz an der Ostsee bedroht fühlen und zur Verteidigung des protestantischen Glaubens den Krieg aufnehmen, dringt Wallenstein beim Kaiser auf einen Verzichtfrieden mit Dänemark. Christian IV. bleibt im Besitz seiner Länder, muß aber das Bündnis mit den norddeutschen Fürsten lösen und auf die erhofften Bistümer verzichten. Noch bevor die Friedensverhandlungen in Lübeck (1629) abgeschlossen sind, erläßt Ferdinand II. das **Restitutionsedikt**, das die Rückführung aller in protestantischen Besitz übergegangenen Bistümer und Stifte zum katholischen Glauben anordnet und damit den umstrittenen Artikel des Augsburger Religionsfriedens, den Geistlichen Vorbehalt, in Kraft setzen soll. Die Durchführung des Restitutionsedikts hätte nach Ranke »die Axt an die

Albrecht von Wallenstein

Gustav Adolf, König von Schweden

Wurzeln der Reformation gelegt« und dem Kaiser einen ungeheuren Machtzuwachs gebracht. Dagegen erhebt sich massiver Widerstand, den die protestantischen Fürsten nicht allein zu führen brauchen, denn immer wenn die kaiserliche Zentralgewalt gestärkt wird, fühlen sich auch die katholischen Fürsten und das benachbarte Ausland betroffen. Die Wirkung dieses Widerstands ist folgenschwer. Denn zum einen gelingt es

1630 auf dem **Regensburger Kurfürstentag** der gemeinsamen Opposition protestantischer und katholischer Fürsten, die um ihre »Libertät« fürchten, Ferdinand II. die Entlassung des böhmischen Emporkömmlings Wallenstein und eine Heeresverkleinerung abzutrotzen, zum anderen bewahrheitet sich Wallensteins Furcht, daß Schweden unter König Gustav II. Adolf in den Krieg eintreten könnte.

1630–1632 Schwedischer Krieg.

Schweden bleibt lange Zeit von dem Krieg in Deutschland unberührt. **Gustav Adolf** (1611–1632) führt die schwedische Ausdehnungspolitik im Kampf um die Ostseeherrschaft fort und es gelingt ihm, das schwedische Reich um die baltisch-preußische Küste zu erweitern. Als aber kaiserliche Truppen bis zur Ostsee vorstoßen, sieht er seine Interessen gefährdet und greift, ermuntert durch lukrative Subsidienzahlungen aus Frankreich, selbst in den Krieg ein. Er landet im Juli 1630 in Vorpommern.

Die protestantischen Fürsten Norddeutschlands reagieren, da sie offensichtlich an der Stärke des Schwedenkönigs zweifeln und kaiserliche Strafmaßnahmen fürchten, äußerst zurückhaltend und lassen sich nur zögernd zur Parteinahme drängen. Gustav Adolf aber genügen zwei siegreiche Schlachten (1631 bei Breitenfeld, 1632 am Lech), um die kaiserlich-katholische Position in Norddeutschland zu zerschlagen und bis an die Grenze habsburgischer Erblande vorzustoßen. Da Tilly 1632 fällt, sieht die kaiserliche Partei die Notwendigkeit, Wallenstein erneut mit dem Oberbefehl des Heeres zu betrauen. Wallenstein, der zunächst auf seine Entscheidung warten läßt, um einige Privilegien herauszuschlagen, kann die Schweden aus Süddeutschland vertreiten und verfolgt sie bis weit in den Norden Deutschlands. Am 16.11.

1632 Schlacht bei Lützen. Die Schweden können zwar ein Übergewicht erkämpfen, gleichzeitig erleiden sie aber einen schweren Verlust: **Gustav Adolf fällt.**

Im weiteren Verlauf verhält sich Wallenstein merkwürdig abwartend. Anstatt die Schweden aus Deutschland zu drängen, sieht er deren erneuter Einflußnahme auf den Süden (1633 Heilbronner Bund: Zusammenfassung zahlreicher deutsch-schwedischer Einzelbündnisse) tatenlos zu. Seine Motive bleiben unklar. Als er Verbindung zu Frankreich, Schweden, Sachsen und böhmischen Emigranten aufnimmt und im »Pilsner Revers« seine Offiziere zu bedingungsloser Ergebenheit ihm gegenüber verpflichtet, wird er seines Amtes enthoben und des Hochverrats angeklagt. Am 25.2.

1634 wird Wallenstein von seinen Offizieren **ermordet**.

1635–1648 Schwedisch-französischer Krieg.

In Deutschland beginnt sich die Lage zu entspannen und ein allgemeiner Friede scheint möglich. Da **tritt Frankreich in den Krieg ein.** Wie sehr die Glaubensverteidigung durch machtpolitische Ambitionen verdrängt wird, zeigt das Zusammengehen des katholischen Frankreichs mit dem protestantischen Schweden im Kampf gegen das katholische Habsburg, das, im Süden wieder erstarkt, 1635 mit Sachsen, Brandenburg und einigen weiteren protestantischen Ständen in Prag einen Sonderfrieden schließt. **Kardinal Richelieu,** der seit 1624 als leitender Minister die Staatsgeschäfte in Frankreich leitet, möchte die habsburgische Vormachtstellung in Deutschland beseitigen und seinem Land eine Führungsposition in Europa verschaffen. Entscheidende Siege gelingen aber keiner Partei mehr. Führungslose Söldnerhaufen ziehen mordend und brandschatzend durch das Land, als gelte es, die anderen an Grausamkeiten zu überbieten. Dabei werden immer furchtbarere Methoden des Quälens und Tötens erdacht, wie z.B. der »Schwedentrunk« (Einflößen heißer Jauche). Mit derber Realistik ist die Soldateska des Dreißigjährigen Krieges im zeitgenössischen Roman des Christof von Grimmelshausen »Simplizius Simplizissimus« geschildert. Der Krieg erlischt gleich einem Feuer, das keine neue Nahrung erhält. So schließt man am 24.10.

1648 im **Westfälischen Frieden** zu Münster und Osnabrück einen Vergleich mit folgenden Ergebnissen:

Wallensteins Aufmarschplan zu Beginn der Schlacht bei Lützen

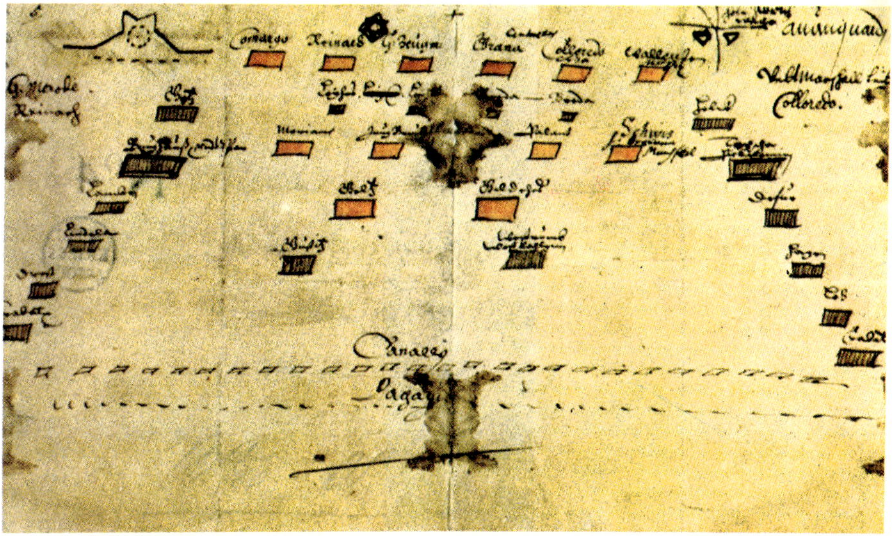

Umseitig: Schlacht bei Lützen

Eidesleistung beim Abschluß des Westfälischen Friedens im Rathaus von Münster

1. **Der Augsburger Religionsfrieden wird bestätigt** und auf die Calvinisten, zu denen inzwischen auch das brandenburgische Haus Hohenzollern gehört, ausgedehnt.
2. **Die Schweiz** und die Generalstaaten (nördliche **Niederlande**) scheiden aus dem Reichsverband als **selbständige Staaten** aus. Schweden gewinnt Vorpommern und die Bistümer Bremen und Verden; Hinterpommern geht an Brandenburg. Frankreich kann endgültig Metz, Toul, Verdun erwerben.
3. Verfassungsmäßig besiegelt der Friedensvertrag die **Souveränität der deutschen Einzelstaaten** mit voller Landeshoheit nach innen und außen, nur mit Ausnahme von Bündnissen gegen den Kaiser (»Libertät«). Völlige Zersplitterung (nahezu 2000 souveräne Herrschaften) und Ohnmacht des Reiches, in dem der Kaiser nur noch der Erste unter Gleichen ist.

Deutschland, das von furchtbaren Verwüstungen und hohen Bevölkerungsverlusten (in Hauptkampfgebieten bis zu 70%) gezeichnet ist, kann die Auswirkungen des Krieges wirtschaftlich nicht verkraften. Für die Zukunft wird es folgenschwer sein, daß der Zugang zum Meer abgeschnitten und eine Beteiligung am Welthandel damit unmöglich ist.

Der Absolutismus

Frankreich unter Richelieu und Mazarin

Durch Kardinal Richelieus taktisch kluges Lancieren der Widerstände gegen das nach Machterweiterung strebende kaiserliche Habsburg geht Frankreich aus dem Dreißigjährigen Krieg gestärkt hervor, während Deutschland völlig erschöpft und ausgeblutet darniederliegt. Es gibt kein Land in Europa, das so dicht besiedelt ist wie Frankreich, wo 20 Millionen Menschen leben (in Deutschland knapp 10 Millionen).

1624–1642 Richelieu leitet als erster Minister unter Ludwig XIII. (1610 bis 1643) die Regierungsgeschäfte. Angesichts tiefer religiöser Zerrissenheit und politischer Aufsplitterung des Landes im ausgehenden 16. Jahrhundert und noch bestehender separatistischer Bestrebungen des Adels sieht Richelieu für Frankreich die Notwendigkeit, einen starken Einheitsstaat mit absoluter Königsherrschaft zu schaffen. So haben alle Maßnahmen seiner Politik nur ein Ziel: Einigung des Landes, Zerschlagung des inneren Widerstandes gegen die absolute Monarchie und Stärkung der Krone.

1628 Eroberung von La Rochelle, der letzten großen Bastion der Hugenotten. Dabei spielen religiöse Motive keine Rolle, vielmehr will Richelieu den Reformierten die im Edikt von Nantes gewährten politischen Sonderrechte entreißen.

Gegen Richelieus Reformpolitik erhebt sich eine

Rebellion des Hochadels, um jahrhundertealte Machtansprüche zu wahren. Besonders betroffen fühlen sich die Gouverneure in ihren Vormachtstellungen und so ist es auch der Gouverneur der Provinz Languedoc, der Herzog von Montmorency, der den Widerstand tatkräftig schürt. Der Aufstand wird aber mit grausamer Härte niedergeschlagen:

1632 Enthauptung des Herzogs von Montmorency. Hohe Adelsfamilien dürfen in den Provinzen zwar noch Ehrenämter bekleiden, die wichtigen Verwaltungsaufgaben überträgt der König jedoch Intendanten, Beamten aus dem Bürgertum.

Kardinal Mazarin

1635 Gründung der Académie Française zur Pflege französischer Sprache und Literatur. Richelieu hofft bei seinem Bemühen, das Land zu einigen, daß von ihr eine Integrationswirkung ausgeht.

1641 Einspruchsrecht der Parlamente bei königlichen Edikten **aufgehoben**.

Insgesamt gelingt es Kardinal Richelieu mit seiner von der Einsicht in die Staatsnotwendigkeit getragenen Politik, das Ansehen Frankreichs in Europa erheblich zu steigern.

1643–1661 Kardinal Mazarin (Gulio Mazarini, Sizilianer, als päpstlicher Nuntius in Paris, 1641 Kardinal) leitet als erster Minister für den noch minderjährigen Ludwig XIV. (geb. 1638) die Staatsgeschäfte. Richelieu hat seine Fähigkeiten, so z.B. das geschickte und zähe Taktieren in diplomatischen Verhandlungen, früh erkannt. Mazarin verfolgt die gleichen Ziele wie Richelieu, er muß aber auch gegen die gleichen Widerstände kämpfen:

1648–1653 Aufstand der Fronde, eine Erhebung des Hochadels, die das Pariser Parlament (Staatsgerichtshof) unterstützt. Der Aufstand ist nicht gegen die Monarchie gerichtet, vielmehr sollen die Machtbefugnisse des ungeliebten Ausländers Mazarin eingeengt werden. Auch wittern die Provinzen die Chance, ihre verlorengegangene Eigenständigkeit wiederzuerlangen. Es kommt zum **Bürgerkrieg** und Frankreich, gerade als Sieger aus dem Westfälischen Frieden hervorgegangen, wird wieder schwer erschüttert. Die Königsfamilie verläßt die Hauptstadt, Mazarin führt von Brühl (nahe Köln) die Regierungsgeschäfte.

1652 Rückeroberung von Paris durch ein angeworbenes Königsheer. Die Erhebung ist niedergeschlagen, der aufständische Adel wird politisch entmachtet.

1658 Erster Rheinbund, ein dreijähriger Zusammenschluß Frankreichs mit mehreren weltlichen und geistlichen deutschen Fürsten gegen die wieder einsetzende habsburgische Machtpolitik.

Mazarin gelingt es, die politische Lage wieder zu stabilisieren und die Macht der Krone weiter auszubauen. Er schließt am 7.11.

1659 den **Pyrenäenfrieden mit Spanien**, der Frankreich nach jahrzehntelangen Kämpfen Landgewinne bringt und es endgültig aus der habsburgischen Umklammerung befreit.

Der Staat Ludwigs XIV.

Staatstheoretisch ist der Absolutismus wesentlich von dem französischen Juristen Jean Bodin (1530–1596) geprägt worden. Obgleich Bodins Analyse der Grundbedingungen politischer Ordnung (»Sechs Bücher über den Staat«) nicht eigentlich auf den Absolutismus abzielt, liefert sie mit der Herausarbeitung des Souveränitätsbegriffs doch ein wesentliches Element absolutistischer Herrschaftsauffassung, denn souveräne Herrschaft bedarf der uneingeschränkten, also absoluten Macht. Allerdings ist sie an das »göttliche« und »natürliche« Recht gebunden.

Frankreich verdankt der Idee und der schrittweisen Realisierung absoluter Königsherrschaft den Aufstieg aus tiefer innerer Zerrüttung zur stärksten Macht Europas. Heinrich IV. hat erreicht, daß nach schweren Religionskämpfen im Land wieder Ruhe herrscht. Richelieu und Mazarin überwinden durch Beschneidung der Rechte des Adels zugunsten der Krone alte Feudalstrukturen. Und vollendet wird der Absolutismus in Frankreich unter der Regentschaft

1661–1715 Ludwigs XIV. Nach Mazarins Tod nimmt der junge König selbst die Staatsgeschäfte in die Hand.

Zwar darf ihm der legendäre Ausspruch »L'état c'est moi« (Der Staat bin ich) nicht zugeschrieben werden, er charakterisiert jedoch seine Regierungspraxis treffend. Der König als personifizierter Staat beansprucht den Alleinbesitz absoluter Macht und die alleinige Führung der Regierungsgeschäfte. Minister sollen nur noch beratende Funktion auf ausdrücklichen königlichen Wunsch ausüben. Aber schon die – trotz gelegentlicher Übergriffe in das Steuerrecht – hoffnungslose Staatsverschuldung macht deutlich, wie wenig der König auf die qualifizierte Arbeit höchst leistungsfähiger Minister wie Colbert (für Wirtschaft), Louvois (für Kriegswesen) und Vauban (für Festungsbau) verzichten kann:

Gesteigert wird die königliche Machtfülle noch dadurch, daß Ludwig XIV. die Rechte eines obersten Bischofs wahrnimmt und damit auch höchste kirchliche

Ludwig XIV., König von Frankreich

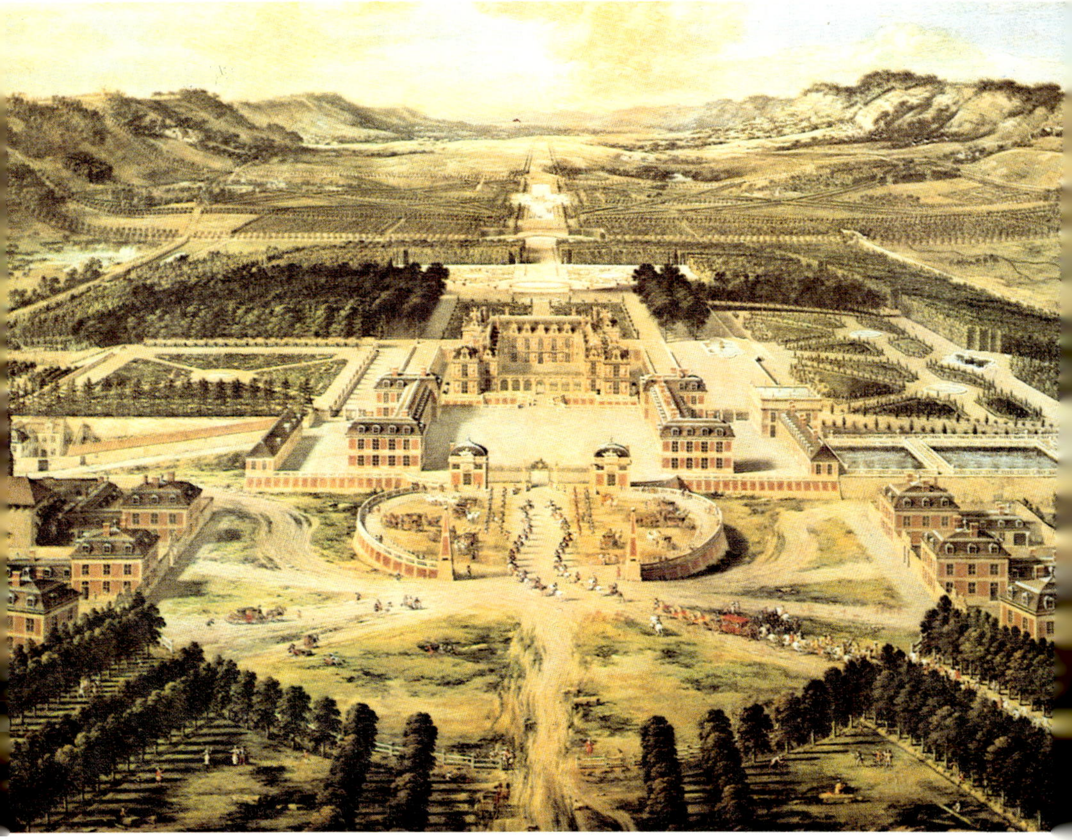

Das Schloß von Versailles um 1668

Instanz im Lande ist. Für seine Untertanen wird die Zugehörigkeit zur katholischen Kirche bindend. Besonders betroffen von der konfessionellen Einigung sind wieder einmal die Hugenotten. Sie sollen, eingeschüchtert durch militärische Einquartierungen, zur Konversion gezwungen werden. Da der gewünschte Erfolg ausbleibt, kommt es am 18.10.
1685 zur **Aufhebung des Edikts von Nantes.** Trotz Androhung härtester Strafen verlassen nahezu 500000 Hugenotten das Land und finden vor allem in Holland und der Mark Brandenburg Aufnahme. Frankreich erleidet dadurch einen schweren Substanzverlust.

Als Ausdruck uneingeschränkter Macht läßt Ludwig XIV., der »Sonnenkönig« – die alles Leben bedingende Sonne wird zum Herrschersymbol –, fernab vom Unruheherd Paris das
1682 fertiggestellte **Schloß Versailles** bauen. Ungeachtet der angespannten Finanzlage verschlingt dieser gigantische, in vielen Belangen höchst unpraktische (die wenigen Toiletten sind dem steten Ansturm nicht gewachsen) Barockbau, der einen Hofstaat von 4000 Personen aufnehmen muß, nach heutiger Währung 50–60 Milliarden Mark.
Der Adel fühlt sich vom verschwenderischen Hofleben magisch angezogen. Da-

bei gilt es, durch aufwendige Repräsentation, die nicht selten zum finanziellen Ruin führt, Konkurrenten auszuschalten und die Regeln der »Höflicheit« sowie der Intrige perfekt zu beherrschen. Mit seiner Gier nach Titeln und Gnadenbeweisen begibt sich der einstige Gegner absoluter Herrschaft, der Adel, selbst in die Abhängigkeit vom König.

Der prunkvolle Baustil, die Parkanlagen, Lebensweise, Etikette und das Zeremoniell werden zum Maßstab und Vorbild einer ganzen Epoche und finden bis hinunter zu Duodezfürsten eifrige Nachahmer. Das Französische wird vor allem in Deutschland zur Sprache des Adels und der Gebildeten bis ins späte 19. Jahrhundert. Große Wirkung geht auch von der französischen Klassik, vornehmlich in der Bühnenliteratur, dieser Zeit aus. Heute sind es nicht sosehr die Tragödien Corneilles und Racines, sondern die menschliche Schwächen bloßlegenden Komödien Molières (»Tartüff«, »Der eingebildete Kranke«), die immer wieder Aufnahme in die Theaterspielpläne finden.

Die tragenden Pfeiler der Macht des absolut herrschenden Königs bilden das Beamtentum, das stehende Heer und die Wirtschaft.

Die **Verwaltung des Landes** liegt in den Händen von rund 40000 Beamten, die ihr Amt vom Staat käuflich erworben haben. Zu ihrer Kontrolle baut Ludwig XIV. in den Provinzen die Intendantur weiter aus (30 Amtsbezirke). Die dafür nach ihren Fähigkeiten ausgewählten bürgerlichen Sonderbeauftragten (Intendanten) sind allein dem König verantwortlich und können von ihm jederzeit abberufen oder versetzt werden, um einer möglichen Machtanhäufung vorzubeugen. Diese Intendanten überwachen den Steuereinzug und die öffentliche Ordnung, sie greifen in königlichem Auftrag in Gerichtsprozesse ein und sind für die Aushebung der Rekruten verantwortlich. In den Städten nehmen königliche Magistrate diese Aufgaben wahr.

Wichtiges und jederzeit verläßliches Machtinstrument wird für Ludwig XIV. **das stehende Heer.** Kriegsminister **Louvois** (1641–1691) baut es, nach Infanterie, Kavallerie und Artillerie in Brigaden, Kompanien, Regimenter streng gegliedert, zu einer Truppenstärke von 270000 Mann aus und verbessert seine Ausrüstung wesentlich (u.a. Einführung einer leichten Steinschloßflinte mit stehendem Bajonett). Offiziersstellen sind zwar käuflich, ihre Besetzung hängt aber vom Ernennungsrecht des Königs ab. Die französische Armee, geführt von den bedeutenden Feldherren Turenne, Condé, Luxembourg, wird zum Vorbild aller europäischen Heere.

Vauban (1633–1707) entwickelt einen neuen, sternförmigen Festungsbau, der als uneinnehmbar gilt. 300 dieser Bastionen sichern die französischen Grenzen.

Die Sonne, Symbol Ludwigs XIV. Deckenmalerei im Schloß von Versailles

Jean Baptiste Colbert

Der Staat verschlingt so ungeheure Geldsummen, daß sie aus den Steuereinkünften bei weitem nicht gedeckt werden können. Um die ständig anwachsenden Defizite ausgleichen zu können, leitet Jean Baptiste **Colbert** (1619–1683) eine auf dem zentralistischen **System des Merkantilismus** (staatliche Planwirtschaft) beruhende Wirtschaftspolitik mit geregelter Buchführung und statistischer Staatshaushaltsplanung ein.
Der Reichtum des Staates hängt nach damaliger Auffassung allein vom Geldbesitz ab, deshalb ist es Colberts Bestreben, eine **aktive Handelsbilanz** zu erreichen. Importe werden zum Schutz eigener Produkte mit hohen Steuern belegt; die Einfuhrpreise wichtiger Rohstoffe lassen sich durch Koloniegründungen auffangen. Durch steuerliche Begünstigungen angereizt, beginnt das französische Bürgertum in den Aufbau von **Manufakturen**, mittelgroße Fabrikationsbetriebe mit arbeitsteiliger Spezialisierung, zu investieren. Damit diese fast ausschließlich für den Export bestimmten Gewerbeprodukte (vor allem Textil-, Metall-, Glas- und Luxuswaren) auf dem Weltmarkt konkurrenzfähig sind, werden die Arbeitslöhne und auch die Grundnahrungsmittelpreise niedrig gehalten. Um die hohen Transportkosten (Zwischenhandel) durch ausländische Schiffe auszugleichen, baut Colbert die eigene Handelsflotte aus.
Wenn Colberts merkantile Finanz- und Wirtschaftspolitik letztlich doch scheitert, so liegt das in dem ruinösen Geldverbrauch des Königs für Verwaltung und Heer, für Hofhaltung und Bautätigkeit begründet.

Frankreichs expansive Außenpolitik
Obgleich Ludwig XIV. bei seinem Regierungsantritt ein deutliches Machtgefälle von West nach Ost vorfindet, will er die im Vergleich zu den europäischen Nachbarstaaten bereits gestärkte Position Frankreichs weiter ausbauen. So sind es die erklärten Ziele seiner Außenpolitik, Frankreichs Grenzen im Norden und Osten bis an den Rhein vorzuschieben und vor allem die **Hegemonie im Mächtesystem Europas** zu erreichen.
Zur Realisierung seiner Pläne bricht der König regelrechte Eroberungskriege vom Zaun, die er zum Teil durch höchst fragwürdige Rechtsansprüche zu legitimieren versucht.
1667–1668 Krieg um die Spanischen Niederlande (Devolutionskrieg). Unter Anwendung des umstrittenen Devolutionsrechts, das weibliche Nachkommen aus erster Ehe vor männlichen aus zweiter Ehe als erbberechtigt gelten läßt, beruft sich Ludwig XIV. auf Erbansprüche aus seiner Heirat mit der spanischen Prinzessin Maria Theresia. Angesichts des drohenden französischen Machtge-

winns an der Nordsee stellen England und Holland ihren See- und Handelskrieg (2. Seekrieg) ein, und es gelingt ihnen sogar, Schweden für ein Bündnis gegen Frankreich (Tripelallianz) zu gewinnen. Ludwig XIV., der eine Kraftprobe nicht riskieren will, sieht sich aufgrund dieses massiven Widerstands zur Beendigung des Krieges gezwungen.

1668 Friedensschluß zu Aachen. Nur Spanien verliert, da es ohne Unterstützung bleibt, zwölf niederländische Grenzfestungen (darunter Lille, Courtrai, Tournai) an Frankreich.

Der französische König ist aber nicht bereit, seine Eroberungspolitik aufzugeben. Mit diplomatischem Geschick und lukrativen Subsidienzahlungen gelingt es ihm, das Bündnis seiner Gegner zu sprengen und Holland zu isolieren. England und Schweden treten an die Seite Frankreichs, mit dem Kaiser schließt er 1671 ein Neutralitätsabkommen.

1672–1678 Krieg gegen Holland. Der englische Angriff auf die holländische Flotte (3. Seekrieg 1672–1674) und die Landoffensive erschüttern die unzureichend bewaffnete Republik schwer. Nun aber wachsen, zumal der französische König ein holländisches Friedensangebot ablehnt und die Gleichberechtigung des katholischen Glaubens fordert, Widerstandswille und Kampfbereitschaft in der Bevölkerung. Sie stürzt Johan de Witt (1653–1672) und erhebt den erst 21jährigen **Wilhelm III. von Oranien**, den späteren englischen König, zum Generalkapitän der Truppen und zum Statthalter auf Lebenszeit. Und ihm gelingt es, die Wende herbeizuführen. Denn zum einen kommt der Vormarsch gegnerischer Truppen durch das Öffnen von Schleusen und Dämmen, wodurch weite Landstriche unpassierbar werden, zum Stillstand, und zum anderen gewinnt Holland Verbündete.

Merkantilistische Spielkartenfabrik

Die Belagerung von Lille

1672 Koalition gegen Frankreich. Kaiser und Reich, Spanien und Kurfürst Friedrich Wilhelm von Brandenburg, der seine Stellung in Cleve-Mark gefährdet sieht, verbünden sich mit Holland. Obwohl diese Unterstützung unzureichend bleibt, zumal Brandenburg durch schwedische Angriffe auf Vorpommern gebunden wird, bringt sie für Holland spürbare Entlastung, denn der Kriegsschauplatz verlagert sich mehr und mehr nach Osten.

Frankreich bleibt in den folgenden Kämpfen siegreich und leitet 1678 die **Friedensschlüsse von Nymwegen** ein: Im August

1678 Friede mit Holland, das nur kleinere Kolonialbesitzungen an Frankreich abtreten muß; im September

1678 Friede mit Spanien, das nicht nur wiederum Grenzfestungen in den Spanischen Niederlanden verliert, sondern auch die Freigrafschaft Burgund.

1679 Friede mit Kaiser und Reich. Freiburg im österreichischen Breisgau und Lothringen gehen in den Besitz Frankreichs über.
Kurfürst Friedrich Wilhelm von Brandenburg, der nach den Friedensschlüssen seiner Koalitionspartner isoliert ist, muß auf französischen Druck
1679 im **Frieden zu St. Germain** die in der Schlacht von Fehrbellin (28.6.1678 – in dieser Schlacht erwirbt sich der Kurfürst den Beinamen »der Große« –) gewonnenen pommerschen Gebiete an Schweden zurückgeben.
Ludwig XIV. hat Frankreichs Grenzen nach Norden und – durch die Gewinne am Oberrhein – vor allem nach Osten weit vorgeschoben. Er ist der mächtigste Herrscher in Europa, dennoch setzt er auch im Frieden seine Eroberungspolitik fort. Um eine weiter nach Osten reichende Expansion (Annexion von Reichsgebieten) legitimieren zu können, beruft sich Ludwig XIV. auf das allerdings umstrittene **Reunionsrecht** (Reunion = Wiedervereinigung) und läßt von eigens dafür gegründeten Reunionskammern (Gerichte) bis in die Merowingerzeit zurückreichende Rechtsansprüche auf Territorien festlegen, die früher einmal lehnsrechtlich zu inzwischen von Frankreich eroberten Gebieten gehört haben. So gehen, da der Kurfürst von Brandenburg durch einen Subsidienvertrag an Frankreich gebunden ist und Kaiser und Reich wegen Unruhen in Ungarn sowie eines drohenden Türkenangriffs (Ludwig XIV. hat die Türken dazu bewogen), keine militärische Hilfe leisten können, das Elsaß und weite Teile der Pfalz dem Reich kampflos verloren. Fragwürdiger Höhepunkt dieser Reunionspolitik ist am 30.9.
1681 die **Besetzung und Annexion der freien Reichsstadt Straßburg.**
Im Reich und in den benachbarten westeuropäischen Staaten ruft die als Reunion kaschierte Eroberungspolitik des französischen Königs tiefe Empörung hervor

Wilhelm III. von Oranien

und man erkennt – sollen weitere expansive Übergriffe nicht mehr tatenlos hingenommen werden – die dringende Notwendigkeit wirksamer Abwehrmaßnahmen.
1682 Laxenburger Allianz. Abschluß eines Verteidigungsbündnisses zwischen Kaiser, dem oberrheinischen und dem fränkischen Kreis. Ein Jahr später treten Hannover, Kursachsen und Bayern der Allianz bei. Sie wird ergänzt durch eine
1683 Koalition gegen Frankreich, vereinbart zwischen Holland und Schweden, das über die Reunion seines Besitzes Zweibrücken verbittert ist, dem Kaiser und Spanien.

Umseitig: Ludwig XIV. als Schirmherr der Wissenschaften

Ludwig XIV. überquert mit seinen Truppen den Rhein

Bald zeigt sich aber, daß von diesen Verteidigungsbündnissen keine Wirkung ausgeht. Ohnmächtig sehen die Vertragspartner zu, wie französische Truppen 1684 das spanische Luxemburg besetzen. Unter diesen Umständen Frankreich zur Herausgabe der reunierten Gebiete zu zwingen, bleibt utopisch. Vielmehr müssen Kaiser und Reich, da die Befreiung der von den Türken eingeschlossenen Stadt Wien alle Kräfte bindet, noch zufrieden sein, durch einen Waffenstillstand mit Frankreich weitere Gebietsverluste verhindern zu können:

1684 Regensburger Stillstand. Ludwig XIV. läßt sich den Besitz aller durch seine Reunionspolitik gewonnenen deutschen Gebiete bestätigen.

Damit jedoch nicht genug: Unter dem Vorwand, für seine Schwägerin Elisabeth Charlotte (genannt Liselotte) von der Pfalz rechtlich allerdings unbegründete Erbansprüche auf die pfälzischen Gebiete Germersheim, Lautern, Simmern und Sponheim wahrzunehmen, läßt er die geistlichen Kurfürstentümer am Rhein und die ganze Kurpfalz durch französische Truppen besetzen. Damit überspannt er den Bogen aber so sehr, daß ein Krieg unvermeidbar wird.

1688–1697 Pfälzischer Krieg. Nach der Befreiung Wiens von den Türken haben Kaiser und Reich (darunter Bayern, Brandenburg, Hannover, Sachsen) die Kraft, den Kampf gegen Frankreich zunächst allein zu führen. Daß Ludwig XIV. mit dem Versuch, auch die Kurpfalz einzuverleiben, letztlich scheitert, ist auf das

Engagement Wilhelms III. von Oranien (seit 1689 König von England) zurückzuführen. Als entschiedener Gegner der französischen Expansionspolitik und als ebenso entschiedener Befürworter eines Gleichgewichts im europäischen Mächteringen organisiert er ein kampfstarkes Bündnis:

1689 Große Allianz. An der Seite von Kaiser und Reich treten Holland, England, Schweden, 1690 auch Spanien und Savoyen in den Krieg ein.

Seit dem Beginn seiner Eroberungskriege ist der französische König zum ersten Mal auf sich allein gestellt. Frühere Bündnispartner, wie zum Beispiel England, Schweden, Brandenburg, sind nun erbitterte Gegner. Und ohne Unterstützung ist Frankreich der militärischen Stärke der Großen Allianz nicht gewachsen: Kriegsminister Louvois muß die bis nach Schwaben vorgedrungenen Truppen aus dem Südwesten Deutschlands zurückziehen. Um den Gegnern das rasche Nachrücken zu erschweren, werden die verlassenen Gebiete rücksichtslos verwüstet: Heidelberg, Mannheim, Speyer, Worms, Oppenheim, Bingen liegen in Schutt und Asche.

Eine empfindliche Niederlage muß Frankreich

1692 in der **Seeschlacht bei La Hogue** hinnehmen. Die vereinigte holländische und englische Flotte zerstört dabei den Plan Frankreichs, eine führende Stellung im weltweiten Seehandel zu erreichen. Trotz bedeutender Erfolge fehlt es den Bündnispartnern der Großen Allianz an Entschlossenheit, Frankreich niederzuringen. Was aber noch schwerer wiegt: Wieder einmal zeigt das Bündnis im weiteren Kriegsverlauf Abnutzungserscheinungen, es bekommt erste Risse. Diesen Umstand versteht Ludwig XIV. zu nutzen; mit diplomatischem Geschick spielt er die Koalitionsparteien gegeneinander aus, so daß die Große Allianz dieser Belastungsprobe nicht standhält und auseinanderbricht. Dadurch gelingt es Ludwig XIV., schwerwiegende Kriegsfolgen für Frankreich zu verhindern. Die gewohnten Kriegsgewinne bleiben aber zum ersten Mal aus. Am 30.10.

1697 Friedensschluß zu Ryswick. Bis auf das Elsaß muß Frankreich alle reunierten Gebiete zurückgeben. Mit dem Erwerb längst verlorengeglaubter Besitzungen und der Behauptung der Kurpfalz können sich Kaiser und Reich erfolgreich durchsetzen.

Doch auch der Friede von Ryswick läßt Europa nicht zur Ruhe kommen, er leitet nur eine auf vier Jahre befristete Verschnaufpause ein. Denn als der spanische König Karl II. am 1.11.1700 im Alter von 39 Jahren kinderlos stirbt und mit ihm die spanische Linie der Habsburger erlischt, wird sein Erbe zum verbissen umkämpften Streitobjekt.

Französische Handelsschiffe an der Mündung des Mississippi

Prinz Eugen als Sieger über die Türken

Der Spanische Erbfolgekrieg
In Anbetracht seines schlechten Gesundheitszustands hat Karl II. die spanischen Territorien, aus Sorge, sie könnten nach seinem Tod auseinandergerissen werden, dem französischen König in Obhut gegeben und einen Enkel Ludwigs XVI., **Philipp V. von Anjou** (1700–1746), testamentarisch zum Nachfolger bestimmt, mit dem Vorbehalt, daß dieser niemals König von Frankreich werden darf. Ludwig XIV. aber erkennt in dieser Erbregelung die unverhoffte Möglichkeit, Frankreich angesichts des erheblichen spanischen Kolonialbesitzes zu einem »Weltreich« zu machen, und hebt deshalb die testamentarische Klausel für Philipp V. unter Mißachtung des Erbrechts auf. Dagegen fordert der deutsche Kaiser **Leopold I.** (1656–1705) aus der österreichischen Linie der Habsburger, da er engere verwandtschaftliche Verbindungen zu den spanischen Habsburgern geltend machen kann als die französischen

Bourbonen, den Thron Karls II. für seinen jüngeren Sohn, Erzherzog Karl.
Zum anderen fürchten England und Holland, durch eine Verbindung Frankreichs mit Spanien bisherige Handelsvorteile einzubüßen, weshalb auch von Kaufmannskreisen beachtliche Geldsummen für eine Auseinandersetzung mit Frankreich bereitgestellt werden.
1701–1713/14 Spanischer Erbfolgekrieg. Um zunächst einen Teil des spanischen Erbes für sein Haus zu sichern, läßt Leopold I. österreichische Truppen unter Prinz Eugen, der dem Kaiser schon im Kampf gegen die Türken wertvolle Dienste geleistet hat, in das seit 1535 zu Spanien gehörende Herzogtum Mailand einrücken:
1701 Siege bei Carpi und Chiari über die aus der Lombardei herbeieilenden Franzosen.
Der damit gegen die ehrgeizigen Pläne Ludwigs XIV. begonnene Kampf lastet im weiteren Verlauf nicht allein auf den Schultern Leopolds I. Denn das Engagement Wilhelms III. von Oranien für die machtpolitische Ausgewogenheit in Europa bewirkt wieder einmal eine Koalition gegen Frankreich: Am 7.11.
1701 Haager Allianz. Mitglieder sind neben dem Kaiser Holland und England, das eine vom französischen König unterstützte Rückkehr der Stuarts auf den englischen Thron und die damit verbundene Rekatholisierung des Landes befürchtet. Auch die Reichsstände treten, mit Ausnahme der beiden Wittelsbacher Kurfürsten von Bayern und Köln, die sich von ihrer Parteinahme für Ludwig XIV. Vorteile versprechen, der Haager Allianz bei. Die Allianz hat auch Bestand, als ihr Initiator, Wilhelm III. von Oranien, am 19.3.1702 stirbt. Drei Jahre später stirbt ein anderer langjähriger Gegner Ludwigs XIV.: Leopold I. Seine politische Zielsetzung wird aber von dem älteren Sohn, **Joseph I.** (1705–1711), als neuem deutschem Kaiser weitergeführt.

John Churchill, Herzog von Marlborough

Der jüngere Sohn Leopolds I., Erzherzog Karl, ist bemüht, sich in Spanien durchzusetzen. Daß es ihm gelingt, als Karl III. 1703 neben Philipp V. spanischer König zu werden, verdankt er allerdings der Unterstützung Englands und Hollands, die ihn als Angreifer vom Süden her im Kampf gegen Frankreich benutzen möchten. Doch abgesehen von einigen Siegen kann Karl III. diese Aufgabe nicht erfüllen, und auch in Spanien reicht sein Einfluß über Katalonien nicht hinaus. Ludwig XIV. kann nach den Niederlagen in Oberitalien 1703 mit den vereinigten französischen und bayrischen Truppen gegen den Kaiser militärische Erfolge verbuchen, zumal österreichische Kräfte durch erneute Unruhen in Ungarn gebunden sind. Schwerwiegende Folgen für die Haager Allianz entstehen daraus nicht. Ihre Position wird durch den

Beitritt des Herzogtums Savoyen und den Anschluß Portugals hingegen noch gestärkt. Nun zeigt sich, daß Frankreich der gegnerischen Übermacht auf den zahlreichen Kriegsschauplätzen in Spanien, Italien, Süddeutschland, in den Spanischen Niederlanden und zur See nicht gewachsen ist.

Die militärische Überlegenheit der Allianz beruht nicht zuletzt auf den besonderen Fähigkeiten **Prinz Eugens** von Savoyen (1663–1736) und des englischen Herzogs John Churchill **Marlborough** (1650–1722). Diese beiden größten Feldherren ihrer Zeit erringen glänzende Siege:

1704 bei Höchstädt. Ludwig XIV. erleidet seine wohl schwerste Niederlage; nahezu die Hälfte des französisch-bayrischen Heeres kommt in dieser erbitterten Schlacht um oder gerät in Gefangenschaft;

1706 bei Ramillies und Turin, und

1708 bei Oudenaarde.

Nach der Einnahme von Lille durch die Alliierten ist Frankreich so unmittelbar gefährdet, daß Ludwig XIV. der Notwendigkeit eines verlustreichen Friedensangebots nicht mehr ausweichen kann. Aber die Bedingungen, die ihm gestellt werden, sind so hoch, daß er die Feindseligkeiten wiederaufnimmt.

1709 Schlacht bei Malplaquet. Prinz Eugen und Marlborough bleiben trotz sehr schwerer Verluste siegreich. Seine Rettung verdankt Frankreich politischen Zufallsereignissen:

1710/1711 Sturz der Kriegspartei (Whigs) **in England.** Die Friedenspartei der Tories unter Bolingbroke übernimmt die Macht und führt mit Ludwig XIV. geheime Verhandlungen. Marlborough wird entlassen.

1711 Tod Kaiser Josephs I. Da Karl III. letzter männlicher Habsburger ist, kehrt er aus Spanien zurück und wird als **Karl VI.** (1711–1740) zum Nachfolger seines Bruders auf den deutschen Kaiserthron gewählt. Die Möglichkeit eines habsburgischen Großreiches Spanien-Österreich wird sichtbar.

1713 Friede von Utrecht. Die Seemächte England und Holland treffen mit Frankreich folgende Abmachungen: Philipp V. bekommt Spanien einschließlich der Kolonien zugesprochen, soll aber die Lombardei, Neapel und Sardinien an den Habsburger abtreten. Frankreich bleibt im Besitz der rheinischen Eroberungen, Ludwig XIV. jedoch muß seinen Plan, die französische und spanische Krone in einer Hand zu vereinigen, endgültig aufgeben. Holland bekommt die Regelung seiner Barrierewünsche (Spanische Niederlande) gegen Frankreich zugesagt.

Die bedeutendsten Kriegsgewinne kann England verbuchen: von Spanien erhält es Gibraltar und Menorca sowie das Handelsmonopol für Negersklaven, von Frankreich große Gebiete in Nordamerika (Neuschottland, Neufundland, die Hudsonbai-Länder).

Karl VI. setzt, alleingelassen, den Krieg gegen Frankreich fort. Doch zeigt der Verlust von Landau und Freiburg, daß ein Sieg ohne verbündete Hilfe nicht mehr möglich ist.

1714 Friede von Rastatt zwischen dem Kaiser und Frankreich. Bis auf den zusätzlichen Erwerb der Spanischen Niederlande für Karl VI. wird die Utrechter Friedensregelung übernommen.

Mit diesem – wesentlich durch die englische Gleichgewichtspolitik bestimmten – Ausgang des Spanischen Erbfolgekrieges ist auch der letzte Versuch Ludwigs XIV., Frankreich eine beherrschende Stellung in Europa zu sichern, gescheitert. Zwar ist es ihm trotz der Vielzahl der Gegner gelungen, den territorialen Bestand Frankreichs zu erhalten, doch haben seine aufwendige Hofhaltung und Bautätigkeit sowie ständige Kriege (zeitweise sind mehr als 90 % der Einnahmen allein in den Militäretat geflossen) das Land in den Staatsbankrott getrieben.

HABSBURG-LOTHRINGEN

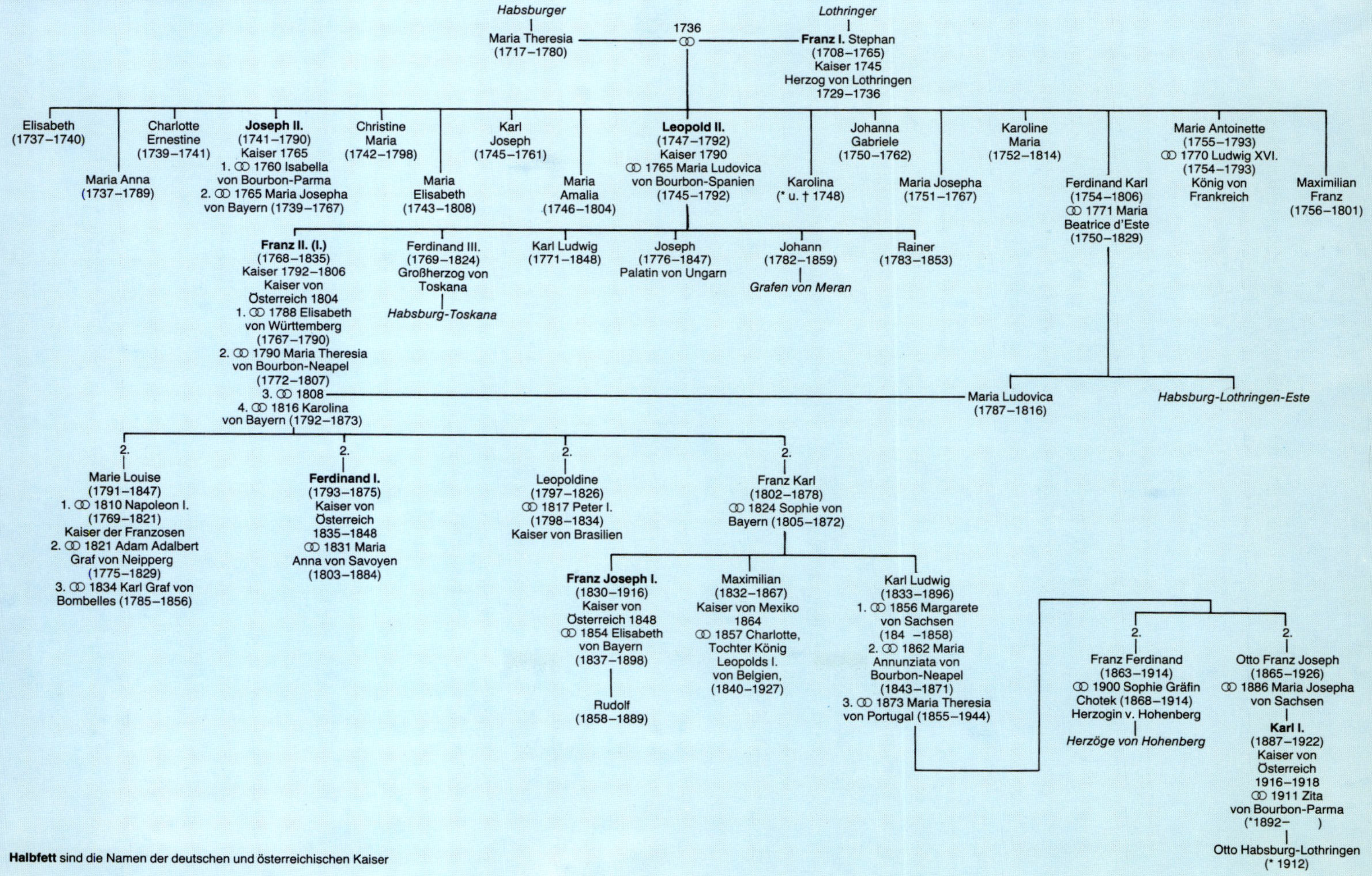

Halbfett sind die Namen der deutschen und österreichischen Kaiser

Parlament und König in England
Neben der **Krone** gibt es in England mit dem **Parlament**, das allerdings keine Volksvertretung im heutigen demokratischen Sinn ist, da die Mitglieder beider Häuser ausschließlich priviligierten Schichten entstammen, eine zweite staatstragende Autorität. Deshalb ist es dem König nicht möglich, eigenmächtig zu regieren, und er muß, soll der innere Friede gewahrt werden, die ständischen Rechte des »House of Lords« (Vertreter des Hochadels und der hohen Geistlichkeit) und des »House of Commons« (Vertreter des niederen Adels und des reichen Bürgertums) respektieren.
Auch Elisabeth I. führt wie viele ihrer Vorgänger die Zusammenarbeit mit dem Parlament fort. Obgleich gerade sie politisch stark genug gewesen ist, die Parlamentsrechte zu beschneiden, läßt sie diese unangetastet, so daß während ihrer fünfundvierzigjährigen Regierungszeit bedeutende Konflikte mit dem Parlament ausbleiben.
Unter den Stuarts aber geht dieses Einverständnis gänzlich verloren. Es kommt zum erbitterten **Machtkampf zwischen den Stuartkönigen und dem Parlament.**
1603–1625 Jakob I. Von Elisabeth I., mit der die seit 1485 in England herrschende Tudor-Dynastie erlischt, zum Nachfolger bestimmt, vereinigt der protestantisch erzogene Sohn Maria Stuarts als erster König die Kronen Englands und Schottlands (seit 1567 als Jakob VI. König von Schottland). Er strebt mit seiner Herrschaftsauffassung, die auf der Lehre vom »göttlichen Recht der Könige« basiert, eine **absolute Herrschaft nach französischem Vorbild unter Ausschaltung des Parlaments** an und begründet diesen uneingeschränkten Souveränitätsanspruch in der 1598 anonym erschienenen Abhandlung »True Law of Free Monarchies« (»Das wahre Gesetz freier Monarchien«): Die Könige seien Urheber von Gesetzen, und nicht die Gesetze Urheber von Königen. Dagegen versuchen die im Parlament sehr zahlreich vertretenen Juristen, angeführt von dem engagierten obersten englischen Richter Sir Edward **Coke** (1552–1634), den König in die Schranken zu weisen, indem sie seinen absoluten Machtanspruch unter Berufung auf das »Common Law« (gemeines Recht) für gesetzwidrig erklären. Denn nach ihrer Rechtsauffassung hat sich auch der König dem herrschenden Recht unterzuordnen.
Zum Ausbruch der aufgestauten Feindseligkeiten kommt es, als Jakob I. außerordentliche Steuern und Zölle erhebt, um die Staatskasse wieder zu füllen (das nach Europa einströmende amerikanische Silber führt auch in England zur Preisinflation. Da aber die königlichen Pachtzinsen vertraglich festgelegt sind, vermindern sich die Einnahmen Jakobs I. ständig). Aber gerade mit dem »Steuerbewilligungsrecht« will sich das Parlament auf gar keinen Fall ein Machtmittel aus der Hand nehmen lassen, das es neben anderen Freiheitsrechten in jahrhundertelangem Ringen den Königen abgetrotzt hat. Der Konflikt wird durch konfessionelle Spannungen weiter vertieft.
In England existiert nicht allein die durch Loslösung von Rom entstandene **anglikanische Staatskirche;** neben ihr kämpfen sowohl **Katholiken,** die gerade vom Sohn der katholischen Maria Stuart eine Verbesserung ihrer Lage erhoffen, als auch calvinistische **Puritaner** (lat. purus = rein), die eine besonders strenge Form des Protestantismus vertreten und deshalb die anglikanische Kirche wegen ihrer noch wirksamen katholischen Relikte (die Kritik richtet sich vor allem gegen das Bischofsamt) reformieren möchten, um freie Religionsausübung. Da aber Jakob I., gestützt auf die hierarchisch gegliederte anglikanische Kirche, gerade von den Bischöfen die wohl größte Unterstützung bei seiner selbstherrlichen Machtausübung erfährt, weist er als

LANCASTER, TUDOR, STUART

Haus Plantagenet

Heinrich III.
(1207–1272)
König von England 1216

Edmund
(1244–1296)
Graf von Lancaster

Eduard III.
(1312–1377)
König von England 1327

Bianca — 1. 1359 ⚭ — John of Gaunt
(† 1369)

John of Gaunt
(1340–1399)
Herzog von Lancaster
3. ⚭ 1396 Katharina Swynford († 1403)

Haus Lancaster

Heinrich IV.
(1367–1413)
König von England 1399

Heinrich V.
(1387–1422)
König von England 1413
⚭ 1420 Katharina (1401–1437), Tochter König Karls VI. von Frankreich

John Beaufort
(† 1409)
Graf von Somerset

1428 ⚭ Owen Tudor
(um 1400–1461)

Heinrich VI.
(1421–1471)
König von England 1422–1461 und 1470/71
⚭ 1445 Margarete von Anjou (1429–1482)

Margarete — 1455 ⚭ — Edmund
(1441–1509) (1430–1456)

Haus York

Elisabeth — 1486 ⚭ — **Heinrich VII.**
(1466–1503)

Haus Tudor

Heinrich VII.
(1457–1509)
König von England 1485

Heinrich VIII.
(1491–1547)
König von England 1509
1. ⚭ 1509 ⚮ 1533 Katharina von Aragonien (1485–1536)
2. ⚭ 1533 Anna Boleyn (1507–1536)
3. ⚭ 1536 Johanna Seymour (um 1509–1537)
4. ⚭ 1540 ⚮ 1540 Anna v. Kleve (1515–1557)
5. ⚭ 1540 Katharina Howard (1520–1542)
6. ⚭ 1543 Katharina Parr (1509–1548)

1. **Maria**
(1516–1558)
Königin von England 1553
⚭ 1554 Philipp II. (1527–1598), König von Spanien

2. **Elisabeth I.**
(1533–1603)
Königin von England 1558

3. **Eduard VI.**
(1537–1553)
König von England 1547

Margarete — 1. 1503 ⚭ — **Jakob IV.**
(1489–1541)
2. ⚭ 1514 Archibald Douglas († 1557)

Robert I. Bruce
(1274–1329)
König von Schottland 1306

David II.
(1323–1370)
König von Schottland 1329

Maria — 1315 ⚭ — Walter Stuart (Stewart)
(† 1316)

Walter Stuart (Stewart)
(1293–1326)
6. High Stewart of Scotland

Haus Stuart

Robert II.
(1316–1390)
König von Schottland 1370

(John) **Robert III.**
(1337–1406)
König von Schottland 1390

Robert
(um 1340–1420)
Herzog von Albany
Regent 1406–1420

Murdoch
(† 1425)
Herzog von Albany
Regent 1420–1424

Jakob I.
(1394–1437)
König von Schottland 1406
⚭ 1424 Jane Beaufort († 1445)

Margarete
(† 1445)
⚭ 1436 Ludwig XI. (1423–1483), König von Frankreich

Jakob II.
(1430–1460)
König von Schottland 1437
⚭ 1449 Marie von Geldern († 1463)

Jakob III.
(1451–1488)
König von Schottland 1460
⚭ 1469 Margarete (1456–1486), Tochter König Christians I. von Dänemark

Maria
(† 1488)
2. ⚭ 1474 James Lord Hamilton († 1479)

Jakob IV.
(1473–1513)
König von Schottland 1488

Elisabeth
⚭ Matthew Stewart († 1513), Graf von Lennox

James Hamilton
(um 1475–1529)
Graf von Arran
Regent 157–1520

John
(† 1526)
Graf von Lennox

Matthew
(1516–1571)
Regent 1570

James Hamilton
(1515–1575)
Graf von Arran
Regent 1542–1554

Jakob V.
(1512–1542)
König von Schottland 1513
1. ⚭ 1537 Magdalena (1520–1537), Tochter König Franz' I. von Frankreich
2. ⚭ 1538 Marie de Guise (1515–1560)

2. **Maria Stuart** — 2. 1565 ⚭ — Henry Stuart, Lord Darnley
(1542–1587)
Königin von Schottland 1542–1567
1. ⚭ 1558 Franz II. (1544–1560), König von Frankreich
3. ⚭ 1567 James Hepburn, Earl of Bothwell (1536–1578)

Henry Stuart, Lord Darnley
(1545–1567)
Herzog von Albany

Jakob VI. (I.)
(1566–1625)
König von Schottland 1567
König von England 1603
⚭ 1589 Anna (1574–1619), Tochter König Friedrichs II. von Dänemark

Elisabeth
(1596–1662)
⚭ 1613 Friedrich V. (1596–1632), Kurfürst von der Pfalz

Sophie
(1630–1714)
⚭ 1658 Ernst August (1629–1698), Kurfürst von Hannover

Georg I. Ludwig
(1660–1727)
König von Schottland, England und Irland 1714

↓ *Welfen II*, S. 161

Karl I.
(1600–1649)
König von Schottland, England und Irland 1625
⚭ 1625 Henriette (1609–1669), Tochter König Heinrichs IV. von Frankreich

Karl II.
(1630–1685)
König von Schottland, England und Irland 1660
⚭ 1662 Katharina (1638–1705), Tochter König Johanns IV. von Portugal

Maria
(1631–1660)
⚭ 1641 Wilhelm II. von Nassau-Oranien (1625–1650)

Jakob II.
(1633–1701)
König von Schottland, England und Irland 1685–1689
1. ⚭ 1660 Anna Hyde (1637–1671)
2. ⚭ 1673 Maria Beatrice d'Este (1658–1718)

Wilhelm III. von Oranien — 1677 ⚭ — 1. **Maria**
(1650–1702)
König 1689

1. **Maria**
(1662–1694)
Königin 1689

1. Anna
(1665–1714)
Königin 1702

2. Jakob (III.) Eduard
(1688–1766)

Karl Eduard
(1720–1788)

Halbfett sind die Namen der englischen und schottischen Könige

Oberhaupt der Kirche (Supremat der Krone)
1604 auf der **Konferenz von Hampton Court** die geforderte Abschaffung des Bischoftums zurück (»No bishop, no king«) und verdammt Katholiken wie Puritaner. Beide müssen danach mit Verfolgung und Ausschluß von öffentlichen Ämtern rechnen. Die katholische Seite ist darüber derart verbittert, daß sie sogar vor einem Terroranschlag nicht zurückschreckt:
1605 Pulververschwörung. Jakob I. soll am 5.11. anläßlich der Parlamentseröffnung in die Luft gesprengt werden. Der von dreizehn katholischen Geistlichen in den Kellerräumen des Parlamentsgebäudes deponierte Sprengstoff wird jedoch rechtzeitig entdeckt, und die Priester müssen ihre Verzweiflungstat mit dem Leben bezahlen.
Dagegen können die Puritaner, die ihrer Kirche sowohl auf Gemeinde- wie auf Synodalebene eine an demokratischen Prinzipien orientierte Selbstverwaltung gegeben haben, weiterhin Einfluß auf das religiöse Leben nehmen. Sie finden besonders im Parlamentsunterhaus mehr und mehr Anhänger.
Um ein vom Diktat der anglikanischen Kirche befreites, gottgefälliges Leben führen zu können, wandern einige Puritaner, vor allem die Mitglieder der mittelenglischen Gemeinde Scrooby, zunächst in das liberalere Holland aus. Sie möchten sich jedoch in Nordamerika eine neue »englische« Heimat schaffen, und so erfolgt im September
1620 die **Ausfahrt der Glaubensflüchtlinge (Pilgrim Fathers) auf der »Mayflower«.** Wegen schwerer Stürme landet das Schiff nicht wie geplant in Virginia, sondern am Cape Cod in Massachusetts (21.11.1620). Nach der Ausarbeitung neuer, den dortigen Gegebenheiten entsprechender Gesetze (Mayflower-Vertrag) wird die Stadt Plymouth gegründet, die nicht nur Anziehungspunkt für weitere puritanische Glaubensflüchtlinge

Jakob VI., König von Schottland, der spätere König Jakob I. von England

wird (bis 1640 folgen mehr als 25 000), sondern ebenso Ausgangspunkt für die spätere Erschließung Neu-Englands. Wie sein Vater Jakob I. verfolgt auch
1625–1649 Karl I. eine streng absolutistische Politik, weshalb auch er von vornherein gegen den energischen Widerstand des Parlaments ankämpfen muß. Eine gefährliche Konfliktsituation entsteht schon, als der König zur Linderung seiner Geldnöte ein sogenanntes »Pfund- und Tonnengeld« auf alle Im- und Exportwaren im Londoner Hafen ohne Einwilligung des Parlaments eintreiben läßt. Viele Kaufleute aber leisten Widerstand und nehmen lieber eine Gefängnisstrafe in Kauf, als mit ihrer Zahlungsbereitschaft zum »Verräter an der Freiheit Englands« zu werden. So bleibt es dem König nicht erspart, das Parlament wieder einzuberufen und es um Steuererhöhungen zu bitten. Dabei kommt es zu turbulenten Auseinandersetzungen. Um den endgültigen

Bruch mit dem Parlament zu vermeiden, unterschreibt er am 7.6.

1628 die Petition of Right (Bittschrift), die vom Unterhausmitglied Sir Edward Coke formuliert und am 28.5. von beiden Häusern verabschiedet worden ist. Darin wird der König gebeten, folgende Rechte anzuerkennen: Keine Steuern, Zölle oder sonstige Abgaben ohne Zustimmung des Parlaments; keine Verhaftungen und Hinrichtungen ohne richterliches Urteil; keine Zwangseinquartierung königlicher Soldaten in Privathäusern.

Die Petition of Right erlangt aber keine Gesetzeskraft. Der König fühlt sich durch seine Unterschrift rechtlich nicht gebunden und so regiert er, gestützt auf seine Berater Thomas Wentworth, Earl of Strafford, und William Laud, Erzbischof von Canterbury, elf Jahre ohne Parlament. Nun richtet Karl I. seine Kraft darauf, auch in Schottland, dem Herkunftsland der Stuarts, die absolutistische Herrschaftsform durchzusetzen und die calvinistischen Presbyterianer (Presbyter = Kirchenälteste) zur Anerkennung der anglikanischen Kirche zu zwingen. Die Folge sind heftige Unruhen im ganzen Land.

1638 Aufstand der Schotten. Adelige, Bürger und besonders die Geistlichkeit wehren sich gegen das Diktat der Krone und demonstrieren mit aller Entschlossenheit, daß sie ihre Glaubensfreiheit und damit die presbyterianische Kirchenverfassung, notfalls mit dem Schwert verteidigen werden. Die Entscheidungsschlacht in den sogenannten »Bischofskriegen« geht zugunsten der Aufständischen aus. Karl I. muß sich wieder in die Abhängigkeit vom Parlament begeben, um einen neuen Feldzug finanziert zu bekommen.

1640 Einberufung des »Kurzen Parlaments« (»Short Parliament«), das nur im April und Mai tagt.

Die Parlamentsmitglieder sehen in der Schwäche des Königs eine günstige Gelegenheit, die eigene Macht weiter auszubauen. So fordern sie von Karl I., nachdem sie ihm zahlreiche Rechtsverletzungen vorgeworfen haben, für die Zukunft ein Mitspracherecht bei allen Regierungsvorhaben. Der König reagiert darauf mit der Auflösung des Parlaments.

Doch als die Schotten in Nordengland einfallen, um einem erneuten Angriff Karls I. zuvorzukommen, muß er seine Entscheidung revidieren und im November

1640 das »Lange Parlament« (»Long Parliament«), das abgesehen von einigen Unterbrechungen bis 1660 tagt, einberufen. Nun zeigt sich deutlich, daß Karl I. die Regierungsgewalt längst an das Parlament verloren hat. Tatenlos muß er mit ansehen, wie seine engsten Mitarbeiter, der Earl of Strafford und Erzbischof Wil-

Schottischer Soldat mit Familie

liam Laud, vom House of Commons verurteilt und später hingerichtet werden. Auch fehlt es ihm an Kraft, dem Parlamentsbeschluß, die königlichen Berater selbst zu ernennen (Grand Remonstrance), entgegenzutreten. Vom Parlament wird ihm außerdem der militärische Oberbefehl verweigert, als durch den **1640** losbrechenden **Aufstand der Iren** die nordirische Provinz Ulster von England abzufallen droht.
Der König unternimmt einen verzweifelten Versuch, die Macht zurückzugewinnen. Er stellt fünf Oppositionsführer unter Hochverratsanklage und erscheint an der Spitze von vierhundert Bewaffneten im Unterhaus, um sie eigenhändig zu verhaften. Doch diese wegen Verletzung der Abgeordnetenimmunität illegale Aktion, die in England so große Empörung hervorgerufen hat, daß englische Könige bis auf den heutigen Tag das Unterhaus nicht betreten dürfen, schlägt fehl, denn im Parlament hat man rechtzeitig davon erfahren und hält die Gefährdeten versteckt. Sie zeigt aber, daß sich Karl I. dem Machtanspruch des Parlaments nur noch durch Waffengewalt beugen wird. So kommt es im Januar
1642 zum **Ausbruch des Bürgerkriegs.** In dem erbittert geführten Kampf zwischen Königstreuen (Kavaliere) und puritanisch gesinnten Parlamentsanhängern, die wegen ihrer kurzgeschorenen Haartracht Rundköpfe (»Roundheads«) genannt werden, geht es nicht etwa wie später auf dem Kontinent um das Durchfechten ständischer Privilegien, sondern um die Verwirklichung der »Prinzipien der Freiheit, des Rechts und der Staatsordnung«.
Während sich der Landadel, die reichen Handelsstädte im Osten Englands und die schottischen Presbyterianer der Parlamentspartei anschließen, findet Karl I. bei den anglikanischen Bischöfen, die zur Loyalität dem König gegenüber mahnen, der Landbevölkerung im Westen des Landes, beim Hochadel (und damit im House of Lords), aber auch bei einem Teil der Unterhausmitglieder Unterstützung.
Zunächst fällt es Karl I. nicht schwer, sich gegen das bunt zusammengewürfelte Parlamentsheer zu behaupten; er kann sogar die Schotten auf seine Seite ziehen. Doch diese Überlegenheit geht verloren, als der Landedelmann Oliver **Cromwell** (1599 bis 1658), seit 1628 Mitglied des Unterhauses, ein leidenschaftlicher Verfechter der Parlamentsrechte, ein straff organisiertes Reiterheer, die Ironsides (Eisenseiten), aufbaut, in dem die sogenannten »Independenten«, eine radikale puritanische Gruppe, den Kern bilden. Gegen dieses vom religiösen Fanatismus beflügelte Heer können sich die königlichen Kavaliere nicht mehr behaupten. Wiederholt unterliegen sie dem übermächtigen Gegner, entscheidend
1645 in der Schlacht bei Naseby. Karl I. gelingt die Flucht nach Schottland, wo er in Ehren aufgenommen wird. Doch aus Furcht vor Sanktionen liefern sie ihn 1647 an das Parlament aus.
In England hat sich die Lage wieder beruhigt, und in Anbetracht der tiefen Wunden aus dem Bürgerkrieg plädieren weite Bevölkerungskreise, aber auch gemäßigte Puritaner im Parlament dafür, den König wieder einzusetzen. Doch auf seiten der radikalen Independenten erhebt sich entschiedener Widerspruch dagegen.
Da der Prozeß gegen Karl I. ins Stocken gerät, läßt Cromwell mit Waffengewalt das Unterhaus von allen gemäßigten Kräften kurzerhand säubern. Nun zeigen die sechzig Abgeordneten des »Rumpfparlaments« wenig Skrupel, den König wegen Hochverrats und anderer Staatsverbrechen zum Tode zu verurteilen. Am 30.1.
1649 öffentliche Hinrichtung Karls I. Wie bei Teilen der englischen Bevölkerung löst diese unerhörte Tat auch auf dem

Hinrichtung Karls I. in London

Festland tiefe Bestürzung aus, denn nach der dortigen Rechtsauffassung ist es einfach nicht vorstellbar, daß sich ein König einem Gerichtsbeschluß zu beugen habe.

Von der puritanischen Revolution zum englischen Verfassungsstaat

In der vom Rumpfparlament proklamierten Staatsform der Republik (Commonwealth and Free State of England) soll das Prinzip der Volkssouveränität, für das man so erbittert gestritten hat, verwirklicht werden. Doch als Oliver Cromwell im Bemühen um Ruhe und Ordnung dem religiösen Fanatismus mit der Forderung nach Toleranz zu begegnen versucht, wird im Widerstand des Parlaments, das nicht einmal kleine puritanische Gruppen und Sekten dulden will, deutlich, daß das Rumpfparlament der Independenten nicht die Nation, sondern nur eine Minderheit vertritt. Mit dem »Staatsrat« (Cromwell erster Vorsitzender) und dem »Parlament« sehen die Verfassungspläne eine Gewaltenteilung vor. Doch Cromwell, der sich durch das Bemühen des

Parlaments, seine Rechte eigenständig wahrzunehmen, immer stärker provoziert fühlt, schafft die Legislative letztlich ab, indem er das Parlament mehrmals gewaltsam auflöst.
Er setzt zusammen mit den Offizieren des Heeres eine nach seinen Vorstellungen gestaltete Verfassung (»Instrument of Government«) durch, die ihm das Amt des Lord-Protektors auf Lebenszeit zusichert. Seit
1653 ist Cromwell Alleinherrscher. Er, der sich im leidenschaftlichen Kampf gegen das absolute Königtum politisch profiliert hat, errichtet »als Werkzeug Gottes« eine noch absolutere Militärdiktatur. Doch damit hat er den Bogen überspannt. Die Zahl seiner Gegner wächst weiter an, auch dann noch, als Cromwell den seit 1641 schwelenden Aufstand der katholischen Iren mit brutaler Härte niederschlägt und die Adelsschicht des Landes liquidiert.
Als nicht so glücklos wie seine Innenpolitik erweist sich das Vorhaben Cromwells, den Ausbau der englischen Flotte voranzutreiben, um das Land zu einer führenden See- und Wirtschaftsmacht erheben zu können. Bedingt durch seine Insellage ist England bisher vom teuren Zwischenhandel durch die bedeutendste Seehandelsnation Holland abhängig. Dagegen richtet Cromwell
1651 die Navigationsakte, die vom Handel mit dem Inselreich und seinen Kolonien fast alle nichtenglischen Schiffe ausschließt. Mit diesem gegen Holland gerichteten Affront bricht Cromwell einen Krieg (1. Seekrieg) vom Zaun, in dem Holland unterliegt und die **englische Vorherrschaft zur See** anerkennen muß. Damit ist der Grundstein für die Weltmacht England gelegt.
Nach dem Tod Cromwells 1658 läßt sich die Militärdiktatur nicht länger halten. Das Parlament bietet Karl II., dem ältesten Sohn des hingerichteten Königs (Karl I.), den Thron an. Es kommt zur

Oliver Cromwell

Restauration des Stuart-Königtums unter
1660–1685 Karl II. Wie seine Vorfahren Jakob I. und Karl I. strebt auch Karl II. eine absolutistische Herrschaft an, vermeidet jedoch den Konflikt mit dem Parlament und bestätigt diesem alle in den letzten Jahren erworbenen Rechte.
Als die anglikanische Bischofskirche ihre alte staatskirchliche Vorrangstellung zurückerhält, gibt es kaum Widerstand, denn die Zeiten des Bürgerkriegs und der Republik haben eine starke Abneigung gegen alles Puritanische entstehen lassen. Geblieben ist dagegen der fanatische Katholikenhaß. Karl II. selbst gerät – allerdings nicht unbegründet – bei Parlamentsmitgliedern in Verdacht, mit der katholischen Seite zu sympathisieren.

Obgleich deshalb schwere Vorwürfe gegen ihn erhoben werden, ist er weiter darum bemüht, es nicht zum Bruch mit dem Parlament kommen zu lassen, und zeigt sich zu einem tiefgreifenden Zugeständnis bereit:

1673 Annahme der Testakte. Dieses Gesetz schließt Katholiken von allen öffentlichen Ämtern aus, denn zu deren Bekleidung ist der Schwur auf das anglikanische Bekenntnis Voraussetzung. (Die Testakte wird erst 1829 im Zusammenhang mit der Katholikenemanzipation wieder aufgehoben.)

Um in Zukunft alle freien Engländer vor willkürlichen Verhaftungen schützen zu können, beschließt das Parlament am 27.5.

1679 die Habeaskorpusakte (genannt nach den Anfangsworten alter Haftbefehle: »Du habest einen Körper ...«). Dieses Gesetz legt fest, daß niemand ohne richterlichen Befehl verhaftet oder in Haft gehalten werden darf (Freiheit der Person). Auch gegen die Habeaskorpusakte äußert Karl II. keinerlei Vorbehalte und unterschreibt sie anstandslos.

Einen härteren Kurs schlägt Karl erst ein, als antimonarchisch gesinnte Kräfte im Parlament die Thronkandidatur seines zum Katholizismus übergetretenen Bruders Jakob II. verhindern möchten. Eine Reihe von Parlamentsmitgliedern stellt sich jedoch hinter den König, was die Spaltung des Unterhauses in zwei Gruppen zur Folge hat: die königstreuen **Tories** (heute: »Konservative«) und die Anhänger der Parlamentsherrschaft und

Einzug des Stuart-Königs Karl II. in Whitehall

des Freihandels, die **Whigs** (heute: »Liberale«).

Im Kampf um die Thronfolge beweisen die Tories mehr Durchsetzungsvermögen; sie sorgen dafür, daß der jüngere Sohn Karls I. König von England wird:

1685–1689 Jakob II. Vom Leben am Hof Ludwigs XIV. geprägt, ist Jakob II. ein typischer Vertreter absolutistischer Herrschaftsauffassung. Weit weniger gemäßigt und anpassungsfähig als sein Bruder Karl II., versucht er mit längst überholten, unliebsam gewordenen Mitteln, dem Königtum noch einmal eine überragende Machtstellung zu verleihen: Er löst das Parlament vorzeitig auf, mißachtet die Testakte, um sich mit Beratern seines Glaubens zu umgeben, und versucht das Land zu rekatholisieren.

Diese absolutistische, alte Rechte verletzende Politik erregt in England immer größeres Mißfallen, zumal durch die von Jakob II. gesuchte enge Verbindung mit Frankreich ein Einmischungsversuch Ludwigs XIV. nicht auszuschließen ist.

Dennoch geben die Tories als überzeugte

Britisches Parlament. Medaille aus dem 17. Jahrhundert

Monarchisten ihre loyale Haltung gegenüber dem König vorerst nicht auf. Als aber mit der gänzlich unerwarteten Geburt des Thronerben Jakob Eduard im Jahre 1687 die »katholische« Stuartdynastie fortzudauern droht, sind auch sie zum Sturz Jakobs II. bereit.

Zu seinem Nachfolger wird der strenggläubige Protestant und leidenschaftliche Frankreichgegner Wilhelm III. von Oranien, Statthalter der Vereinigten Niederlande und Schwiegersohn Jakobs II. ausersehen.

1688 Glorious revolution. Wilhelm landet am 5.11. mit sechzig Kriegsschiffen, siebenhundert Transportern und fünfzehntausend Mann an der Südküste Englands und erreicht am 19.12. London. Zum Kampf kommt es aber nicht, denn Jakob II. unternimmt keinen Versuch, seine Absetzung durch Waffengewalt zu verhindern. Deshalb läßt man ihn wenige Tage später nach Frankreich entfliehen. Das Parlament erklärt daraufhin den Thron für vakant und bietet ihn Wilhelm III. und seiner Gemahlin Maria II., die nicht wie ihr Vater Jakob II. zum Katholizismus konvertiert ist, an. So vollzieht sich der Machtwechsel ohne jedes Blutvergießen (deshalb die Bezeichnung »Glorreiche Revolution«).

1689–1702 Wilhelm III. Bevor die Krönung vollzogen wird, muß das neue Königspaar im Februar

1689 der **Declaration of rights**, die im Oktober als **Bill of rights** zu einem für die englische Verfassungsgeschichte bedeutenden Gesetz erhoben wird, zustimmen. Danach besitzt das Parlament das Steuerbewilligungsrecht, in seinen Räumen ist die Redefreiheit garantiert, es gibt kein stehendes Heer. Die »Declaration of rights« bedeutet eine beträchtliche Einschränkung der alten absolutistischen Königsmacht. Denn gemäß des zwischen neuem König und Parlament geschlossenen Vertrags verfügt nun das Parlament über die legislative (gesetzgebende) Gewalt, während die exekutive (vollziehende) Gewalt dem Königtum erhalten bleibt, so daß Wilhelm III. ohne parlamentarische Zustimmung seine Minister und Ratgeber ernennen und wieder entlassen, außenpolitische Entscheidungen allein treffen und im Kriegsfall den Oberbefehl über die Truppen führen kann. Da er aber seine Krone aus den Händen des Parlaments empfangen hat, ist Wilhelm III. nicht mehr in dem Sinne souverän, wie es die absolutistischen Herrscher gewesen sind, die ihr Königtum als »Erbrecht von Gottes Gnaden« legitimiert haben.

Auf dieser »verfassungsmäßigen Grundlage« entwickelt sich die erste **konstitutionelle Monarchie** in Europa.

Das Parlament versucht die neue politische Ordnung mit der Vorlage weiterer Gesetze zu festigen:

1689 Toleranzakte. Um den religiösen Frieden wiederherzustellen, wird den Dissenters (Protestanten, die nicht der anglikanischen Staatskirche angehören) die Ausübung ihrer eigenen Gottesdienste gestattet.

1694 Triennial Act. Alle drei Jahre muß das Parlament zusammentreten, die jeweiligen Sitzungsperioden dürfen nicht über den Zeitraum von drei Jahren hinausgehen.

1701 Act of Settlement. Dieses Gesetz entscheidet, daß die Königswürde nach dem Tod Wilhelms III. und der protestantischen Anna Stuart an das Haus Hannover übergeht, welches dann von 1714–1901 die englischen Könige stellt. Jedoch ist es unabdingbar für jeden Herrscher, Glied der anglikanischen Kirche zu sein, wodurch von vornherein eine Thronkandidatur des katholischen Jakob Eduard ausgeschlossen wird. Außerdem soll das Gesetz die Unabsetzbarkeit von Richtern garantieren.

Die »Glorious revolution« ist keine Revolution im heutigen Verständnis. Denn nach wie vor wird die Macht des

Parlaments nur von wenigen Adels- und Kaufmannsfamilien (»ruling class«) repräsentiert: Die Oberhaussitze bleiben dem Hochadel vorbehalten und werden weiter vererbt; das aktive und passive Wahlrecht zum Unterhaus setzt erheblichen Grundbesitz oder großen Geldreichtum voraus.

Erst die verschiedenen Wahlrechts- und Parlamentsreformen des 19. und 20. Jahrhunderts bringen den allmählichen Übergang zu demokratischen Verhältnissen und dem englischen Volk das allgemeine freie und gleiche Wahlrecht.

England verdankt seine herausragende Stellung im europäischen Staatensystem der außenpolitischen Konzeption Wilhelms III., die europäischen Kräfte in einem machtpolitischen Gleichgewicht (»balance of power«) zu halten.

Um eine wirksame Beeinflussung der kontinentalen Machtverhältnisse durch England zu Ungunsten Frankreichs zu verhindern, will Ludwig XIV. die englischen Kräfte auf der Insel binden. Aber sein Vorhaben bleibt ohne den gewünschten Erfolg: Denn die von ihm betriebene Landung des früheren englischen Königs Jakob II. in Irland führt nicht zur erhofften Schwächung der militärischen Kräfte Englands (Wilhelm III. siegt 1690 am Boynefluß in der irischen Provinz Leinster und Jakob flieht erneut nach Frankreich), und den Versuch, Jakob II. als König von England wiedereinzusetzen, muß Ludwig XIV. **1692** in der **Seeschlacht vor La Hogue** mit einer vernichtenden Niederlage der französischen Flotte durch die vereinigten Engländer und Holländer, deren alte »Rivalität zur See« Wilhelm III. überwunden hat, bezahlen.

Wilhelm III. stirbt 1702 an den Folgen eines Jagdunfalls. Dennoch führt seine Gleichgewichtspolitik – von Anna Stuart im Spanischen Erbfolgekrieg konsequent fortgesetzt – zum Erfolg: Sie verhindert die Bildung jeder Vormachtstellung einer europäischen Großmacht.

Rußland von Iwan dem Schrecklichen bis zu Peter dem Großen

Zu Beginn des 16. Jahrhunderts hat sich Rußland aus der Oberhoheit der Goldenen Horde endgültig befreit. Um seinen Kern, das Großfürstentum Moskau, liegen die von **Iwan III.** (1462–1505) erworbenen Gebiete von Twer, Pleskau, Smolensk, Nowgorod und Rjasan.

Der Hof im **Kreml** (erbaut mit Hilfe italienischer Architekten) ist ein Intrigennest, in dem Parteiungen des Adels und Gewaltakte an der Tagesordnung sind. In diesem Klima wächst

1533–1584 Iwan IV., genannt **der Schreckliche** auf. Seine düstere Kinderzeit (zu Beginn seiner Regentschaft ist er 3 Jahre alt), in der er Spielball rivalisie-

Iwan der Schreckliche

render Hofcliquen ist, bleibt dauernde Hypothek seines Lebens. Willkür und Mißtrauen bestimmen seinen Herrschaftsstil, nachdem er 1547 zum Zaren gekrönt worden. Er nimmt eine Reform der Zentralregierung in Angriff, unterstützt von persönlichen Ratgebern wie dem Fürsten Kurbskij, dem Dienstadel und seiner Leibwache, den **Strelitzen** (Schützen). **1565** beginnt die **Opritschnina**, die Teilung des Reiches in Gebiete des Zaren (Opritschnina) und der Bojaren (Semschtschina). Den Widerstand der selbstbewußten Bojaren-Kaste bricht der Zar zwar durch Enteignungen, Deportationen und Hinrichtungen, aber die Neuverteilung des Bodens hinterläßt auch bei anderen Schichten des Volkes tiefe Spuren. Ganze Städte werden entvölkert (1570 Nowgorod), Bauern fliehen in Massen, die Landwirtschaft verfällt; Auseinandersetzungen mit den Krimtataren (1571 Einnahme und Brand von Moskau) schwächen das Reich weiter.

In den Machtkämpfen nach dem Tod des Autokraten setzt sich der Bojar

1598–1605 Boris Godunow durch; er wird nach Ermordung des Zarensohns Dimitrij (Demetrius) und dem Tod des letzten Abkömmlings der Rurikiden 1598 zum Zaren gewählt. Hungersnöte und Unruhen lassen das Reich in Anarchie versinken. Politische Abenteurer geben sich als Zarensöhne aus, der erste »falsche Demetrius« erscheint 1605, der zweite 1606. Beide werden ermordet.

Zur selben Zeit vollzieht sich im Osten eine der größten Eroberungstaten der Menschheit, die **Erschließung Sibiriens**. Noch von Iwan dem Schrecklichen mit einer »Besitzurkunde« über Sibirien (1558) versehen, beginnt die Kaufmannsfamilie der **Stroganow** mit der Kolonialisierung. Ihre Träger sind **Kosaken**, entflohene Leibeigene, die in den kaum bewohnten Gebieten militärische Gemeinwesen gründen. Ihnen folgen Kaufleute und bäuerliche Siedler. 1581–84 wird

Peter der Große

Westsibirien in Besitz genommen, 1610 die Mündung des Jenissei erreicht, Städte wie Tomsk (1604), Jenisseisk (1619) und Krasnojarsk (1628) entstehen. 1640 ist Mittelsibirien durchdrungen, Vorstöße gehen bis zur Bering-Straße (1648), zum Amur-Becken (1653) und zur Halbinsel Kamtschatka (1679).

Eine Reichsversammlung wählt 1613 den Bojaren Michail zum Zaren. Er begründet die

1613–1762 Dynastie Romanow und beendet die russischen Thronwirren. Zum bekanntesten und bedeutendsten Vertreter dieses Herrscherhauses wird

1689–1725 Peter der Große (geb. 1672).

Nach dem Sturz seiner Halbschwester Sophia 1689 als Siebzehnjähriger zur Macht gelangt, geht der junge Zar mit despotischer Energie daran, den Anschluß seines Landes an Europa zu vollziehen. Er verbringt mehrere Jahre im Ausland, läßt sich in Königsberg zum Geschützmeister, in Amsterdam zum Schiffsingenieur, in London zum Navigator ausbilden. Ausländer, die er in sein Reich holt, der Schotte Gordon oder der Schweizer Lefort, sind es auch, die sein Reformwerk leiten. Staatsmonopole für Tuchmanufakturen, Forst- und Bergbau werden geschaffen, Kanäle und Häfen angelegt. In Europa werden Handwerker, Kaufleute, Offiziere und Künstler angeworben. Der Herrscher macht sich die Kirche untertan, ersetzt das Patriarchat durch den Heiligen Synod, in dem er selber den Vorsitz führt (Cäsaropapismus). Sein Reformwille ist radikal, nach dem Motto »Die Russen muß man zwingen!« bekämpft der Zar die altrussischen Traditionen bis hin zur Bart- und Kleidertracht und bricht rücksichtslos jeden Widerstand: die Strelitzen, die Leibwächter der Zaren, immer ein Faktor bei den am Hofe üblichen Palastrevolutionen, werden 1698 ausgerottet; den eigenen Sohn läßt Peter im Gefängnis sterben. Die mit Gewalt durchgesetzte Europäisierung bleibt indes nur äußerlich, das Volk wird von dieser »Revolution von oben« kaum erfaßt; immerhin bedeutet in der Geschichte Rußlands das Wirken des pflichteifrigen, begabten, aber auch ungezügelten und grausamen Monarchen einen tiefen Einschnitt, zumal er auch außenpolitisch durchschlagende Erfolge erzielt. Im

1700–1721 Nordischen Krieg, dem mehr als 20 Jahre dauernden Ringen um die Vormacht an der Ostsee, muß Peter zunächst 1700 eine Niederlage bei Narwa gegen die Truppen des Schwedenkönigs **Karl XII.** (1697–1718) hinnehmen. Da die Schweden sich danach gegen Polen wenden, kann der Zar verlorenes Terrain zurückgewinnen. In den Sümpfen der Newa-Mündung wird

1703 Petersburg gegründet und zur Hauptstadt des Reiches ausgebaut. Von Polen aus marschiert der Schwedenkönig 1708/09 abermals gegen Rußland, vereinigt sich mit dem Kosakenführer Mazeppa, wird aber

1709 in der **Schlacht bei Poltawa** vernichtend geschlagen. Der Untergang des Schwedenheeres ist die erste Rußlandkatastrophe der Neuzeit, von den Umständen her (früher Wintereinbruch, Ermattungsstrategie der Russen) durchaus ähnlich dem Schicksal, das Napoleons und Hitlers Armeen ereilen wird.

Karl XII. gelingt die Flucht in die Türkei und 1718 die Rückkehr in sein Herrschaftsgebiet. Er fällt im selben Jahr vor der Festung Frederikshald (an der Grenze nach Norwegen). Zu dieser Zeit ist der russische Zar bereits im Besitz Finnlands und der meisten schwedischen Ostseegebiete (Baltikum) und bereitet eine Invasion Schwedens vor, die er dann 1719/20 in die Tat umsetzt. Erst britische und französische Intervention beendet den russischen Siegeslauf und verhindert eine völlige Auflösung des schwedischen Besitzes.

Nach den Friedensschlüssen von Stockholm, Frederiksborg und Nystad 1719–21 steht jedoch Rußland als die neue (Ostsee-) Großmacht da. Zar Peter der Große nennt sich nun »Zar aller Reußen«.

Unter der Regierung seiner Nachfolgerinnen, zuerst seiner Witwe

1725–1727 Katharina I., danach seiner Nichte

1730–1740 Anna üben Nichtrussen großen politischen Einfluß aus, etwa die Deutschen Ostermann und Münnich oder der Balte Biron. Das ändert sich jedoch unter der Herrschaft von Peters jüngster Tochter

1741–1762 Elisabeth, die im Siebenjährigen Krieg Partei gegen Preußen nimmt.

ROMANOW

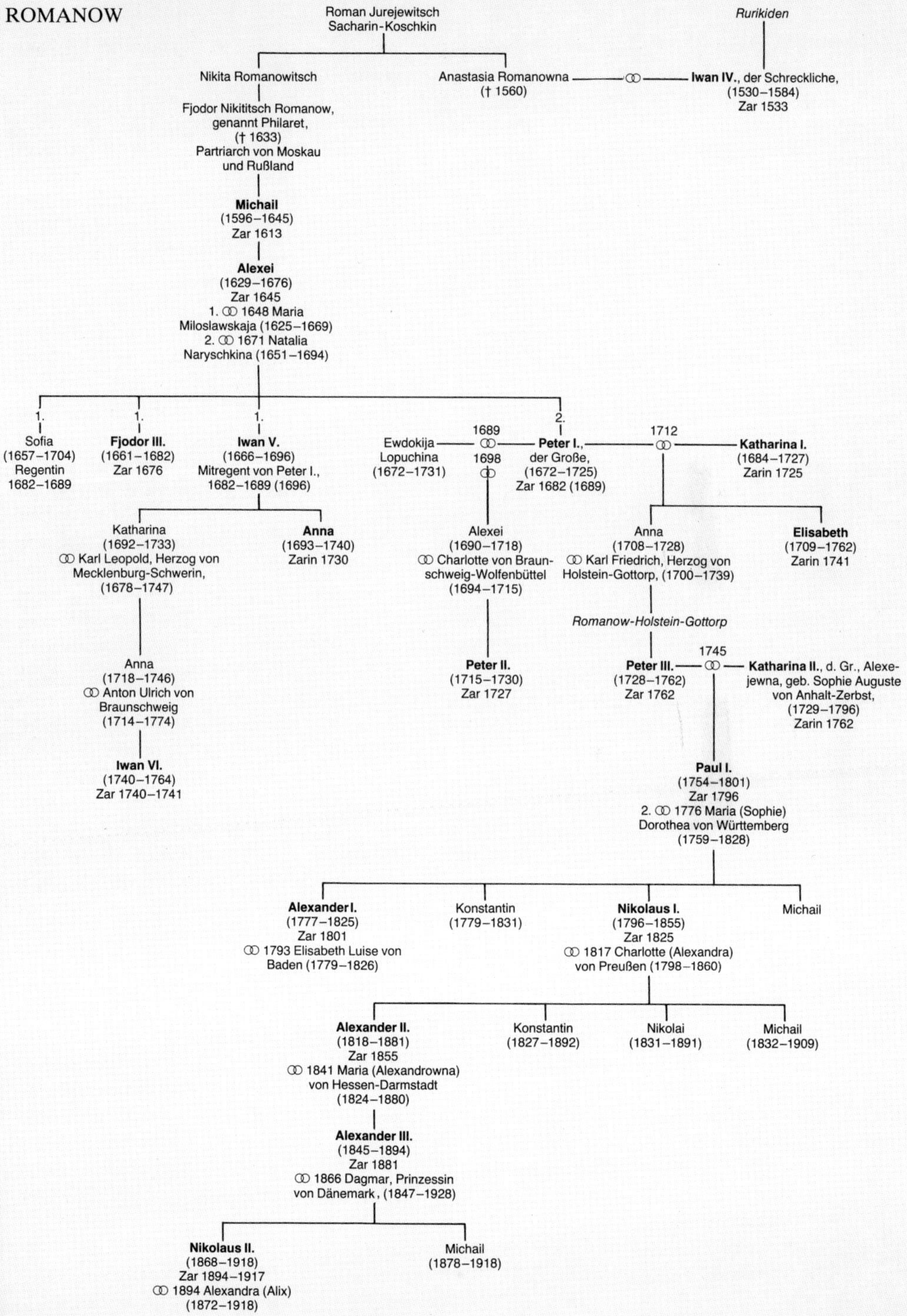

Halbfett sind die Namen der Zaren und Zarinnen

Der Aufstieg Österreichs zur Großmacht
Das Haus Habsburg, seit 1438 im Besitz der Kaiserkrone, erwirbt sich große Verdienste für das Reich mit der **Abwehr der Türken.** 1663 beginnen diese mit dem zweiten Angriff auf Mitteleuropa. Ungarn geht zum Teil verloren. Der
1683–99 Große Türkenkrieg bringt zunächst Österreich an den Rand des Untergangs.
1683 belagern die Türken Wien. Unter dem Kommando des Grafen **Rüdiger von Starhemberg** und angefeuert von den Predigten des Abraham a Santa Clara, verteidigen sich die Bewohner tapfer, bis ein Entsatzheer aus polnischen, kaiserlichen und Reichstruppen die Türken vertreibt. Die folgenden Feldzüge zur Befreiung Ungarns werden von einer europäischen Armee geführt. Das Reich, Polen, die Republik Venedig, Brandenburg und Rußland haben sich 1684 zu einer »Heiligen Allianz« zusammengeschlossen. Freiwillige aus allen Ländern, auch aus Frankreich (das ansonsten die Ablenkung Österreichs zu weiteren Angriffen auf die Westgrenze nutzt) verstärken das Aufgebot. Im
1687 Reichstag zu Preßburg übertragen die ungarischen Stände dem Hause Habsburg die Krone (nachdem sie sich bisher die Wahl des Königs vorbehalten haben): die **österreichisch-ungarische Doppelmonarchie** ist geboren.
1688 wird Belgrad erobert; ab 1697 steht das kaiserliche Heer unter dem Oberbefehl des **Prinzen Eugen von Savoyen** (1663–1736), der 1683 in österreichischen Dienst getreten ist, nachdem er von Ludwig XIV. wegen seiner kleinen Gestalt abgewiesen worden. Der
1699 Friede zu Karlowitz besiegelt Österreichs Aufstieg zur Großmacht. In den 1716 erneut ausbrechenden Kämpfen kommt es **1717** zur endgültigen **Eroberung Belgrads**.
1718 im **Frieden von Passarowitz** erreicht das Habsburgerreich seine größte Ausdehnung (Banat, Nordserbien und Kleine Walachei).

Höfischer Absolutismus
Vor allem in Deutschland wird die Hofhaltung des Sonnenkönigs, oft mit einiger Verspätung, kopiert. Das steife Zeremoniell wird ebenso übernommen wie die prunkvollen Theateraufführungen, Feuerwerke und Redouten, die Dichtungen in gehobener, an antiken Vorbildern geschulter Sprache. Nach dem Muster von Versailles erheben sich in vielen Residenzstädten prunkvolle Schlösser, bis heute die eigentlichen Gipfel des Profanbaus: die Wiener Hofburg (Fischer v. Erlach), Schloß Belvedere (Hildebrandt), die Residenz in Würzburg (Neumann), das Berliner Schloß (Schlüter). Die überladene Schwere des Barock löst sich im Rokoko-Stil in anmutige Zierlichkeit auf; bekannteste Beispiele sind hier der Dresdner Zwinger und das Schloß Sanssouci in Potsdam. Der absolutistische Gestaltungs- und Ordnungswille unterwirft sich die Umwelt: streng gegliederte Parkanlagen entstehen, desgleichen Residenzstädte nach geplantem Grundriß (Mannheim, Karlsruhe). Barockkunst bestimmt auch den Kirchenbau: Wallfahrtskirche Vierzehnheiligen (Neumann), Stift Melk an der Donau (Prandauer), Dresdner Frauenkirche (Bähr). Die deutsche Barockmusik gewinnt in Johann Sebastian Bach (1685–1750) und Georg Friedrich Händel (1685–1759) ihre unvergänglichen Meister.
Jeder Hof will die besten Architekten, Maler, Opernkomponisten und Festregisseure haben; ein ruinöser Wettbewerb ist im Gange, der die Finanzen so manches deutschen Kleinstaates erschüttert. Die Kehrseite glanzvollen Hoflebens ist dann die unbarmherzige Ausplünderung der Untertanen, schließlich gar ihr Verkauf

Belagerung Wiens durch die Türken

Die Belögerung Wien von Türggen
16 83

Friedrich Wilhelm I. von Preußen

als Soldaten an fremde Mächte. Bekanntestes Beispiel sind die »hessischen Landeskinder«, die ihr Souverän an den englischen König verkauft und die im amerikanischen Unabhängigkeitskrieg 1775–1783 zugrunde gehen. Jüdische Finanzleute werden unentbehrlich zur Beschaffung von Kapital und Heeresausrüstung; der Stand des Hofjuden oder Hoffaktors, Vorstufe des emanzipierten Judentums, nimmt hier seinen Anfang. Aber im Schicksal des Juden Süß Oppenheimer, der als schuldig am Bankrott des Württemberger Hofes angesehen und 1783 hingerichtet wird, zeichnet sich auch schon ab, welchen Gefahren das aufstrebende Judentum entgegengeht.

Preußen im 18. Jahrhundert

Einen eigenen Weg geht Preußen unter König

1713–1740 Friedrich Wilhelm I. Der Sohn des Großen Kurfürsten, auch genannt der »Soldatenkönig«, stellt sein Königtum ganz in den Dienst des Staates. Persönlich anspruchslos, ohne kulturelle und geistige Bedürfnisse, fleißig und sittenstreng, verbannt er allen Luxus von seinem Hof. Der Absolutismus, in anderen Staaten noch in Konkurrenz zu fortbestehenden älteren Gesellschafts- und Verfassungsformen, durchdringt erst in Preußen völlig den Staat. Sein Medium ist das **straff organisierte Beamtentum,** das ganz von der Krone abhängig ist. Der König vermag seine Beamtenschaft mit den Idealen zu erfüllen, die ihn selber tragen: Pflichteifer und Unbestechlichkeit. Die Treue zur Dynastie, die das preußische Beamtentum auszeichnet, wird auch dem Umstand zu verdanken sein, daß unter Friedrich Wilhelm dem bürgerlichen Stand der Zugang zu Beamtenstellen geöffnet wird.

1722 wird das Generaldirektorium als oberste Zentralbehörde eingerichtet. Reformen straffen die Verwaltung der königlichen Domänen.

Mit besonderer Aufmerksamkeit, ja geradezu Vernarrtheit (man denke an die »Langen Kerls«, seine Gardetruppe aus den längsten Soldaten, die aufzutreiben sind) widmet sich der König seinem Heer. Es wird vergrößert auf 80 000 Mann (bei einer Einwohnerzahl von ca. 2,5 Millionen Menschen in Preußen). Im Heer ist erbarmungsloser Drill an der Tagesordnung, auch bei der Rekrutierung wird Gewalt und Betrug nicht gescheut. Nur noch zur Hälfte besteht dieses Heer aus Söldnern, der Rest sind Söhne erbuntertäniger Bauern und Handwerksgesellen, die zwangsweise eingezogen werden – die allgemeine Wehrpflicht kündigt sich an. Wenn auch begründet durch die außenpolitische Lage und die prekäre Situation des preußischen Staates mit seinen langen, angreifbaren Grenzen, wird doch die Bevorzugung des Militärs weitreichende Folgen haben. **Preußen entwikkelt sich zum Militärstaat.** Friedrich Wilhelm I. begründet jene Übertragung militärischer Formen und Haltungen ins bürgerliche Leben, die später als »preußischer Militarismus« das Bild Preußen-Deutschlands bis zum Ersten Weltkrieg prägt.

Der Dualismus Preußen-Österreich
Immerhin, der »Soldatenkönig« macht noch keinen Gebrauch von seinem hervorragend funktionierenden Instrument; seine Regierungszeit vergeht, ohne daß Preußen sich in die Kriege Europas eingemischt oder sonst aggressive Politik getrieben hätte. Dazu kommt es erst unter seinem Sohn,
1740–1786 Friedrich II. dem Großen (geb. 1712). Als Kronprinz noch überwiegend musisch interessiert und von den Ideen des Rechts und der Humanität erfüllt (seine Schrift »Antimachiavell« erscheint 1739), schwenkt er nach seiner Thronbesteigung sehr schnell in die Bahnen absolutistischer Eroberungspolitik ein. Mitten im Frieden läßt er im Dezember 1740 Schlesien besetzen, auf Grund alter, aber fragwürdiger Erbansprüche – der erste Fall einer gewaltsamen Eroberung durch einen Reichsfürsten auf dem Boden des Reiches. Friedrich vertraut auf seine militärische Überlegenheit und die Unterstützung Frankreichs. Doch in der
1740–80 Königin Maria Theresia von Östereich (geb. 1717), trifft er auf eine Gegnerin, die seine Aggressionspolitik nicht hinnimmt.
Im selben Jahr wie der Preußenkönig auf den Thron gelangt, auf Grund der **Pragmatischen Sanktion 1713,** die für das Habsburger Haus die weibliche Thronfolge sichert, seit 1736 verheiratet mit Franz von Lothringen, hat die Tochter Kaiser Karls VI. (1711–1740) einen **Nationalitä-**

Schloß Schönbrunn. Gemälde von Canaletto

tenstaat ohne Kraft und Ansehen übernommen. Dennoch stellt sie sich zum Kampf gegen Friedrich. Die

1740–42 und 1744/45 Schlesischen Kriege enden nach Siegen des Preußenkönigs u.a. bei Mollwitz 1741 und Hohenfriedberg 1745 mit der **Abtretung Schlesiens an Preußen.** Diesen Kriegen läuft parallel der

1740–1748 Österreichische Erbfolgekrieg um die Rechtmäßigkeit der Thronfolge Maria Theresias. Karl Albert von Bayern trägt zeitweilig, von 1742 bis 1745 als Karl VII. die Kaiserkrone, muß sie dann aber abgeben an Maria Theresias Gemahl, der als

1745–1765 Franz I. die deutsche Kaiserwürde gewinnt und die **Herrschaft des Hauses Habsburg-Lothringen** begründet, die **bis 1918** dauert. In den Jahren nach Beendigung des österreichischen Erbfolgekrieges kommt es zu einer Neugruppierung des europäischen Staatensystems. Maria Theresia erreicht einen Ausgleich mit Frankreich, woran auf österreichischer Seite der Staatskanzler Graf Kaunitz-Rietberg, auf französischer die königliche Mätresse Marquise de Pompadour mitwirken; Rußland unter der Zarin Elisabeth (1741–1762) schließt sich an, ebenso Sachsen, Schweden und das Reich. Auf der anderen Seite bleiben nur Preußen und England, die **1756** die **Konvention von Westminster** eingehen.

Friedrich beschließt einem gemeinsamen Vorgehen seiner Gegner zuvorzukommen und läßt im August 1756 seine Truppen in Sachsen einmarschieren. Der Präventivschlag von 1756 wird in der deutschen Politik zum verhängnisvollen Vorbild; Politiker und Militärs des wilhelminischen Deutschland wie auch Adolf Hitler werden sich später bei ihren Aktionen auf Friedrich den Großen berufen. Der

1756–1763 Siebenjährige Krieg wird zum Existenzkampf Preußens. Nach Siegen der preußischen Truppen

1757 u.a. bei **Roßbach** und **Leuthen** folgt die katastrophale Niederlage

1759 in der **Schlacht bei Kunersdorf**. Nur die Uneinigkeit der Sieger verhindert den Untergang Preußens. Immerhin wird Berlin geplündert; der König kämpft mit den letzten Kräften. 1761 zieht sich auch der Bundesgenosse England, der bis dahin reichliche Mittel zur Kriegführung gewährt hat, zurück. Mit ungeheurer Energie und Zähigkeit vermag Friedrich sein ruiniertes, ausgeblutetes Land noch ein weiteres Jahr im Krieg zu halten, bis im Januar

1762 der **Tod der Zarin Elisabeth** die Wende, das »Mirakel des Hauses Brandenburg« bringt. Der Thronfolger, Zar Peter III., ein Bewunderer des Preußenkönigs, schließt Frieden mit Preußen. Zwar wird er bald darauf ermordet, doch auch unter der Regierung seiner Witwe, der Zarin Katharina (»die Große«, 1762–1796), bleibt Rußland dem Krieg fern. Die Koalition zerfällt, die Staaten sind kriegsmüde, haben ihre Finanzen ruiniert.

1763 stellt der **Friede zu Hubertusburg** den territorialen Vorkriegszustand wieder her. Preußen, dem nun endgültig Schlesien gehört, ist als fünfte Großmacht neben Rußland, Frankreich, England und Österreich ins europäische Staatensystem aufgenommen, in Deutschland stehen sich jetzt zwei gleichwertige Mächte gegenüber, der **Dualismus** Preußen-Österreich bestimmt für ein volles Jahrhundert die deutsche Politik.

Innenpolitisch führt Friedrich das Werk seines Vaters fort. Der Herrscher regiert als »erster Diener seines Staates«, stellt feste Haushaltspläne auf, treibt die Urbarmachung bisher ungenutzter Feuchtgebiete an Oder, Warthe und Netze voran, fördert die Landwirtschaft (Propagierung des Kartoffelanbaus). Die Stände werden verpflichtet, dem Staat zu dienen:

Friedrich II. mit militärischem Gefolge

der König führt in persönlichem Regiment, der Adel stellt Offiziere und höhere Beamte, das Bürgertum trägt die Steuerlasten, wird aber in seiner Wirtschaftsfähigkeit gefördert, die Bauern verbleiben in Erbuntertänigkeit, einer Sonderform der Leibeigenschaft.
Eine **Rechtsreform** schafft Rechtsgleichheit und Unabhängigkeit der Rechtsprechung. (Berühmt der Fall des Müllers von Sanssouci, dessen Mühle den Schloßbauplänen im Wege ist und dem das Kammergericht gegen seinen König Recht gibt.) Die Folter wird abgeschafft, königliche Eingriffe in Rechtsverfahren sind nicht mehr möglich. Die **Wandlung Preußens vom Polizei- zum Rechtsstaat** ist es vornehmlich, die der friderizianischen Regierungsform den Namen **aufgeklärter Absolutismus** einträgt.
Friedrichs Gegenspielerin Maria Theresia folgt dem Beispiel des Preußenkönigs.

Kaiserin Maria Theresia im Kreise ihrer Familie

Wenigstens die österreichisch-böhmische Reichshälfte wird in einen modernen Beamtenstaat verwandelt, das Bildungsmonopol der Jesuiten gebrochen, die Steuerpflicht mit Hilfe von Volkszählungen und Bodenschätzungen (Theresianischer Kataster) geregelt. Die infolge der Türkenkriege entvölkerten Gebiete Ungarns werden von Deutschen besiedelt. Die »Schwabenzüge« 1763–70 und 1782–88 bringen neben die seit dem 13. Jahrhundert in Siebenbürgen bestehenden Siedlungen ein neues deutsches Element in den Donauraum. Maria Theresias Sohn,
1765–1790 Kaiser Joseph II. (bis 1780 in Österreich Mitregent seiner Mutter) versucht mit radikalen und hastigen Reformen den **Einheitsstaat** zu schaffen. Eine Zentralverwaltung mit deutscher Amtssprache wird im ganzen Reich eingerichtet, die Leibeigenschaft und der Zunftzwang aufgehoben, die Zivilehe eingeführt. Erziehungs- und Wohlfahrtswesen übernimmt der Staat. Der sog. **Josephimismus,** ein christlich-liberales Staatskirchentum, setzt sich nicht durch, zum Teil müssen die Reformen von Joseph selbst rückgängig gemacht werden, zum Teil von seinem Nachfolger Leopold II. (1790–92). Dennoch wirkt auch diese habsburgische Form des aufgeklärten Absolutismus weiter.

Rußland unter Katharina der Großen
Innere Reformen, die die Zarin
1762–1796 Katharina II. die Große, ähnlich wie Friedrich II. von Preußen und Joseph II. von Österreich, einleitet, dringen wenig durch. Immerhin kommt es (nachdem schon 1755 die Universität Moskau gegründet worden ist) zur Einrichtung von Volksschulen und Gymnasien. Deutsche Bauern werden an der Wolga und auf der Krim angesiedelt. Die Außenpolitik der Zarin ist expansiv. 1768–74 führt das Zarenreich Krieg gegen die Türkei und besetzt die Donaufürstentümer. Österreich greift ein, es

Katharina II. von Rußland

kommt zum ersten **Balkankonflikt** – Muster für eine ganze Reihe späterer Konflikte in diesem Teil Europas. Preußen bietet Vermittlung an und lenkt den Konflikt auf Polen ab. Die Zarin verzichtet auf ihre Gebietserwerbungen im Südosten und läßt sich auf Kosten Polens mit Weißrußland (Witebsk) entschädigen. Preußen gewinnt Westpreußen, Österreich Galizien. Diese
1772 Erste Teilung Polens, der sich der polnische Reichstag beugt, teils bestochen, teils vom militärischen Übergewicht der Teilungsmächte eingeschüchtert, erzeugt im polnischen Volk einen Nationalhaß gegen Preußen und Russen, der, genährt noch durch die folgenden Teilungen Polens, bis in die Gegenwart nachwirken wird. Im
1774 Frieden von Kütschük Kainardschi,

der den russisch-türkischen Krieg beendet, gewinnt Rußland Zugang zum Schwarzen Meer. Katharinas Günstling Potemkin (1736–91) baut eine Schwarzmeerflotte auf, Städte werden gegründet: 1778 Cherson, 1784 Sewastopol auf der Krim. Die Türkei, nunmehr der »kranke Mann am Bosporus« genannt, muß nach einem weiteren Krieg 1792 das Küstengebiet zwischen Dnjestr und Bug abgeben.

In Polen wird 1791 die sog. Mai-Konstitution beschlossen, die u.a. dem Bürgertum Reichstagsvertretung und Zugang zu Staatsämtern einräumt. Die gegen diese neue Verfassung opponierenden Gruppen werden von Rußland unterstützt, das schließlich »zur Wiederherstellung der Ordnung« einmarschiert. Preußen schließt sich an. Die

1793 Zweite Teilung Polens läßt diesem gerade noch die Gebiete von Warschau, Krakau, Lublin, Lodz, Grodno, Wilna und Bialystok.

Eine polnische Volkserhebung 1794 unter dem Freiheitshelden Tadeusz Kosciuszko (1746–1817) wird von preußischen und russischen Truppen unterdrückt; ebenso einträchtig vollziehen die beiden Staaten die

1795 Dritte Teilung Polens, die einer Auflösung des Staates gleichkommt. Preußen und Rußland grenzen nun direkt aneinander.

Erforschung der Erde, Erwerbungen und Kriege in den Kolonien im 17./18. Jahrhundert

Nach den großen Entdeckungen um 1500 wird im 17. und 18. Jahrhundert die **Erde,** vor allem durch Holländer und Engländer, die sich zu Kolonialgesellschaften zusammenschließen, **gründlich erforscht**.

Auf der Suche nach einer Durchfahrt vom Atlantik zum Pazifik finden die Engländer Davis und Hudson die Davis-Passage zwischen Grönland und den Baffin-Inseln (1585) und die Hudson-Bay 1610;

Jesuiten am Hofe des Kaisers Akbar in Indien

hier wird 1674 Fort Rupert als erste englische Handelsniederlassung gegründet. Der Russe Deschnew entdeckt 1648 die Arktis. Kreuzfahrten im Stillen Ozean (de Quiros und de Torres) erbringen Kenntnis über wichtige Inseln und Schiffahrtswege. Der Holländer Abel Tasman unternimmt 1642–59 ausgedehnte Seereisen und entdeckt die Mauritius-Inseln, Vandiemensland (Tasmanien), Neuseeland und Neu-Guinea. Der größte Entdecker (seine Reisen sind auch wissenschaftlich organisiert) ist der Engländer James **Cook** (1728–1779). Er befährt 1768–79 die Küsten Australiens, Neu-Kaledoniens, entdeckt u.a. die Tonga- und Sandwich-Inseln und wird 1779 auf Hawaii von Eingeborenen erschlagen.

Neben die alten Kolonialmächte Spanien und Portugal sind neue getreten, die Niederlande, Frankreich und England, die ihre Erwerbungen, zum Teil auf Kosten Spaniens und Portugals errungen, einander schon streitig zu machen beginnen, bzw. ihre europäischen Gegensätze in den Kolonien austragen.
So verdrängen in **Indien** die Niederländer zunächst die Portugiesen aus Ceylon (1609), geraten aber danach mit England in Konflikt. Die
1600–1858 Ostindische Kompanie legt die Zentren des künftigen indisch-britischen Weltreichs in Madras (1639), Bombay (1661) und Kalkutta (1696). Frankreichs 1664 gegründete Ostindische Kompanie gewinnt Stützpunkte auf Madagaskar und der Insel Bourbon (Reunion). Unter Gouverneur **Dupleix** (1697–1763) tritt sie den Briten in Indien entgegen. Ab 1746 wird hier ein Kolonialkrieg geführt, den ein englischer Sieg in der **Schlacht von Plassey 1757** entscheidet.
In **Westindien** rivalisiert die niederländische Westindische Kompanie (gegründet 1609), mit der englischen (gegründet 1605) und der französischen »Kompanie der amerikanischen Inseln« (gegründet 1639).
In **Nordamerika** nehmen die Franzosen ab 1603 Neufundland, Neu-Schottland und Neu-Frankreich (am St. Lorenz-

Ostindiendocks im Hafen von London, um 1700

strom) in Besitz und gründen 1608 Quebec und 1643 Montreal. Die Kolonie **Kanada** wird ab 1674 planmäßig besiedelt und nach merkantilistischen Grundsätzen verwaltet. Ab 1682 erfolgt die Erforschung und Angliederung des Mississippi-Gebietes Louisiana. 1718 wird New Orleans gegründet. Engländer siedeln zunächst an der Ostküste. Hier bilden sich im 17. Jahrhundert die **Neu-England-Staaten**, in denen zumeist religiös Verfolgte aus Europa Aufnahme finden (Puritaner, Quäker u.a.). Die niederländischen Stützpunkte (z.B. Neu-Amsterdam, das spätere New York) geraten 1667 in englische Hand. Im Frieden von Utrecht 1713 bekommt England Neufundland und Neu-Schottland zugesprochen. Der Kolonialdualismus zwischen England und Frankreich verschärft sich und wird parallel zum Siebenjährigen Krieg in Europa als

1754–1763 Kolonialkrieg in Nordamerika ausgetragen. Nach Anfangserfolgen der Franzosen wendet sich ab 1757 das Blatt gegen sie. In diesem Jahr hat in Großbritannien **William Pitt der Ältere** (1708–1778) die politische Führung übernommen. Flotte und Kolonialarmee werden verstärkt. Im

1763 Frieden von Paris muß Frankreich Kanada und Louisiana abtreten. Von Spanien erhält England Florida. Damit wird Nordamerika angelsächsisch.

Massaker von Boston 1770: Zusammenstoß amerikanischer Kolonisten mit britischen Soldaten

Die bürgerlichen Revolutionen

Die Entstehung der Vereinigten Staaten von Amerika

Das englische Mutterland kann sich nicht lange des Besitzes seiner nordamerikanischen Kolonien erfreuen. Die Siedler empören sich gegen das Ansinnen, Englands europäische Kriegslasten mitzutragen. Steuer- und Zollforderungen des englischen Königs, **Georg III.** (1760–1820) werden mit der Forderung nach Mitbestimmung im britischen Parlament beantwortet (»No taxation without representation«). Maßnahmen der Krone, wie Unterbindung des kolonialen Eigenhandels und Siedlungsverbot westlich der Appalachen, verletzen gleichfalls das politische Selbstbewußtsein der Siedler. Zwar werden die Steuern weitgehend wieder abgesetzt, aber allein die Tatsache, daß der Zoll auf den Tee (das Monopol der britischen Ostindien-Kompanie) erhalten bleibt, genügt den Radikalen in der sich formenden Unabhängigkeitsbewegung, die Kolonialmacht herauszufordern: Der

1773 Bostoner Tee-Sturm, die Versenkung von 342 Kisten Tee (»Boston Tea Party«) im Hafen von Boston, ist das Fanal für den Aufstand. Die Regierung verhängt den Ausnahmezustand. Im folgenden Jahr treten Delegierte der 13 Neu-England-Staaten (Massachusetts, New Jersey, New York, Rhode Island, Connecticut, New Hampshire, Pennsylvania, Delaware, Virginia, Maryland, North Carolina, South Carolina und Georgia) zum Ersten Kontinental-Kongreß in Philadelphia zusammen. Im April 1775 kommt es bei Lexington zum ersten Zusammenstoß zwischen britischen Truppen und amerikanischer Miliz. Der

1775–1783 Unabhängigkeitskrieg Nordamerikas beginnt. Den amerikanischen Truppen unter dem Gutsbesitzer **George Washington** (1732–1799) stehen die 1. britische Kolonialarmee (darunter 17 000 von ihren Landesherrn verkaufte Söldner aus Hessen und Braunschweig) gegenüber, sowie englandtreue Amerikaner (»Loyalists«) und mit England verbündete Indianerstämme. Am 4.7.

1776 erfolgt die Unabhängigkeitserklärung der 13 Vereinigten Staaten, mit der richtungweisenden Formulierung der Menschenrechte (»life, liberty and the pursuit of happiness«). Verfasser dieser Geburtsurkunde der neuen Nation und zukünftigen Weltmacht ist **Thomas Jefferson** (1643–1826).

Trotz anfänglicher Siege der Amerikaner 1776 am Delaware und 1777 bei Saratoga ist das militärische Übergewicht eindeutig bei den Engländern. Doch Europa greift zugunsten der abtrünnigen Kolonie ein: In Paris wirbt **Benjamin Franklin** (1706–1790) für die Vereinigten Staaten. Freiwillige strömen Washington zu (u.a. der Marquis de La Fayette, der polnische Freiheitsheld Kosciuszko und der preußische General von Steuben). Frankreich und Spanien nehmen Partei gegen England; der Kampf um Amerikas Unabhängigkeit wird 1779–82 auch vor Gibraltar, den Balearen und in Westindien ausgetragen. Gegen den britischen Kaperkrieg, der die materielle Unterstützung von Amerika fernhalten will, beschließen Rußland, Frankreich, Spanien, Holland, Schweden, Dänemark, Österreich und Preußen 1780 die bewaffnete Seeneutralität (Grundsatz: »Neutrale Flagge schützt feindliches Gut außer Bann-[Kriegs]ware«). Nach der Eroberung von Yorktown 1781 durch die Amerikaner geben die Engländer auf.

1783 wird der **Friede von Versailles** geschlossen. Seine Folgen sind weitreichend. Großbritannien muß auf sein Atlantik-Empire verzichten; ihm bleibt nur Kanada. Spanien bekommt Menorca und Florida zurück.

Frankreichs Finanzen hat der Krieg zerrüttet, seine Freiwilligen werden daheim als Freiheitskämpfer gefeiert – beides

Umseitig: Unterzeichnung der amerikanischen Unabhängigkeitserklärung am 4. Juli 1776

Zeichen der Bedrohung für das Ancien régime.
Der junge amerikanische Staat, bisher eigentlich nur ein lockerer Staatenbund, geht geschwächt aus dem Krieg hervor (70000 Gefallene). Die Einzelstaaten geben sich zunächst nach dem Vorbild Virginias Verfassungen, in denen Volkssouveränität, Gewaltenteilung und Trennung von Staat und Kirche garantiert sind. Ungeklärt bleibt jedoch lange die übergreifende Staatsform. Erst 1787 wird auf dem Verfassungskonvent von Philadelphia zwischen zentralistischen und föderalistischen Vorstellungen ein Kompromiß gefunden: die **präsidiale Bundesrepublik.** Der Konvent verabschiedet am 17.9.
1787 die Verfassung der Vereinigten Staaten von Amerika, das Grundgesetz der ersten modernen Demokratie. Seine wesentlichen Merkmale sind die Gewaltenteilung und ein System gegenseitiger Kontrolle (Checks and Balances) zwischen Bund und Staaten und zwischen wiederum den Staatsgewalten der Union. Der **Präsident,** Staatsoberhaupt und Regierungschef zugleich, wird von den Parteien nominiert und auf vier Jahre von den Wahlmännern der Staaten indirekt gewählt. Der **Kongreß** besteht aus zwei Kammern, dem Repräsentantenhaus (direkt gewählt) und dem Senat (je 2 Vertreter der Staaten). Der **Oberste Gerichtshof** übt die Rechtsaufsicht über Verfassung und Gesetzgebung aus.
Erster Präsident der Vereinigten Staaten wird
1789–97 George Washington; nach ihm benannt die 1793 gegründete Hauptstadt mit Sitz des Präsidenten (Weißes Haus) und des Kongresses (Kapitol).

Weltbild und Staatslehre im Zeichen der Aufklärung
Nach den großen naturwissenschaftlichen Entdeckungen von Kopernikus, Kepler und Galilei löst sich im 17. und 18. Jahrhundert das europäische Geistesleben endgültig von den Fesseln der Kirche. Das mittelalterlich-aristotelische Weltbild ist zerfallen, der Erkenntnismöglichkeit des menschlichen Geistes scheinen keine Grenzen gesetzt. Das **Zeitalter der Aufklärung,** nach der Definition des deutschen Philosophen Immanuel **Kant** (1724–1804) der »Ausgang des Menschen aus seiner selbstverschuldeten Unmündigkeit«, beginnt.
Träger dieser Geistesrichtung **ist das** überall erstarkte **Bürgertum**; seine Ideale,

George Washington

wie Vernunft, Mut zur Kritik, geistige Freiheit, religiöse Toleranz, Erziehung zur Humanität und Kosmopolitismus, geben ihr die Prägung. Dabei ist die Bewegung, wiewohl von den Kirchen argwöhnisch betrachtet, nicht geradewegs gegen die Religion gerichtet. Das gilt hauptsächlich für die ältere Generation der Aufklärung, für die Namen wie René **Descartes** (1596–1650), Baruch **Spinoza** (1632–1677), Isaac **Newton** (1643 bis 1727), Gottfried Wilhelm **Leibniz** (1646–1716) und Christian **Wolff** (1679–1754) stehen. Dennoch höhlt der kritische **Rationalismus** immer weitere Bastionen aus, die Spöttereien eines **Voltaire** (1694–1778), der Skeptizismus eines David **Hume** (1711–76) und der **Materialismus** von La Mettrie und Holbach nähern sich bereits dem Atheismus.
Politische Sprengkraft entwickelt die Aufklärung auf dem Gebiet der **Staatslehre.** Schon der Holländer Hugo **Grotius** (1583–1645) hat den Staat aus der geselligen Natur des Menschen erklärt. Gott habe dem Menschen ein Naturrecht auf Leben, Freiheit, Eigentum usw. mitgegeben, das der Staat – als freiwilliger Zusammenschluß aller – zu schützen habe, nach innen mit dem Mittel der Gerichtsbarkeit, nach außen mit dem Mittel des (gerechten) Krieges. In dieser Lehre hat bereits der Eroberungskrieg sowenig Platz wie das überlieferte Gottesgnadentum des Herrschers. Zwar findet der Absolutismus noch einen Theoretiker in dem Engländer Thomas **Hobbes** (1588 bis 1679), aber seine Lehre ist zweischneidig: für ihn ist die Macht des Souveräns unteilbar, es gibt kein Widerstandsrecht und keine Teilung der Gewalten; dies jedoch nur, weil der Mensch von Natur selbstsüchtig sei und im Naturzustand ein Krieg aller gegen alle geherrscht habe, der sich nur dadurch beenden ließ, daß alle ihre ursprüngliche Macht auf den Herrscher übertrugen. Auch hier hat das Gottesgnadentum ausgespielt.
Der Engländer John **Locke** (1632–1704) und der Franzose Charles de **Montesquieu** (1689–1755) formulieren schließlich die **Lehre von der Volkssouveränität, der Gewaltenteilung und dem Widerstandsrecht,** die bestimmend für die Demokratien in Amerika und Europa sein wird.
Ihre radikale Variante, vertreten vom Genfer Schriftsteller und Pädagogen Jean-Jacques **Rousseau** (1712–78), wirkt sowohl auf die französische Revolution des 18. Jahrhunderts als auch auf revolutionäre Bewegungen späterer Zeit. Sie geht gleichfalls aus von einem Gesellschaftsvertrag, dem »Contrat social« (so der Titel von Rousseaus Hauptwerk 1762), behauptet aber die durchgehende Souveränität des Volkes. Alle Gewalt, auch die exekutive und richterliche, ruht beim Volk, das sie, zur Ausübung selbst nicht imstande, einer Regierung überträgt, die jederzeit abwählbar ist. Rousseau führt nur eine höchst wichtige Unterscheidung ein: Der Wille des Volkes, nach dem sich die Regierenden zu richten haben, ist nicht quantitativ zu verstehen als Wille aller (volonté de tous), sondern qualitativ als Gesamtwillen (volonté générale), der auf das Gemeinwohl zielt. Auch eine Minderheit kann sein Träger sein.
Auf wirtschaftlichem und gesellschaftlichem Gebiet wirkt sich die Aufklärung in der Theorie des **Liberalismus** aus. Nach der Devise »Laissez faire, laissez passer« (Laßt machen, laßt gehen) wird eine »natürliche Ordnung« gefordert, in der die Wirtschaftssubjekte als freie Eigentümer Gewerbe, Handel und Wettbewerb ohne staatliche Gängelung ausüben und aus dem Gewinnstreben des einzelnen der wirtschaftliche Aufschwung und Wohlstand aller erwächst. Der Engländer Adam **Smith** (1723–1790) begründet mit seinem Hauptwerk »Untersuchung über Natur und Gründe des Reichtums der Nationen« (1776) die moderne Nationalökonomie.

Die Französische Revolution
Der Sonnenkönig hat nach allen seinen Kriegen einen total verschuldeten Staat hinterlassen. Unter seinem Sohn und Nachfolger
1715–1774 Ludwig XV. bessern sich die Verhältnisse keineswegs. Die Hofhaltung des Regenten Philipp von Orléans, der für den minderjährigen Ludwig bis 1725 die Vormundschaft übernimmt, verschlingt große Summen. 1720 kommt es zur Inflation und zum Staatsbankrott. Unter dem Regiment des Kardinals Fleury tritt vorübergehend (1726–43) Besserung ein, danach gerät die Politik des Hofes unter zunehmenden Einfluß der Mätressen Marquise de Pompadour und Gräfin Dubarry. Adel und Klerus verhindern Finanzreformen; dabei wird das absolutistische System ab 1750 scharf und offen kritisiert. Wortführer sind zunächst noch Adlige wie die Grafen **Mirabeau** (1749–1791) und **La Fayette** (1757–1834) und Geistliche wie der Abbé Joseph **Sieyès** (1748–1836) und der Bischof von Autun, Charles Maurice de **Talleyrand** (1754–1838).

Marquise de Pompadour

Künstlerisch ist diese Epoche, das »Ancien régime«, verknüpft mit der Stilform des Rokoko; graziöse Singspiele, Schäferpoesie, Reifröcke, Chinoiserien und Porzellannippes sind die Liebhabereien einer untergehenden höfischen Welt.
Stark sind die gesellschaftlichen Spannungen. Der **Adel** hat zwar seine politischen Vorrechte weitgehend verloren, aber er genießt wie der **Klerus** Steuerfreiheit und hält die **Bauern** in bedrückender wirtschaftlicher Abhängigkeit; diese müssen wie im Mittelalter Geld- und Naturalzinsen abgeben und Fron- und Gespanndienste leisten, außerdem noch an den Staat Steuern entrichten.
Trotzdem geht die Revolution nicht von ihnen aus, sondern vom **Bürgertum.** Der Dritte Stand ist im System des Merkantilismus stark gefördert, jedoch politisch unmündig gehalten worden. Englische (1688) und amerikanische (1776) Vorbilder tun ihre Wirkung; die politischen Ideen der Aufklärung sind im französischen Bürgertum weit verbreitet, auch bei Teilen des Adels.
Auch der Vierte Stand, die Arbeiterschaft, ist schon in Umrissen, vor allem in der Hauptstadt, erkennbar. Er wird als Sturmtruppe der Revolution seine Rolle spielen.
Die Opposition gegen das absolutistische Regime setzt an bei der Staatsverschuldung. Zwar ist der König
1774-1792 Ludwig XVI. zu Reformen entschlossen, aber sie sind unzureichend und kommen zu spät. Die Parlamente (oberste Gerichts- und Verwaltungshöfe), in denen die Gegner des Absolutismus sitzen, weigern sich, willkürlichen Steuererhöhungen zuzustimmen und fordern das alte nationale Recht der Steuerbewilligung durch die ständischen Ver-

Adel und Geistlichkeit entsetzen sich über den Dritten Stand, der seine Ketten sprengt und zu den Waffen greift. Karikatur auf die französische Revolution

treter zurück. Der König gibt endlich nach, am 8.8.

1788 werden die Generalstände (États généraux), **einberufen**, ein Gremium, das seit 1614 nicht mehr getagt hatte. Nach heftigem Wahlkampf treten die Generalstände am 5.5.1789 in Versailles zusammen. Adel und Klerus haben je 300 Vertreter entsandt, das Bürgertum 600. Letztere fordern sofort, daß nicht getrennt beraten und abgestimmt werde, sondern in gemeinsamer Versammlung. Da keine Einigung darüber erzielt wird, erklären sich die Abgeordneten des Dritten Standes am 17.6.1789 zur **Nationalversammlung**. Den Antrag dazu hat der Abbé Sieyès gestellt, der auch schon im Januar 1789 in seiner Schrift »Was ist der Dritte Stand?« die Ansprüche des Bürgertums formuliert hat.

Drei Tage später findet die selbsternannte Nationalversammlung ihren Sitzungssaal geschlossen vor und zieht daraufhin ins Ballhaus des Schlosses um. Dort schwören sich die Abgeordneten, nicht eher auseinanderzugehen, als bis Frankreich eine neue Verfassung hat.

Der **Ballhausschwur** bedeutet den Beginn des grundlegenden Umsturzes. Der König wagt nicht, Militär einzusetzen und läßt die Nationalversammlung gewähren. Dennoch genügt die Nachricht von Truppenkonzentrationen vor Paris, um den Volksaufstand losbrechen zu lassen. Am

14.7.1789 wird die Bastille gestürmt. Im alten Staatsgefängnis sitzen kaum noch Gefangene, aber nach wie vor ist es das Symbol absolutistischer Herrschaft. Die Revolution greift auf das Land über, ein Bauernkrieg bricht aus, der Adel beginnt das Land zu verlassen. Das Heer löst sich auf. Am 4.8.1789 beschließt die Nationalversammlung die Aufhebung aller

Adelsprivilegien, am 26.8. erfolgt die **Erklärung der Menschenrechte** nach nordamerikanischem Vorbild. Freiheit, Gleichheit und Brüderlichkeit werden als die Ideale der Revolution gefeiert. In Paris grassiert inzwischen Hungersnot, ständig geht die Furcht vor einer Gegenrevolution um. Am 5.10.1789 ziehen Volksmassen nach Versailles und bringen König und Nationalversammlung nach Paris ins Stadtschloß der Tuilerien. Fortan stehen die Repräsentanten der Nation unter Beobachtung und Einfluß der Massenbewegung.

Auf Vorschlag Talleyrands werden zur Behebung der Finanznot die **Kirchen-, Kron- und Emigranten-Güter eingezogen.** Um nicht durch sofortigen Verkauf einen Preissturz herbeizuführen, werden auf die eingezogenen Güter Anweisungen ausgestellt, sogenannte **Assignaten**, die ab 1790 als eine Art Papiergeld kursieren und später, massenweise ausgegeben, eine Inflation hervorrufen. Ein zweiter Schlag gegen die Kirche erfolgt im Juni 1790: die **Zivilkonstitution des Klerus**; die Kirche wird verstaatlicht, Klöster und Orden werden aufgehoben. Ein Fluchtversuch des Königs scheitert im Juni 1791, Ludwig XVI. ist nunmehr völlig entmachtet und quasi Gefangener der Revolution. Am 3.9.

1791 wird die neue Verfassung verkündet. Frankreich ist eine konstitutionelle Monarchie. Gewaltenteilung ist eingeführt, die Justiz ist unabhängig, die Exekutive wird, soweit es sich um Außenpolitik handelt, vom König wahrgenommen, in der Innenpolitik bestimmen die vom Volk gewählten Beamten der 83 Departements (gebildet an Stelle der historischen Provinzen) und die Selbstverwaltungen der Gemeinden. Für die Legislative, das Parlament, gilt ein Zensuswahlrecht, nur die besitzenden Schichten dürfen wählen – insofern ist das revolutionäre Ideal noch nicht erreicht.

Die verfassunggebende Nationalversammlung löst sich im September 1791 auf. Im neuen Parlament, der

1791/92 Legislative, dürfen die bisherigen Abgeordneten nicht sitzen, der nun einsetzende Wahlkampf bringt neue und radikalere Männer nach vorn. Es bilden sich **politische Parteien**: Bei den Feuillants (der Minorität), sitzen die Anhänger der konstitutionellen Monarchie (ca. 20), die zahlreichen Republikaner teilen sich in Girondisten, die Vertreter der Provinz (ca. 250), und Jakobiner, die Radikalen aus der Hauptstadt (ca. 30). Obwohl zahlenmäßig gering, gewinnen letztere dank ihres Anhangs in Paris und der Agitation ihrer politischen Führer Camille **Desmoulins** (1760–1794), Jean-Paul **Marat** (1743–1793), Georges **Danton** (1759–1794), Jacques **Hébert** (1757 bis 1794) und Maximilien de **Robespierre** (1758–1794) stetig größeren Einfluß im Parlament.

Inzwischen haben sich die Emigranten an den Grenzen Frankreichs gesammelt. Die europäischen Mächte, in Angst um den Bestand der dynastischen Ordnung, schließen sich gegen die Revolution zusammen. Frankreich erklärt im April 1792 den Krieg an Österreich, der

1792–1797 Erste Koalitionskrieg beginnt. Ein herausforderndes Manifest des Herzogs von Braunschweig, der die verbündeten Heere der Österreicher und Preußen anführt, ruft in Frankreich ungeheure Empörung hervor. Der König, den die Verbündeten zu befreien gekommen sind, wird nach einem Sturm auf die Tuilerien in den Temple, das Stadtgefängnis gebracht. Der Krieg läßt sich zunächst schlecht an für die Franzosen; die Verbündeten überschreiten im August die Grenze und nehmen Verdun, gehen dann aber nur zögernd weiter und werden am 20.9.1792 in der **Kanonade von**

Sturm auf die Bastille

Robespierre

Valmy gestoppt. Nun dringen die Franzosen vor und erobern noch im Verlauf des Jahres Mainz und die österreichischen Niederlande. Die Revolution überschreitet Frankreichs Grenzen. Dafür werden auch die Gegner zahlreicher: England schließt sich der Koalition an, ebenso das Reich, Holland, Spanien, Sardinien und Neapel. Bald gehen die französischen Eroberungen wieder verloren.
Die tödliche Bedrohung bewirkt im Lande hauptsächlich zweierlei: Zum einen schließt sie die Nation vollends zusammen, gegen die **Abschaffung des Königtums** und die **Erklärung der Republik** gibt es keinen Widerstand mehr; die allgemeine Volksbewaffnung (Levée en masse), organisiert von dem Ingenieuroffizier Lazare **Carnot** (1753–1823), führt der Republik ein Heer zu, das an Zahl wie an Begeisterung den gegnerischen Söldnerheeren weit überlegen ist. Die **Marseillaise**, das vom Hauptmann Rouget de Lisle 1792 geschaffene Kampflied der Revolution, das die Truppen aus Marseille bei ihrem Marsch durch Frankreich überall verbreiten, ist der Ausdruck für den Verteidigungswillen und das Sendungsbewußtsein des französischen Volksheeres.
Zum andern beschleunigt die äußere Situation den Gang der Revolution im Herzen des Landes, in Paris. Im September 1792 werden in den Gefängnissen einsitzende Gegner der Revolution umgebracht (Septembermorde). Abermals wird gewählt, der
1792/93 Konvent, sein Zusammentritt (22.9.) zum Beginn einer neuen Zeitrechnung erklärt. Monarchisten sind in ihm nicht mehr vertreten, die gemäßigten Girondisten (noch immer in der Mehrheit) werden bald von den Jakobinern und ihrem städtischen Anhang eingeschüchtert, schließlich aus dem Konvent ausgestoßen. Mit einer Stimme Mehrheit spricht der Konvent am 17.1.
1793 das Todesurteil über Ludwig XVI., das mit der Guillotine, einem nach dem Schweizer Arzt Guillotin benannten Fallbeil, vollstreckt wird. Ab Juli 1793 sind die Jakobiner allein im Konvent, sie errichten eine **Diktatur** mit dem im April gegründeten **Wohlfahrtsausschuß** (9 Personen) als provisorischer Regierung. Es beginnt »La Terreur«, die Schreckensherrschaft in Paris, der immer mehr Gegner der Jakobiner und schließlich auch Jakobiner selbst zum Opfer fallen (1250 Guillotinierungen in Paris bis Juli 1794, auch die Königin Marie Antoinette ist darunter). Bäuerlicher Widerstand in der Vendée und in der Bretagne, und städtischer im Rhonetal und an der Loire (Lyon, Nantes u.a.) wird mit Massenhinrichtungen ausgerottet.
Schließlich wütet der Terror auch im engsten Zirkel der Revolutionäre. Danton und seine Anhänger, die zur Mäßigung

rieten, wandern genauso auf die Guillotine wie die ultrarevolutionären Hébertisten, die alle Kirchen geschlossen und Notre-Dame zum »Tempel der Vernunft« geweiht hatten. Maximilien de Robespierre, »der Unbestechliche«, der die Selbstzerfleischung der Jakobiner maßgeblich geleitet hat, herrscht für einige Monate unangefochten über Paris, bis er am 27.7.1794 gestürzt wird. Anlaß ist Robespierres Antrag auf Reform des Revolutionstribunals: Zeugenverhör und Verteidigung der angeklagten Revolutionsgegner sollen wegfallen und bereits das Gewissen der Geschworenen zum Schuldspruch genügen – dieser letzten Konsequenz eines Tugendterrors verweigern selbst Robespierres Anhänger den Gehorsam: Der Diktator geht denselben Weg zur Guillotine, auf den er zuvor so viele (zuletzt 30 bis 40 am Tag) geschickt. Mit der

1794 (28.7.) **Hinrichtung Robespierres** hat das Pendel der Revolution seinen weitesten Ausschlag erreicht. Nun fällt es zurück.

Die Macht in Paris geht an ein Fünf-Männer-Kollegium über, das

1795–1799 Direktorium. In ihm wie auch in den neugeschaffenen Institutionen der Legislative (Rat der Alten: 200 Mitglieder, und Rat der 500) dominiert das Besitzbürgertum, das Wahlrecht ist wieder mit der Steuerzahlung des Wählers

Anwerbung von Freiwilligen 1792 in Paris

verknüpft. Das Direktorium setzt sich erfolgreich gegen Umsturzversuche der Royalisten und der Linken (unter dem Frühkommunisten »Gracchus« Babœuf) durch. Auch nach außen vermag sich Frankreich zu behaupten, die Heere der Republik erringen Siege in Belgien und Holland (Gründung des Satellitenstaates »Batavische Republik«).

Als erster scheidet der preußische Staat aus dem Koalitionskrieg aus und schließt mit Frankreich **1795** den **Sonderfrieden von Basel**. Der junge Staat wendet seine Kräfte darauf gegen Österreich. Kriegsschauplatz wird Oberitalien. Hier erringt der General **Napoleon Bonaparte** (1769–1821) glänzende Siege bei Lodi, Arcole und Rivoli (1796/97).

Bonaparte, aus Ajaccio/Korsika stammend, hat sich früh der Revolution angeschlossen und ist 1793 nach Befreiung Toulons von einem englischen Belagerungsheer jüngster General der Revolution geworden. Mit in den Strudel der Verhaftungen nach Robespierres Tod geraten, ist es ihm jedoch gelungen, freizukommen und wieder in die Armee einzutreten.

Napoleon Bonaparte

Die militärischen Erfolge in Oberitalien begründen bei Freund und Feind den napoleonischen Mythos. In der Hand eines genialen Führers erweist sich das moderne Volksheer mit seiner Tirailleurtaktik (dem Vorgehen in lockerer Schützenlinie) seiner Beweglichkeit (auf Verpflegungsnachschub wird weitgehend verzichtet, die Truppe versorgt sich aus dem Umland) und seiner elastischen inneren Struktur (befördert wird nach Leistung) als schlagkräftiges Instrument.

Napoleon diktiert den Österreichern im Oktober

1797 den **Frieden von Campo Formio**. Das linke Rheinufer gelangt in französischen Besitz, **in Oberitalien werden weitere Satellitenstaaten**, genannt »Tochterrepubliken«, **eingerichtet**: die Cisalpinische (Mailand) und die Ligurische, in denen die Ideen der französischen Revolution neuen Boden finden. Gleiches gilt für die Schweiz, in der nach einem Bürgerkrieg 1798 die Helvetische Republik ausgerufen wird, den Kirchenstaat, der sich zur Römischen, und das Gebiet um Neapel, das sich zur Parthenopäischen Republik wandelt.

Napoleons nächstes Kommando ist der Oberbefehl gegen England, das indirekt im Mittelmeer getroffen werden soll. Die Franzosen landen mit 232 Transportschiffen, 2000 Kanonen, 32 000 Soldaten sowie einem Stab von Ingenieuren und Gelehrten im ägyptischen Alexandria. Der

1789/99 Feldzug in Ägypten verläuft indes ungünstig für Napoleon. Zwar gelingt ihm ein Sieg in der Schlacht bei den Pyramiden, doch

1798 verurteilt ein **Seesieg der Briten bei Abukir** unter dem Kommando des Ad-

Franzosen und Russen im Kampf am St. Gotthard während des zweiten Koalitionskrieges 1799

mirals **Nelson** (1758–1805) das Unternehmen zum Scheitern. Auch ein Vorstoß nach Syrien (Schlacht vor Akkon 1799) vermag nichts daran zu ändern. Napoleon kehrt 1799 nach Frankreich zurück; wie schon zuvor aus Oberitalien, bringen seine Soldaten auch aus Ägypten zahlreiche Kunstschätze mit, die in Paris ausgestellt werden – eine Praxis des Kunstraubs, die Napoleon noch wiederholen und die auch von anderen nachgeahmt werden wird.

In Paris ist inzwischen die Herrschaft des Direktoriums in eine Krise geraten, Inflation herrscht, wiederum bildet sich um das unruhige Frankreich ein Ring von Gegnern. Inspiriert vom britischen Premier William **Pitt dem Jüngeren** (er führt die Geschäfte 1783–1806) schließen sich England, Österreich, die Türkei und nunmehr auch Rußland, die östliche Flügelmacht des europäischen Staatensystems, zusammen. Napoleon nutzt die Schwäche des Direktoriums am 9.11.

1799 zum **Staatsstreich.** Er stürzt das Direktorium, läßt den »Rat der Fünfhundert« mit Waffengewalt auflösen und bildet eine **Regierung nach konsularischer Verfassung** (Napoleon Erster Konsul).

Umseitig: Die Schlacht bei den Pyramiden

Die Herrschaft Napoleons
Die demokratisch verbrämte Militärdiktatur wird durch Plebiszit bestätigt. Zahlreiche Emigranten kehren zurück. Napoleon gelingt ein Ausgleich zwischen Republikanern und Royalisten – wenn auch von Gewaltmaßnahmen begleitet (Erschießung des Herzogs von Enghien, Verbannung des Generals Moreau).
In der Verwaltung bildet sich ein Berufsbeamtentum heraus, Präfekten setzen den Willen der Regierung bis in die letzten Winkel des Landes durch (Vollendung des Zentralismus). Im Erziehungswesen erfolgt eine staatliche Kontrolle und Reglementierung des Bildungsgangs. Ein Konkordat mit dem Papst (1801) bindet Klerus und katholische Bevölkerung an den Staat.
1804 Code civil (Code Napoléon). Dieses von Napoleon inspirierte Gesetzgebungswerk wirkt in Europa vorbildlich und ist bis heute die Grundlage des französischen Zivilrechts. Seine Grundgedanken sind die Gleichheit aller vor dem Gesetz, die Freiheit des einzelnen und die Garantie des Eigentums.
1799–1802 Zweiter Koalitionskrieg. Im Kampf gegen die europäischen Mächte (u.a. Österreich, England, Neapel und Portugal) siegt Napoleon 1800 bei Marengo. Im Frieden von Lunéville (1801) einigt er sich mit Österreich, im Frieden von Amiens (1802) mit den Engländern. Zum Konsul auf Lebenszeit gewählt, läßt sich Napoleon bereits **1804** zum **Kaiser** krönen. Mitglieder seiner Familie erhalten Prinzentitel. In einer Volksabstimmung wird mit 3 1/2 Millionen Stimmen die Umwandlung Frankreichs in ein erbliches Kaisertum gebilligt.
1803 Reichsdeputationshauptschluß. Im Frieden von Lunéville ist das linksrheinische Gebiet an Frankreich gefallen. Zur Entschädigung der betroffenen Fürsten sollen Länder im Reichsgebiet bereitgestellt werden. Ein Ausschuß des deutschen Reichstags vollzieht unter starker Einwirkung Frankreichs die Auflösung des Deutschen Reiches. Kirchengüter werden säkularisiert, ehemals geistliche Herrschaften fallen hauptsächlich an Baden, Preußen, Württemberg und Bayern; Reichsgrafen und Reichsritterschaften sowie Reichsstädte verlieren ihre Reichsunmittelbarkeit, deutsche Fürsten erhalten Titelerhöhungen (z.B. die Königswürde für die Herrscherhäuser Bayerns und Württembergs).
Die deutsche Kleinstaaterei hat damit ein Ende, allerdings um den Preis, daß das Kaisertum seine letzten Stützen verliert, die Reichsritter und den geistlichen Adel. Die süd- und westdeutschen Länder verlassen den Reichsverband und schließen als Verbündete Frankreichs **1806** den **Rheinbund**. Am 6.8.
1806 legt Franz II. daraufhin die deutsche Kaiserkrone nieder und nimmt als Franz I. denTitel eines Kaisers von Österreich an. Die mehr als tausendjährige Geschichte des Heiligen Römischen Reiches Deutscher Nation ist damit zu Ende.
In dem Willen, ein einheitliches Europa unter französischer Vormacht zu schaffen, stößt Napoleon auf entschlossenes britisches Gleichgewichtsstreben. Dieser unversöhnliche Konflikt kennzeichnet die »napoleonische Ära« (1804 bis 1814/15). Der Korse ist eine welthistorische Erscheinung von politischer Dynamik, militärischem Genie, durchdringendem Verstand und staatsgestaltendem Talent, dabei maßlos in den Zielen und hart in der Unterdrückung. Daran scheitert er nach zunächst unwiderstehlicher Machtausdehnung. Zerstörung und Aufbau, Ende und Anfang vermischen sich unter seinem Einfluß am deutlichsten in Deutschland, wo im endgültig zertrümmerten »Heiligen Römischen Reich« die revolutionären Gedanken von Freiheit und Gleichheit Fuß fassen und in die Zukunft wirken.

Napoleon als Erster Konsul

Tod Lord Nelsons

1805 Dritter Koalitions-Krieg. Die französische Flotte erleidet am 21.10.
1805 in der **Seeschlacht vor Trafalgar** eine vernichtende Niederlage. Der Sieg Admiral Nelsons (den dieser allerdings nicht mehr erlebt; er fällt in der Schlacht) sichert Großbritannien für mehr als ein Jahrhundert die Seeherrschaft.
Zu Lande hingegen gelingt Napoleon am 2.12.
1805 bei Austerlitz ein glänzender **Sieg über die verbündeten Österreicher und Russen** (»Dreikaiserschlacht«: Napoleon, Franz I., Alexander I.).
1806–1807 Vierter Koalitions-Krieg. Preußen, das bisher neutral geblieben ist, beginnt diesen Krieg. Doch seine Armee ist zu veraltet, um sich behaupten zu können. Sie bricht am 14.10.
1806 in der **Doppelschlacht bei Jena und Auerstedt** zusammen. Bis auf Kolberg und Graudenz fallen alle preußischen Festungen. Napoleon, nunmehr Herr des Kontinents, erläßt das »Dekret der Kontinentalsperre«. Danach ist jeglicher Handel mit den britischen Inseln untersagt. Für das exportorientierte England ein empfindlicher Schlag, wenn er auch nicht so vollständig durchgesetzt wird wie beabsichtigt.
1807 Friede von Tilsit. Preußen behält seine Selbständigkeit, seine Armee wird auf 42 000 Mann beschränkt, die Festungen bleiben besetzt.
1808 Erfurter Fürstentag. Napoleon ist auf der Höhe seiner Macht. Vier Könige und 34 regierende Fürsten huldigen dem Emporkömmling aus Korsika. Großzügig hat der Korse seinen Familien-Clan mit Titeln und Herrschaften bedacht: Sein Stiefsohn Eugen Beauharnais ist Vizekönig von Italien, seine Brüder Joseph und Louis sind Könige von Neapel und Holland, der Schwager Joachim Murat ist Großherzog von Berg, der jüngste Bruder Jérôme König von Westfalen.
Zur selben Zeit ist Frankreich bereits in einen blutigen Kleinkrieg auf der iberischen Halbinsel verstrickt, der dank britischer Truppenlandungen bis 1814 dauern wird. Die Volkserhebung in Spanien wirkt anfeuernd auf andere Länder. Bei Aspern erlebt Napoleon 1809 seine erste Niederlage (gegen österreichische Truppen), revanchiert sich jedoch durch den Sieg bei Wagram. Die bäuerliche Befreiungsbewegung Andreas Hofers wird unterdrückt, wie auch Einzelaktionen in Norddeutschland (Freikorps Schill).
In **Preußen** bewirkt der rasche militärische Zusammenbruch eine Neubesinnung. Die seit längerer Zeit geforderten Reformen werden auf Initiative des **Freiherrn von Stein** (1757–1831) nunmehr als »Revolution von oben« in Gang gesetzt, um möglichst viele wirtschaftliche Energien freizusetzen. Kernstück dieser Reformen ist am 9.10.
1807 das **Edikt zur Bauernbefreiung.** Die Erbuntertänigkeit hört auf, »mit dem

Einzug Napoleons in Berlin am 27. Oktober 1806

Martinitag 1810 gibt es nur noch freie Leute« (Stein).
Weitere Stationen sind:
1808 Städteordnung. Den Kommunen wird eine eigene Finanzverwaltung gestattet, nach der Magistratsverfassung ist eine weitgehende Selbstregierung möglich
1810/11 Aufhebung der Zünfte mit (eingeschränkter) Gewerbefreiheit
1812 Emanzipation der Juden.
Unter Staatskanzler Hardenberg wird eine zentrale Verwaltungseinteilung des preußischen Staates in Provinzen, Regierungsbezirke und Kreise vorgenommen, Scharnhorst und Gneisenau schaffen das moderne Volksheer (Bildung von Reserven mit militärischer Kurzausbildung, Beförderung nach Verdienst, Aufbau einer neuen Führung). Unter Wilhelm von Humboldt als Unterrichtsminister erfolgt
1810 die **Gründung der Berliner Universität** als Stätte »akademischer Freiheit« und der »Einheit des Forschens, Lehrens und Lernens«. Die staatliche Gymnasialordnung von 1812 ist dem Prinzip der allgemeinen Bildung mit besonderer Pflege der klassischen Philologie verpflichtet.
Da **Rußland** 1810 bereits wieder den Handel mit England aufgenommen hat und Napoleons Ansprüche in Polen noch nicht befriedigt sind, wachsen die **Spannungen zwischen Frankreich und Rußland.** Napoleon zwingt Preußen und Österreich in ein Militärbündnis. Mit über 600 000 Soldaten beginnt er im Juni **1812** den **Feldzug gegen das Zarenreich.** Die Entscheidung soll im polnischen Raum fallen. Die russische Strategie zielt jedoch auf hinhaltenden Kampf, der Gegner wird in die Weiten Rußlands gelockt. Siege der »Grande Armée« bei Smolensk und Borodino bringen Napoleon nichts

Napoleonische Truppen auf dem Rückzug von Rußland

ein, er folgt dem Gegner bis Moskau, das vor seinen Augen in Flammen aufgeht. Damit ist auch die Hoffnung auf ein Winterquartier dahin. Der Rückmarsch durchs verschneite Land, unter ständigen Angriffen der Kosaken, zehrt die Kräfte der Franzosen und ihrer Verbündeten auf. Symbol des Untergangs der napoleonischen Armee ist die Überquerung der Beresina, wobei Tausende Soldaten erfrieren oder ertrinken. Kaum 5000 Mann gelingt die Rückkehr. Der Oberbefehlshaber hat seine Truppen schon vorher verlassen und ist nach Paris geeilt, um seine wankende Herrschaft zu festigen.
Der preußische General Yorck schließt mit dem Zaren im Dezember

1812 die Konvention von Tauroggen.
Damit sind die preußischen Truppen neutralisiert, die Grenzen für einen russischen Einmarsch offen. Dieser Akt des Ungehorsams ist das Signal für die

1813 Volkserhebung gegen Napoleon.
Dem Preußenkönig Friedrich Wilhelm III. (1797–1840), der anfangs noch zögert, bleibt bald nichts übrig, als sich der Bewegung anzuschließen und endlich auch an ihre Spitze zu setzen (Aufruf »An mein Volk«, Stiftung des Eisernen Kreuzes), denn in die Kriegsbegeisterung mischen sich bereits gefährliche Untertöne, die überhaupt für diese Epoche bestimmend sein werden, wie etwa im Aufruf des alten Haudegen Blücher, »wenn die Für-

sten nicht wollen und sich dem entgegensetzen, sie samt dem Bonaparte wegzujagen«: Der Volkskrieg konnte zum allgemeinen Freiheitskampf umschlagen.
Im Herbst 1813 gelingt es den verbündeten Preußen, Russen, Engländern, Österreichern und Schweden, Napoleons Truppen, im Grunde nur eine frisch ausgehobene Rekrutenarmee, um Leipzig zusammenzudrängen: 16.–19.10.
1813 Völkerschlacht bei Leipzig. Zwar werden die Franzosen geschlagen, sie können sich jedoch einer völligen Einkesselung entziehen.
Napoleons Reich bricht nun zusammen, Österreicher marschieren in Norditalien ein, Engländer landen auf der Iberischen Halbinsel und dringen über die Pyrenäen vor. Da der Diktator Friedensverhandlungen ablehnt, marschieren die Alliierten auf Paris vor (Einzug im Frühjahr 1814). Der Bourbone Ludwig XVIII. kehrt auf den französischen Königsthron zurück, **Napoleon wird auf die Mittelmeerinsel Elba verbannt.**

Wiener Kongreß
Die Staatsmänner Europas treffen sich 1814/15 in Wien, um dem durch die Napoleonischen Kriege erschütterten Staatengefüge eine neue Ordnung zu geben. Dabei stehen allerdings nicht sosehr die Interessen der Völker zur Debatte, sondern die der Herrscherhäuser. Unter ihnen gibt es wiederum Bevorzugte: Die kleineren Fürsten müssen erkennen, daß die wichtigsten Entscheidungen von den Großmächten getroffen werden, also von England, Rußland, Österreich und Preußen, und diesen auch hauptsächlich zugute kommen.
Der Kongreß steht unter dem Leitgedanken der Restauration, der Legitimität und der Solidarität. **Restauration** meint die Wiedereinsetzung der von Napoleon vertriebenen Dynastien in ihre Rechte; **Legitimität**, ein Begriff, den der französische Gesandte Talleyrand prägt, die Gültigkeit des monarchischen Erbrechts sowie auch zwischenstaatlicher Verträge. Für legitim wird auch erachtet, daß die Großen des Deutschen Reiches sich durch Säkularisierung des geistlichen Besitzes und Mediatisierung des reichsunmittelbaren Adels und der Städte bereichert haben.
Vollständig ist die Restauration indes nur in Spanien, im Kirchenstaat (wo der Papst wieder einzieht), in den Schweizer Kantonen (wo das Patrizierregiment wiedereingeführt wird) und bezüglich des Jesuitenordens, der seit 1773 aufgehoben war.
Ansonsten wird mit Einschränkungen restauriert. So bedeutet die Rückkehr der Bourbonen auf den französischen Königsthron keineswegs eine Rückkehr zum Absolutismus. Ludwig XVIII. muß sich an die napoleonischen Einrichtungen halten. So hat gleichfalls die **Verfassung des Deutschen Bundes** (der Deutsche Bund wird in Wien beschlossen) neben allen reaktionären auch durchaus moderne Züge aufzuweisen. Die Zweischichtigkeit der Bundesvertretung – Plenarversammlung aller Einzelstaaten und der engere Gesandtenkongreß – kann als richtungweisende Lösung des Problems Staatenbund-Bundesstaat gelten.
Die **Solidarität** schließlich ist schon die Losung des Kampfes gegen Napoleon gewesen, nun wird sie zum einigenden Band der fünf Großmächte – Frankreich eingeschlossen –, deren Gleichgewicht Frieden und Ordnung in Europa garantieren soll. In diesem System ist für ein einiges Deutschland kein Platz, genausowenig für ein einiges Polen oder Italien. Erwünscht ist dagegen die Stiftung solcher Gebilde wie des »Königreiches der Vereinigten Niederlande«.
Noch während das System der großen Fünf gezimmert wird, zeigen sich Risse; im Januar 1815 schließen England, Frankreich und Österreich einen geheimen Bündnisvertrag, der eindeutig gegen Rußland und Preußen gerichtet ist. Hier

spielt schon ein außereuropäischer Konflikt herein, der Gegensatz zwischen der Seemacht England und der Kontinentalmacht Rußland, der sich in Asien bereits entwickelt hat – erstes Anzeichen dafür, daß in nächster Zeit die europäischen Gegensätze von Weltgegensätzen überschattet werden.
Die Arbeit des Kongresses in Wien wird im Frühjahr 1815 durch Napoleon gestört, der seinen Verbannungsort Elba verläßt und einen Marsch auf Paris antritt, der ihm in kurzer Zeit gewaltigen Zulauf verschafft. Noch einmal wagt er das Schlachtenglück: Am 16.6.
1815 kann er bei **Ligny** die Preußen unter Blücher besiegen, scheitert jedoch am 18.6.
1815 in der **Schlacht bei Waterloo** an den Engländern unter Wellington. Ein preußischer Flankenangriff versetzt seiner Armee den endgültigen Todesstoß. Die **»Herrschaft der hundert Tage«** ist zu Ende, als Napoleon, für einen »Feind und Zerstörer der Ruhe der Welt« erklärt, auf die Insel St. Helena verbannt wird, wo er 1821 stirbt. Am 9.6.
1815 wird die **Schlußakte des Wiener Kongresses** verabschiedet. Die neue Ordnung Europas hält im großen und ganzen bis zum Ersten Weltkrieg. Als Beispiel für die Kunst des Interessenausgleichs mag die Versammlung in Wien allzeit dienen. Die diplomatische Leistung des französischen Staatsmannes Talleyrand oder die des österreichischen Staatskanzlers **Metternich** (1773–1859) ist unbestritten. Den erwachenden Nationalismus hat der Kongreß indes sowenig berücksichtigt wie die Forderungen des Bürgertums, das als Träger der Industrialisierung und Eigentümer der modernsten Produktionsmittel seinen Anteil an politischer Macht verlangt. Die Nationalitätenkämpfe in Süd- und Südosteuropa (Serbien, Griechenland, Italien) und die bürgerlichen Revolutionen von 1830 und 1848 sind die Antwort darauf.

»Heilige Allianz«.
Auf Zar Alexanders Vorschlag hin kommt eine Fortsetzung der Kriegsallianz als Friedensallianz zustande. Die »Heilige Allianz« (gestiftet am 26.9.1815), der die europäischen Monarchen beitreten, soll die Herrscher verpflichten, einander bei »jeder Gelegenheit und an jedem Ort Hilfe und Beistand zu leisten«; sogar ein Interventionsrecht wird daraus abgeleitet. Als eindeutig gegen jegliche revolutionäre Bestrebung gerichteter »Bund von Thron und Altar« vermag diese erste übernationale Friedensorganisation der Neuzeit kaum Wirksamkeit zu entfalten.
Die Herrschaft Napoleons über Spanien hat die Verbindung des Mutterlandes zu den Kolonien unterbrochen; revolutionäre Ideen haben sich verbreitet. Als der spanische König Ferdinand VII. nach seiner Rückkehr auf den Thron auch im überseeischen Kolonialreich wieder die alten Zustände einführen will, sieht er sich einer selbstbewußten Herrenschicht von Kreolen (Weißen, die im Lande geboren sind) gegenüber, die nach nordamerikanischem oder französischem Vorbild republikanische Verfassungen fordert. Unter den Führern **San Martin** (1778–1850) und Simón **Bolívar** (1783 bis 1830) entbrennt ein **Krieg gegen spanische Truppen**, in den England zugunsten der Aufständischen mit Waffenlieferungen und Wirtschaftshilfe eingreift.
1817–1824 erkämpfen sich die mittel- und südamerikanischen Kolonien die Unabhängigkeit von Spanien (die portugiesische Kolonie Brasilien gewinnt ihre Unabhängigkeit ohne Kampf).
Von außerordentlichem Nutzen ist dabei die Unterstützung durch die Vereinigten Staaten. Ihr Präsident Monroe formuliert

Wiener Kongreß.
Von links: Friedrich Wilhelm III., König von Preußen, Kaiser Franz I. von Österreich und Zar Alexander I. von Rußland

1823 die »Monroe-Doktrin«, nach der außeramerikanischen Mächten jede Intervention versagt sein soll (»Amerika den Amerikanern«). Damit zerschlägt sich die Hoffnung des spanischen Königs auf Hilfe von seiten der in der »Heiligen Allianz« vereinigten Mächte.

Der Befreiungsbewegung gelingt aber nicht, eine Union nach nordamerikanischem Muster zu gründen. Der Kongreß von Panama 1826 bleibt ohne Ergebnis. Die auf den Trümmern des spanisch-portugiesischen Kolonialreichs errichteten Staaten bewahren ihre Selbständigkeit.

Nach Aufständen der Serben gegen die türkische Herrschaft (1804–12 und 1815–17) erheben sich auch die Griechen:

1821–1829 Freiheitskampf der Griechen gegen die Türken. Er findet in Europa ein begeistertes Echo (Bund der Philhellenen in Deutschland, Lord Byron). Die Türken schlagen grausam zurück (Massaker von Chios). Nach dem Fall der Stadt Missolunghi 1826 greifen jedoch Briten, Franzosen und Russen zugunsten der Griechen ein (Seeschlacht von Navarino 1827). Der Friede von Adrianopel 1829 bringt die Unabhängigkeit. 1832 wird Otto I. von Wittelsbach zum griechischen König gewählt. Die »Bayernherrschaft« endet mit seiner Absetzung im Jahre 1862.

Massaker von Chios. Gemälde von Delacroix

Juli-Revolution in Frankreich 1830

Die klerikale Reaktion unter Karl X., der den französischen Königsthron 1824 betritt, fordert die liberale Opposition heraus. Die Eroberung Algiers 1830 vermag die bourbonische Herrschaft nicht zu festigen. Als auf Grund der »Juliordonnanzen« die Kammer, in der die Liberalen die Mehrheit haben, aufgelöst wird, das Wahlrecht geändert und die Pressezensur verschärft werden, erheben sich Arbeiter, Studenten und Bürger. **In Paris kommt es zu Straßenschlachten und Barrikadenkämpfen.** Die Revolte wächst sich zur Revolution aus. Karl X. dankt ab und flieht nach England. Die Republikaner, die den Aufstand begonnen haben, werden indes vom Großbürgertum überspielt, das eine gemäßigte Monarchie favorisiert. Der Herzog von Orléans, **Louis Philippe, besteigt 1830 als »Bürgerkönig« den Thron.** Eine Zeit der hemmungslosen Entfaltung bürgerlichen Finanzkapitals bricht an (Parole: »Enrichissez-vous!« – Bereichert euch!)

Die Juli-Revolution wirkt im Ausland nach. Aufstände in Brüssel spalten den im Wiener Kongreß geschaffenen Staat der Vereinigten Niederlande. Der südliche Teil erklärt sich unter dem Namen Belgien für unabhängig (1831). Die Polen erheben sich im November 1830 gegen den Zaren. Die erhoffte Hilfe aus dem Westen jedoch bleibt aus; russische Truppen schlagen den Aufstand nieder. Eine starke Auswanderungsbewegung des polnischen Bürgertums und Adels ist die Folge.

Der neue Geist in Deutschland

Im Deutschen Bund verkümmern die Hoffnungen auf eine freiheitliche, einige Nation. Deutschland bleibt ein System von Einzelstaaten, seine Einheit erhält sich nur in Sprache und Kultur. Große Teile des Volkes bleiben von Politik ganz unberührt, der Zeitgeist ist geruhsam, beschaulich. »Biedermeier« lautet dafür der Symbolbegriff. Die Kunst dagegen erreicht ungeahnte Höhen, in der Musik etwa durch die Wiener Klassik (Mozart, Beethoven, Schubert) in der Literatur Schiller und Goethe.

Nur unter der akademischen Jugend gärt es fort. Hier wirkt das Gemeinschaftserlebnis der Freiheitskriege nach, wird die Forderung nach einem republikanischen Staat aufrechterhalten. Patriotische Studenten gründen in Jena 1815 die **Deutsche Burschenschaft** als Angriff auf das »System Metternich« mit den alten Reichsfarben Schwarz-Rot-Gold. Das **1817 Wartburgfest** endet mit Verbrennung der Bundesakte, mißliebiger Bücher und Symbole (Zopf, Korporalstock und Husarenschnürleib). Als der Dichter Kotzebue, der Spionage für den Zaren verdächtig, 1819 von einem radikalen Studenten ermordet wird, erfolgt die Re-

Ermordung des Schriftstellers August von Kotzebue

Demonstrationszug zum Hambacher Schloß

aktion. Österreichs Staatskanzler Metternich veranlaßt die deutschen Staaten zu den **»Karlsbader Beschlüssen«**, die 1820 Bestandteil der Wiener Schlußakte und damit Teil der Bundesverfassung werden. Was den Machthabern irgend freiheitlich-national dünkt, wird nun unbarmherzig unterdrückt. An den Universitäten wimmelt es von Spitzeln, Buchhandlungen werden kontrolliert, Bücher zensiert, Hunderte von Wissenschaftlern und Schriftstellern werden durch die »Demagogenverfolgungen« um Arbeit und Ämter gebracht.
Nach der Julirevolution 1830 breitet sich von Baden aus eine liberale Bewegung aus, ein neues Pressegesetz gestattet die ersehnte Meinungsfreiheit. Auch andere Staaten lockern die Zügel, Braunschweig, Sachsen, Kurhessen und Hannover erhalten Verfassungen. Nach dem
1832 Hambacher Fest, das 30 000 Patrioten zu einem Bekenntnis für ein geeintes republikanisches Deutschland vereint, kommt es abermals zur feudalen Reaktion: Staatskanzler Metternich vereinbart mit der preußischen Regierung harte Maßnahmen gegen politische Presse und Vereine. Nun wird die Sprache der Demokraten schärfer, hervorragendes Beispiel ist 1834 Georg Büchners »Hessischer Landbote« (»Friede den Hütten, Krieg den Palästen!«). Als der König von Hannover 1837 die Verfassung wieder aufhebt und sieben Göttinger Professoren, darunter die Gebrüder Grimm, die gegen den Staatsstreich protestieren, von ihren Lehrstühlen verjagt, geht ein Sturm der Entrüstung durch ganz Deutschland.
Was auf geistigem und politischem Gebiet vorerst ausbleibt, wird auf wirtschaftlichem schneller durchgesetzt. Der Schwabe Friedrich List gründet 1819 den deutschen Handels- und Gewerbeverein, 1828 folgt die Einrichtung begrenzter Zollvereine (gegen den Widerstand Metternichs).
1834 Deutscher Zollverein, in dem sich 18 der 39 deutschen Staaten zusammenschließen. Führend hierbei ist Preußen, dessen Handelspolitik auch in der folgenden Zeit, da die übrigen deutschen Staaten (bis auf Österreich) dem Zollverein beitreten, bestimmend wird. Der Bau der Bahnlinie Leipzig–Dresden 1837–39 markiert den Beginn des deutschen Eisenbahnwesens.

Februar-Revolution in Frankreich 1848
Die Herrschaft des »Bürgerkönigs« Louis Philippe wird nur von der schmalen Schicht der Großbourgeoisie getragen. Der Mittelstand und die Arbeiterschaft sind ausgeschlossen. Neben der Partei der Republikaner wächst die der Bonapartisten. Drohende Warnzeichen sind die feierliche Überführung der Gebeine des 1821 gestorbenen Napoleon Bonaparte in den Invalidendom 1840 und die Putschversuche seines Neffen Louis Napoleon 1836 und 1840. In den Wirt-

Gefallene Barrikadenkämpfer in Paris

schaftskrisen von 1846/47 (Kartoffelmißernte, Überproduktion) radikalisiert sich das neue Proletariat.
Louis Blanc (1811–82) sammelt und politisiert Kleinbürger und Arbeiter. Als den Gegnern der Monarchie ihre Forderungen nach Änderung des bestehenden Wahlsystems verweigert werden, bricht im Februar
1848 die **Revolution** aus. Nach dreitägigen Straßenkämpfen in Paris dankt der König ab und begibt sich nach England, eine provisorische Regierung verkündet die Republik. Der Arbeitsminister Louis Blanc proklamiert das »Recht auf Arbeit« und errichtet Nationalwerkstätten zur Beschäftigung der Arbeitslosen. Die im April abgehaltene **erste allgemeine Wahl zur Nationalversammlung** erbringt eine bürgerliche Mehrheit. Frankreich wird abermals eine Republik (bis 1852). Die Revolution ist damit jedoch nicht beendet. Im Mai erlebt Paris Massenaufmärsche radikaler Sozialisten unter Auguste Blanqui. Im Juni werden die Nationalwerkstätten wegen mangelnder Rentabilität geschlossen. Die Arbeiter ziehen auf die Straße, Forderungen nach Enteignung der Reichen und Vergesellschaftung des Eigentums werden laut. Die Regierung holt Militär, das die Aufständischen zusammenschießt. Auf 10 000 wird die Zahl der Todesopfer geschätzt.
Wiederum betritt Napoleons Neffe **Louis Napoleon** (1808–1873) die Szene; diesmal ist ihm die Stunde günstig. Allen alles versprechend, den Arbeitern Gemeineigentum, den Katholiken die Unterstützung des Papstes, den Bürgern Sicherheit vor dem Umsturz, den Bauern (unter denen sein Onkel starken Anhang gehabt hat) die Erneuerung der napoleonischen Welt, gewinnt er bei den Novemberwahlen 1848 75 Prozent der Stimmen.
Als **Präsident der Republik** nimmt Louis Napoleon ein großes Programm in Angriff: Eisenbahn-, Straßen- und Wohnungsbau werden forciert, in Paris entstehen breite Prachtboulevards, denen repräsentative Funktion (Banken und Aktiengesellschaften errichten hier ihren Sitz) ebenso zukommt wie militärische (das Militär kann ungehindert in die Arbeiterviertel vorstoßen). Nur auf vier Jahre gewählt, bringt er einen Antrag auf Verfassungsänderung ein, der längere Amtszeit gewähren soll. Als dieser abgelehnt wird, unternimmt er im Dezember
1851 einen **Staatsstreich**, die Nationalversammlung wird aufgelöst. Eine Volksbefragung im Januar 1852 erbringt überwältigende Zustimmung für seine Politik. Seine Präsidentschaft wird auf 10 Jahre verlängert. Am Ende des Jahres wagt er den letzten Schritt und **läßt sich als Napoleon III. zum Kaiser krönen**. Auch diesmal geht das Plebiszit in triumphaler Weise zu seinen Gunsten aus (97 Prozent der Wahlberechtigten stimmen für ihn).

Die deutsche Revolution
Die Pariser Februarrevolution 1848 springt im folgenden Monat auf Deutschland über. In Berlin, Leipzig, Frankfurt und Stuttgart kommt es zu Krawallen. In München entsagt König Ludwig I., ohnehin angeschlagen durch die beständigen Angriffe wegen seiner Affäre mit der Tänzerin Lola Montez, sofort dem Thron. In den deutschen Mittelstaaten übernehmen liberale Politiker die Regierung; die Fürsten, erschreckt und eingeschüchtert durch Demonstrationen und Unruhen, bewilligen, was an Presse- und Versammlungsfreiheit verlangt wird. Auf diese Weise retten sie ihre Throne und das liberale Bürgertum gibt sich zufrieden. Der Bundestag in Frankfurt, bisher ein Werkzeug in der Hand der Fürsten, um freiheitliche Bestrebungen zu unterdrücken, wird zum Forum patriotischer Forderungen; eine verfassungsmäßige Regierungsform für ganz Deutschland scheint sich anzukündigen. In den Groß-

BONAPARTE

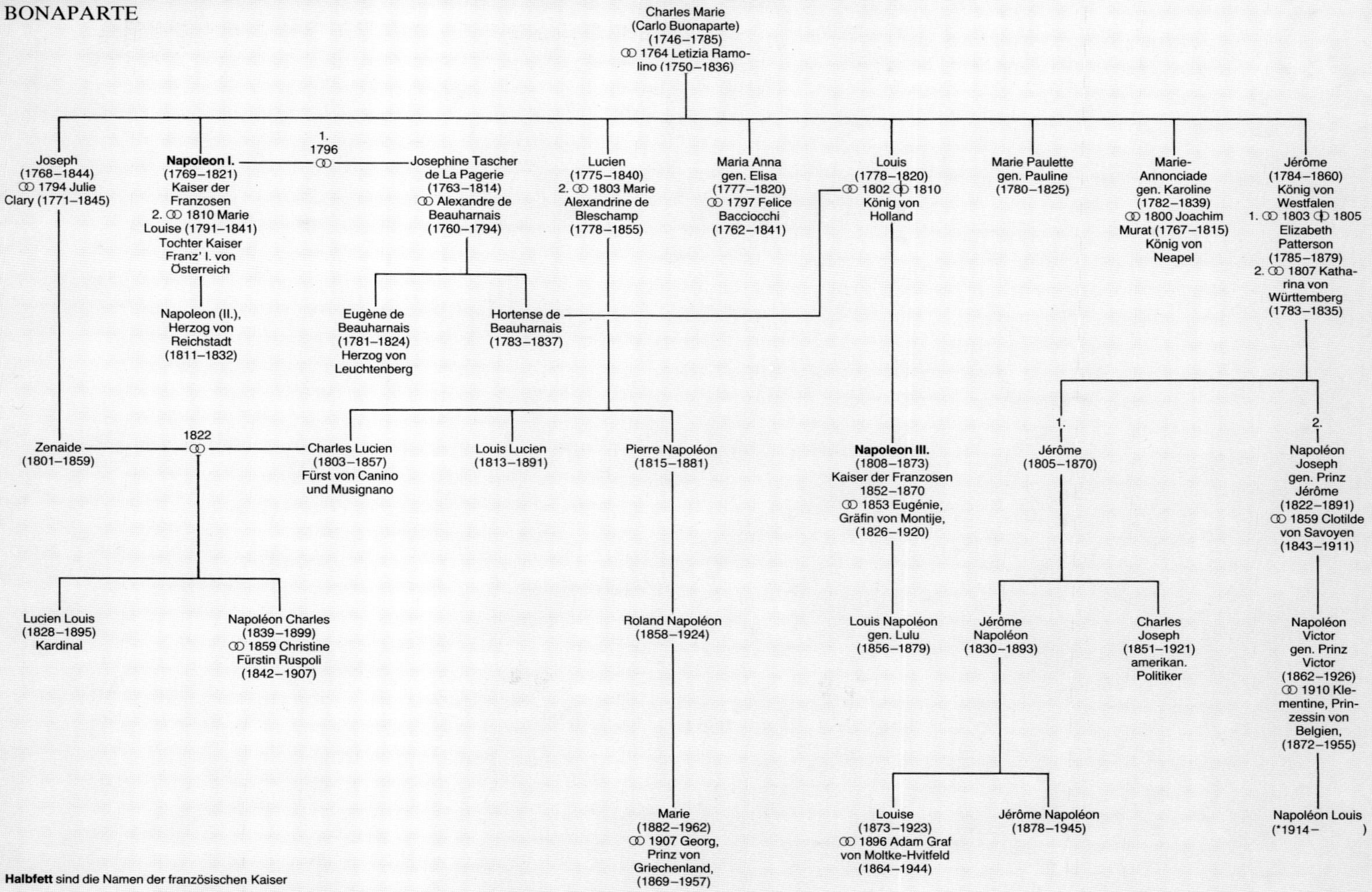

Halbfett sind die Namen der französischen Kaiser

Sitzung der Frankfurter Nationalversammlung

staaten Preußen und Österreich vollzieht sich die Revolution gewaltsamer. Am 13.3.
1848 werden in Wien Barrikaden errichtet, Menschenmassen bedrängen die Hofburg. Metternich plädiert für Widerstand, dringt aber in der Regierung nicht durch und nimmt seinen Abschied. Die Flucht des greisen Staatskanzlers beendet das »System Metternich«, das vierzig Jahre lang gehalten hatte. Das Habsburgerreich droht nunmehr auseinanderzufallen. Ungarn erklärt sich für autonom, Mailand vertreibt die österreichische Besatzung, in Venedig wird die Republik ausgerufen.

In **Berlin** kommt es bei einer Demonstration vor dem Schloß zu Schießereien (18.3.), aus denen sich Straßenkämpfe zwischen Bürgern und Militär entwikkeln. 230 Männer, zumeist Arbeiter und Handwerksgesellen, werden getötet. Die Aufbahrung der »Märzgefallenen« gestaltet sich zugleich zur Totenfeier des alten preußischen Staates; König Friedrich Wilhelm IV. nimmt die schwarzrotgoldenen Farben an und erklärt, Preußen werde fortan in Deutschland aufgehen.

Anfang April tagt in Frankfurt ein **Vorparlament**, das freie Wahlen zur deutschen **Nationalversammlung** vorbereitet. Süddeutsche Revolutionäre (Friedrich Hecker, Gustav von Struve) fordern die Permanenzerklärung des Vorparlaments. Eine militärische Kraftprobe zwischen den Radikalen und Bundestruppen geht zugunsten der letzteren aus. Am 18.5.
1848 ziehen 586 Abgeordnete aus den deutschen Staaten (einer auf je 50000 Einwohner) **in die Frankfurter Paulskirche ein**, die das Tagungshaus der

Vorhergehende Seiten: Barrikaden im revolutionären Wien, 1848

deutschen Nationalversammlung wird. Das Parlament besteht durchweg aus Bürgern, wobei wiederum das akademische Element überwiegt (223 Juristen, 106 Professoren), Bauern und Arbeiter fehlen, desgleichen Frauen.

Nur langsam bilden sich Parteien heraus, die zuerst nach ihren Versammlungsorten, dann nach ihrer Sitzordnung im Parlament benannt werden: konservative Rechte, liberale Mitte (gespalten in linkes und rechtes Zentrum), demokratische Linke. Auf Vorschlag des Präsidenten Heinrich von Gagern wählen die Abgeordneten den **Erzherzog Johann von Österreich** zum **Reichsverweser**.

Von Juli bis Oktober widmet sich die Versammlung der Beratung der **Grundrechte**. Was schließlich festgelegt wird, ist ein Katalog, der allen späteren deutschen Verfassungen zur Grundlage dienen wird (Gleichheit vor dem Gesetz, Abschaffung erblicher Vorrechte, Freiheit der Person, Briefgeheimnis, Unverletzlichkeit der Wohnung, Meinungs-, Glaubens- und Gewissensfreiheit, Recht auf Bildung, Freiheit der Wissenschaft).

Auflauf vor der Frankfurter Paulskirche

Umstritten bleibt die Festlegung der Grenzen des Deutschen Reiches. Die »kleindeutsche« Lösung (ohne Österreich) steht der »großdeutschen« (mit Österreich) entgegen. Weitere Probleme sind die Frage, ob Deutschland ein Kaiserreich sein und an wen die Krone gehen solle, und wie sich Zentralgewalt und Souveränität der Bundesstaaten zueinander verhalten sollten.

Die Nationalversammlung besitzt keine Macht. Je länger die Beratungen dauern, desto stärker werden die Gegner. Vieles kommt zusammen, um das Einigungswerk auszuhöhlen: Schleswig-Holstein erhebt sich gegen die Herrschaftsansprüche des dänischen Königs. In den Befreiungskrieg greift Preußen im Auftrag des Deutschen Bundes ein, zieht sich jedoch zurück, als Rußland, England und Frankreich intervenieren (August 1848 Waffenstillstand von Malmö). Als Antwort auf den »Verrat« machen die Radikalen in Frankfurt einen Aufstand gegen die Nationalversammlung, die daraufhin Militär anfordert; seit dem blutigen Arbeiteraufstand von Paris im Sommer 1848 ist die liberale Mitte überhaupt eher zum Bündnis mit den alten Autoritäten bereit. In **Österreich** gewinnt die Reaktion an Boden, Norditalien wird zurückerobert, im Herbst rücken Truppen in Wien ein (Erschießung des Paulskirchen-Abgeordneten Robert Blum am 9. November 1848).

In **Preußen** wird im Dezember eine Verfassung »oktroyiert« (d.h. ohne Zustimmung des Volkes durchgesetzt), die ein Dreiklassen-Wahlrecht vorsieht. Im März **1849 Neue Verfassung des Deutschen Reiches.** Die »kleindeutsche« Richtung hat sich mit knapper Mehrheit durchgesetzt. Doch Preußens König **Friedrich Wilhelm IV. lehnt** die ihm von der Natio-

nalversammlung angetragene **Kaiserkrone** ab.
Preußens und Österreichs Abgeordnete werden abberufen, das Paulskirchenparlament löst sich auf, übrig bleibt ein »Rumpfparlament« von 100 Abgeordneten, das nach Stuttgart umzieht und dort im Juni 1849 durch Militär gesprengt wird.
Auch sonst endet die Revolution in Militäraktionen. Am Rhein, in Berlin und Dresden und vor allem in Baden und der Pfalz werden die letzten Volkserhebungen blutig erstickt. Die **Wiederherstellung des Deutschen Bundes** in Frankfurt unter österreichischer Führung (Vertrag von Olmütz 1850) setzt den Schlußstrich unter die Revolutionszeit.
Angst des Bürgertums vor dem Radikalismus, Mangel an politischer Erfahrung, Unterschätzung der Machtverhältnisse im In- und Ausland, unerschütterliche Obrigkeitstreue der Soldaten und Beamten und das Eingreifen der auswärtigen Staaten haben das deutsche Einigungswerk scheitern lassen. Die Folgen sind weitreichend. Das Bürgertum zieht sich aus der Politik zurück, wendet sich der Wirtschaft zu, demokratische Traditionen sind, kaum entstanden, auch schon wieder verschüttet. Als erstes spürbar wird der Verlust an politischer Intelligenz durch Massenauswanderungen (allein 80 000 Menschen aus Baden).

Industrialisierung
Das Zeitalter der modernen Technik beginnt mit Erfindung der **Dampfmaschine** (James Watt 1776). In Baumwollspinnereien, Gießereien und Schmiedewerkstätten sorgt die neue Antriebsmaschine für eine ungeheure Steigerung der Produktion. Als es gelingt, sie mobil zu machen (auf Schienenwagen und Schiffen), nimmt das **Verkehrswesen** gewaltigen Aufschwung.
Nach Entdeckung der elektromagnetischen Induktion (Faraday) wird die Konstruktion der Dynamomaschine (Siemens und Wheatstone) möglich; der Amerikaner Edison erfindet die Glühbirne, die Physiker Gauß und Weber entwickeln den ersten Telegraphen: die **Elektrizität** tritt ihren Siegeszug an. Mit Erfindung der Spinnmaschine eröffnet sich die Möglichkeit, Baumwolle in großer Menge zu verarbeiten. Künstliche Düngemittel (Justus Liebig 1840) steigern die landwirtschaftlichen Erträge; synthetische Farbenherstellung (1856) begründet die chemische Industrie.
Die Produktionsweise der Manufaktur, d.h. der dem Handwerk noch stark verwandten Handarbeit mit einfachen Werkzeugen, wenn auch nicht mehr individuell vorgenommen, **wird abgelöst von der Fabrikarbeit**. Arbeitsteilung ist die Folge, der Anteil des einzelnen Arbeiters an der Produktion besteht im Ausführen immer gleicher Handgriffe an den Maschinen. Gesteigerter Energiebedarf führt zu verstärkter Ausbeutung fossiler Bodenschätze (wiederum unter Hilfe von Maschinen). Bergbau und Eisenindustrie verbinden sich zur Schwerindustrie, deren Wachstum Gradmesser für die industrielle Kraft der Staaten wird. **Großbetriebe** entstehen, in denen die Bearbeitung der Rohstoffe bis hin zum Endprodukt (z.B. vom Erz bis zur Lokomotive) zusammengefaßt ist und die Tausende von Menschen unterschiedlichster Qualifikation und Tätigkeit beschäftigen.
Folgenreich sind die Eingriffe des Menschen in den Haushalt der Natur. Ohne Bewußtsein für die Begrenztheit der natürlichen Ressourcen und das ökologische Gleichgewicht werden Bodenschätze ausgebeutet, werden ganze Regionen (z.B. das Ruhrgebiet, Mittelengland) industrieller Nutzung unterworfen.
Die ersten **Eisenbahnen** verkehren bereits 1816 in England; in wenigen Jahrzehnten entsteht ein Schienennetz zur Güter- und Personenbeförderung, von dem z.B. in Mitteleuropa um 1850 nur die Hochalpen

Dampfgetriebene englische Eisenbahn

noch nicht berührt sind. Ausbau der Bahnlinien und Verdichtung des Postnetzes gehen Hand in Hand.
Für die Industrialisierung, für den Bau von Fabriken, Bergwerken, Eisenbahnen, sind Investitionen erforderlich, die ein Unternehmer allein nicht aufbringen kann. Daher entstehen **Aktiengesellschaften**, in denen zahlreiche Geldgeber zusammen ein Unternehmen betreiben. Der Gewinn wird ihnen als Dividende auf das eingesetzte Kapital ausgezahlt.

Arbeiterbewegung
Die hektische Industrialisierung vollzieht sich auf dem Rücken der arbeitenden Klasse. In den ersten Fabriken gibt es keine Schutzvorrichtungen und keine Sicherheitsbestimmungen, die Arbeitszeit ist nicht geregelt, der Fabrikherr setzt den Lohn fest, zahlt ihn oft genug nur im Trucksystem aus (d.h. die Arbeiter müssen die von ihnen hergestellten Waren abnehmen). Viele Handwerker und Bauern sind durch die Fabriken und die Mechanisierung der Landwirtschaft ruiniert worden, sie vermehren die Zahl der Arbeitssuchenden. Ohne Hemmungen werden sie gegen die bereits in den Fabriken Arbeitenden ausgespielt. Da viele Tätigkeiten keine Ausbildung erfordern, wird eingestellt, wer für den niedrigsten

Subscribe for the
INDUSTRIAL WORKER
Foremost Exponent of Revolutionary
Industrial Unionism
Published in the English Language
One Dollar per Year
Three Months 25c
P. O. Box 2129 Spokane, Washington
CAPITALISM
WE RULE YOU
WE FOOL YOU
WE SHOOT AT YOU
WE EAT FOR YOU
WE WORK FOR ALL
WE FEED AL
PYRAMID OF CAPITALIST SYSTEM
ISSUED BY NEDELJKOVICH, BRASHICH AND KUHARICH.
Copyrighted 1911 by The International Pub. Co., 1747 W. 25th St., Cleveland, O., U. S. A.

Lohn zu arbeiten bereit ist: oft genug Frauen oder Kinder. In englischen Industriebezirken gibt es ganze Städte, »shetowns«, in denen nur Frauen wohnen – Beispiel dafür, wie die Industrialisierung die alte Ordnung der Familie zerrissen hat.

Dabei ist nach herrschender Auffassung der Arbeiter frei und Herr seiner selbst; das bedeutet: Ernährung, Kleidung, Unterkunft, Bildung und Daseinsvorsorge sind seine Privatsache und gehen den Unternehmer wie auch den Staat nichts an.

Verelendung greift um sich; Berichte vor allem aus der ersten Hälfte des 19. Jahrhunderts schildern die Schinderei in den Fabriken, die ungesunden Wohnverhältnisse, mangelnde Ernährung, Krankheiten und frühen Tod der Arbeiter. Gibt es in der zyklisch zu Krisen neigenden kapitalistischen Entwicklung Rückschläge, mit Bankenkrächen und Fabrikschließungen, vervielfacht sich noch das Elend. Von politischer Mitwirkung weitgehend ausgeschlossen, erleben die Arbeiter den Staat nur als einen Bundesgenossen ihrer Ausbeuter: **Streiks und Demonstrationen werden mit Waffengewalt unterdrückt** (z.B. der Weberaufstand in Schlesien 1844). Demgemäß sind die politischen Forderungen, die im Interesse der Arbeiterklasse vorgebracht werden, auf die grundlegende Veränderung der gesellschaftlichen Verhältnisse gerichtet. Im **»Kommunistischen Manifest«** (1848) des deutschen Philosophen und Journalisten Karl **Marx** (1818–1886) und des Fabrikantensohnes Friedrich **Engels** (1820 bis 1895) äußern sie sich in klassischer Form: »Die Kommunisten unterstützen überall jede revolutionäre Bewegung gegen die bestehenden gesellschaftlichen und politischen Zustände. . . Sie erklären es offen, daß ihre Zwecke nur erreicht werden können durch den gewaltsamen Umsturz aller bisherigen Gesellschaftsordnungen. Mögen die herrschenden Klassen vor einer kommunistischen Revolution zittern! Die Proletarier haben nichts in ihr zu verlieren als ihre Ketten. Sie haben eine Welt zu gewinnen.«

In seinen Schriften, vor allem dem **»Kapital«** (Bd. I 1867) gibt Marx der Arbeiterbewegung das wissenschaftliche Fundament. Darin wird, auf den Untersuchungen u.a. der Nationalökomen Adam Smith (1723–1790) und David Ricardo (1772–1823) und den Lehren des deutschen Philosophen Georg Wilhelm Hegel (1770–1831) fußend, die gründliche Analyse der kapitalistischen Wirtschaft verbunden mit einer Geschichtsphilosophie, die die **Geschichte als Kette von Klassenkämpfen** deutet und auch das gegenwärtig herrschende bürgerliche Zeitalter nur als Durchgangsstadium auf dem Weg zur **klassenlosen Gesellschaft** begreift.

In der zweiten Hälfte des 19. Jahrhunderts bilden sich die **Arbeiterorganisationen** heraus, die mehr oder weniger unter marxistischem Banner ihre Forderungen vortragen: 1851 erste Gewerkschaft in England, 1863 Allgemeiner Deutscher Arbeiterverein unter Ferdinand Lassalle, 1864 Internationale Arbeiterassoziation, 1867 National Labour Party in den USA, 1868 Sozialistische Gewerksgenossenschaften in Deutschland, 1875 Sozialistische Arbeiterpartei Deutschlands, 1880 Sozialistische Partei in Frankreich. Nach jahrzehntelangen Kämpfen erreichen sie **Anerkennung als Verhandlungspartner**. Kirchen und christliches Bürgertum versuchen die Fronten zu erweichen, die soziale Frage im Geist der Nächstenliebe zu lösen (»Innere Mission« der evangelischen Kirche, J.H. Wicherns »Rauhes Haus«, »Gesellenvater« Kolping, Bischof Kettelers katholische Arbeitervereine).

Amerikanische Karikatur auf das System des Kapitalismus

Die Ausbildung des nationalen Machtstaates

Krimkrieg und Einigung Italiens

Unter Kaiser Napoleon III. nimmt Frankreich in den fünfziger Jahren des 19. Jahrhunderts einen raschen wirtschaftlichen Aufschwung. Die dem Mutterland angegliederte Kolonie Algerien wird zur Kornkammer des Reiches. Großzügige Arbeitsbeschaffungsprogramme (bei gleichzeitiger Beschränkung der Arbeiterrechte) verschaffen dem Land Prosperität. Die Weltausstellungen von 1855 und 1867 zeigen es auf der Höhe internationalen Ansehens. Der Drang Napoleons III., seinen Staat zur Weltmacht zu erheben, führt ihn in die europäischen und überseeischen Konfliktzonen.

Frankreich wird zum Motor der internationalen Politik. Erster Anlaß für außenpolitische Aktionen des Kaisers ist der Krieg zwischen Rußland und der Türkei (wegen russischer Besetzung der Fürstentümer Walachei und Moldau 1853). Napoleon III. bewegt Großbritannien zu gemeinsamem Vorgehen gegen den Zaren; Sardinien-Piemont schließt sich an, in der Hoffnung, von Frankreich Unterstützung in Norditalien zu erlangen. Im September

1854 landen die Alliierten bei Sewastopol auf der Krim; es entwickelt sich der erste Stellungskrieg der modernen Geschichte mit über 100000 Mann Verlusten und schrecklichen Zuständen in Schützengräben und Lazaretten.

Sewastopol fällt nach einem Jahr Belagerung.

1856 im **Frieden von Paris** verliert Rußland das Donaudelta und gerät in Gegensatz zu Österreich, das wider Erwarten neutral geblieben ist.

Nach einem gescheiterten Versuch im Revolutionsjahr 1848 ergibt sich für die **Italiener** zwanzig Jahre später eine günstige **Gelegenheit ihr Land zu einigen**. Zwei Kräfte sind hierbei bestimmend, die zeitweilig in Rivalität zueinander treten: die republikanische Richtung, die schon seit Beginn des 19. Jahrhunderts in Geheimbünden (Carbonari) die Fremdherrschaft der Österreicher in Norditalien, der Bourbonen im Süden und des Papsttums im Kirchenstaat bekämpft hat und als deren Erbe der bekannte Freiheitsheld Giuseppe **Garibaldi** (1807–1882) angesehen werden kann; und der Staat Sardinien-Piemont, dessen Ministerpräsident Camillo **Cavour** (1810–1861) durch geschicktes und beharrliches Lavieren zwischen den europäischen Mächten ein italienisches Königreich anstrebt. Letzterem gelingt es,

1859 Kaiser Napoleon III. in einen **Krieg gegen Österreich** zu treiben; nach den Schlachten von Magenta und Solferino (Juni 1859) zieht sich die Donaumonarchie aus der Lombardei zurück. Der blutige Tag von Solferino hat ein Nebenergebnis: Der Schweizer Kaufmann Henri Dunant, den es auf das

Giuseppe Garibaldi

Indianer vor dem Schienenstrang des »Eisenrosses«. Amerikanisches Gemälde

Schlachtfeld verschlagen hat, beschließt nach den entseztlichen Bildern, die er dort gesehen, eine Organisation zur Hilfe für die Verwundeten zu gründen:
1864 Erste Genfer Konvention.
Unter dem Zeichen des Roten Kreuzes entfaltet das übernationale Hilfswerk eine segensreiche Tätigkeit.
Während das Haus Sardinien-Piemont die italienische Einigung von Norden her betreibt, landen Garibaldis Freischaren 1860 in Sizilien und zerschlagen das bourbonische Königreich »beider Sizilien«. Der Marsch des Freiheitshelden auf den Kirchenstaat wird jedoch von piemontesischen Truppen gestoppt. Garibaldi gibt nach; im März
1861 kann König Viktor Emanuel II. den italienischen Thron besteigen. Venetien fällt 1866 an Italien, der Kirchenstaat 1870.

Bürgerkrieg in den Vereinigten Staaten
Nach Erlangung der Unabhängigkeit (1783 Friede von Versailles mit der einstigen Kolonialmacht Großbritannien), nach Konsolidierung des jungen Bundesstaats (1787 Verfassung der Vereinigten Staaten von Amerika) und nach dem Erwerb Louisianas von Napoleon (1803; Kaufpreis 15 Millionen Dollar), beginnt **»The Winning of the West«**, die Eroberung und Besiedelung der weiten Gebiete westlich der 13 an der Ostküste des Kontinents gelegenen Gründungsstaaten. Millionen von Einwanderern aus Europa

finden eine neue Existenz im »Land der unbegrenzten Möglichkeiten«; in der ersten Hälfte des 19. Jh. nimmt die Bevölkerung um fast das Zehnfache zu. Die **rasche Ausbreitung der westlichen Siedlerzivilisation** hat für die Ureinwohner des Landes, die Indianer, verheerende Folgen. Mittelbar, durch Entzug ihrer Existenzgrundlagen (z.B. Vernichtung der Büffelherden), oder unmittelbar durch militärische Aktionen, **verlieren Millionen von Indianern ihr Leben**. Nach Abschluß der »Indianerkriege« um 1880 lebt der kümmerliche Rest der Urbevölkerung in wenigen Reservaten zusammengepfercht. Die Erschließung des Westens wird vorangetrieben durch den **Bau großer Eisenbahnstrecken** (Pazifik-Bahn Chicago – San Francisco vollendet 1869). Wo immer ein Gebiet 60000 Einwohner zählt, wird es als neuer Bundesstaat in die Union aufgenommen.

Die **rasche industrielle Entwicklung** im Gefolge des Eisenbahnbaus bringt es mit sich, daß die zwischen den nördlichen und den südlichen Staaten der Union bestehenden Gegensätze immer weiter vertieft werden. Im Süden herrscht eine Aristokratie von Plantagenbesitzern, die sich Negersklaven zur Arbeit auf den Baumwollfeldern hält. Im Norden dagegen hat sich eine Demokratie von Bauern und Industriearbeitern herausgebildet. In der Zollpolitik prallen die Parteien immer wieder aufeinander. Der Norden verlangt Schutzzölle, um der jungen Industrie Entfaltungsmöglichkeiten zu geben; der Süden vertritt das Prinzip des Freihandels.

Die **Auseinandersetzung zwischen den Wirtschaftsformen**, hie altertümliche

Land-Seegefecht im amerikanischen Bürgerkrieg

Henry Fords Automodell T von 1910

Sklavenhaltung, dort moderner Kapitalismus, wird über Jahrzehnte mit moralischen Argumenten geführt (Pressefeldzüge des »Liberator«, Roman »Onkel Toms Hütte« 1852). Als
1861 Abraham Lincoln, ein Vorkämpfer der Sklavenbefreiung, **zum Präsidenten der USA gewählt** wird, sagen sich elf Südstaaten von der Union los und gründen die »Konföderierten Staaten von Amerika«. Zwischen den Sezessionisten und den 23 Nordstaaten entsteht ein **Bürgerkrieg**, der sich bis 1865 hinzieht. Trotz englischer und französischer Hilfe für den Süden setzt sich der wirtschaftlich stärkere Noden schließlich durch. Der Einsatz modernster Waffen (Repetiergewehre, Eisenbahngeschütze, Panzerschiffe, U-Boote), rücksichtslose Besatzungspolitik, die bis zur Verheerung und Ausplünderung ganzer Regionen reicht (worin sich vor allem der Nordstaatengeneral Sherman traurigen Ruhm erwirbt), wie auch die ungeheuren Verluste (600000 Tote) und Kriegskosten (8 Mrd. Dollar) machen den amerikanischen Bürgerkrieg zu einer Art **Generalprobe für die Kriege des 20. Jahrhunderts**.

Der militärische Zusammenbruch des Südens macht den Weg frei zur industriellen Durchdringung des Landes und den **Aufstieg der USA zur Weltmacht**. Die Befreiung der Sklaven aber bei Aufrechterhaltung eines Klassenunterschiedes zwischen Schwarz und Weiß beschert Amerika ein Rassenproblem, das bis heute nicht gelöst ist.

Die Blütezeit des **»Big Business«** bricht an. Männer wie Cornelius Vanderbilt (1794–1877), Andrew Carnegie (1835 bis 1919), John P. Morgan (1837–1913) und John D. Rockefeller (1839–1937) begründen, oft mit den geringsten Mitteln beginnend, riesige Trusts und Konzerne. Dabei paart sich durchaus Frömmigkeit, ehrbares Familienleben und Mildtätigkeit mit einer Geschäftsmentalität, die im Kampf gegen den Konkurrenten auch den Einsatz krimineller Methoden erlaubt. Die Biographien dieser Ölmilliardäre, Eisenbahn- und Stahlkönige dienen unzähligen Nachahmern als Beweis, wieweit man es in Amerika mit Fleiß und Tüchtigkeit bringen kann. Das Einkommensgefälle ist ungeheuer; im Jahre 1913 liegen 60 Prozent des Volkseinkommens in den Händen von 2 Prozent der Bevölkerung. Morgan und Rockefeller allein kontrollieren mit ihren 341 Großunternehmungen 20 Prozent des Volksvermögens (22 Mrd. Dollar Kapital).

Gegen die Industriellen bildet sich ein **kämpferisches Proletariat** heraus, das jedoch, anders als in Europa, gesellschaftliche Verhältnisse weitgehend unangetastet läßt und seine Ziele eher in einer Beteiligung am stürmisch wachsenden Wohlstand sucht.

Preußen wird Führungsmacht in Deutschland

In Preußen entzweien sich über der Heeresreform (Vorlage 1859 durch

Kriegsminister Roon) König und Landtag. Im Verfassungskonflikt beruft König Wilhelm I., der seit 1859 die Regentschaft führt,
1862 den brandenburgischen Großgrundbesitzer **Otto von Bismarck** (1815–1898) zum **Ministerpräsidenten**. Dieser ist bereit, die Vergrößerung des Heeres auch ohne Zustimmung des Parlaments durchzubringen. Für drei Jahre regiert er ohne gesetzliche Grundlage, allerdings auch ohne daß sich revolutionärer Widerstand regt. Erst im September 1866 wird der Verfassungskonflikt im preußischen Landtag beigelegt (von Bismarcks Gegnern, den Liberalen, spaltet sich eine Pro-Bismarck-Richtung als »Nationalliberale Partei« ab). In dieser Zeit hat der preußische Junker außenpolitisch erreicht, wozu die Heeresvorlage ihm die Mittel gegeben: die **Hegemonie Preußens im Deutschen Bund.** Das gute Verhältnis zum Zaren wird gesichert durch Mithilfe bei der Niederwerfung des polnischen Aufstands 1863. Gemeinsam mit Österreich greift Preußen in den dänischen Konflikt ein (Dänemark versucht die Annexion Schleswigs).
1864 ist die **Erstürmung der Düppeler Schanzen** erster Höhepunkt in einer Kette militärischer Großtaten, die Preußens Militär und Generalstab berühmt machen. **Spannungen zwischen Preußen und Österreich** wegen der Verwaltung Schleswig-Holsteins nutzt Bismarck, um im Kräftefeld europäischer Politik Österreich zu isolieren. Als
1866 der **Konflikt zwischen Österreich und Preußen** mit Waffengewalt ausgetragen wird, stehen nur die süddeutschen Staaten, Sachsen und Hannover auf seiten Österreichs. Rasche Siege der exakt funktionierenden preußischen Armeen (bei Langensalza, Kissingen, Königgrätz Juni/Juli 1866) entscheiden den Krieg. **Der Deutsche Bund wird aufgelöst.**
Unter Preußens Führung wird
1867 der Norddeutsche Bund gegründet, mit den Verfassungsinstituten Bundeskanzler (Bismarck), Bundesrat und Reichstag, die Keimzelle eines künftigen deutschen Staates.
Der letzte Schritt zur Reichseinheit geschieht wiederum in kriegerischer Form. Dynastische Querelen um den spanischen Königsthron (ein Hohenzollernprinz ist dafür vorgesehen), in die Frankreich sich einmischt, nutzt Bismarck, um die deutschen Fürstenhäuser auf seine Seite zu ziehen. Kaiser Napoleon, nach Fehlschlag seiner Intervention in Mittelamerika (sein Schützling Kaiser Maximilian von Mexiko wird 1867 erschossen) auf Besserung seines Prestiges bedacht, läßt sich von der preußischen Politik provozieren. In der von Bismarck redigierten Fassung der »Emser Depesche« wird Napoleons Forderung an den zur Kur in Bad Ems weilenden Kaiser Wilhelm I., auch schriftlich auf die Thronkandidatur des Hohenzollern zu verzichten, in scharfer Form zurückgewiesen; daraufhin erklärt der Kaiser im Juli
1870 den **Krieg Frankreichs gegen Preußen.** Bismarcks Rechnung geht auf: Überall in Deutschland erhebt sich nationale Begeisterung, die Auseinandersetzung zwischen Frankreich und Preußen wird zum deutsch-französischen Krieg.
Die deutschen Truppen, angetreten nach einer Planung des Generalstabschefs Helmuth von **Moltke** (1800–1891), erringen im saarländischen und Pfälzer Grenzgebiet, bei Weißenburg, Wörth, Spichern äußerst blutige und verlustreiche Durchbruchsiege. Nach weiteren Schlachten bei Mars-la-Tour, Gravelotte und St. Privat wird die »Rheinarmee« des Marschalls Bazaine in Metz eingeschlos-

Nächtlicher Straßenkampf im Deutsch-Französischen Krieg

Umseitig: Abwehr eines französischen Angriffs bei Villiers-Champigny

O von Faber du Faur

Kommunardin in Paris. Französische Karikatur

sen, wo sie im Oktober 1870 kapituliert. Die zum Entsatz anmarschierende »Armee von Paris« unter Marschall MacMahon wird in einem glänzenden Manöver zweier deutscher Armeen abgefangen und auf die kleine Stadt Sedan an der Maas zurückgeworfen, wo sie ebenfalls eingeschlossen und schon am 2.9. 1870 zur Aufgabe gezwungen wird. Unter den fast 100000 Gefangenen von Sedan ist auch Napoleon III. **Der französische Kaiser ergibt sich** »für seine Person« und wird nach Deutschland gebracht.

Die französische Nation indes **führt den Kampf fort**. Auf Initiative der gemäßigten Republikaner Faure (1809–1880) und Gambetta (1838–1882) wird am 4.9. die **Dritte Republik proklamiert** und eine provisorische Regierung der nationalen Verteidigung gebildet. Ihre Parole lautet: »Keinen Zollbreit von unserem Land, keinen Stein von unseren Festungen.« Nach dem Fall der Festungen Toul und Straßburg rücken die deutschen Armeen auf Paris vor. Ende September ist der Einschließungsring vollendet. Dem Innenminister Gambetta gelingt eine spektakuläre Flucht mit einem Heißluftballon aus der belagerten Hauptstadt. Von Tours an der Loire aus organisiert er den **Volkskrieg gegen die deutschen Invasoren**. Die haben sich nun in weiten Gebieten Frankreichs zahlloser Angriffe vereinzelter Truppen zu erwehren; der Krieg zerfasert, es kommt zu Aktionen von »Franctireurs« (bewaffneten Zivilisten) und Freischaren (z.B. ein Korps unter dem italienischen Freiheitshelden Garibaldi). Die **Belagerung von Paris** wird Ende des Jahres durch eine Beschießung verschärft; im Januar **1871 kapituliert die Hauptstadt**, es wird ein Waffenstillstand geschlossen und am 26.2. der **Präliminarfriede von Versailles**.

Der Niedergang erst des Kaisertums und dann der französischen Bourgeoisie, die den Krieg getragen haben, bringt nun Arbeiterschaft und Kleinbürgertum auf den Plan. In Paris meutern die Nationalgarden, bemächtigen sich der Kanonen auf dem Montmartre; Linientruppen laufen zu ihnen über. Sozialisten gründen im März

1871 die **»Pariser Kommune«**, die der in Versailles etablierten Regierung Thiers den Gehorsam verweigert und das Leben in der Metropole radikal-demokratisch organisiert. Das Experiment wird im Mai 1871 durch militärische Intervention beendet. Unter dem Befehl des Marschalls MacMahon dringen Truppen, unter denen sich zahlreiche freigelassene Kriegsgefangene befinden, in die Hauptstadt ein. Bei den Kämpfen und mehr noch den anschließenden Hinrichtungen verlieren ca. 30000 »Kommunarden« ihr Leben.

In dem am 10.5.

1871 abgeschlossenen **Frieden von Frankfurt**, der den Krieg beendet, muß Frankreich fünf Milliarden Entschädigung zahlen und seine Ost-Provinzen Elsaß und Lothringen (deutscherseits teils als »altes Reichsland«, teils als Puffer-

»Kaiserproklamation von Versailles«. Gemälde von Anton von Werner

zone gegen einen französischen Aufmarsch gefordert) abtreten.
Während die Kriegskontribution rasch und ohne große Schwierigkeit geleistet wird, bedeutet die Gebietsabtretung einen Verlust, über den die Nation nicht hinwegkommen wird. Die Rückgewinnung der verlorenen Ostgebiete bleibt über Jahrzehnte aufrechtgehaltenes Ziel der französischen Politik (»Nie davon sprechen – immer daran denken«) und vereitelt jede Annäherung der »Erbfeinde«.
Während der Feldzüge ist das **politische Einigungswerk Deutschlands** vorangetrieben worden. Die gemeinsamen Siege der deutschen Kontingente begünstigen Bismarcks Verhandlungen mit den Regierungen der süddeutschen Staaten. Der Spiegelsaal des Schlosses von Versailles wird zum Ort ausersehen, in dem eine glanzvolle Versammlung von Militärs und Fürsten am 18.1.
1871 das **Deutsche Reich** und König **Wilhelm I. von Preußen** zu seinem **Kaiser** ausruft. Damit ist Bismarcks Ziel, die **Einigung Deutschlands unter preußischer Führung** erreicht. Die Zeremonie läßt aber schon einiges vom Gepräge und den Belastungen des künftigen Reiches ahnen. Ergebnis mehrerer blutiger Kriege, wird es von Adligen und Militärs, keineswegs von Bürgertum oder Arbeiterschaft ausgerufen, noch dazu an einer Stätte, die für die besiegte Nachbarnation hochgradiges Identifikationssymbol gewesen.

Das Deutsche Reich

Das neugeschaffene Reich ist ein **Bundesstaat**, ein »unauflöslicher Verein« von 22 Monarchien und drei »Freien Städten«. An der Spitze des Bundes, als Präsident, steht der König von Preußen mit dem Titel »Deutscher Kaiser«. Er hat das Recht, Bündnisse einzugehen und Krieg zu führen; er ernennt den Reichskanzler, der wiederum nur ihm verantwortlich ist. Minister gibt es nicht, nur Staatssekretäre, die gleichfalls vom Kaiser ernannt werden. Im Bundesrat sitzen Vertreter der Länderregierungen; hier werden Reichsgesetze und der Haushalt bewilligt. Die eigentliche Volksvertretung, der Reichstag, rangiert darunter. Wenn auch nach allgemeinem, gleichem oder direktem Wahlrecht gewählt, steht ihm jedoch nur Mitwirkung zu. Insofern bleibt die Reichsverfassung von 1871 weit hinter den demokratischen Vorstellungen von 1848 sowie hinter der Praxis der westeuropäischen Staaten oder der USA zurück.

Es dauert noch geraume Zeit, bis die in Jahrhunderten gewachsenen partikularistischen Entwicklungen in Deutschland vereinheitlicht sind: 1872 Strafgesetzbuch, 1873 Maß-, Gewichts- und Münzgesetze, 1875 Gründung der Reichsbank, 1879 einheitliche Rechtspflege und Gerichtsorganisation, 1900 Bürgerliches Gesetzbuch.

Die Reichsregierung, geführt von Reichskanzler Bismarck, liegt sogleich im **Kampf mit zwei innenpolitischen Gegnern**. Hauptsächlich durch Bismarcks Unnachgiebigkeit (die im Gegensatz steht zu seiner außenpolitischen Geschicklichkeit) bekommen diese Auseinandersetzungen eine unnötige Schärfe.

Die erste beginnt bereits im Jahre 1871 mit dem »Kanzelparagraphen« (Gesetz gegen politischen Mißbrauch des geistlichen Amts). Vorangegangen ist dem eine **politische Offensive des Papsttums**, das gegen liberalistische Tendenzen sowie den drohenden Verlust des Kirchenstaats im 1. Vatikanischen Konzil 1870 die katholische Lehre behauptet und die **Unfehlbarkeit des Papstes** in Glaubens- und Sittenlehren verkündet hat (Papst Pius IX. 1846–1878). Katholiken gründen in Deutschland die Zentrumspartei, der sich oppositionelle Gruppen, wie Welfen (Anhänger des hannoverschen Königshauses) und Polen (aus den Preußen angegliederten Gebieten) anschließen. Der **»Kulturkampf«**, der um die Schulaufsicht, die Tätigkeit des Jesuitenordens und die Zivilehe geführt wird, findet seinen Höhepunkt in den »Maigesetzen« von 1873/74. Unter Papst Leo XIII. (1878–1903) kommt es dann allmählich zum Ausgleich zwischen dem protestantischen Preußen und dem politischen Katholizismus, allerdings ohne daß dieser geschwächt worden wäre.

Bismarcks zweiter Gegner ist die **Sozialdemokratie**. Im »Allgemeinen Deutschen Arbeiterverein« (gegründet 1863), der gemeinsam mit dem Staat »Produktionsgenossenschaften« aufbauen will, und in seinem Präsidenten Ferdinand Lassalle (1825–1864) hat der preußische Politiker noch Verhandlungspartner gesehen. Als jedoch Lassalles Konkurrenten August Bebel (1840–1913) und Wilhelm Liebknecht (1826–1900) **1869** die **Sozialdemokratische Arbeiterpartei** gründen und diese 1875 mit dem Allgemeinen Deutschen Arbeiterverein zur Sozialistischen Arbeiterpartei (»Gothaer Programm«) verschmelzen, nimmt Bismarck den Kampf auf. Anarchistische Attentate auf Kaiser Wilhelm I. dienen ihm als Vorwand,

1878 das **»Gesetz gegen die gemeingefährlichen Bestrebungen der Sozialdemokratie«** einzubringen und die im Grunde noch unbedeutende Partei mit Verboten, Zensurmaßnahmen, Inhaftierung und Ausweisung der Parteiführer zu schikanieren. Die Verfolgungen tun der Sozialdemokratie jedoch keinen Abbruch, im

HOHENZOLLERN

Friedrich (III.) I.
(† 1201)
Graf von Zollern
Burggraf von Nürnberg 1191

fränkische Linie

Friedrich (VI.) I.
(1371–1440)
Burggraf 1398
Kurfürst von Brandenburg 1417
⚭ 1401 Elisabeth von Bayern-Landshut († 1442)

Johann
der Alchimist
(1406–1464)
verzichtet auf die
Kurwürde

Friedrich II., d. Eiserne,
(1417–1471)
Kurfürst 1440
⚭ 1441 Katharina von
Sachsen († 1476)

Albrecht III. Achilles
(1414–1486) Kurfürst 1470
1. ⚭ 1446 Margarete von Baden († 1457)
2. ⚭ 1458 Anna von Sachsen
(1437–1512)

Friedrich
(1424–1463)

1.
Johann Cicero
(1455–1499)
Kurfürst 1486
⚭ 1476 Margarete von Sachsen
(1449–1501)

brandenburgische Linie

2.
Friedrich IV., d. Alte
(1460–1536)
Markgraf von Ansbach und
von Kulmbach-Bayreuth
⚭ 1479 Sophie von Polen († 1512)

ältere fränkische Linie
1618 erloschen

2.
Sigismund
(1468–1495)
Markgraf von Kulm-
bach-Bayreuth

Friedrich Wilhelm
der Große Kurfürst
(1620–1688)
1. ⚭ 1646 Luise Henriette von
Nassau-Oranien (1627–1667)
2. ⚭ 1668 Dorothea von Holstein-
Glücksburg (1636–1689)

1.
Friedrich (III.) I.
(1657–1713)
Kurfürst 1688
König in Preußen 1701
1. ⚭ 1679 Elisabeth von Hessen-Kassel (1661–1683)
2. ⚭ 1684 Sophie Charlotte von Hannover (1668–1705)
3. ⚭ 1708 Sophie Luise von Mecklenburg-Schwerin (1685–1735)

2.
Philipp
(1669–1711)

Markgrafen von
Schwedt, 1788
erloschen

2.
Albrecht
(1672–1731)

Brandenburg-
Sonnenburg
1762 erloschen

2.
Friedrich Wilhelm I., der Soldatenkönig,
(1688–1740)
König 1713
⚭ 1706 Sophie Dorothea von Hannover (1687–1757)

Wilhelmine
(1709–1758)
⚭ 1731 Friedrich (1711–1763)
Markgraf von Bayreuth

Friedrich II., d. Große,
(1712–1786)
König 1740
⚭ 1733 Elisabeth Christine von
Braunschweig-Wolfenbüttel
(1715–1797)

Luise Ulrike
(1720–1782)
⚭ 1744 König Adolf
Friedrich von Schweden
(1710–1771)

August Wilhelm
(1722–1758)
⚭ 1742 Luise von Braun-
schweig-Wolfenbüttel
(1722–1780)

Heinrich
(1726–1802)

Ferdinand
(1730–1813)
⚭ 1755 Luise von
Schwedt († 1820)

Friedrich Wilhelm II.
(1744–1797)
König 1786
1. ⚭ 1765 ⦶ 1769 Elisabeth von
Braunschweig-Wolfenbüttel (1746–1840)
2. ⚭ 1769 Friederike von
Hessen-Darmstadt (1751–1805)

2.
Friedrich Wilhelm III.
(1770–1840)
König 1797
1. ⚭ 1793 Luise von Mecklen-
burg-Strelitz (1776–1810)
2. ⚭ 1824 Auguste Fürstin
von Liegnitz (1800–1873)

2.
Wilhelmine
(1774–1837)
⚭ 1791 König Wilhelm I.
der Niederlande
(1772–1843)

1.
Friedrich Wilhelm IV.
(1795–1861)
König 1840
⚭ 1823 Elisabeth von Bayern
(1801–1873)

1.
Wilhelm I.
(1797–1888)
König 1861
Kaiser 1871
⚭ 1829 Auguste von Sachsen-
Weimar (1811–1890)

1.
Charlotte
(1798–1860)
⚭ 1817 Zar Nikolaus I.
(1796–1855)

Friedrich (III.)
(1831–1888)
Kaiser 1888
⚭ 1858 Viktoria von
Großbritannien (1840–1901)

Luise
(1838–1923)
⚭ 1856 Großherzog
Friedrich I. von Baden
(1826–1907)

Wilhelm II.
(1859–1941)
Kaiser 1888–1918
1. ⚭ 1881 Auguste Viktoria von
Schleswig-Holstein (1858–1921)
2. ⚭ 1922 Hermine von Reuß (1887–1947)

schwäbische Linie

Karl I.
(1516–1576)
Graf von Hohenzollern

Hohenzollern-Hechingen
1869 erloschen

Karl II.
(1547–1606)

Hohenzollern-
Sigmaringen

Karl Anton
(1811–1885)
⚭ 1834 Josephine von
Baden († 1900)

Leopold
(1835–1905)
⚭ 1861 Antonia von Portugal
(1845–1913)

Ferdinand I.
(1865–1927)
König von Rumänien 1914
⚭ 1893 Maria von Sachsen-
Coburg-Gotha († 1938)

Stefanie
(1837–1859)
⚭ 1858 König Peter V.
von Portugal (1837–1861)

Karl I.
(1839–1914)
König von Rumänien 1881
⚭ 1869 Elisabeth zu
Wied (Carmen Sylva)
(1843–1916)

Halbfett sind die Namen der Kurfürsten von Brandenburg,
der preußischen Könige und der deutschen Kaiser

Gegenteil: in Untergrundarbeit vergrößert sie sich und

1890 bei **Aufhebung des Sozialistengesetzes** (gegen Bismarcks Willen) kann sie schon 20% der Wählerstimmen auf sich vereinen. Ihr Kurs ist nunmehr klar marxistisch, auf revolutionäre Umgestaltung aller Verhältnisse gerichtet (»Erfurter Programm« der Sozialdemokratischen Partei Deutschlands 1891).

Die harten Unterdrückungsmaßnahmen haben die Arbeiterbewegung dem Staat entfremdet. Daran ändern auch **Bismarcks Sozialreformen** nichts (1883 Gesetze zur Krankenversicherung, 1884 Unfall-, 1889 Alters- und Invalidenversicherung). Das in seiner Zeit vorbildliche, gegen stärkste Widerstände seitens der Unternehmer durchgesetzte sozialpolitische Gesetzgebungswerk wird, da nicht mit politischen Rechten verknüpft, nur als Almosen des Staates betrachtet.

Die französische Kriegsentschädigung hat das **»Gründungsfieber«** angeheizt (zwischen 1870 und 1873 werden über tausend Aktiengesellschaften gegründet); Industrie, Handel und Großbanken nehmen raschen Aufschwung.

1878 vollzieht sich der **Übergang zur Schutzzollpolitik**, den Bismarck in einer Kehrtwendung gegen die Liberalen und mit Hilfe des Zentrums vollzieht. Das **Bündnis zwischen Schwerindustrie und Großgrundbesitz**, die beide vom Schutzzoll profitieren, wird zur ökonomisch-politischen Grundlage des Reiches in den nächsten Jahrzehnten.

Königin Viktoria von England

England unter Königin Viktoria

Die Regierungszeit der Königin Viktoria **1837–1901**, die »viktorianische Ära«, ist die **Blütezeit des Empire**, das sich schließlich über ein Viertel der Erde erstreckt – das größte Weltreich der bisherigen Geschichte. Stützpunkte (Zypern, Singapur, Aden, Hongkong) und neue Handelswege (Suezkanal) schaffen sichere Verbindung zu den Kolonien und Protektoraten an der afrikanischen Ostküste, in Indien und der Südsee. In einigen Kolonien, so z.B. Kanada werden Ansätze zur Selbstverwaltung sichtbar, es entwickeln sich **»Dominions«**, die sich zum »British Commonwealth of Nations« zusammenschließen werden.

Besondere Bedeutung kommt der **Kolonie Indien** zu. Hier wird die Ostindische Kompanie, eine private Handelsgesellschaft hinausgedrängt und

1858 ein **britisches Vizekönigreich** errichtet; 1877 nimmt Königin Viktoria den Titel einer »Kaiserin von Indien« an. Nach Niederschlagung des »Großen Aufstands« (1857/58) wird das Land erschlossen (Eisenbahnen, Bewässerung, Häfen); dabei wird die autarke Dorfwirtschaft und das indische Baumwollgewerbe vernichtet; die Kronkolonie hält nur noch als Rohstofflieferant her, der die Fertigprodukte der britischen Industrie abnehmen muß.

Russische Treidelknechte

Innenpolitisch bedeutet die Viktorianische Ära eine Hochblüte des Bürgertums, das seine Tugenden, Fleiß, Selbstbeherrschung und rigide Moral, zu allgemeingültigen Normen erhebt.

Gegensätze in Rußland

Nach dem Krimkrieg werden vom Zarentum Reformen eingeleitet, die jedoch ihr Ziel zumeist verfehlen. So erhalten die 20 Millionen russischen Bauern zwar **Befreiung von der Leibeigenschaft**, müssen aber den Grundbesitzern Land abkaufen, wodurch sie sich auf Generationen verschulden. Die Infrastruktur wird nur langsam verbessert, die Industrialisierung kommt erst in den siebziger Jahren des 19. Jahrhunderts in Gang. Üppig dagegen die Beamtenschaft, die Bauern und Bürger in Schach hält; eine Verfassung kennt die »Autokratie« des Zaren nicht.

Oppositionelle Gruppen entwickeln sich in Studentenkreisen und im gebildeten Bürgertum. »Narodniki« (Volksfreunde) ziehen aufs Land und agitieren die Bauern. »Terroristen« verüben Anschläge auf Einrichtungen des Staates und auf dessen hohe Beamte. Spektakulärster Fall ist die Ermordung des Zaren Alexander II. in St. Petersburg 1881. Die Staatsgewalt schlägt erbarmungslos zurück, verbietet Studentenorganisationen; ein Heer von Geheimpolizisten schwärmt aus, Tausende von Verdächtigen werden nach Sibirien verschleppt. Verfolgung trifft gleichfalls die junge russische Arbeiterbewegung (erste marxistische Organisation »Befreiung der Arbeit« 1883). Ihre Führer gehen zum Teil ins Exil.

Zur Ablenkung des Volkszorns erlaubt die Regierung Judenpogrome (das schwerste 1881 in Odessa). Dabei entsteht unter den verfolgten Juden der Plan einer zionistischen Organisation und einer Auswanderung nach Palästina.

1975 löst die **Niederlage im Kampf gegen Japan** die erste russische Revolution aus.

Nach dem »Blutigen Sonntag« von St. Petersburg im Januar, bei dem eine friedliche Demonstration vom Militär zusammengeschossen wird, folgt eine Serie von Streiks und Revolten in ganz Rußland. Der Zar gewährt eine **»Duma«** (Parlament); der Scheinkonstitutionalismus währt bis 1917, ohne jedoch demokratischen Forderungen gerecht zu werden.
Im Ausland bereiten sich **sozialistische Gruppen**, die sich 1903 in »Menschewiki« (Minderheitler) unter Plechanow und **Trotzki** (1879–1940) und »Bolschewiki« (Mehrheitler) unter **Lenin** (1870 bis 1924) aufgespalten haben, auf die Beseitigung des Zarenregimes und den Umsturz der gesellschaftlichen Verhältnisse in Rußland vor.

Bismarcks Friedenspolitik
Die neue Macht in Mitteleuropa wird von den übrigen Staaten durchaus noch mit Mißtrauen betrachtet. Mit der Erklärung, Deutschland sei »saturiert« (befriedigt) bietet Bismarck seine **friedliche Vermittlung bei internationalen Konflikten** an. Erste Gelegenheit dazu ergibt sich
1877/78 in der **Balkankrise**: Serben und Bulgaren haben mit russischer Waffenhilfe den Kampf gegen die Türken begonnen. Als »ehrlicher Makler« bringt Bismarck
1878 auf dem **Berliner Kongreß** die europäischen Mächte zusammen. Serbien, Rumänien und Montenegro werden selbständig, Österreich erhält Besatzungsrechte in Bosnien und der Herzegowina, Bulgarien wird geteilt. Langfristig verschlechtern sich durch das Kongreßergebnis die Beziehungen Deutschlands zu Rußland, wenngleich Bismarck immer noch die Verbindung aufrechterhält (Rückversicherungsvertrag 1887). Österreich-Ungarn sucht Anlehnung an das Deutsche Reich.
1879 wird der **Zweibund** geschlossen, dem 1882 Italien beitritt.
Zwanzig Jahre lang ist **Bismarck der Schiedsrichter Europas** und Deutschland die kontinentale Vormacht. Die von ihm 1887 vermittelte Mittelmeer-Entente zwischen England, Italien und Österreich sichert den Status quo im Süden Europas. Das komplizierte Bündnisgeflecht ist aber zugeschnitten auf seinen Schöpfer; die Nachfolger werden es nicht aufrechterhalten können.
1888 ist das **Dreikaiserjahr**. Nach dem Tod Wilhelms I. regiert sein Sohn Friedrich III. nur 99 Tage und stirbt an Kehlkopfkrebs. Es folgt dessen Sohn **Wilhelm II.** (1888–1918). Außenpolitische Eigenwilligkeiten und Meinungsverschiedenheiten in der Sozialistenfrage führen zu Spannungen zwischen dem jungen Monarchen (28 Jahre) und dem greisen Kanzler (75 Jahre) und schließlich am 20.3.
1890 zu **Bismarcks Entlassung** unter unwürdigen Umständen. Wilhelm II., vielseitig talentiert, human und gutwillig, aber politisch taktlos und sprunghaft, prestigebedacht und ehrbesessen, gefährdet Bismarcks Bündnispolitik. Der Rückversicherungsvertrag mit Rußland wird nicht verlängert; ehrgeizige Rüstungsprogramme (vor allem der Bau einer Schlachtflotte, die England gewachsen sein soll), Kolonialforderungen und Weltmachtstreben machen aus dem »saturierten« Deutschland binnen kurzem einen Unruhestifter starken Kalibers.

Technik und Wissenschaft
In der zweiten Hälfte des 19. Jahrhunderts geben **technische Neuerungen** der industriellen Entwicklung ständig neue Anstöße. Die Erfindungen jagen sich, eine baut auf der anderen auf. Eine Chronologie aus dem Bereich der Verkehrstechnik mag das verdeutlichen: 1834 wird der Elektromotor erfunden, 1867 die Dynamo-Maschine, 1876 der

Otto v. Bismarck

Französische Karikatur auf die europäische Kolonial- und Flottenrivalität. Während Bismarck sich in dieser Frage betont zurückhält, werden nach seiner Entlassung in Deutschland andere Töne angeschlagen. Kaiser Wilhelm II.: »Unsere Zukunft liegt auf dem Wasser«

Viertaktmotor, 1879 die Elektro-Lokomotive, 1884 der Benzinmotor, 1897 der Dieselmotor. Um 1905 verkehren bereits Autos, Luftschiffe, Motorflugzeuge. Maschinen werden nun nicht nur in der Landwirtschaft und Industrieproduktion eingesetzt, sondern auch in Büros (Schreibmaschine, Lochkartenmaschine) und im Haushalt (Kältemaschinen, Küchengeräte). Nachrichtentechnik und Unterhaltung erobern sich neue Formen. 1876 wird das Telefon erfunden, 1897 die drahtlose Telegrafie, 1869 der Lichtdruck, 1884 die Setzmaschine, 1871 die Bromsilber-Platte für Fotografie, 1895 der Kinematograph.

Es gibt neuartige Technologien, 1867 den Eisenbetonbau, 1885 die Herstellung nahtloser Röhren, dazu das weite Gebiet der Kunststoffe.

Neue Wissenschaften entwerfen ein **Weltbild, das mit herkömmlichen Denkrichtungen radikal bricht:** Die **Soziologie** (Hauptvertreter Hippolyte Taine, Emile Durkheim, Max Weber) sucht die Gesetze der Geschichte und erklärt den Menschen als durch seine Umwelt geprägt. Die **Psychologie** (Johann Friedrich Herbart, Hermann v. Helmholtz, Gustave Le Bon, Sigmund Freud) ergründet die Labyrinthe der menschlichen Seele und beschreitet neue Wege zur Heilung von Krankheiten. Die **liberale Theologie** (Ernest Renan, Daniel Friedrich Strauß, Ludwig Feuerbach) erklärt die Religion zur Illusion des Menschen und den »Gottessohn« Jesus zum gewöhnlichen Menschen, dessen Anhänger erst den Mythos des Christentums geschaffen haben. Die moderne **Biologie** (Charles Darwin, Ernst Haeckel) entgöttlicht die Schöpfung und beschreibt das Leben als »Kampf ums Dasein« und die Entstehung der Arten als Ergebnis natürlicher Auslese. Die neue **Physik** (Wilhelm Conrad Röntgen, Max Planck, Ernest Rutherford, Albert Einstein) erforscht den Mikrokosmos der Moleküle und Atome.

Der Imperialismus

Die Voraussetzungen

Um 1890 noch ist Europa das Herz der Welt, alle Weltpolitik wird hier gemacht. Das Verhältnis der europäischen Großmächte untereinander wird noch durch keine außereuropäische Macht beeinflußt. Gegensätze wie der deutsch-französische oder österreichisch-russische oder – außerhalb Europas – der englisch-russische sind zu Konstanten geworden, mit denen seit Jahrzehnten gerechnet werden kann.

Das ändert sich in den nächsten beiden Jahrzehnten. Industrielle Revolution und Maschinenzeitalter haben den hochkapitalistischen Industrieapparat, Massenproduktion und Kapitalanhäufung hervorgebracht. Immer auf der Suche nach Rohstoffquellen und Absatzmärkten, getrieben auch von einem durch moderne Chemie und Medizin ermöglichten Bevölkerungswachstum, dem daheim der Raum zu knapp geworden, **dehnen sich die Industrienationen über den Erdball aus.** Weltreiche, Imperien entstehen.

Diesem Imperialismus, der eine hochentwickelte kapitalistische Wirtschaft zur Voraussetzung hat, wie sie in den Vereinigten Staaten und Japan, in England, Frankreich und Deutschland anzutreffen ist, gehen **Ideologien** zur Seite, **die Kolonialerwerb und Machtausdehnung geistig, religiös oder rassisch zu rechtfertigen suchen.**

Hierher gehört der im Puritanismus wurzelnde englische, oder der in der Zivilisationsidee begründete französische Imperialismus, der amerikanische, der alle Welt an den Segnungen der Demokratie, oder der deutsche, der sie an den Nationaltugenden teilhaben lassen will. Eine Sonderform ist der **Panslawismus** in Rußland, jene Bewegung, die von Moskau als dem »dritten Rom« ausgehend, alle Slawen zu einem Reich orthodoxen Glaubens vereinen möchte.

Über allem aber der Glaube, zum **Herrscher der Welt** sei **allein der weiße Mann** berufen. Zu diesen Kräften, die überall auf der Welt zusammenstoßen, tritt verschärfend der **Nationalismus innerhalb Europas**. Willkürlich gezogene Grenzen, Verständigung der großen Nationen auf Kosten der kleinen, dazu ein Nationalstolz, der in Kategorien wie »Demütigung«, »Rache«, »Genugtuung« oder »Ehre« reagiert und schließlich eine Politik, die aus Darwins Lehre das Recht des Stärkeren abgeleitet hat und den Krieg mit ins politische Kalkül einbezieht: Das alles hält Europa, vor allem den Balkan, in dauernder Spannung.
Versuche, dem durch eine internationale Friedensorganisation Einhalt zu tun, bleiben im Ansatz stecken. So beschließen die vom Zaren Nikolaus II. inspirierten
1899 und 1907 Friedenskonferenzen in Den Haag immerhin eine **Landkriegsordnung**, nach der bestimmte Kampfmittel und -formen geächtet sind; der Ständige Schiedsgerichtshof im Haag wird jedoch nur mit zweitrangigen Problemen befaßt. Die Kampagnen Bertha v. Suttners (Buch »Die Waffen nieder« 1889) und die Stiftung des Friedensnobelpreises (1901) bleiben ohne durchschlagende Wirkung. Gleiches gilt – jedenfalls auf friedenspolitischem Gebiet – für die Internationale der Arbeiterparteien (Sozialistenkongreß »Krieg dem Krieg« 1912); sie wird die Belastung des Kriegsausbruchs 1914 nicht überstehen.

Wettlauf um die Kolonien

Die letzten unerforschten Länder in Afrika und Asien geraten unter die Herrschaft der Weißen. **England** unterwirft sich 1882 Ägypten, 1884 das Somaliland, 1886 Kenia, 1888–91 Rhodesien, 1895 Uganda, 1899 den Sudan, 1899–1902 die Burenrepubliken in Süd-

Chinesisch-japanisches Flottengefecht auf dem Yalu. Japanischer Holzschnitt

afrika, bis 1890 die Randstaaten Indiens. **Frankreich** besetzt 1854–65 Senegal, 1881 Tunesien, 1895/96 Madagaskar, 1904 West- und 1910 Äquatorialafrika, bis 1893 auch ganz Indochina. **Belgien** gewinnt 1884/85 das Kongo-Gebiet, **Italien** 1887–90 Eritrea, 1889 Ital.-Somaliland, 1912 Libyen. Die **Vereinigten Staaten** kaufen 1867 Alaska und besetzen im Krieg mit Spanien 1898 Kuba; imperialistische Politik wird von seiten der USA jedoch zumeist mit wirtschaftlichen Mitteln betrieben. Die Finanzierung der panamesischen Revolution 1903, nach der der Bau des Panama-Kanals unter US-Regie erfolgen kann (1903–1914), steht als markantes Beispiel für diese Politik des »Big Stick« oder **Dollarimperialismus.**

Schließlich greift auch das **Deutsche Reich** nach Übersee: 1884 Deutsch-Südwestafrika, Kamerun und Togo, 1885 Deutsch-Ostafrika, 1884/85 Südsee-Kolonien. Unter Bismarcks Nachfolger Caprivi (Reichskanzler 1890–94) erfolgt 1890 der Tauschhandel mit England: Sansibar gegen Helgoland.

Verschiedenartig verläuft die Entwicklung in **China und Japan**. Das Kaiserreich der »Mitte«, noch im 18. Jahrhundert die beherrschende Macht von ganz Ost- und Zentralasien, erweist sich im 19. Jahrhundert als schwächlich, als es mit der imperialistischen Macht England aneinandergerät. Anlaß ist der Schmuggel von Opium, das von den Engländern in Bengalen angebaut, mit Hilfe von bestechlichen Beamten nach China gelangt. Zugunsten freien Verkaufs ihres Giftes beginnen die Engländer

1839 den **»Opiumkrieg«**, der 1842 im Frieden von Nangking endet.

Die Chinesen müssen dulden, daß ihr Land zur westlichen Einflußsphäre wird und die Kolonialmächte sich Stützpunkte auf seinem Gebiet anlegen (z.B. die Engländer 1841 Hongkong). Die katastrophale Niederlage im

1894/95 Krieg Chinas gegen Japan beschleunigt den Niedergang des Reiches (Verlust Formosas und Koreas). Im Lande bilden sich Geheimorganisationen zur Bekämpfung der Fremden, in Europa mit dem Namen »Boxer« bezeichnet.

Die Ermordung des deutschen Gesandten in Peking während des

1900 Boxeraufstands führt zu einer Strafexpedition der europäischen Mächte (dazu Japans), die in der zerstörten Hauptstadt barbarisch haust. Das Schicksal des Kaiserhauses ist **1911** mit der Revolution unter **Sun Jat-sen** entschieden.

In Japan dagegen bewirkt die von Amerikanern 1854 erzwungene Öffnung eine Anpassung an westliche Wirtschafts- und Staatsformen. Das Land überwindet die alte Feudalstruktur, binnen einem halben Jahrhundert ist Japan industrialisiert; **1894/95** greift es nach China, **1904/05** gewinnt es den **Waffengang mit Rußland.**

Imperialistischer Ausdehnungsdrang führt eine Krise nach der anderen herbei. Nachdem die Vereinigten Staaten Spanien besiegt haben und in den Pazifik vorgedrungen sind (1898 Besetzung Hawaiis), geraten sie in Gegensatz zu Japan. Dieses wiederum stößt nach seinem Sieg über Rußland auf Englands Interessen in Ostasien. Englands Kap-Kairo-Pläne (der Versuch, eine vertikale Landbrücke durch Afrika herzustellen, vor allem propagiert von **Cecil Rhodes**, 1853–1902) kollidieren mit Deutschlands Ostafrika-Interessen und Frankreichs Bestreben, eine horizontale Verbindung quer durch Afrika zu schaffen. Die **Faschoda-Krise 1898** bringt die englische und französische Nation an den Rand eines Krieges. Das deutsche Projekt der Bagdad-Bahn (begonnen 1903) stört wiederum England. Und Deutschlands Einmischung in die französische Nordafrikapolitik beschwört die **Marokkokrisen** herauf (1905 Landung des Kaisers in Tanger, 1911 Entsendung des Kanonenboots »Panther« nach Agadir).

Am Vorabend des Weltkrieges

Nachdem das letzte Jahrzehnt des 19. Jahrhunderts noch im Zeichen englisch-französischer bzw. englisch-russischer Rivalität gestanden hat, bringen die Jahre bis 1914 einen Ausgleich zwischen diesen drei Staaten und eine Vereinsamung Deutschlands. Phlegma und Unfähigkeit der Reichskanzler Caprivi (1890–1894), Fürst Hohenlohe (1894 bis 1900), Bülow (1900–1909) und Bethmann-Hollweg (1909–1917) sowie Kraftsprüche und Ungeschicklichkeiten ihres Souveräns (Krüger-Depesche 1896, »Hunnen«-Rede 1900, Daily-Telegraph-Affäre 1908) verschlechtern noch Deutschlands Ansehen, was wiederum als »Einkreisung« gedeutet wird.

England gibt die fast ein Jahrhundert lang praktizierte **Politik der »Splendid isolation« auf**. Im Bestreben, den selbsternannten Rivalen auf kolonialem, wirtschaftlichem und maritimem (Deutschlands Flottenbau) Gebiet niederzuhalten, geht es Bündnisse mit Kontinentalmächten ein:

1904 »Entente cordiale« mit Frankreich, 1907 Abkommen mit Rußland. Frankreich wiederum hat bereits 1892 eine Militärkonvention mit Rußland abgeschlossen, die 1912 durch eine Flottenkonvention ergänzt wird. So stehen sich am Vorabend des Ersten Weltkrieges die Großmächte nicht mehr in ausbalanciertem Gleichgewicht und voneinander unabhängig wie noch 1890 gegenüber, sondern aufgespalten in starre Machtblöcke. Und eine Krise auf dem Balkan wird ausreichen, die durch ihre Bündnisse verketteten Großmächte nacheinander in den Krieg zu reißen.

In der

1908/09 Bosnischen Krise kann Reichskanzler Bülow den österreichischen Generalstabschef v. Hötzendorf (1852 bis 1925) gerade noch von einem Präventivkrieg zur »Abrechnung« mit Serbien abhalten; auch

1912/13 1. und 2. Balkankrieg können noch ohne internationale Verwicklung beigelegt werden. Den Funken ans »Pulverfaß Europas« legt jedoch am 28.6.

1914 das **Attentat von Sarajewo** auf Erzherzog Franz Ferdinand. Angehörige des serbischen Geheimbundes »Schwarze Hand« ermorden den österreichischen Thronfolger während einer Besuchsfahrt durch das österreichisch verwaltete Bosnien. **Österreich**, von Deutschland gedrängt, **verlangt von Serbien Unterwerfung** und erklärt, da diese nicht vollständig geleistet wird, den Krieg.

Nun greift die Bündnismechanik: Serbien ist mit Rußland verbündet, das sogleich zur Mobilmachung schreitet, was Österreichs Verbündetem Deutschland wiederum als Bestätigung der »Einkreisung« gilt, die nur mit energischem Zuschlagen zu sprengen sei. Jetzt haben nur noch Militärs das Sagen; ihre Mobilmachungspläne bestimmen das weitere Geschehen. So kommt es, um den Zweifrontenkrieg, der nach Meinung der Generalität sowieso bevorsteht, wenigstens nach deutschen Vorstellungen ablaufen zu lassen, am **1. August** zur **Kriegserklärung an Rußland** und am **3. August** an das mit Rußland verbündete **Frankreich** und tags darauf zum Einmarsch in Belgien, gemäß dem bereits 1905 ausgearbeiteten Plan des damaligen Generalstabschefs Alfred Graf v. **Schlieffen** (1833–1913), der die rasche Niederwerfung Frankreichs vorsieht, bevor die Russen ihren Aufmarsch beendet haben. Die Verletzung der belgischen Neutralität (deren Garantie von der deutschen Regierung nur mehr als »Fetzen Papier« betrachtet wird) beantwortet England mit der **Kriegserklärung an die Mittelmächte**. »In Europa«, sagt der britische Außenminister Grey am 4.8.1914 im britischen Unterhaus, »gehen die Lichter aus«.

Attentat von Sarajewo

Zeitgeschichte

Im Jahre 1835 schrieb der Franzose Alexis de Tocqueville – Jurist, Politiker, Historiker – prophetische Worte:
»Es gibt jetzt auf der Erde zwei große Völker, die von verschiedenen Punkten ausgehen und zum nämlichen Ziele vorrücken, die Russen und die englischen Amerikaner. Beide wurden im Dunkeln groß, und indes die Blicke der Menschen auf andere Gegenstände gerichtet waren, haben sie sich plötzlich in den ersten Rang der Nationen gestellt, so daß das Publikum fast zu gleicher Zeit ihre Entstehung und ihre Größe erfuhr. Alle anderen Völker scheinen ungefähr die ihnen von der Natur bestimmten Grenzen erreicht zu haben, ... aber diese beiden befinden sich noch in ihrem Wachstum. Alle übrigen befinden sich in einer Art Hemmung. Jene allein marschieren leichten Schrittes in einer Laufbahn, deren Grenzen das Auge noch nicht erblickt... Beide gehen aus von verschiedenen Punkten, und ihre Bahnen sind verschieden; nichtsdestoweniger scheinen beide, nach einer uns noch geheimen Absicht der Vorsehung, bestimmt zu sein, jeder in seiner Obhut eine halbe Erde zu halten.«
Die Geschichte ließ sich weitere 110 Jahre Zeit, um den letzten Satz dieser erstaunlichen Vorausschau einzulösen. 1945 könnte man als Richtwert, als Orientierungsdatum einsetzen im Hinblick auf die jeweilige Beherrschung oder wenigstens Beeinflussung der »halben Erde«. (Wir wollen hier nicht nach Quadratmeilen messen; jedenfalls gab es nach dem Zweiten Weltkrieg kein drittes Land mit vergleichbarer Macht, auch wenn England und Frankreich noch gewaltigen Kolonialbesitz hatten.)
Der Zweite Weltkrieg hat die USA und die UdSSR zu Supermächten gemacht; es war der letzte Schritt auf dem langen Wege zweier Völker, die »im Dunkeln großgeworden« waren, zweier Völker, die Friedrich Heer die »Söhne Europas« genannt hat. Der Zweite Weltkrieg ist aber wiederum eine Fortschreibung des Ersten, läßt sich ohne den blutigen Vorläufer nicht verstehen; interessanterweise gilt das auch für die beiden Riesen. Genau zur gleichen Zeit, 1917, gewannen beide ihre für unser Jahrhundert maßgebliche geschichtliche Startposition. Die Vereinigten Staaten traten in den Krieg ein und verhalfen den Westmächten England und Frankreich zum Sieg; in Rußland gelangten die Bolschewisten unter Lenin zur Macht und riefen zur sozialen Weltveränderung auf. Insofern ist 1917 das eigentliche Epochenjahr, mehr als 1914 oder 1939. Dennoch müssen wir die Zeitgeschichte mit 1914 beginnen lassen. Die Weltunruhe, die uns seither treu und dauerhaft begleitet und uns zeitlebens nicht mehr verlassen wird – damals begann sie.

Explosion einer Wasserstoffbombe

Die Zerstörung des Gleichgewichts

Der Balkan ist die Wetterecke Europas. Wenn Krieg kommen würde, dann vermutlich von daher; das ist vielen Sachkennern klar. Denn drei Faktoren treffen unheilvoll aufeinander: die nationalistischen Gärungen der kleinen Völker unter dem Dach der Donaumonarchie, die aufpeitschende Solidaritätsparole des Panslawismus und Rußlands Drang zum Mittelmeer – nicht gerade gemildert durch die Wiener Annexionspolitik vor der eigenen Haustür.
Vor allem das Königreich Serbien beunruhigt die Umwelt, so daß der deutsche Generalstabschef Moltke (der jüngere) schon Anfang 1909 von dorther weitreichende kriegerische Verwicklungen befürchtet: indem Österreich die serbischen Provokationen nicht länger hinnehmen und einmarschieren würde, woraufhin Rußland den Serben beistehen könnte und nunmehr für Deutschland der Bündnisfall zugunsten Österreichs gegeben wäre.
Rußland wiederum ist mit Frankreich militärisch verbündet und beide zusammen sind mit England in einem lockeren Freundschaftsvertrag (Triple-Entente) vereint.
Der große europäische Konflikt steht also nahezu fertig vorbereitet hinter der Bühne, nur das auslösende Signal fehlt noch. Fast ist es verwunderlich, daß in der erhitzten nationalistischen Atmosphäre jener Zeit noch fünfeinhalb Jahre seit Moltkes Warnung vergehen, ehe sich die untergründigen Spannungen in einer mächtigen Explosion befreien. Die Explosion: das sind nicht sosehr die Schüsse von Sarajewo, sondern die patriotischen Leidenschaften, die jetzt in drei großen kontinentalen Staaten losbrechen.
Letzten Endes haben alle nicht den Krieg gewollt (und sie wären entsetzt zurückgeschreckt, wenn sie geahnt hätten, was für ein Krieg ihrer wartete), aber alle sind schrecklich reizbar, prestigebedacht und unfähig nachzugeben.
Dazu kommen handfeste Ressentiments besonders in Frankreich gegen Deutschland wegen des unvergessenen Verlustes von Elsaß-Lothringen 1871, während bei uns Frankreichs jahrhundertelanges Streben zur Rheingrenze in unguter Erinnerung lebt. Rußland wiederum kann äußere Verwicklungen immer gut gebrauchen, um von inneren Nöten und Schwierigkeiten abzulenken. Österreich-Ungarn treibt mit dem Blankoscheck der deutschen Unterstützungszusage eine Politik der leichten Hand, auf Vorsicht und Mäßigung kaum bedacht. Großbritannien schließlich zeigt sich mißgelaunt über die Dumpingpreise der deutschen Waren in Übersee und sieht besorgt auf eine immer stärker werdende deutsche Hochseeflotte. Überhaupt fühlen die beiden Westmächte England und Frankreich sich von dem wirtschaftlichen Kraftprotz Deutschland zunehmend überholt, zurückgedrängt und solche wirtschaftlichen Konkurrenz- und Neidgefühle sind nicht geeignet, die öffentliche Meinung dort in Krisenzeiten friedfertig zu stimmen.
Alles in allem: Der Weg in den Weltkrieg ist nicht monokausal zu sehen, keine Einzelursache hat ihn herbeigeführt, sondern die latente Bereitschaft aller, jederzeit das Schwert zu ziehen, wenn vermeintliche Interessen bedroht waren. So sind sie alle, nach Lloyd Georges berühmtem Wort, »hineingeschlittert«. Unbekümmert setzen die Staatsmänner noch immer ihre Armeen aufs politische Schachbrett, obwohl die Großindustrien die technischen Mittel inzwischen vervielfältigt haben. Aus alten Gesinnungen und neuer Technik wird der bis dahin blutigste Krieg der Weltgeschichte.
Seinen Einzelverlauf darzustellen ist hier nicht möglich; zeichnen wir nur die großen Linien nach:
Deutschland ist für den Zweifronten-

Kaiser Wilhelm II. von Deutschland und Kaiser Franz Joseph von Österreich

krieg durch den Schlieffenplan vorbereitet. In riesiger Umfassungsbewegung soll Frankreich binnen weniger Wochen niedergeworfen werden, ehe der russische Aufmarsch beendet ist. Doch lastet schon eine doppelte Hypothek auf der Verwirklichung dieses Plans. Der rechte Flügel ist von Moltke längst nicht mit der zahlenmäßigen Stärke ausgestattet, wie Schlieffen sie vorgesehen hatte; und ferner: Der Einfall in Belgien, der Völkerrechtsbruch gegenüber dem kleinen neutralen Land, räumt in England die noch vorhandenen Widerstände gegen den Kriegsbeitritt aus dem Wege. So mißlingt erstens der Blitzfeldzug, und zweitens sehen die Mittelmächte – und das ist bei Österreichs Schwäche praktisch Deutschland allein – sich bei zwangsläufig verlängertem Kriege einer überlegenen Gegner-Koalition gegenüber.

Daran ändert der geniale Sieg Hindenburgs und Ludendorffs bei Tannenberg in Ostpreußen (August 1914) wenig; der Osten bleibt angesichts der russischen Massenheere bis zur Oktober-Revolution 1917 eine Dauerfront mit starker Kräftebindung. Die Kräfte fehlen im Westen, wo Deutschlands Vormarsch bald erlahmt und der Bewegungskrieg zum Stellungskrieg erstarrt.

Das vollkommen Neue sind die Materialschlachten mit tagelangem Trommelfeuer und anschließend meist erfolglosen Sturmangriffen. Der Abnutzungs- und Zermürbungskrieg fordert an den Hauptschlachtstätten jedesmal Hunderttausende Tote: Flandern (Oktober/November 1914), Artois (Mai/Juni 1915), Verdun (Februar bis Dezember 1916), Somme (Juni bis November 1916), Arras (April/Mai 1917), Flandern (Juli bis November 1917).

Das Jahr 1918 bringt beiderseits noch einmal großangelegte Versuche, die gegnerischen Fronten zu durchbrechen – auf alliierter Seite mit zunehmendem militärischem Gewicht der Vereinigten Staaten, die seit 1917 im Krieg stehen. Eine endgültige Entscheidung im Felde bleibt aus, weil noch vor dem unvermeidlichen Druchbruch der Verbündeten in Deutschland die Revolution ausbricht (9.11. 1918). Den Anstoß dazu hat das dringende Waffenstillstandsersuchen der deutschen Regierung gegeben – auf Drängen General Ludendorffs, des Chefstrategen. Die Revolution verschleiert die militärische Niederlage, die dadurch im Volk nicht eingesehen und verdrängt wird. Daraus entwickelt sich die »Dolchstoßlegende«: die Heimat sei der unbesiegten Front in den Rücken gefallen. Die Legende wird von vielen Heimkehrern eifrig mitvertreten, auch von dem Kriegsfreiwilligen Adolf Hitler.

Wladimir Iljitsch Lenin

Eine zweite Belastung der jungen deutschen Republik sind die harten Friedensbedingungen von Versailles 1919 aufgrund der ungerechten Behauptung, die Mittelmächte seien allein am Krieg schuldig. Untragbare Reparationsleistungen in Geld und Sachwerten höhlen das schon durch die Kriegsanleihen untergrabene Volksvermögen weiter aus, so daß es 1923 zu galoppierender Geldentwertung kommt. Die Mark wird zwar durch einen harten Schnitt saniert, aber weite Teile des Mittelstandes sind verarmt. Die drei Elemente: Dolchstoßlegende, Versailler Vertrag, Inflation führen der rechtsextremen Opposition viele Stimmen zu und schwächen die regierende SPD (als historischer Aufsteiger ist sie im Volk sowieso noch nicht »angenommen« und integriert); die verantwortungsbewußte und staatstreue gemäßigte Linke dankt im Grunde schon ab, bevor sie richtig Fuß fassen kann.
Trotz aller Erschwernisse bringen die mittleren zwanziger Jahre (politisch dominierend: Außenminister Stresemann) eine Scheinblüte durch US-Kredite. Sie verdecken oberflächlich, daß in Wahrheit das europäische Gleichgewicht zerstört ist.
Deutschland fällt als Machtfaktor aus: besiegt, gedemütigt, von Radikalen beider Richtungen bedroht, störanfällig und labil. Die Sieger, die Deutschland für alle Schäden zahlen lassen, übersehen die Gefahren solch einseitiger Belastung inmitten einer verflochtenen Weltwirtschaft.
Dazu treten die anderen Gebrechen des Kontinents: einmal die kaum recht lebensfähigen Nachfolgerepubliken aus der Erbmasse der Donaumonarchie, zum anderen das international isolierte Rußland, wo nach Bürgerkrieg und Hungersnöten und nach Lenins Tod (1924) Stalin als Alleinherrscher einen Dauerprozeß sozialer Umwälzungen und innerer Verfolgungen einleitet.

Die USA haben sich nach 1919 auf sich selber zurückgezogen (Isolationismus) und leben im Wohlstandstaumel aufgrund der zurückfließenden Kriegsanleihen an Frankreich und England. Die hemmungslose Prosperität, die ungezügelte Ausweitung der Kreditpolitik – in Unkenntnis ihrer Gefahren –, führen im Oktober 1929 zum Bankenkrach. Eine Kettenreaktion von Zusammenbrüchen stürzt die USA in eine schwere Wirtschaftskrise und wirkt sich am stärksten auf Deutschland aus, weil es von Krediten abhängt, die nun abgezogen werden.
So zeigt der Rachefrieden von Versailles nach zehn Jahren seine schlimmste Folge: Deutschland, wirtschaftlich ausgeplündert, hat sich an das kräftig-prallgesunde Amerika angelehnt; als dieses strauchelt, reißt es Deutschland mit.
Die Weltwirtschaftskrise leitet über in den Zusammenbruch der demokratischen Institutionen im Reich, die ohnehin noch schwach verankert sind in einem durch Jahrhunderte obrigkeitsgewöhnten und obrigkeitsgläubigen Volk, das Selbstbestimmung erst lernen muß. Einstweilen setzt sich neues Obrigkeitsdenken durch, in Gestalt des mitreißenden Demagogen und NSDAP-Führers Adolf Hitler. Er hat alle Ressentiments gegen die Demokratie, den Parlamentarismus, gegen ihre ungeliebten Repräsentanten, gegen die Juden (als angeblich weltverschwörerische wirtschaftliche Blutsauger) und gegen die Siegermächte in sich wie in einem Brennspiegel gesammelt und sie einer wachsenden Anhängerschaft mit geschickten Parolen eingehämmert. Ende 1932, bei sechs Millionen Arbeitslosen und angesichts einer parlamentarisch nicht mehr handlungsfähigen Regierung, sehen führende Kreise keine Alternative mehr zu Hitler. Der zweite Reichspräsident Hindenburg (1925–1934) beruft den Parteivorsitzenden der Nationalsozialisten, der stärksten Fraktion, am 30. Januar 1933 zum Reichskanzler.

Der Niedergang Europas

Adolf Hitler aus Braunau am Inn, geboren 1889, von früh an großdeutsch-alldeutsch, antisemitisch und antimarxistisch beeinflußt (Jugendzeit in Linz und Wien, politische Werdezeit seit 1919 in München), hat keinen Zweifel gelassen, daß er trotz legalen Machtstrebens im Rahmen der Verfassung, bei erster Gelegenheit Demokratie, Parlamentarismus und Verfassung abschaffen beziehungsweise in einen zentralistischen Führerstaat umändern würde.
Das geschieht nunmehr mit durchgreifender Energie bei erstaunlich geringem Widerstand. Die Kommunisten und Sozialdemokraten werden politisch am stärksten verfolgt, aber auch alle anderen Parteien außer der NSDAP aufgelöst, nachdem Hitler sich im März 1933 noch die parlamentarische Zustimmung geholt hat, für vier Jahre unter Umgehung des normalen Gesetzgebungsweges zu regieren (nur die SPD hat gegen dieses »Ermächtigungsgesetz« gestimmt; die KPD ist schon verboten).
Hitlers Herrschaftssystem zeigt zwei gegenläufige Tendenzen. Alle Opposition wird mit harten Mitteln unterdrückt und die deutschen Juden werden vom ersten Tag an zunehmend diskriminiert und entrechtet. Zugleich schafft der Diktator mit einem wirtschaftlich und finanziell gewagten Arbeitsbeschaffungsprogramm bald soziale Erleichterung in einem wirtschaftswunderähnlichen Ausmaß. Die sozialen Erfolge machen Hitler selbst in bisher zögernden Bevölkerungskreisen populär, so daß die Schattenseiten des Regimes allgemein übersehen, hingenommen werden. Die frühe Hitlerzeit ist eine Diktatur, die von der Mehrheit als solche nicht empfunden wird, trotz der Konzentrationslager, der antijüdischen Hetze, der »Gleichschaltung« von Parteien, Verbänden und Presse und der zahlreichen Morde im Sommer 1934, als

Hitler den angeblichen »Röhmputsch« zur Abrechnung mit seinem Rivalen an der Spitze der SA benutzt und die einstige Privatarmee als Machtfaktor im Staat ausschaltet. An ihrer Stelle steigt die SS unter Himmler und Heydrich als neue Größe auf. Acht Jahre später wird sie die millionenfachen Morde an den europäischen Juden organisieren und damit Hitlers fanatischen Judenhaß in letzter Konsequenz in die Tat umsetzen.
Seine zweite ideologische Hauptachse ist das Lebensraum-Programm: »Lebensraum« für Deutschland vor allem im Osten, nach Vereinigung aller Deutschen zur großdeutschen Nation. Diesen Weg geht Hitler unter taktischen Kompromissen unbeirrt, lange vom Ausland unterschätzt und verkannt. Mit geschickter Vertragspolitik, aber auch mit bewußten Risiken (Wiederaufrüstung und Wehrpflicht 1935/36, Rheinlandbesetzung 1936, »Anschluß« Österreichs 1938) löst er zunächst Deutschland aus den Fesseln von Versailles, aber auch aus den vorteilhaften Bindungen des Locarnopaktes von 1925. Der nächste Schritt, im September 1938, ist die Angliederung der Sudentengebiete, die von den Westmächten im Münchner Abkommen dem Deutschen Reich zuerkannt werden – nicht zuletzt wegen der verfehlten tschechoslowakischen Nationalitätenpolitik. Die Nachgiebigkeit Englands und Frankreichs (»Appeasement«), jene Mischung von Friedensliebe, schlechtem Gewissen und Unterlegenheitsgefühl gegenüber einem neuerstarkten Deutschland, läßt Hitler immer weiter ausgreifen. Er verkennt die Grenzen des Zumutbaren, unterschätzt die Widerstandsfähigkeit der Demokratien, wie umgekehrt sie ihn lange unterschätzen.
Der doppelte Irrtum führt zur Eskalation. Hitler marschiert vertragswidrig in Prag ein (März 1939), stellt dann wachsende Forderungen an Polen (wobei er wiederum aufgrund fragwürdiger Grenzziehungen von Versailles 1919 mit gewissem Anschein der Rechtmäßigkeit handelt) und ignoriert das britisch-polnische Garantie-Abkommen von 1939. Statt dessen baut er auf den deutschen Nichtangriffspakt mit Rußland (August 1939) mit geheimem Zusatzprotokoll über die Aufteilung der osteuropäischen Interessensphären. Da Stalin einen deutschen Einfall in Polen nicht behindern wird, spekuliert Hitler auf Stillhalten Englands. Stalin seinerseits sieht schärfer: England wird kämpfen. Damit ist der große europäische Krieg da, in welchem sich die Kapitalisten untereinander (auch Deutschland gilt für ihn als kapitalistisch), zerfleischen. Sieger werde der Kommunismus sein.

Adolf Hitler

Anfänglich kommt alles, wie erwartet. Nur eins hat niemand für möglich gehalten, die überwältigende Stoßkraft der deutschen motorisierten Armeen in taktischer Zusammenarbeit mit der leistungsstarken Luftwaffe. Nach der raschen Niederwerfung Polens (September 1939), der Besetzung Dänemarks und Norwegens (April 1940), wird Frankreich im Mai und Juni 1940 binnen sechs Wochen überrannt. In Deutschland werden viele noch verbliebene Hitlergegner an sich selber irre: diesem Mann scheint alles zu gelingen. Hitler steht im Zenit seiner Macht.

Nur England hält sich aufrecht. Und wie Napoleon mit Britannien nicht fertig wurde und dann erst einmal nach Rußland zog, um Englands »Festlandsdegen« zu zerbrechen, folgt ihm Hitler nach – wobei dieser Schritt zugleich sein »Lebensraum«-Ziel erfüllen soll. Der Rußlandfeldzug, ab Juni 1941, bringt noch einmal unglaubliche Blitzsiege. Doch Weite, Winter und Menschenkraft sind einmal wieder von allen vermeintlichen Sachkennern gründlich verkannt worden. Vor Moskau bleibt der Angriff liegen. Es ist die symbolische Kriegswende.

Die wirkliche, sichtbare folgt bei Stalingrad 1942/43. Zugleich muß Rommel in Ägypten zurück und um die nämliche Zeit beginnen die Amerikaner im Pazifik, wo sie seit Dezember 1941 (Pearl Harbor) defensiv gegen Japan kämpfen, in die Offensive zu gehen. Da Hitler in unbegreiflicher Leichtfertigkeit den USA ebenfalls den Krieg erklärt hat – den Präsident Roosevelt haben wollte –, ist es nur eine Frage der Zeit, bis sich der Erste Weltkrieg in Europa eine Neuauflage leistet: in vielem zwar anders, vor allem viel mehr Bewegungs- als Stellungskrieg, in hohem Maße auch Luftkrieg, aber wiederkehrend mit der Schlußphase eines amerikanischen Eingreifens gegen ein schon geschwächtes Deutschland. Es hält sich lange erbittert unter allergrößten Opfern; der Ausgang aber ist unabwendbar. Am 2. Mai 1945, zwei Tage nach Hitlers Freitod im Bunker der Reichskanzlei, ergibt sich der Rest der Berliner Garnison den Sowjets; wenige Tage später kapituliert die Gesamtarmee in Reims und Karlshorst. Am 8. Mai 1945 um Mitternacht schweigen die Waffen in Europa (im Pazifik dauert der Krieg bis August, dann gibt Japan nach den Atombomben-Abwürfen von Hiroshima und Nagasaki auf).

Bevor Alexander der Große 334 vor Christus gegen die Perser aufbrach, befragte er das delphische Orakel. »Wenn du nach Osten ziehst, wirst du ein großes Reich zerstören«, antwortete die Apollopriesterin auf dem Dreifuß. Das war doppeldeutig auszulegen. Bei Hitler in dem Sinne: er zerstörte sein eigenes Reich. Mehr, die zwölf Hitlerjahre beenden die Vormacht Europas in der Welt. Eng-

Deutsche Truppen in Rußland

Konferenz von Jalta. Von links: Churchill, Roosevelt und Stalin

land und Frankreich sind trotz des Sieges so geschwächt wie Pyrrhus. Sie können machtpolitisch nicht an die Vorkriegszeit anknüpfen. Militärisch und in der Größenordnung stehen sie trotz ihrer Kolonien nun eindeutig im Schatten der beiden »Söhne Europas«. Außerdem haben die Kolonien zum zweiten Mal mit Menschen und Material den Krieg gewinnen helfen, dafür verlangen sie ihren Preis. Die Entkolonialisierung, die Entlassung in die Selbständigkeit (zuerst Indien 1947), ist eine direkte Folge des Zweiten Weltkrieges. Auf der Weltkarte zeigt sich der Niedergang Europas am deutlichsten, wieviel auch von Verfassungsformen, Denkweise und know how Europas in die jungen Staaten übergehen soll.

Daß Hitler überdies die Einheit Europas zerstörte, davon ist im dritten Abschnitt die Rede. Schließlich hat seine Unheilsfigur sich neben ungeheuerlichen Blutopfern und beiderseitigen Grausamkeiten auch im allseitigen Verlust unendlicher Kulturwerte verhängnisvoll ausgewirkt. Das betrifft zunächst den lebendigen Kulturwert des deutschen und osteuropäischen Judentums und dann die Vernichtung unersetzlicher Kunstwerke. Um Hitler zu erklären, wäre der hundertfache Raum nicht ausreichend. Vieles in ihm war in der Epoche angelegt, er reflektierte es nur. Das Übermaß seiner Haßbefähigung und die Folgen daraus sind seine singulären Erscheinungsformen und Eigenschaften. Sie haben die Welt verändert.

Die Teilung der Welt

Wenn zwei weltanschauliche Widersacher ein Zweckbündnis schließen, weil sie von einem Dritten gemeinsam herausgefordert werden, dann wird dieses Zusammengehen nicht länger währen, als bis der vorrangige Feind erledigt ist. Das ist ein politisches Naturgesetz. Die Sieger und Besiegten des Zweiten Weltkrieges finden es schnell bestätigt. In Japan, das von den Amerikanern allein besetzt wird, wirkt sich das Wiederaufleben der kapitalistisch-sozialistischen Gegensätze nicht aus, wohl aber in dem gemeinsam eroberten und besetzten Deutschland.
Anfänglich, in der Potsdamer Konferenz (Juli/August 1945) einigen sich die USA, UdSSR und Großbritannien noch auf gemeinsam zu beachtende Grundsätze der Politik, so auch auf die Erhaltung der Einheit Deutschlands. Alsbald treten aber schwere Differenzen zutage, nicht nur weil Frankreich alle Ansätze zu deutschen Zentralbehörden blockiert, sondern mehr noch, weil der spätstalinistische Imperialismus seine Kriegsgewinne durch weitere Expansion ausbaut.
Aus der Kriegskoalition wird der Kalte Krieg mit weltweiter westöstlicher Konfrontation. Es handelt sich dabei um einen globalen Bewegungsablauf mit europäischem »Stellungskrieg«. Hier, wo durch die vier Besatzungszonen in Deutschland (auch in Österreich) die zwei Weltanschauungslager unmittelbar aneinanderstoßen, wird aus der »Zonengrenze« mit der Zeit der »Eiserne Vorhang«, der den Kontinent spaltet – und damit auch Deutschland teilt.
Auf der westlichen Seite des Kordons entwickeln sich seit 1947 Ansätze zu einer deutschen Eigenstaatlichkeit, zu einer Teilrepublik. Die konsequent sowjetisierte Ostzone zieht jeweils in entsprechenden Teilschritten nach. 1949 sind aus den Besatzungszonen zwei deutsche Staaten entstanden unter beiderseitiger Vormundschaft der Besatzungsmächte.
Im Westen tritt als glücklicher Umstand in der politisch beklagenswerten Spaltung hinzu, daß das amerikanische Kreditprogramm des Marshallplans (nach Außenminister Marshall benannt) eine starke Aufbauhilfe bedeutet. Ganz Westeuropa, aber am eindrucksvollsten Westdeutschland, erhebt sich in verblüffend kurzer Zeit aus Trümmern, Hunger und Verarmung zu wirtschaftlichem Wohlstand. Maßgeblichen Einfluß daran hat die Marktwirtschaftspolitik des Wirtschaftsministers Erhard. Aus der instinktiven Einsicht, daß die von zwei Kriegen und zwei Inflationen gebeutelten Deutschen einen großen materiellen Nachholbedarf haben, baut er bei erster Gelegenheit (1948) fast alle Zwangswirtschaft ab und läßt der Privatinitiative freien Spielraum. Diese Befreiung wirkt in der Tat Wunder. Dem östlichen Teildeutschland wie dem ganzen sowjetischen Einflußbereich (»Ostblock«) bleibt der Marshallplan durch Stalins Nein versagt. So wird der Strukturgegensatz zwischen westlicher Marktwirtschaft und östlicher Planwirtschaft von Anbeginn durch unterschiedliche Startvoraussetzungen verschärft; mit der Folge, daß die Volkswirtschaften westlich und östlich des Eisernen Vorhangs bis heute von stärksten qualitativen Unterschieden gekennzeichnet sind.
Militärisch-strategisch ist die Nachkriegszeit so zu skizzieren: Der kommunistische Umsturz 1948 in Prag übt Signalwirkung in Richtung auf ein großräumiges amerikanisch-europäisches Bündnis. Zwölf Länder vereinigen sich im Nordatlantikpakt (NATO) 1949. Verteidigungsgeist im gleichen Sinne weckt die Berliner Blockade (1948/49), durch die Stalin vergeblich die Gründung der Bundesrepublik Deutschland zu hindern sucht. Die größte Herausforderung des Westens unter der US-Präsidentschaft von Harry S. Truman (1945–52) ist der von Moskau gesteuerte Einfall der Nordkoreaner im

Südteil des gespaltenen Landes, 1950. Washington erreicht einen UN-Beschluß zum Eingreifen (die UNO ist die 1945 gegründete Nachfolgeorganisation des Völkerbundes). Nach jahrelangen wechselhaften Kämpfen, bei denen auch Chinesen auf nordkoreanischer Seite beteiligt sind, kommt es 1953 zum Waffenstillstand am 38. Breitengrad.

Die weltweite Auseinandersetzung wird auf westlicher Seite ideologisch auf die Formel »Eindämmung« (containment) gebracht und mit weitgespannten Paktsystemen untermauert. Als die Bundesrepublik Deutschland 1955 der NATObeitritt (bei gleichzeitiger Erlangung der Souveränität), formiert sich der Ostblock im »Warschauer Pakt«, so daß die beiderseitigen Allianzen sich an der innerdeutschen Grenze berühren. Die Bündnisse werden ergänzt durch Wirtschaftsvereinigungen: im Westen die Europäische Wirtschaftsgemeinschaft – EWG (heute: EG), gegründet 1957, im Ostblock der Rat für gegenseitige Wirtschaftshilfe – COMECON, gegründet 1949. Das alte Europa, in der Mitte durchtrennt, hat seine Lebensströme umgeleitet, doch sind die Hälften durch den Ost-West-Handel immer durchlässig geblieben, ungeachtet der verschärften östlichen Selbstquarantäne mit dem Berliner Mauerbau von 1961.

Das atomare Gleichgewicht seit 1953 (Zündung der ersten russischen Wasserstoffbombe) leitet in den sechziger Jahren eine Milderung der Spannungen ein, die periodisch immer wieder aufbrechen, so beim Einmarsch der Warschauer-Pakt-Staaten 1968 in Prag oder infolge der Invasion der Sowjets in Afghanistan 1979/80. Im Prinzip ist der Kalte Krieg dennoch einer wachsamen Koexistenz gewichen, gekennzeichnet von westöstlichen Vereinbarungen und Abkommen wie: Einstellung der Atombombenversuche (1963), Berliner Viermächte-Abkommen (1971), Begrenzung der strategischen Rüstung – SALT (1972 und 1979), Schlußakte von Helsinki über europäische Sicherheit und Zusammenarbeit (1974).

Mitentscheidend für eine Auflockerung ist das Ende von Amerikas Vietnam-Engagement (1972) und die Annäherung der USA an China, die das verkrustete westöstliche Mächte-Verhältnis zu einem politischen Kräftedreieck Washington–Moskau–Peking erweitert.

Seit den siebziger Jahren verlagern sich die Weltprobleme noch in andere Richtung, von der Horizontale in die Vertikale. Aus dem Ost-West-Konflikt ist der Nord-Süd-Gegensatz geworden. Vor diesem heute globalen Aspekt wirken die Ost-West-Spannungen wie ein historisches Rückzugsgefecht ohne Lebensdauer. Im Grunde sind die Industriestaaten des Nordens, ob kapitalistisch oder kommunistisch, in ihren Problemen viel verwandter als beide gemeinsam gegenüber der Dritten Welt. Die einstigen Kolonialvölker stellen einmal in der UNO eine überlegene Zahlenmacht, einen kompakten Stimmblock dar, ohne den der Westen und Osten politisch kaum mehr handlungsfähig ist; zum anderen sind die Probleme der jungen Staaten hinsichtlich Übervölkerung, Hunger, Armut, Devisen- und Rohstoffmangel und fehlender Infrastruktur so bedrückend, daß sie fraglos den Rest des Jahrtausends beherrschen werden.

Insofern ist die Teilung der Welt von Dauer, nur ihre Schnittlinie hat sich für jeden Einsichtigen längst verschoben; sie eint heute die Nordhälfte und hebt sie gemeinsam von der Südhälfte ab. Beide Teile übrigens sind der wachsenden Rohstoffsorge ausgeliefert. Der industrielle Raubbau hat an Grenzen des Wachstums geführt. Bei vielen Menschen und Völkern nimmt die Einsicht zu, daß nur Selbstbeschränkung im Verbrauch, vor allem im Energieverbrauch, die Zukunft der Zivilisation retten kann.

Index

Aachen 142f., 269
Abbevillien 13
Abd Ar Rahman III. 200
Ablaß 240
Abraham a Santa Clara 294
Absolutismus, aufgekl. 300f.; europ. 233, 263f., 266ff., 274ff., 296, 300
Abukir 316
Abydos 24
Académie Francaise 263
Achaia, Achaier 72, 74
Achämeniden 52
Acheuléen 13
Actium 106, 123
Act of Settlement 289
Aden 354
Adolf v. Nassau 180f.
Adoptivkaiser 112
Adrianopel 117f., 328
Aetius 123
Afghanistan 374
Afrika 15, 96ff., 238
Agadir 361
Agamemnon 64
Ägatische Inseln 93
Ägina 74
Agra 225
Agrippina 110
Ägypten 21, 24ff., 30, 34f., 37, 44f., 47f., 52, 63f., 69, 73, 82, 84, 105, 107, 135, 316f., 360, 371
Ahuramazda 52, 71
Aigospotamoi 80
Aistulf 140
Akbar 225
Akkad 37, 40f., 43, 46, 51
Akkon (Acre) 159, 317
Akropolis (Athen) 79
Aktiengesellschaft 339
Alemannen 115, 123, 127f., 137
Alanen 119, 123
Alarich 122
Alaska 361
Alba 250
Albigenser 197
Alboin 131
Albrecht v. Hohenzollern 244
Albrecht, *Habsburg*: – I. (Kg.) 180f.; – II. (Ks.) 187
Aleppo 48
Alexander d. Gr. 35, 46, 50, 52, 55f., 81ff., 371
Alexander, *Papst*: – VI. 203, 238; *Rußland:* – I. 322, 326; – II. 355
Alexander Newski 214, 216
Alexandria 82, 84f., 105, 316
Alfons, *Aragon*: – I. 203; – V. 203; *Kastilien:* – VI. 202; – VII. 203; – VIII. 202; – X. 179
Alfred d. Gr. 146
Alfred v. Wessex 190
Algerien 342
Algier 328
Alkibiades 79
Alkuin 143
Allah 134
Allia 190
Allianz, Große 275; Heilige (1684) 294; Heilige (1815) 362, 342
Almohaden 200, 202
Almoraviden 200, 202
Altamira 17
Altpaläolithikum 13
Altsteinzeit 13ff.
Alyattes 48
Ambrosius 125
Amenophis I. 27; – II. 28; – III. 28; – IV. 28, 30, 49
Amerika s. a. Nord-, Mittel-, Südamerika 13, 328
Amiens 321
Amorische Dynastie 220
Amosis I. 27
Amun 27, 30
Amur 291
Amyklai 71
Anaximenes 69
Ancien régime 308, 310
Ancona 168
Andalusien 122
Andronikos II. 223; – III. 223
Angeln 123, 146, 190
Angelsachsen 129, 137, 190
Angevinisches Reich 169, 197
Anglikanismus 253, 283
Anjou, Hs. 173, 192
Anna (Nichte Kath. I.) 292
Anna Stuart 290
Annam 61
Annexionspolitik 366
Anselm v. Canterbury 192
Ansgar 144
Antigoniden 84
Antiochia 159
Antiochos III. 97
Antisemitismus s. a. Juden 369
Antonius Pius 113
Apella 71
Aphrodite 65
Apollo 76

Appollon 65, 68
Appeasementpolitik 370
Apulien 97, 166
Aquae Sextiae 102
Äquatorialafrika 361
Aquitanien 128, 132, 137, 140, 192
Arabien, Araber 46, 112, 135, 137, 220, 225
Aragón 203, 239
Aramäer 43 f., 46, 52
Arausio 106
Arbeiterbewegung 339, 341
Arbeiterorganisation 341, 352
Arbeiterstand 310, 330
Arbeitsbeschaffungsprogramm 369
Arbeitslosigkeit 369
Archilochos 68
Archimedes 85, 97
Archonten 72, 74
Areopag 76
Ares 65
Arginusen 80
Argolis 72
Argos 72, 74, 80
Arier 54
Aristarch v. Samos 85
Aristophanes 79
Aristoteles 81
Arius 117, 125
Arktis 302
Armada 250
Armenien 112
Arminius 109
Arnold v. Brescia 166
Arnulf v. Bayern 147, 149; – v. Kärnten 146 f.
Arras 199, 367
Artaphernes 73
Artaxerxes I. 52; – II. 52; – III. 52
Artois 367
Äschylos 78
Asculum 90
Aserbeidschan 48
Aschoka 56
Askanier 163
Asklepios 85
Aspern 322
Assarhaddon 45
Assignaten 312
Assur 41 ff., 48, 51, 66
Assurbanipal 45
Assyrien 35, 41, 43 ff., 50 f., 112
Asturien 201 f.
Astyages 51
Athanasius 117
Athen 52, 71 ff., 79 ff.
Athos 74
Atombomben 371, 374
Attika 64 f., 68, 71 ff., 79
Attila 122 f.
Attischer Seebund 76
Auerstedt 322
Aufklärung 308 ff.
Aufstand, Iren 284; Pariser Kommune 350; Schotten 283
Augsburg 244
Augsburger Religionsfriede 248, 262
Augustinus 125; – v. Canterbury 190
Augustiner 240
Augustus 104 f., 107, 109
Aurelian 115
Aurignacien 13
Australien 13, 302
Austrasien 131
Auswanderung s. Emigration
Avignon 175, 182, 197
Aviz 250
Awaren 134, 141
Azincourt 195, 199
Azteken 238

Baal-Kulte 50
Babenberger 163, 179
Babœuf 316
Babur 225
Babylon 35, 38, 41 ff., 47 f., 50, 52, 69, 84, 113
Babyl. Gefangenschaft jüd. 46, 50; röm.-kath. 175
Bach 294
Baden 321, 330, 338
Bagdad 141
Bagdad-Bahn 361
Bähr 294
Balance of power 290
Balduin I. 159
Balearen 305
Balkan 366
Balkankriege 363
Balkankrisen 301, 356, 363
Ball, J. 194
Ballhausschwur 311
Balthasar 249
Baltikum 186, 292
Bandkeramik-Kultur 17, 63
Bankenkrach 369
Bankwesen 234
Barcelona 202
Barock 293
Bartholomäusnacht 251
Basel 179, 316
Basileios v. Byzanz I. 220; – II. 221
Bastille 311
Bataver 118
Batavische Republik 316
Batu 214
Bauernaufstand, ägypt. 26; engl. 194; franz. 199
Bauernbefreiung, preuß. 322
Bauernkrieg 243
Bayern 123, 129, 137, 146, 149, 163, 168, 271, 321

Bazaine 347
Beamtentum 24, 37, 296
Bebel 352
Befreiungskriege 337
Belgien 316, 329, 361, 363, 367
Belgrad 294
Belisar 131
Belsazar 46, 52
Benedikt v. Nursia 136
Benediktiner 136f., 152
Benevent 92, 143, 166, 170
Bengalen 361
Beresina 324
Bergen 206, 209
Bering-Straße 291
Berlin 299, 323, 332, 336, 338
Berliner Blockade 373
Berliner Kongreß 356
Berliner Mauer 374
Bern 180
Bernhard v. Clairvaux 159
Berserker 147
Besançon 166
Besatzungszonen 373
Bethlehem 159
Bethmann Hollweg 363
Bettelorden 193
Bewegungskrieg 367, 371
Bialystok 302
Bibelübersetzungen 125, 242, 246
Biedermeier 329
Big Business 345
Bill of rights 289
Bingen 275
Biron 292
Bismarck 233, 247, 351f., 354, 356
Blanc 332
Blanqui 332
Blitzsiege 371
Blücher 324
Blum, R. 337
Bodin 251, 264
Boethius 130
Böhmen 109, 151, 180ff., 187, 211
Böhmisch-Pfälzischer Krieg 254
Bojaren 213f., 291
Boleslaw I. Chrobry 151, 210
Bolivar 326
Bologna 244
Bolschewiki 356
Bombay 303
Bonifatius 136
Bonifaz VIII. (Papst) 175, 197
Bonn 149
Böotien 75
Borgia 234
Boris Godunow 291
Bornhöved 207
Borodino 323
Bosnien 356, 363
Bosnische Krise 363
Boston (Mass.) Teesturm 305
Bosworth 195
Bothwell 253
Bourbon, Hs. 252, 325, 342
Bouvines 169, 193, 197
Boxeraufstand 361
Brahmanen 55
Bramante 234
Brandenburg 163, 182, 246, 262, 266, 270, 275, 294
Brasidas 79
Brasilien 238, 326
Braunau 369
Bremen 262
Brennus 90
Bretagne 314
Brétigny 195, 199
Bretislaw v. Böhmen 152
Britannien 112, 115, 122, 129, 371
Bronzezeit 17
Breughel 235
Brügge 185, 199
Brunkeberg 209
Brüssel 329
Brutus 106
Buchdruck 187, 242
Büchner, G. 330
Buddha 55, 71, 224
Buddhismus 55f., 224
Bulgarien 134, 221, 356
Bülow 363
Burenrepubliken 360
Bürgerkönig 328ff.
Bürgerkrieg, engl. 284; franz. 264; röm. 98ff.; russ. 368; USA 343, 345
Bürgerrecht, röm. 102, 109
Bürgertum 310f.
Burgund, Burgunder 90, 118, 122f., 128ff., 152, 158, 175, 180, 239, 243, 270,
Byron 328
Byzanz 117, 123, 127, 130f., 135, 140, 142, 150f., 159, 200, 212f., 220ff.

Cabral 238
Caesar 104ff.
Calais 195, 199
Calderón 250
Caligula 110
Calvin 246
Calvinismus 246, 262
Cambrai 144
Cambridge 193
Campo Formio 316
Cannae 97
Capetinger 197f.
Capitularia 143
Capri 277

Caprivi 361, 363
Capua 97, 103, 166, 170
Caracalla 115
Carbonari 342
Carnegie 345
Cartagena 96
Carthago nova 96
Cäsaropapismus 292
Cassiodor 130
Cassius 106
Catilinarische Verschwörung 104
Cato d. Ä. 98
Cavour 342
Ceres 89
Cervantes 250
Ceylon 223, 303
Chaironea 81
Chaldäer 46
Chalkidike 81
Chalkolithikum 24
Champagne 197
Champollion 24
Chandragupta I. 223
Chandragupta II. 223
Chatten 118
Chauken 118
Cheops 25
Chephren 25
Cherusker 118
Chiari 277
Chicago 344
Childebert 130
Childerich II. 140
China 57, 60, 71, 226f., 231, 361, 374
Chin.-jap. Krieg 361
Chios 328
Chlodomer 130
Chlodwig 128, 131
Chlothar I. 130f.
Christenverfolgungen 110, 115
Christian v. Halberstadt 255f.
Christian, *Dänemark*: – I. 207; – IV. 255f.
Christianisierung: Franken 137; Norwegen 204; Sachsen 141; Slawen 150, 212, 221
Christoph III. 207
Churchill 372
Churriter 43f., 48f., 51
Cicero 104, 106, 125, 234
Cimbern 102, 118
Cinna 103
Cisalpin. Republik 316
Clactonien 13
Clarendon, Konstitution 192
Claudius I. 110
Cleopatra 105f.
Clermont 158
Clothar II. 137
Cluny 152
Code civil 321
Codex Hammurabi 41
Coke 280, 283
Colbert 264, 268
Coligny 251
Columban d. Ä. 136
Columban d. J. 136
COMECON 374
Commodus 113
Common Law 192, 280
Commonwealth 285, 354
Condé 267
Confessio Augstana 246
Confoederatio cum principibus ecclesiasticis 169
Connecticut 305
Containment 374
Contrat social 309
Cook 302
Corbinian 136
Corneille 267
Corpus iuris civilis 131
Cortenuova 170
Cortes 238
Cotrone 150
Cranach 235
Crassus 104f.
Crécy 198
Crépy 246
Cro-Magnon 16
Culm 211
Cromwell 284ff.
Cuzco 238

Dagobert I. 134, 137
Daily-Telegraph-Affäre 363
Dalmatien 220
Damaskus 45, 49, 221
Dandolo 223
Dänemark, Dänen 18, 129, 190, 204, 206f., 209, 246, 305, 347, 371
Dänisch-Niedersächs. Krieg 255f.
Daniel 216
Dante Alighieri 181, 234
Danton 312, 314
Dardanellen 74
Dareios I. 52, 73f.; – II. 52; – III. 52, 82
Darwin 359f.
Datis 73
David 49
Davis, John 302
Decius 115
Declaration of Rights 289
Delaware 305
Delos 76
Delphi, Orakel 68
Demagoge 79
Demagogenverfolgung 330
Demokratie, griech. 68, 72, 79f.; Neuzeit 308
Demosthenes 81
Deportation 291

Descartes 309
Deschnew 302
Desmoulins 312
Deutsch-Französischer Krieg 347, 350
Deutsche Burschenschaft 329
Deutscher Bund 325, 329, 338, 347
Deutscher Krieg 347
Deutscher Orden 163, 186, 211, 217, 244
Deutschland, Deutsches Reich 18, 146, 149f., 152, 157ff., 173, 179f., 233, 246, 262, 299, 321, 325, 329, 337, 347, 351f., 356, 359, 361, 363, 366ff., 370, 373
Devolutionskrieg 268
Diadochen 84
Dictatus papae 154
Diktatur, franz. 314
Dimitri Donskoi 216
Diocletian 115ff.
Diogenes 85
Direktorium 315ff.
Djoser 25
Dolchstoßlegende 368
Dollar-Imperialismus 361
Dominat 115
Dominions 354
Domitian 112
Doppelmonarchie, öster.-ung. 294
Dorer 65, 71
Drake 253
Drakon 72
Dreikaiserjahr 356
Dreißigjähriger Krieg 248, 254ff., 258f., 262
Drepanum 92
Dresden 338
Dritte Welt 374
Drusus 102, 109
Dschamdat-Nasr-Zeit 38
Dschingis-Khan 214, 225, 231
Dualismus 297, 299
Dubarry 310
Duma 356
Dunant 342
Dupleix 303
Düppeler Schanzen 347
Dürer 235
Durkheim 359

Ebrovertrag 96
Echnaton s. Amenophis IV.
Ecnomus 92
Edessa 159
Edikt, Nantes 252, 266
Edison 338
Eduard I. 193; – II. 193; III. 195, 198; – IV. 195; – V. 195
Eduard d. Bekenner 190f.
EG (EWG) 374
Egbert v. Wessex 146
Eger 185
Egmont 250
Einhard 143
Einkreisung 363
Einstein 359
Einwanderer 343
Eisenbahn 330, 338, 344
Eisenzeit 21
Eiserner Vorhang 373
Ekbatana 52
Elagabal 115
Elam 40, 45, 51
Elamiter 44, 51
Elba 325
El Cid 202
Elea 69
El Greco 251
Elis 65, 72
Elisabeth, *England*: – I. 253, 280; *Rußland*: – I. 292, 299
El-Obeid-Kultur 37
Elsaß 350, 366
Elsaß-Lothringen 123, 180, 275
Emesa 115
Emigration 338
Emmeran 136
Emser Depesche 347
Engels 341
Enghien, Herzog von 321
England 21, 90, 137, 146f., 190f., 198, 204, 207, 233, 246, 269, 275, 278, 280, 282ff., 299, 303ff., 314, 316f., 321ff., 328, 337f., 354, 356, 359ff., 363, 366ff., 370ff.
Enlil 37
Entdeckungen, geogr. 235, 238f., 302
Entente cordiale 363; Mittelmeer 356
Entkolonialisierung 372
Epaminondas 80
Epiros 65
Ephoren 71
Epikur 85
Erasmus 235, 243
Erathostenes 85
Erbfolgekrieg, Österr. 299; Span. 276ff., 290
Erbuntertänigkeit 300, 329
Eretria 73
Erfurter Fürstentag 322
Erhard 373
Eribaadad 43
Erich VII. 207
Eridu 38
Erik Blutaxt 147
Eritrea 361
Ermächtigungsgesetz 369
Ermanarich 117
Essex 190
Este 234
Estland 207
Etats généraux 311
Ethelbert v. Kent 190
Ethelstan v. Wessex 190

Etienne Marcel 199
Etrusker 87, 90
Euböa 64, 73f.
Eugen (Päpste) III. 166; – IV. 179
Eugen v. Savoyen 278, 294
Euklid 85
Euripides 79
Europa 21, 73, 268, 278, 280, 304f., 325, 343, 360, 369, 371f., 374
Eurybiades 75
Eurymedon 76
Evesham 193
Ewiger Landfriede 240
Exarchat 140

Fabius Maximus 96f.
Fabrikarbeit 338, 341
Faraday 338
Faschoda-Krise 461
Faure 350
Februarrevolution, franz. 332
Fehde 187, 293
Fehrbellin 271
Feme 187
Ferdinand, *Bourbon (Spanien)* VII. 326; *Habsburg:* – I. 248f.; – II. 254ff.; *Kastilien:* – I. 202; – II. 203; – III. 202
Ferrara 179
Feuerbach 359
Feuillants 312
Finnland 206, 209, 292
Fischer v. Erlach 294
Flaminius 96
Flandern 197, 367
Flavische Dyn. 110, 112
Fleury 310
Florenz 179, 217
Florida 304f.
Flottenpolitik 363
Flußkulturen 47, 51
Folkunger Dyn. 209
Forchheim 147
Formosa 361
Frank I. 251
Franken 115, 118, 123, 127f., 130, 135, 137, 146, 149, 180, 183, 243
Frankfurt 143, 179, 332, 350
Franklin 305
Frankreich 21, 90, 149, 180, 193, 197ff., 233, 246, 262, 264, 266, 268ff., 278, 294, 299, 310ff., 321ff., 328, 337, 342, 347, 359, 361, 363, 366ff., 370ff.
Franktireurs 350
Franz, *Frankreich,* I. 242ff., 246; *Habsburg:* – II. (I.) 321f.; *Lothringen:* – I. 297, 299
Frederiksborg 292
Freiburg 180, 271, 278
Freihandelspolitik 344
Freud 359
Friaul 10, 143
Friedenskonferenz, Haag 360
Friedrich, *Habsburg:* – d. Schöne 181f.; – III. 187, 239; *Hohenstaufen:* – I. 159, 163, 166, 168; – II. 159, 168ff., 186; *Hohenzollern:* – II. 297, 299f., 301; –III. 356; *Pfalz:* – V. 254f.; *Sachsen:* – d. Weise 242
Friedrich Wilhelm, Gr. Kf. 270f., 296; – I. 296; – III. 324; – IV. 336f.
Friesen 118, 137
Fronde 264
Fronhof 131, 157
Fugger 240, 242

Gagern 336
Galba 110
Galilei 235, 308
Galizien 212, 301
Gallien 93, 102, 104, 107, 119, 122f., 129
Gallus 136
Gambetta 350
Garantie-Abkommen 370
Garibaldi 342f.
Gaugamela 82
Gauß, K.F. 338
Gaza 45, 49
Gegenreformation 243, 246ff., 249
Geiserich 122
Gelasius I. 125
Geldentwertung s. Inflation
Geldwirtschaft 21, 175f.
Gelon v. Syrakus 74
Generaldirektorium 296
Generalstaaten 262
Generalstände s. Etats généraux
Genf 246
Genfer Konvention 343
Gentry 194f.
Genua 159, 243
Georg III. v. England 305
Georgia 305
Gepiden 123, 134
Germanen, Germanien 18, 109, 118, 127ff.
Germanicus 110
Gero 150
Geröllkultur 13
Gerusia 71
Gewaltenteilung 308f., 312
Gewerbefreiheit 323
Gewerkschaften 341
Geyer 243
Ghibellinen 181
Gibraltar 278, 305
Gilgamesch 43; – Epos 41
Girondisten 312, 314
Giseh 25
Glaubensflüchtlinge 282
Gleichgewicht, ökol. 338

Gleichschaltung 369
Glockenbecher-Kultur 18
Glorious revolution 289
Gneisenau 323
Gnesen 150, 210
Goethe 329
Goldene Bulle 169, 175, 186
Goldene Horde 214, 216f., 290
Gorm d. Alte 206
Goten 115, 118, 130
Gotland 185
Gottesfriede 152
Gottesgnadentum 309
Gottfried v. Bouillon 152, 159
Gottkönigtum 40
Göttrik 206
Götz v. Berlichingen 243
Gracchus, G. 100
Gracchus, T. 100
Granikos 82
Graudenz 322
Gregor (Päpste): I. 137; – VII. 150, 154f.; – IX. 170
Gregor von Tours 132
Grey 363
Griechenland 21, 63ff., 71ff., 79, 80ff., 84, 87, 89, 92, 99f., 326, 328
Griechisch-Türkischer Krieg 328
Grimm 330
Grodno 302
Grönland 204, 206
Großbetriebe 338
Großbritannien 233, 321, 342, 366, 373
Große Mauer 61
Großgrundbesitz 354
Großinquisitor 247
Grotius 309
Grundherrschaft 132, 157
Grünewald 234
Guanahani 238
Gudea v. Lagasch 40
Guillotine 315
Gundahar 122
Gupta-Reich 223
Gustav I. Wasa 206
Gustav Adolf 258
Gutäer 40, 51
Gutenberg 187
Gyges 48

Haager Allianz 277
Habeas-Corpus-Akte 287
Habsburg, Hs. 179ff., 182, 233, 238, 244, 294, 297, 299
Hadrian (Päpste): – IV. 166; – VI. 243
Hadrian (Kaiser) 113
Haeckel 359
Hagia Sophia 131
Haithabu 206
Hakon IV. 204; –VI. 206f.
Hallstatt-Kultur 21, 90
Halys 47f., 51f.
Hambacher Fest 330
Hamburg 146
Hamilkar Barkas 92, 96
Hammurabi 41, 43
Hampton Court 282
Han-Dynastie 61, 226
Hannibal 96f.
Hannover 271, 347
Hannover, Hs. 289
Hanse 185, 207
Harald Blauzahn 144, 147, 204, 206
Harald Schönhaar 204
Harappa-Kultur 54
Hardenberg 323
Haremheb 30
Harun al-Raschid 141
Hadrubal 96f.
Hastings 190
Hatschepsut 28
Hatti 47
Hattusa 47
Hattusilis I. 47 –III. 47
Hausmeier 137
Hawai 302, 361
Hébert 312
Hecker 336
Heerbann 132
Heeresreform 345
Hegel 341
Heidelberg 275
Heilbronner Bund 259
Heinrich, *Deutsches Reich*: I. 147, 149; II. 150ff., 210; – III. 152f.; – IV. 153, 155; – V. 155, 157, 163; – VI. 168; – (VII.) 169f.; – VII. 181, 234; *England:* – I. 192; – II. 192, 197; – III. 193; – IV. 195; – V. 195, 199; – VI. 195, 199; – VII. 195, 252; – VIII. 252; *Frankreich:* – III. 252; – IV. 252, 264
Heinrich d. Löwe 163, 166, 168
Heinrich Raspe 170
Heinrich d. Stolze 163
Helgoland 361
Hellenismus 46, 71, 84, 142
Hellespont 74, 82
Helmholtz 359
Heloten 71
Helsinki 374
Helvetische Rep. 316
Hera 65
Heracleia 90
Heraklit v. Ephesos 69
Herbart 359
Herculanum 112
Hermann Billung 150
Herman v. Salm 155
Hermann v. Salza 170

Hermes 65
Hermunduren 118
Herodot 37, 79
Herzegowina 356
Hethiter 21, 28, 34f., 43f., 47f.
Heydrich 370
Hieroglyphen-Schrift 24
Hieronymus 125
Hildebrandt, L. v. 294
Himera 74
Himmler 370
Hindenburg P.v. 367, 369
Hinduismus 224
Hinterpommern 262
Hipparch 73
Hippokrates 81
Hiroshima 371
Hitler 299, 368ff., 371f.
Hoangho 57, 61
Hobbes 309
Hochkulturen 37, 51f.
Hochmittelalter 185, 247
Höchstädt 278
Hofer 322
Hofjuden 296
Hohenfriedberg 299
Hohenlohe-Schillingsfürst 363
Hohenstaufen-Dynastie 163, 170, 197
Hohenzollern, Hs. 262, 347
Holbein d.J. 235
Holland s. Niederlande
Holstein 163, 209
Homer 65
Homo sapiens 15
Hongkong 354, 361
Honorius (Kaiser) 122
Honorius (Papst) III. 170
Hoorn 250
Horaz 107
Horus 24
Hötzendorf 363
House of Commons 284
Hsia-Zeit 57
Hubertusburg 299
Hudson 327
Hudsonbay-Länder 278
Hügelgräber-Kultur 19
Hugenotten 266; – Kriege 251
Humanismus 233ff.
Humboldt 323
Hume 309
Hundertjähriger Krieg 195, 198
Hunnen 61, 118, 122f., 127
Hus 179, 187
Hussiten(kriege) 187
Hutten 235
Hyksos 27, 43, 49
Hyphasis 82
Iberische Halbinseln, s. Spanien
Ignatius v. Loyola 246
Illyrer 82, 93, 107
Immunität 132, 143
Imperialismus 359f.
Independenten 284f.
Indianer 238, 305, 344
Indianerkriege 344
Indien 54ff., 56, 82, 223ff., 238, 354, 372
Indochina 361
Indra 55
Indus 54, 82
Industrie, europ. 338f., 356; jap. 361; russ. 355 USA 344
Industriestaaten 338f.
Industrialisierung 338f.
Inflation, dt. 368, 373; franz. 312, 317
Ingelheim 143, 155
Inka 238
Innozenz, Päpste: – III. 159, 169, 174; – IV. 170
Inquisition, europ. 247
Interregnum 179
Interventionsrecht 326
Investitur(streit) 149f., 152, 154f.
Ioner 64f., 71ff.
Ipsos 84
Iran s.a. Persien 51f., 82
Irene 220
Irland 136f., 190, 192, 204, 290
Ironsides 284
Isabella v. Kastilien 203
Ischtar 38, 41, 52
Isin 41, 44
Isis 85
Islam 127, 134f., 141, 158, 225
Isolationismus (USA) 369
Isonomie 76
Israel 49f., 71
Issos 82
Istrien 143
Italien 21, 74, 87, 90, 96, 123, 129ff., 144, 150ff., 166, 169, 175, 181f., 234, 278, 326, 341ff., 356, 361
Italiker 87, 100, 130
Ivar der Knochenlose 147
Iwan (Rußland) I. 216; – III. 217, 290; – IV. 290f.

Jacques Bonhomme 199
Jahwe 49f.
Jainismus 55
Jakob, *Aragon*: I. 203; *England:* – I. 253f., 280, 282; – II. 287ff.; *Schottland:* – VI. 280
Jakobiner 312, 314f.
Japan 355, 359, 361, 371
Jaroslaw Mudry 212
Jaspers 71
Jeanne d'Arc 195, 199

Jefferson 305
Jena 322
Jenissei 291
Jenisseisk 291
Jeremia 7
Jerobeam 50
Jerusalem 34, 46, 49f., 104, 112f., 135, 158, 170
Jesaja 71
Jesuiten 246f., 301
Jesus 110
Johann, *England:* – I. Ohneland 192f., 197; *Frankreich:* – II. 199
Johann, Ehz. 337
Johann Ernst v. Weimar 256
Johanna die Wahnsinnige 239
Johannes, *Päpste:* – XII. 150; – XXII. 182; *Byzanz:* – I. 221; – V. 223; – VIII. 223
Johanniter 157
Jordan 50
Jordanes 130
Jordanien 112
Joseph (Habsburg): I. 277f.; – II. 301
Josephinismus 301
Juden 34, 50, 113, 247, 355, 369f., 372; – Emanzipation 296, 323
Jugurtha 102
Julian Apostata 125
Juli-Revolution 328ff.
Jungpaläolithikum 16
Jungsteinzeit 17
Justinian 123, 130f.
Jüten, Jütland 123, 146, 190

Kadesch 34, 47
Kalach 44
Kalender, ägypt. 40
Kalidasa 224
Kalinga 56
Kalkutta 303
Kallias 76
Kalmar 206; – Union 206f., 209
Kalter Krieg 373f.
Kambyses 35, 52
Kamerun 361
Kamtschatka 291
Kanaan 40, 49
Kanada 304f., 354
Kant 308
Kanzelparagraph 352
Kao-tsung 226
Kapitalinvestition 339
Kapitalismus 246, 345, 359
Karantanen 134
Karl I. d. Gr. 104ff., 146, 220; – II. d. Kahle 144; – III. d. Dicke 144, 147
Karl, *Deutsche Ks.:* – IV. 182ff., 187, 234; – V. 239, 242ff., 246, 248; – VI. 278, 297; – VII. 299; *England:* – I. 282ff.; – II. 286ff.; *Frankreich:* – IV. 195; – V. 199; – VII. 199; – X. 328; *Schweden:* – XII. 292; *Spanien:* – II. 275f.; – III. 277
Karl v. Anjou 173
Karl v. Burgund (d. Kühne) 199
Karl Albrecht von Bayern 299
Karlmann 140
Karl Martell 137
Karlowitz 294
Karlsbader Beschlüsse 330
Karlshorst 371
Karlsruhe 294
Karnak 27, 34
Kärnten 279f.
Karolinger Dyn. 137, 140, 144, 146
Karthago 74, 84, 92f., 96ff.
Kasimir III. d. Gr. 211
Kassiten 43, 47, 51
Kastilien 202f., 239
Katalaunische Felder 123
Katalonien 122, 203
Katharer 197
Katharina I. 292; – II. d. Gr. 299, 301
Katharina von Medici 251f.
Katholische Liga 254
Katholizismus 282, 352
Kaukasus 48
Kaunitz-Rietberg 299
Keilschrift 38, 41, 48
Kelten 21, 90, 96, 98, 109
Kenia 360
Kent 190
Kepler 235, 308
Ketteler 341
Khaiber-Paß 54
Kiew 212f., 216
Kilian 136
Kimmerier 48, 51
Kirche, anglik. 280; griech. orth. 217; röm.-kath. 125, 310f.; russ. 217
Kirchenstaat 140, 316, 325, 342f., 352
Kisch 38f., 41
Kissingen 347
Klassenkampf 341
Kleinasien 40, 47ff., 63ff., 69, 76, 158f.
Kleisthenes v. Athen 73
Klemens (Päpste): – II. 153; – III. 155; – V. 197; – VII. 178, 244
Kleon 79
Klerus s. Kirche
Klosterkultur 136
Knossos 63
Knut d. Gr. 204, 207; – VI. 207
Koalitionskriege 312, 316, 321f.
Kolberg 322
Köln 123, 249
Kolophan 69
Kolonialdualismus (brit.-franz.) 304
Kolonialreich, brit. 354; port. 326; span. 326

Kolonien (allg.) 302f.
Kolonisation, franz. 268; griech. 87; russ. 291
Kolping 341
Kolumbus 233, 238
Kommunismus 341
Konfuzianismus 60
Konfuzius s. Kungfutse
Kongo 361
Königgrätz 347
Königtum 26f., 314
Konkordat 321
Konquistadoren 239
Konrad, Deutsche Ks. bzw. Kg.: – I. 147, 207; – II. 152; – III. 159; – IV. 173
Konrad v. Masowien 163, 186, 211
Konradin 173
Konstantin, (Byzanz) XI. (XII.) 223; – d. Gr. 116f., 125, 142
Konstantinopel 117f., 131, 134f., 159, 212, 217, 221, 223, 235
Konstanz 166, 178f., 187
Konstanze v. Sizilien 168
Konsularverfassung, franz. 321
Konsulat, röm. 88
Kontinentalsperre 322
Konungshalla 204
Konvent 314
Konversion 266
Konzentrationslager, dt. 369
Konzern 345
Konzil, Basel 179; Konstantinopel 125, 220; Konstanz 178f., 187; Trient 246; Vatikan 352
Konziliare Theorie 178f., 185
Kopenhagen 209
Kopernikus 235, 308
Koran 134
Korea 61, 361
Korinth 74, 79f., 98
Korinthischer Bund 81
Korsika 93, 129
Kosaken 291, 324
Kosciuszko 302, 305
Kotzebue 329
KPD 369
Krain 179f.
Krakau 210f., 302
Krasnojarsk 291
Kreditpolitik 369
Kreml 290
Kreta 27, 63ff., 68f., 70, 74, 220f.
Kreuzfahrerstaaten 159
Kreuzzüge 157ff., 170, 197, 223
Kriegsanleihen 368f.
Krim 301, 342
Krimkrieg 342, 355
Kroisos 48
Krüger-Depesche 363
Kuba 361
Kublai-Khan 231
Kulturkampf, deutscher 352
Kunersdorf 299
Kungfutse 60, 71
Kunst, frühgesch. 15f., 24, 28, 30, 38, 40, 45
Kunstraub 317
Kupferzeit 17
Kurpfalz 274f.
Kursachsen 271
Kütschük-Kainardschi 301
Kyaxares 45, 51
Kybele 48, 85
Kyniker 85
Kyrillische Schrift 134
Kyros II. 46, 48, 52

Labarna 47
La Fayette 305, 310
Lagasch 38f.
La Hogue 275, 290
Lakonien 71
Lancaster, Hs. 195, 253
Landau 278
Landeskirchentum 244
Landfrieden 153, 180, 185
Landkriegsordnung 360
Langensalza 347
Langobarden 118, 129, 131, 137, 141, 152
Laotse 60
La Rochelle 263
Larsa 41
Lassalle 341, 352
Lascaux 16
La-Tène-Kultur 21, 90
Latiner, Latium 87, 90, 92
Lausitz 163, 183
Laxenburger Allianz 217
Le Bon 359
Lechfeld 149
Legitimität 325
Legnano 166
Lehnswesen, fränk. 143; Hochkultur 47; mittelalterl. 149, 152, 191
Leibeigenschaft 115, 300f., 355
Leibniz 309
Leipzig 325, 332
Lenin 356, 368
Leo (Päpste) I. 123, 125; – III. 142, 220; – X. 242; XIII. 352
Leonardo da Vinci 234
Leonidas 74
Leopold, Deutsche Ks.: – I. 276f.; – II. 301;
Leowigild 200
Lepanto 250
Lepidus 106
Lesbos 220
Leuktra 80
Leuthen 299
Levante 17
Lewes 193

Lexington 305
Lhasa 227
Libanon 48
Liberalismus 309
Libertät 262
Libyen 361
Liebig 338
Liebknecht, W. 352
Ligny 326
Ligurische Republik 316
Limes 113
Lincoln 345
Liselotte von der Pfalz 274
List 330
Li Tai-po 227
Litauen 186, 216f.
Literatur, frühgesch. 27, 44f.; ind. 224
Liutizen 134
Livius 107
Lloyd George 366
Locarno 370
Locke 309
Lodz 302
Lollarden 195
Lombardei 342, 278
Lombardischer Bund
London 289
Lope de Vega 250
Lothar, Deutsche Ks.: – I. 144; – III. 163
Lothar v. Supplinburg 163
Lothringen 144, 147, 149, 158, 271
Louis Philippe 328, 330
Louisiana 304, 343
Louvois 264, 267, 275
Lublin 302
Ludendorff 367f.
Ludwig I. d. Gr. 211
Ludwig, *Bayern:* – I. 332; *Böhmen:* – II. 244; *Deutscher Ks.:* – IV. 175, 181f.; *Franken:* – I. 143; – II. 144; – d. Deutsche 144, 146; – IV. 146; *Frankreich:* – VI. d. Dicke 197; – VII. 159; – IX. d. Heilige 159, 197; – XI. 199; – XIV. 264, 266ff., 276ff., 288, 290, 294; – XV. 310; – XVI. 310, 312, 314; – XVIII. 325
Luftkrieg (1939–45) 371
Lugal 37
Lugalanda 39, 43
Lund 204
Lunéville 321
Luther, M. 233, 240, 242, 246, 248
Lutter 256
Lützen 258
Luxembourg 267
Luxemburg, Hs. 181f., 187
Luxor 30, 34
Lydien, Lyder 48, 51f., 66
Lykurg 71
Lyon 170, 314
Lysipp 80
Machiavelli 234
Mac-Mahon 350
Madagaskar 303, 361
Madras 303
Magalhães (Magellan) 238
Magdalénien 13
Magdeburg 150
Magenta 342
Maghada 55
Magna Charta, engl. 193
Magnaten 194f.
Magnesia 98
Magnus Erlingsson 204
Mähren 147, 180
Maigesetze 352
Mailand 166, 243, 336
Mainz 123, 170, 314
Makedonien 52, 65, 73, 81, 84, 98, 118
Mallia 63
Malplaquet 278
Mameluken 159
Mandschu-Dyn. 231
Mandschurei 61
Manetho 24
Manifest, Komm. 341
Mannerheim 275, 294
Mansfeld 255f.
Manuel II. 223
Manufakturen 268, 338
Marat 312
Marathon 52, 73
Marburg 244; Religionsgespräch 244
Marcus Antonius 106
Mark Aurel 113
Marchfeld 180
Marco Polo 231
Marduk 41, 46
Marengo 321
Margarete v. Dänemark 206f.
Maria von Burgund 239
Maria, *England:* – d. Kath. 253; *Schottland:* – Stuart 253; *Österreich:* – Theresia 297, 299f.
Marie Antoinette 314
Maria Theresia v. Spanien 268
Marius 102
Markomannen 109, 113, 115, 118
Marlborough 278
Marokko-Krisen 361
Marseillaise 314
Marshall 373; – Plan 373
Marsilius von Padua 178
Martin V., Papst 179
Marx, K. 341
Maryland 305
Masinissa 98
Masowien 211
Massachusetts 282, 305
Materialismus 309
Materialschlachten 367

Mathilde v. Tuszien 153
Mauritius-In. 302
Maxentius 117
Maximian 116
Maximilian, *Bayern:* – I. 254 f.; *Deutsche Ks.:* – I. 199, 239 f.; – II. 249
Maximilian, Ehz. 347
Mayflower 282
Mazarin 263
Mazeppa 292
Meder 44 f., 48, 51
Mediatisierung 325
Medici, Hs. 234
Megalith-Kultur 18, 118
Megaron 64
Megiddo 28
Meißen 163, 181, 183
Mekka 134
Melanchthon 235, 246
Melfi, Konstitutionen 170
Memphis 24, 30
Menes 24
Menhiren 18
Menorca 178
Menschenrechte 305, 312
Menschewiki 356
Mercia 190
Merkantilismus 268, 310
Merowinger 128, 130 ff., 137, 140
Mersen 144
Mesannepadda 38
Mesopotamien 37 ff., 45 ff., 51, 73, 112, 221
Messenien 72
Messenische Kriege 71
Messias 71, 110
Metaurus 97
Metternich 326, 330, 336
Metz 347, 262
Michael, *Byzanz:* – I. 220; – II. 220; III. 220; – VIII. 221, 223; *Rußland:* – I. 291
Michelangelo 234
Midas 48
Mieszko I. 210
Milet 48, 52, 65, 73
Militarismus 297
Miltiades 73
Ming-Dyn. 231
Ministerialen 152, 157
Minoische Kultur 63
Minos 63
Mirabeau 310
Mission 136 f., 144, 163, 238
Missolunghi 328
Mitanni (-Reich) 28, 43, 47
Mithradates VI. 102 ff.
Mithra-Kult 52
Mittelalter 125, 127
Mittelamerika 233
Mittelmächte 368
Mittelpaläolithikum 15
Mittelstand 330, 368
Mittelsteinzeit 17
Mohacs 244
Mohammed 134
Mohammed (Osm.) II. 223
Mohi 214
Moldau 342
Molière 267
Mollwitz 299
Moltke, H. v. (d. Ä.) 347
Moltke, H. v. (d. J.) 366
Monarchie, konstitutionelle 289, 312
Mönchtum 136
Mongolen (-reiche) 210, 214, 216, 223, 225
Monotheismus 49, 135
Monroe 326; – Doktrin 328
Monte Cassino 136
Montenegro 356
Montesquieu 309
Montez, Lola 332
Montezuma II. 238
Montmorency 263
Montreal 304
Moreau 321
Morgan 345
Morgarten 180
Moritz v. Sachsen 248
Mortimer 193
Morus 253
Mose 34, 49
Moskau 214, 216, 290 f., 301, 324, 359, 371
Moti 60
Moustérien 13, 15
Mühlberg 248
Mühldorf 182
München 332
Münchener Abkommen 370
Münnich 292
Münzer 243
Mursilis I. 47; – II. 47
Muwatallis 47
Mykale 75
Mykene 63 ff., 68 f., 70
Mykerinos 25
Mylae 92
Myron 79

Nabonid 46, 52
Nabopolassar 46
Nachrichtenwesen 359
Nagasaki 371
Nanking 361
Nantes 314
Napoleon I. 316 f., 321 ff., 330, 343, 347, 371; – II. 342; – III. 330, 342, 350
Naramsin 40
Narodniki 355
Narses 131
Narwa 292

Naseby 284
Nationalismus 325, 3609
Nationalitätenpolitik 370
Nationalitäten-Staat 297
Nationalökonomie 309
Nationalsozialisten 369
NSDAP 369
Nationalversammlung dt. 336 ff.; franz. 311 f.,
NATO 373 f.
Naturalwirtschaft 157
Navarino 328
Navarra 203
Navas de Tolosa 202
Navigationsakte 286
Nazareth 159
Neandertaler 15
Neapel 203, 243, 278, 314, 316, 321
Nebukadnezar I. 44; – II. 46, 50
Nelson 316, 322
Neolithikum s. Mittel- u. Jungsteinzeit
Nero 110
Nerva 112
Neu-England-Staaten 282, 304 f.
Neu-Frankreich 303
Neufundland 278, 303
Neu-Guinea 302
Neuhochdeutsch 242
Neu-Kaledonien 302
Neumann, Balthasar 294
Neuschottland 278, 303
Neu-Seeland 302
Neustrien 131
Newa 214, 292
New Hampshire 305
New Jersey 305
New Orleans 304
Newton 309
New York 304 f.
Nibelungenlied 122
Nichtangriffspakt 370
Nidaros 204
Niederlande 246, 266 ff., 269 f., 275, 278, 286, 303, 305, 314, 316, 325
Niederlande österr. 314; span. 268, 270, 278; Vereinigte 329
Niedersachsen 129
Nicäa 117, 125
Nikias 79
Nikolaus, *Päpste:* – I. 220; – II. 153; *Rußland:* – II. 460
Ninive 43 ff., 51
Nippur 39
Nirwana 55, 71
Nobilität, röm. 89
Nofretete 30
Nomaden 15, 134
Nordamerika s. a. USA 246, 278, 282, 303
Norddeutscher Bund 347
Nordgermanen 118
Nordischer Krieg 292
Norditalien s. Oberitalien
Nord-Korea 373 f.
Nordstaaten (amer.) 345
Nord-Süd-Gegensatz 374
Noreia 102
Normandie 147, 192, 294
Normannen 146 f., 151, 153, 158, 166, 168, 190 f., 204, 223
North Carolina 305
Northumbria 190
Norwegen 204, 206 f., 209, 371
Nowgorod 212 ff., 290 f.
Nubien 25, 27, 34 f.
Nürnberg 175, 246
Nymwegen 270
Nystad 292

Oberitalien 277, 316 f., 337, 342
Oberpfalz 183
Obodriten 134, 206
Octavian 106 f.
Odessa 355
Odoaker 123, 127, 130
Odysseus 64
Offa 190
Oktoberrevolution 367
Olaf III. (Schoßkönig) 204, 209
Oleg 212
Oligarchie 80, 99
Olmütz 338
Olympia 66
Olympische Spiele 66
Omaijaden 200
Onkel Toms Hütte 345
Opiumhandel 361
Opiumkrieg 361
Oppenheim 275
Opritschnina 291
Optimaten 102, 105
Orient 17
Orienthandel 159, 235
Orinoco-Gebiet 238
Orléans 195, 199
Osmanen 223
Ostafrika 361
Ostanglien 190
Ostblock 373 f.
Ostermann 292
Österreich 143, 163, 179 f., 294, 296 f., 299, 301, 305, 312, 316 f., 321 ff., 330, 336 f., 342, 347, 356, 363, 366 f., 370, 373
Ostfranken 140, 144, 146 f.
Ostgermanen 118, 128, 204
Ostgoten 117 ff., 130 f.
Ostind. Kompanien 303, 305, 354
Ostpreußen 244, 367
Ostrakismos 73
Ostseehandel 185
Ostseeherrschaft 292

Ost-West-Handel 374
Ost-West-Konflikt 374
Ostzone
Otho 110
Otto, *Deutsche Ks.:* – I. 149f., 210 – II. 150, 207; – III. 150, 210; – IV. 168f., 173f.; *Griechenland:* – I. 328
Ottokar II. 179f.
Oudenaarde 278
Ovid 107
Oxford 193

Paderborn 143
Paktsysteme 374
Paläologen-Dynastie 223
Palästina 21, 27, 34, 44, 47ff., 221, 355
Palmyra 115
Panama-Kongr. 328
Panama-Kanal 361
Pandschab 54, 82
Pannonien 109, 118, 143, 147
Panslawismus 359, 366
Papsttum 125ff., 150, 153, 175, 178, 182, 197, 246, 342, 352
Parias 55
Paris 131, 199, 264, 304, 312, 314f., 317, 325f., 328, 332, 342, 350
Parthenon 79
Parthenopäische Rep. 316
Parther(reich) 46, 56, 105, 113
Partikularismus 352
Passarowitz 294
Patriziat, röm. 88
Paul (Papst) III. 248
Paulinus von Aquileia 143
Paulskirche 336, 338
Paulus (Apostel) 110, 240
Paulus Diaconus 143
Pausanias 75
Pavia 115, 131, 242
Pax Augusta 107
Pazifischer Krieg 371
Pearl Harbor 371
Peisistratos 73
Peloponnes 63ff., 71f., 79; – Bund 72; – Krieg 71, 76, 78, 80ff.
Pelusium 35
Pennsylvanien 305
Pepis II. 26
Pergamon 85
Perikles 76, 79
Periöken 71
Perser 50ff., 73f., 79ff., 135; – Kriege 71, 73ff., 82
Persien s.a. Iran 35, 71, 79ff.
Pest 183, 194
Peter, *Aragon:* – III. 203; *Rußland:* – I. 291; – III. 299
Petersburg s.a. Leningrad 292, 355f.
Petition of Rights 283
Petrarca 234
Petrus (Apostel) 110, 125
Petrus von Pisa 143
Petschenegen 221
Pfalz 143, 338
Pfälzischer Krieg 274
Phaistos 63
Pharao 25
Pharnaces 105
Pharsalus 105
Phidias 79
Philadelphia 305, 308
Philipp, *Frankreich:* – I. 197; – II. August 159, 169, 192, 197; – IV. 175, 193, 195, 197f.; *Makedonien:* – II. 81; – V. 97f.; *Spanien:* – II. 248ff.; – V. 276, 278
Philipp I. der Schöne 239
Philipp v. Orléans 310; – v. Schwaben 168, 173, 223
Philippi 106
Philippinen 238
Philister 21, 34, 49
Phönikien 65, 82
Photios 220
Phrygien 48, 66, 84
Pianchi 34
Piasten 210, 214
Picardie 239
Picquigny 195
Piemont 342
Pilgrim Fathers 282
Pindar 68, 79
Pippin 140
Pippinsche Schenkung 140
Piräus 79
Pirmin 136
Pisa 159
Pitt, W. (d. Ä.) 304
Pitt, W. (d. J.) 317
Pius (Päpste) II. 179; – IX. 352
Pizarro 238
Planck 359
Plantagenet, Hs. 195, 197
Planwirtschaft 373
Plassey 303
Platäa 52, 75
Platon 80f.
Plechanow 356
Plutarch 100
Plymouth 282
Pogrom 355
Polen 18, 150, 152, 186, 210f., 292, 294, 301f., 323, 329, 370f.
Polis 66, 68, 72f., 76, 80, 85
Poln. Teilung 301f.
Poltawa 98
Polygnot 79
Polyklet 79
Pommern 207, 210, 246

Pompadour 299, 310
Pompei 112
Pompeius 104f.
Pontus 104
Popularen 102ff.
Portugal 129, 233, 235, 238, 250, 278, 303, 321
Poseidon 65
Posen 210
Potemkin 302
Potsdam 373
Prädestination 246
Prag 183, 370, 373f.; – Fenstersturz 254
Pragmatische Sanktion 297
Prandauer 294
Prätorianer 107, 110
Praxiteles 80
Presbyterianer 283f.
Preßburg 294
Pressezensur 328
Preußen 163, 187, 233, 244, 292, 296ff., 299, 301f., 305, 312, 316, 321ff., 330, 336f., 345, 347, 352
Prinzipat 107
Privilegium minus 163
Produktivgenossenschaft 350
Proletariat 332, 341, 345
Proscriptionen 103, 106
Proskynese 84
Prosperität 369
Protestanten 244, 246, 280
Protest. Union 254
Psammetich I. 35; – III. 35
Psychologie 359
Pteria 48
Ptolemäer-Dyn. 84f.
Ptolemaios 84
Pulververschwörung 282
Pulu 45
Punische Kriege 92, 96
Punt 27
Puritanismus 280, 282, 286, 304, 359
Pydna 98
Pyramiden 25, 316
Pyrenäenfriede 264
Pyrrhus 90, 92, 372
Pythagoras 69, 81

Quaden 118f.
Quäker 304
Quebec 304
Quiros 302

Racine 267
Radschputen(-Staaten) 225
Raffael Santi 234
Raleigh 204, 253
Ramillies 278
Ramses I. 34; – II. 34; – III. 34; – XI. 34
Ranke 256
Rassenpolitik 345
Rastatt 278
Rationalismus 309
Raubrittertum 239
Ravenna 119
Re 25, 30
Rechtswesen, Hochkulturen 41; mittelalterl. 197; Neuzeit 300, 352; röm. 118, 131
Reconquista 201f., 250
Reformation 233, 240, 242ff., 246, 258
Reformen, preuß. 296
Regensburg 258, 274
Regnum Teutonicorum 149
Rehabeam 50
Reichsdeputationshauptschluß 321
Reichskammergericht 240
Reichskirche 168
Reichsstädte 158
Reichsteilung, fränk. 144; röm. 188ff.
Reims 131, 371
Rekatholisierung 250, 288
Rekkared I. 200
Rekuperationen 169
Religion, ägypt. 24f., 30, 39; babyl. 50; Bronzezeit 19; christl. 125; pers. 52; Steinzeit 15f., 19
Religionsfriede, Augsburg 248; Nürnberg 246
Remigius 128
Renaissance 233f.
Renan 359
Renovatio 150
Reparationen 368
Republik 314
Reservate 344
Restauration 325
Reuchlin 235
Reunion 271, 274
Reunionsrecht 271
Revindikation 180
Revolution bürgerl. 305, 306f.; dt. 332, 336, 338; engl. 285, 289; franz. 309ff., 314ff., 330, 332; industrielle 359
Rhein (Bund) 264, 321
Rheinland 370
Rhense 175, 182
Rhode Island 305
Rhodes 361
Rhodesien 360
Ribemont 144
Ricardo 341
Richard v. Cornwall 179
Richard (England) I. 159, 192; – II. 195; – III. 195
Richelieu 259, 263f.
Richterzeit 49
Ritter, mittelalterlich 157; röm. 102
Robespierre 312, 315f.
Rockefeller, J. 345
Roderich 200

Roger II. 159, 168
Röhm 370
Rohstoff-Probleme 374
Rokoko 294, 310
Rollsiegel 38
Rom 21, 87ff., 92f., 96ff., 102ff., 109f., 112f., 115f., 122f., 125, 150, 166, 244
Romanos I. 221
Romanow, Hs. 291
Römer 84, 90, 96, 100, 109, 112, 117, 190
Röm. Recht 112, 240; – Reich 87; – Rep. 88ff.
Rom, Synode 153
Rommel 371
Romulus Augustulus 118, 123, 127
Roncesvalles 141
Ronkalischer Reichstag 166
Röntgen 359
Roon 347
Roosevelt, F.D. 371, 372
Rosenkriege 195
Roßbach 299
Rotes Kreuz 343
Rousseau 309
Royalisten 316
Rubicon 105
Rückversicherungs-Vertrag 356
Rudolf, *Burgund:* – II. 152; *Habsburg:* – I. 179f.; – II. 249, 254
Rudolf v. Schwaben 155
Rugier 118, 123
Rügen 207
Rumänien 356
Rupert v. Worms 136
Ruprecht v.d. Pfalz 185, 187
Rurik 212
Russ.–jap. Krieg 361
Russ.-türk. Kriege 302, 342
Rußland 212ff., 216f., 233, 290ff., 294, 299, 301f., 305, 317, 322ff., 328, 337, 342, 355f., 359, 363, 366, 368, 370f.
Rutherford, E. 359
Ryswick 275

SA 370
Sabiner 87
Sachsen (Volk) 115, 118, 123, 129, 141, 146f., 149, 190
Sachsen 163, 166, 168, 299, 347
Sachsenspiegel 174
Sagunt 96
Saint Germain 271
Saken 56
Sakkara 25
Säkularisation 41, 244, 325
Saladin 159
Salamis 52, 74f., 123
Salier 150, 152ff., 163
Sallust 107
Salamanassar I. 43; – III. 44; – V. 45
Salomo 49
SALT 374
Samaria 50
Samniten 87
Samnitenkriege 90
Samo 134
Samudragupta 223
Sancho III. 202
Sandwich-Inseln 302
San Francisco 344
Sanherib 45
Sankt Helena 326
San Martin 326
Sansibar 361
Sappho 68
Sarajewo 363, 366
Sarapis 85
Saratoga 305
Sarazenen 150
Sardes 52, 73
Sardinien 93, 129, 278, 314, 342
Sardur I. 48
Sargon I. 40f.; – II. 45, 50
Sarmaten 123
Sassaniden 46
Satellitensystem (napoleon.) 316
Satrapen 52, 75
Saul 49
Savoyen 275, 278
Schabaka 35
Schamasch 41
Schammuramat 45
Schamschiadad I. 43; – V. 44
Schang-Dynastie 57
Schapur I. 115
Scharnhorst 323
Schauenburg, Hs. 163
Scheschonk 34
Schiiten 135
Schill 322
Schiller 329
Schisma 178, 185, 187
Schlesien 183, 210f., 297, 299, 341
Schlesische Kriege 298
Schleswig 209, 246, 337, 374
Schlieffen 363, 367; – Plan 363, 367
Schlüter, A. 294
Schmalkaldischer Bund 246
Schmalkaldischer Krieg 248
Schnurkeramik-Kultur 19, 118
Schottland 136, 190, 192f., 207, 246, 280, 283
Schrift 38
Schutzzoll 198, 344, 354
Schwaben 146f., 149, 180, 243, 275
Schwabenzüge 301
Schwarze Hand 363
Schweden 204, 206, 209, 246, 258, 262, 269, 271, 275, 292, 299, 305, 325
Schwed.-franz. Krieg 259

Schwedentrunk 259
Schweiz 180, 240, 246, 262, 316, 325
Schwerindustrie 338, 354
Scipio Africanus 97
Scipio, P. Cornelius 97; – Gn. Cornelius 97
Sedan 350
Seevölker 21
Seldschuken 158, 221
Seleukeia 84
Seleukiden 46, 50, 56, 84, 104
Seleukos I. 55, 84
Semiramis 45
Semiten 37, 39, 43, 49
Semnonen 118
Sempach 180
Senat (röm.) 88, 115
Seneca 110
Senegal 361
Septembermorde 314
Septimius Severus 113
Septuaginta 85
Serben, Serbien 326, 328, 356, 363, 366
Sesostris III. 27
Sethos I. 24, 34
Severische Dynastie 113
Severus Alexander 115
Sewastopol 302, 342
Sezessionisten 345
Sezessionskrieg 345
Sforza 234
Shakespeare 253
she-towns 341
Sibirien 291, 355
Siebenbürgen 301
Siebenjähriger Krieg 292, 299, 304
Siedlerzivilisation 344
Siedlungswesen 163
Siemens 338
Sieyès 310f.
Sigismund I. 178f., 187
Simon v. Montfort 193
Simonie 152, 154
Sinai 25, 49
Singapore 354
Sinuhe 27
Siwa 82
Sizilien 74, 80, 87, 92f., 98, 100, 150, 168ff., 173, 203, 220, 343
Skandinavien 204
Skeptiker 85
Sklaven 44, 52, 99f., 104, 115, 345
Sklavenaufstand 100, 104
Skythen 48, 51, 73
Slawen 134, 150, 163
Slawenaufstand 150
Slowenen 134
Sluys 198
Smith, A. 309, 341
Smolensk 217, 290, 323
Soissons 143
Sokrates 79f.
Soldatenkaiser 115
Solferino 342
Solidarität 325
Solon 72f.
Somali-Land 360f.
Somme 367
Sophisten 79
Sophokles 79
Sorben 134, 143
South Carolina 305
Sozialdemokratie 352
Sozialistengesetze 352, 354
Sozialordnung, german. 118
Sozialreform, preuß. 354
Soziologie 359
Spanien 17, 21, 90, 96ff., 103, 107, 122, 128f., 135, 141, 200ff., 233, 238, 247, 264, 270f., 275, 278, 303, 305, 314, 322, 325f., 361
Sparta 71ff., 79f., 90
Spartacus 104
Spätmittelalter 233
Spätneolithikum 17
SPD 368f.
Speyer 143, 244, 275
Spinoza 309
Splendid isolation 363
Spoleto 96, 168
SS 370
Stadt, mittelalterl. 157f., 183
Städtebünde 183
Städtekrieg 185
Stadtstaaten, frühgesch. 38
Stalin 368, 370, 372f.
Stalingrad 371
Ständestaat 299
Starhemberg 294
Statutum in favorem principum 170
Staufer-Dynastie s. Hohenstaufen
Steiermark 179f.
Stein, Frh. v. u. z. 322ff.
Steinzeit 16ff., 118
Stellungskrieg 367, 371
Stephan (Papst) II. 140
Steppennomaden 147
Steuben 305
Stilicho 119, 122
Stoa 85
Stockholm 292
Stoiker 85
Stonehenge 18
Stralsund 185, 207
Straßburg 271, 350
Straßburger Eide 144
Strauß, D. F. 359
Streik 34, 341
Streitaxt-Kultur 19, 118
Strelitzen 291f.
Stresemann 368

Stroganow 291
Struve, G. v. 336
Stuart, Hs. 280, 283, 286f., 289
Sture, Hs. 209
Stuttgart 332
Sudan 360
Sudeten 370
Südfrankreich 16
Südgermanen 204
Süd-Korea 374
Südwest-Afrika 361
Sueben 118, 129
Suezkanal 354
Sui-Dynastie 226
Sui Yang 226
Sulla 102ff.
Sumer 37, 40f., 44, 46, 49
Sung-Dynastie 227
Sunna 135
Sunniten 135
Sun Jat-sen 361
Suppiluliuma 43, 47
Susa 51f., 82, 84
Sussex 190
Süß Oppenheimer 296
Sutri 153, 155
Suttner 360
Sven Gabelbart 190, 207
Sverre Sigurdsson 204
Swjatoslaw 212
Syagrius 128
Symmachie 74
Syrakus 74, 80, 97
Syrien 27f., 34, 40, 44, 47f., 52, 104, 107, 135, 317

Tacitus 113
Taine 359
T'ai-tsu 231
Ta-tsung 226
Talleyrand 310, 312, 325f.
Talmud 113
Tang-Dynastie 226
Tanger 361
Tannenberg 186, 211, 217, 367
Tao 60
Tao-tse 227
Tarent 71, 90, 92
Tasman 302
Tasmanien 302
Tassilo 140f.
Tauroggen 324
Teja 131
Telepinus 47
Tell 180
Templer 157, 198
Testakte 287f.
Tetrarchie 116
Tetzel, Joh. 240
Teutoburger Wald 109
Teutonen 102, 118
Thales v. Milet 69
Theben (ägypt.) 26f., 30, 35
Theben (griech.) 74, 80, 82
Themistokles 74f.
Theodosius I. 118, 125
Theodulf 143
Theophilos 220
Thermopylen 52, 74f.
Thesenanschlag 240
Thessalien 63, 65, 74f., 81
Theudebert I. 131
Thiers 350
Tholoi 63
Thomas Becket 192
Thor 54
Thorn 186, 210
Thrakien 52, 73f., 81, 110
Thukydides 79
Thüringen 123, 129f., 137
Thutmosis I. 27; – III. 28; – IV. 28
Tiberius 109f.
Ticinus 96
Tiglatpilesar I. 44; – III. 45
Tikkulti-Ninurta 44
Tilly 255f., 258
Tilsit 322
Timur Lenk 217, 223, 225
Tintoretto 234
Tirol 182
Titus 112
Tizian 234
Togo 361
Toleranzakte 289
Tomsk 291
Tonga-Inseln 302
Tordesillas 238
Tories 287f.
Torres 302
Toskana 87
Toul 144, 262, 350
Toulon 316
Tours-Poitiers 123, 137
Trafalgar 322
Trajan 112
Trasimenischer See 96
Trebia 96
Tribur 155
Trichterbecher-Kultur 18, 118
Tridentinum 246
Triennial Act 289
Trient 246
Trier 123
Tripelallianz 269
Triple-Entente 366
Tripolis 159
Triumvirat 104ff.
Troja 65
Trojanischer Krieg 64

Trotzki 356
Troyes 195, 199
Truman 373
Trust 345
Tschandragupta 55
Tschechen 134
Tschechoslowakei 370
Tschou-Dynastie 57
Tsin-Dynastie 60
Tudor, Hs. 195, 252, 280
Tu Fu 227
Tuilerien 312
Tunesien 361
Turenne 267
Turin 278
Türkei 301 f., 317
Türken 46, 187, 223, 244, 246, 274, 294, 328, 356
Turkestan 61
Tuschpa 48
Tuszien 168
Tutenchamun 30
Tyrannis 68, 73
Tyros 49, 82

Ubier 118
UdSSR 371, 373 f.
Uganda 360
Ulfilas 117
Umbrien 87
Unabhängigkeitserklärung (USA) 305, 343
Unabhängigkeitskrieg, nordamerikan. 296, 305
Unam sanctam 175
Unfehlbarkeitsdogma 352
Ungarn 146 f., 149 f., 152, 187, 244, 277, 301, 356, 366
Universitäten 209, 211, 244, 301, 323
UNO 374
Unstrut 149
Uppsala 209
Ur 38, 40, 43, 49
Urartu 45, 48
Urban (Papst) VI. 178
Urnenfelder-Kultur 19, 21
Uruk 38, 43
USA 223, 305 ff., 326, 343 ff., 359, 361, 368 f., 371, 373 f.
Utrecht 278, 304

Valencia 202
Valens 117
Valerian 115
Valmy 314
Valois, Hs. 195, 198
Vanderbilt 345
Varus 109
Vasallität 143
Vasco da Gama 238, 225
Vauban 264, 267
Veden 54
Veji 90
Velasquez 251
Vendée 314
Venedig 142, 159, 166, 294, 336
Venetien 343
Vercellae 102
Vercingetorix 104
Verden 141, 262
Verdun 144, 262, 312, 367
Verelendung 341
Verfassung, dt. 337; franz. 312, 317, 321; mittelalterl. 132; USA 308, 343
Verfassungskonflikt, preuß. 347
Vergil 107
Verkehrswesen 338, 356
Versailles 223, 264, 294, 305, 312, 343, 350 f., 368 f., 370
Vespasian 110, 112
Vespucci 238
Viermächte-Abkommen 374
Vietnam 374
Viktor Emanuel II. 343
Viktoria 354
Viktorian. Ära 354 f.
Virginia 304 f., 308
Visby 185, 207
Vitellius 110
Vogtland 183
Völkerbund 374
Völkerrecht 367
Völkerwanderung germ. 117 ff., 131; indogerm. 34, 49, 51, 63, 65, 87
Volkssouveränität 308 f.
Volkstribun, röm. 104
Vorderasien 17
Vorpommern 262, 270

Wagram 322
Wahlkönigtum 173
Walachei 342
Waldemar I. d. Gr. 207; – II. d. Sieger 207; – IV. Atterdag 204, 207
Wales 192
Wallenstein 256, 258 f.
Wandalen 115, 118 f., 122, 129, 131
Waräger 212 f.
Warburg 242
Warschau 302
Warschauer Pakt 374
Wartburgfest 329
Washington, G. 305, 308
Waterloo 326
Watt 338
Weberaufstand 341
Weber, M. 246, 359
Weber, W. 338

Wehrpflicht 296, 370
Weißer Berg 255
Weißrußland 301
Welfen 163
Welfesholz 155
Wellington 326
Weltkrieg I. 371; – II. 371 ff.
Weltwirtschaft(handel) 262, 368; – Krise 369
Wenzel I. 185; – II. 180
Wessex 190
Westdeutschland 373
Westfälischer Friede 259, 264
Westfranken 140, 144, 147
Westgermanen 118
Westgoten 117 ff., 122 f., 128 f., 135, 200
Westindien 303, 305
Westindische Kompanie 303
Westmächte 370
Westminster (Konvention) 299
Westpreußen 301
Weströmisches Reich 123
Wettin, Hs. 163
Wheatstone 338
Whigs 288
Wichern 341
Widerstandsrecht 309
Widukind 141
Wiederaufrüstung 370
Wien 123, 244, 274, 294, 336 f.
Wiener Kongreß 325 f.
Wikinger 146 f., 190, 204
Wilfried 136
Wilhelm, *Deutsche Ks.:* – 347, 351 f., 356; – II. 356; *England:* – I. 190 f.; – III. 269, 275, 290; *Oranien:* – I. 250; – III. 269, 289; *Sizilien:* – I. 166; – III. 277
Wilhelm v. Holland 170, 179; – v. Ockham 178
Willibrord 136
Wilna 302
Winning of the West 343
Wirtschaft (Handel) s. a. Weltwirtschaft. Frühgesch. 17, 26, 28, 44, 49, 52; mittelalterl. 158, 188
Wirtschaftskrise 332, 369
Wissenschaft, antike 27, 37, 40, 44; europ. 356, 359
Witebsk 301
Witigis 130
Wittelsbach, Hs. 182
Wittenberg 240, 244
Wladimir I. 212
Wladimir Monomach 213
Wladislaw (Polen) I. Lokietek 211; – II. Jagiello 211
Wohlfahrtsausschuß 314
Wolff 309
Wolga 301
Wolynien 212 f.
Worms 143, 239, 242
Worms, Synode 155, 157, 275
Wormser Edikt 246
Württemberg 246, 321
Wyclif 194

Xenophanes 69
Xenophon 80
Xerxes I. 52, 74 f.

Yang-Schao 57
Ynglingar-Dynastie 209
Yorck v. Wartenburg 324
York, Hs. 195, 253
Yorktown 305
Yüan-Dynastie 231

Zama 97
Zarathustra 52, 71
Zenon 85
Zentralismus 321
Zentrum 352
Zermürbungskrieg 367
Zeus 63, 65
Zikkurrat 38
Zionismus 355
Zivilkonstitution 312
Zölibat 154
Zollverein, deutscher 330
Zonengrenze 373
Zunftwesen 301, 323
Zürich 180
Zweibrücken 271
Zweibund, dt.-österr. 356
Zweifrontenkrieg 363, 366
Zwingli 244
Zwölftafelgesetz 90
Zypern 63, 354

Stammtafeln

Julisch-Claudisches Haus 111
Karolinger 145
Welfen 160, 161
Staufer 171
Wittelsbacher 176, 177
Capetinger 196
Habsburg 241
Habsburg-Lothringen 279
Lancaster, Tudor, Stuart 281
Romanow 293
Bonaparte 333
Hohenzollern 353

Literaturhinweise

Hier können nur einige wenige Standardwerke genannt werden. Eine kleine Auswahl neuerer Publikationen soll darüber hinaus bei der Suche von Literatur weiterhelfen.
Das Verzeichnis ist nur nach allgemeinen Darstellungen und den fünf Hauptkapiteln des Buches gegliedert. Selbst dabei ergeben sich bei einigen Titeln Überschneidungen mit den Epochengrenzen. In solchen Fällen ist das entsprechende Buch unter dem Geschichtsabschnitt eingeordnet, den es hauptsächlich betrifft (z.B. Ländergeschichten meist unter Neuzeit).

Gesamtdarstellungen

Durant, W./Durant, A.: Kulturgeschichte der Menschheit. 20 Bde. München 1976 ff.

Fischer-Weltgeschichte. 35 Bde. Frankfurt a.M. 1965 ff.

Geiss, I.: Geschichte griffbereit. 6 Bde. (rororo 6235–6240) Reinbek 1979 ff.

Hartmann, J.: Das Geschichtsbuch. Von den Anfängen bis zur Gegenwart. (Fischer-Bücherei 73) Frankfurt a.M. 1963

Hellwig, G./Linne, G.: Daten der Weltgeschichte. Namen und Ereignisse von der Vorgeschichte bis zur Gegenwart. Gütersloh und München 1975

Herzfeld, H. (Hrsg.): Geschichte in Gestalten. (Fischer-Lexikon 37–40) Frankfurt a.M. 1963

Historia mundi. Ein Handbuch der Weltgeschichte in 10 Bänden. Begr. von F. Kern, hrsg. von F. Valjavec. München 1952 ff.

Jung, Kurt M.: Weltgeschichte in einem Griff. Berlin 1977

Kinder, H./Hilgemann, W.: dtv-Atlas zur Weltgeschichte. Karten und chronologischer Abriß. 2 Bde. München 1964

Kupisch, K.: Kirchengeschichte. 5 Bde. (Urban-Bücher 168–172) Stuttgart 1973 ff.

Lexikon der Weltgeschichte. Von der Vorzeit bis zur Gegenwart. Wiesbaden 1977

Montgomery, B.L.: Weltgeschichte der Schlachten und Kriegszüge (dtv 4167/8) München 1975

Panorama der Weltgeschichte. 3 Bde. (Lexikothek 12–14) Gütersloh und München 1976

Ploetz, K.: Auszug aus der Geschichte. 29. Aufl. Würzburg 1980

Propyläen-Weltgeschichte. Hrsg. G. Mann, A. Heuß, A. Nitschke. 12 Bde. Berlin 1960 ff.

Schmidt, K.D.: Grundriß der Kirchengeschichte. 6. Aufl. Göttingen 1975

Stein, W.: Kulturfahrplan. Die wichtigsten Daten der Kulturgeschichte. Berlin, München, Wien 1946

Zeitalter der Menschheit. 21 Bde. New York 1965 ff. (rororo-Life Nr. 21–40)

Zentner, Chr.: Zentners Illustrierte Weltgeschichte. 2. Aufl. München 1979

Zierer, O.: Neue Weltgeschichte. 3 Bde. Stuttgart o.J.

Vor- und Frühgeschichte

Eggers, H.J.: Einführung in die Vorgeschichte. (Serie Piper 93) München 1974

Graham, R.: Urgeschichte der Menschheit. 2. Aufl. Stuttgart 1956

Heberer, G.: Die Abstammung des Menschen. (Handbuch der Biologie IX) Konstanz 1961

Koenigswald, G.H.R. v.: Begegnungen mit dem Vormenschen. (dtv-Taschenbücher 269) München 1965

Lindig, W.: Vorgeschichte Nordamerikas. Mannheim 1973

Menghin, O.: Weltgeschichte der Steinzeit. 2. Aufl. Wien 1941

Müller-Karpe, H.: Handbuch der Vorgeschichte. 5 Bde. München 1969 ff.

Müller-Karpe, H.: Geschichte der Steinzeit. (Beck'sche Sonderausgaben) München 1976

Narr, K.J.: Urgeschichte der Kultur. (Kröners Taschenausgaben) Stuttgart 1961

Ronen, A.: Das Abenteuer der Vorgeschichte. (Einführung in die Archäologie) Köln 1978

Altertum

Altheim, F.: Römische Geschichte. (Sammlung Göschen 19, 677, 679, 684) Berlin 1956 ff.

Altheim, F.: Geschichte der Hunnen. 5 Bde. Berlin 1959–1962

Avi-Yonah, M./Shatzman, I.: Illustrierte Enzyklopädie des Altertums. Köln 1978

Bengtson, H.: Einführung in die alte Geschichte. 7. Aufl. München 1975

Bengtson, H.: Griechische Geschichte. Von den Anfängen bis in die römische Kaiserzeit. 5. Aufl. München 1977

Bengtson, H.: Römische Geschichte. Republik und Kaiserzeit bis 284 n.Chr. (Beck'sche Sonderausgaben) 2. Aufl. München 1976

Berve, H.: Griechische Geschichte. 2 Bde. 3. Aufl. Freiburg i.Br. 1953

Brockmeyer, N.: Sozialgeschichte der Antike. (Urban-Bücher 153) Stuttgart 1974

Brunner-Traut, E.: Die alten Ägypter. Verborgenes Leben unter den Pharaonen. 2. Aufl. Stuttgart 1976

Champollion, J.: Die Welt der Ägypter. München 1971

Der kleine Pauly. Lexikon der Antike. Hrsg. Ziegler, K. u. W. Sontheimer, Stuttgart 1964 ff.

Dessau, H.: Geschichte der römischen Kaiserzeit. 2 Bde. Berlin 1924 u. 1930

dtv-Lexikon der Antike, hrsg. von Andresen, C./Erbse H./Gigon, O. 13 Bde. München 1970 ff.

Dunbar, G.D.S.: Geschichte Indiens von den ältesten Zeiten bis zur Gegenwart. München, Berlin 1937

Eberhard, W.: Chinas Geschichte. (Bibliotheca sinica 1) Bern 1948

Erdberg-Consten, E.v.: Das alte China. (Große Kulturen der Frühzeit) 2. Aufl. Stuttgart 1962

Fischer, H.: Die Geburt der Hochkultur in Ägypten und Mesopotamien. Stuttgart 1960

Franke, O.: Geschichte des chinesischen Reiches. 5 Bde. 2. Aufl. Berlin 1961

Friedell, E.: Kulturgeschichte Ägyptens und des alten Orients. 4. Aufl. München 1953

Grant, M.: Der Untergang des römischen Reiches. Bergisch-Gladbach 1977

Hafner, G.: Kreta und Hellas. (Kunst im Bild) Baden-Baden 1968

Helck, W./Otto, E.: Kleines Wörterbuch der Ägyptologie. Wiesbaden 1956

Heuß, A.: Römische Geschichte. 4. Aufl. Braunschweig 1976

Hiltbrunner, O.: Kleines Lexikon der Antike. (Sammlung Dalp 14) 5. Aufl. München 1974

Irmscher, J.: Das große Lexikon der Antike. (Heyne 4423) München 1974

Jirku, A.: Die Welt der Bibel. Fünf Jahrtausende in Palästina-Syrien. (Große Kulturen der Frühzeit) 4. Aufl. Stuttgart 1962

Kähler, H.: Rom und seine Welt. Bilder zur Geschichte und Kultur. München 1958 ff.

Kornemann, E.: Römische Geschichte. 2 Bde. 5. Aufl. Stuttgart 1963/64

Kornemann, E.: Weltgeschichte des Mittelmeerraums von Philipp II. von Makedonien bis Muhammed. 2 Bde. München o.J.

Lamer, H.: Wörterbuch der Antike. Mit Berücksichtigung ihres Fortwirkens. (Kröner Taschenausgaben 96) 6. Aufl. Stuttgart 1963

Lexikon der Alten Welt. Kultur- und Geistesgeschichte vom 9. Jh. v. Chr. bis zum 6. Jh. n. Chr. Zürich 1965

Matz, F.: Kreta, Mykene, Troja. Die minoische und die homerische Welt. (Große Kulturen der Frühzeit) 5. Aufl. Stuttgart 1962

Meyer, E.: Geschichte des Altertums. 5 Bde. Neuaufl. Stuttgart 1953–58

Mommsen, Th.: Römische Geschichte. 8 Bde. (dtv 5955) München 1976

Moscati, S.: Geschichte und Kultur der semitischen Völker. Stuttgart 1961

Nack, E.: Ägypten und der Vordere Orient im Altertum. Heidelberg 1977

Nack, E.: Germanien. Länder und Völker der Germanen. Heidelberg 1977

Noth, M.: Geschichte Israels. 5. Aufl. Göttingen 1963

Osten, H.H. von der: Die Welt der Perser. Große Kulturen der Frühzeit. Stuttgart 1959

Otto, E.: Ägypten. Der Weg des Pharaonenreiches. (Urban-Bücher 4) 3. Aufl. Stuttgart 1958

Pallottino, M.: Die Etrusker. (Fischer-Bücherei 604) Frankfurt a.M. 1965

Paulys Real-Encyklopädie der classischen Alterthumswissenschaft. Hrsg. Wissowa, Kroll, Ziegler 1894 ff.

Riemenschneider, M.: Die Welt der Hethiter. (Große Kulturen der Frühzeit) 5. Aufl. Stuttgart 1961

Rostovzeff, M.: Gesellschafts- und Wirtschaftsgeschichte im römischen Kaiserreich. 2 Bde. Leipzig 1931
Rostovzeff, M.: Gesellschafts- und Wirtschaftsgeschichte der hellenistischen Welt. 3 Bde. Darmstadt 1955 ff.
Schachermeyer, F.: Griechische Geschichte. Entwicklung und Zusammenbruch. München 1978
Scharff, A./Moortgat, A.: Ägypten und Vorderasien im Altertum. München 1959
Schmökel, H.: Ur, Assur und Babylon. 6. Aufl. Stuttgart 1962
Stier, H.E.: Roms Aufstieg zur Weltmacht und die griechische Welt.
Strommenger, E./Hirmer, M.: Fünf Jahrtausende Mesopotamien. Die Kunst von den Anfängen um 5000 v.Chr. bis zu Alexander dem Großen. München 1962
Vogt, J.: Römische Geschichte. Freiburg i.Br. 1959
Wilcken, U.: Griechische Geschichte im Rahmen der Altertumsgeschichte. 9. Aufl. München 1962
Wolf, W.: Frühe Hochkulturen. Ägypten, Mesopotamien, Ägäis. (dtv 3166) München 1978

Mittelalter

Anderson, P.: Von der Antike zum Feudalismus. (Edition Suhrkamp 922) Frankfurt a.M. 1978
Andreas, W.: Deutschland vor der Reformation. 6. Aufl. Stuttgart 1959
Baethgen, F.: Deutschland und Europa im Spätmittelalter. (Ullstein 3849) Berlin o.J.
Boockmann, H.: Einführung in die Geschichte des Mittelalters. München 1978
Brunner, O.: Sozialgeschichte Europas im Mittelalter. (Kl. Vandenhoek-Reihe 1442) Göttingen 1978
Bühler, J.: Die Kultur des Mittelalters. (Kröners Taschenausgaben 79) 6. Aufl. Stuttgart 1954
Dawson, Ch.: Die Gestaltung des Abendlandes. Eine Einführung in die Geschichte der abendländischen Einheit. 2. Aufl. Köln 1950
Die großen Dynastien. München 1978
Haller, J.: Das Papsttum. 5 Bde. (rde 221–229) Reinbek 1965
Haller, J./Dannenbauer, H.: Von den Karolingern zu den Staufern. Die altdeutsche Kaiserzeit (900–1250). (Sammlung Göschen 1065) 5. Aufl. Berlin 1970
Haller, J./Dannenbauer, H.: Von den Staufern zu den Habsburgern. Auflösung des Reiches und Emporkommen der Landesstaaten (1250–1519). (Sammlung Göschen 1077). 3. Aufl. Berlin 1970
Hampe, K.: Das Hochmittelalter. Geschichte des Abendlandes von 900 bis 1250. 6. Aufl. Köln 1977
Hassinger, E.: Das Werden des neuzeitlichen Europa 1300–1600. 2. Aufl. Freiburg 1964
Heer, F.: Das Heilige Römische Reich. Von Otto dem Großen bis zur Habsburgischen Monarchie. (Heyne-Geschichte 4) München 1977
Heer, F.: Karl der Große und seine Welt. München 1978
Huizinga, J.: Herbst des Mittelalters. (Kröners Taschenausgaben 204) 8. Aufl. Stuttgart 1961
Kulischer, J.: Allgemeine Wirtschaftsgeschichte des Mittelalters und der Neuzeit. 2 Bde. 5. Aufl. München 1972
Pirenne, H.: Die Geburt des Abendlandes. Amsterdam 1939
Pirenne, H.: Mohammed und Karl der Große. (Fischer Bücherei 553) Frankfurt a.M. 1963
Propyläen Geschichte Europas. 6 Bde. Berlin 1967 ff.
Runciman, St.: Geschichte der Kreuzzüge. 3 Bde. München 1957–60
Trimborn, H.: Das alte Amerika. (Große Kulturen der Frühzeit) 2. Aufl. Stuttgart 1962
Ullmann, W.: Kurze Geschichte des Papsttums im Mittelalter. (Sammlung Göschen 2211) Berlin 1978
Ullmann, W.: Individuum und Gesellschaft im Mittelalter. (Kl. Vandenhoek-Reihe 1370) Göttingen 1974
Zimmermann, H.: Das Mittelalter. 2 Bde. Braunschweig 1974 und 1978

Neuzeit

Andics, H.: Neue Österreichische Geschichte. 4 Bde. (Molden 21–24) München 1976
Angermann, E./Kahle, G. (Hrsg.): Handbuch der amerikanischen Geschichte. 2 Bde. Stuttgart 1979 ff.

Brandi, K.: Deutsche Geschichte im Zeitalter der Reformation und Gegenreformation. Frankfurt a.M. o.J.
Curti, M.: Geschichte Amerikas. 2 Bde. Frankfurt a.M. 1958
Disselhoff, H.D.: Geschichte der altamerikanischen Kulturen. München 1953
Dollinger, H. (Hrsg.): Das Kaiserreich. München 1966
Freund, M.: Deutsche Geschichte. Fortgeführt von Vogelsang, Th. 6 Bde. (Goldmann-Sachbücher 1157–1162) München 1978
Friedell, E.: Kulturgeschichte der Neuzeit. 2 Bde. (dtv 1168/9) München 1976
Gebhardt, B.: Handbuch der deutschen Geschichte. 4 Bde. 8. Aufl. Stuttgart 1954
Giterman, V.: Geschichte Rußlands. 3 Bde. Frankfurt a.M. 1949
Goodwin, A.: Die Französische Revolution 1789–1795. (Fischer Bücherei 573) Frankfurt a.M. 1964
Guttmann, B.: England im Zeitalter der bürgerlichen Reform. Stuttgart 1949
Haffner, S.: Preußen ohne Legende. Gütersloh u. München 1979
Hartung, F.: Deutsche Verfassungsgeschichte vom 15. Jahrhundert bis zur Gegenwart. 8. Aufl. Stuttgart 1964
Hausherr, H.: Wirtschaftsgeschichte der Neuzeit. 3. Aufl. Köln 1960
Herzfeld, H.: Die moderne Welt 1789–1945. 2 Tle. 4. Aufl. Braunschweig 1964
Kleindel, W.: Österreich – Daten zur Geschichte und Kultur. Heidelberg 1978
Kluxen, K.: Geschichte Englands. Von den Anfängen bis zur Gegenwart. (Kröners Taschenausgaben 374). 2. Aufl. Stuttgart 1976
Konetzke, R.: Entdecker und Eroberer Amerikas. Von Christoph Kolumbus bis Hernan Cortés. (Fischer Bücherei 535) Frankfurt a.M. 1963
Meineke, F.: Das Zeitalter der deutschen Erhebung. (Kleine Vandenhoek-Reihe 46/47) 7. Aufl. Göttingen 1963
Mommsen, W.: Geschichte des Abendlandes von der Französischen Revolution bis zur Gegenwart 1789–1945. München 1951
Pietsch, M.: Die industrielle Revolution. (Herder-Bücherei 93) Freiburg 1961
Preller, H.: Geschichte Englands I. Bis 1815. (Sammlung Göschen 375) 4. Aufl. Berlin 1968
Rößler, H.: Größe und Tragik des christlichen Europa. Europäische Gestalten und Kräfte der deutschen Geschichte vom Spätmittelalter bis zur Gegenwart. 2. Aufl. Frankfurt a.M. 1956
Scheck, W.: Illustrierte Geschichte Rußlands. München 1975
Schmidt, E.: Geschichte Indiens. Leipzig 1923
Schnabel, F.: Deutsche Geschichte im 19. Jahrhundert. 4 Bde. Freiburg 1949–59
Schoeps, H.-J.: Der Weg ins Deutsche Kaiserreich. Berlin 1970
Schoeps, H.J.: Preußen. Geschichte eines Staates. (Ullstein 3232) Berlin 1975
Sieber, E.: Kolonialgeschichte der Neuzeit. (Sammlung Dalp 62) Bern 1949
Sieburg, F.: Französische Geschichte. Frankfurt a.M. 1977
Sieburg, H.O.: Geschichte Frankreichs. 2. Aufl. Stuttgart 1977
Stökl, G.: Russische Geschichte. Von den Anfängen bis zur Gegenwart. (Kröners Taschenausgaben 244). 3. Aufl. Stuttgart 1973
Stolberg-Wernigerode, O. zu: Geschichte der Vereinigten Staaten von Amerika. Berlin 1956
Taeschner, F.: Geschichte der arabischen Welt. (Kröners Taschenausgaben 359) Stuttgart 1964
Treue, W.: Deutsche Geschichte. Von den Anfängen bis zur Gegenwart. (Kröners Taschenausgaben 254) 4. Aufl. Stuttgart 1978
Treue, W.: Wirtschaftsgeschichte der Neuzeit. 2 Bde. (Kröners Taschenausgaben 207/8). 3. Aufl. Stuttgart 1973
Waldschmidt, E./Alsdorf, L. u.a.: Geschichte Asiens. München 1950
Windelband, W.: Die auswärtige Politik der Großmächte in der Neuzeit. Von 1494 bis Versailles. 5. Aufl. Essen 1942

Zeitgeschichte

Albrecht, N./Husemann, R.: Deutschland. Die Geschichte der Bundesrepublik. Zürich u. München 1979
Besson, W.: Von Roosevelt bis Kennedy. (Fischer Bücherei 598) Frankfurt a.M. 1964
Bergsträsser, L.: Geschichte der politischen Parteien in Deutschland. (Deutsches Handbuch der Politik 2). 11. Aufl. München 1965

Bracher, K.D.: Die deutsche Diktatur. Entstehung, Struktur, Folgen des Nationalsozialismus. (Ullstein 35002) 6. Aufl. Berlin 1979
Buchheim, H.: Das Dritte Reich. 5. Aufl. München 1961
Cartier, R.: Mächte und Männer unserer Zeit. Weltgeschichte seit 1945. München 1971
Dahms, H.G.: Der Zweite Weltkrieg. Tübingen 1964
Das Deutsche Reich und der Zweite Weltkrieg. Hrsg. vom Militärgeschichtlichen Forschungsamt. 10 Bde. Stuttgart 1979 ff.
Deuerlein, E.: Deutschland nach dem Zweiten Weltkrieg 1945–1955. Konstanz 1964
dtv-Weltgeschichte des 20. Jahrhunderts. 12 Bde. München 1968 ff.
Eyck, E.: Geschichte der Weimarer Republik. 2 Bde. Stuttgart 1962
Franzel, E.: Geschichte unserer Zeit. Die letzten 100 Jahre. Augsburg 1963
Huber, H./Müller, A. (Hrsg.): Das Dritte Reich. Seine Geschichte in Texten, Bildern und Dokumenten. 3 Bde. München 1964
Mann, G.: Deutsche Geschichte 1919–1945. (Fischer Bücherei 387). Frankfurt a.M. 1964
Scheurig, B.: Einführung in die Zeitgeschichte. (Sammlung Göschen 1204) 2. Aufl. Berlin 1970
Schroeder, F. v.: Weltgeschichte der Gegenwart. Begr. v. F. Valjavec. 2 Bde. Bern u. München 1962
Schüddekopf, O.-E.: Der Erste Weltkrieg. Gütersloh und München 1977
Young, P.: Der Große Atlas zum II. Weltkrieg. 2. Aufl. München 1976
Zentner, Chr.: Die Kriege der Nachkriegszeit. München 1968
Zentner, Chr.: Hundert Jahre Deutschland. München 1970
Zentner, K.: Illustrierte Geschichte des Dritten Reiches. München 1965

Bildnachweis

Ägyptisches Museum, Kairo. Alte Pinakothek, München. Altertumsmuseum, Mainz. Archäologisches Museum, Ankara. Archäologisches Museum, Olympia. Archivo General de Indias, Sevilla. Archäologisches Museum, Istambul. Bayerische Staatsbibliothek, München. Bayerische Staatsgemäldesammlung, München. Bibliothèque Nationale, Paris. British Museum, London. Dänisches Nationalmuseum, Kopenhagen. Historisches Uhren-Museum, Wuppertal-Elberfeld. Irakisches Museum, Bagdad. Institut für Vor- und Frühgeschichte der Universität, Tübingen. Kapitolinisches Museum, Rom. Konservatorenpalast, Rom. Kupferstichkabinett der Staatl. Museen, Berlin-Dahlem. Kupferstichkabinett, München. Kunsthistorisches Museum, Wien. Landesbibliothek, Fulda. Landesbildstelle Württemberg, Stuttgart. Landesmuseum Schleswig. Library of Congress, Washington. Musée Archéologique, Châtillon-sur-Seine. Musée Cantonal des Beaux-Arts, Lausanne. Musée Condé, Chantilly. Musée de l'Armée, Paris. Musée de Versailles. Musées Royaux des Beaux-Arts de Belgique, Brüssel. Musei Vaticano, Rom. Museo Borghese, Rom. Museo del Castello Sforzesco, Mailand. Museo Nazionale delle Terme, Rom. Museo Nazionale, Neapel. Museo Nazionale, Ravenna. Museum für Altertumskunde, Oslo. Museum für Kunst und Gewerbe, Hamburg. Museum of Fine Arts, Boston. National Maritime Museum, Greenwich. Nationalmuseet, Kopenhagen. National Portrait Gallery, London. New York Public Library. Niedersächsisches Landesmuseum, Hannover. Ny Carlsberg Glyptotek, Kopenhagen. Österreichische Nationalbibliothek, Wien. Palazzo Vecchio, Florenz. Rijksmuseum, Amsterdam. Staatliche Antikensammlungen, München. Statens Historiska Museet, Stockholm. Staatliche Museen, Berlin. Staatl. Münzkabinett, Berlin. Statsarchiv, Düsseldorf. Stiftsbibliothek St. Gallen. Universitätsbibliothek, Basel. Universitätsbibliothek Leiden. Universitätsbibliothek, Leipzig. USIS (United States Information Service).